Verwendete Symbole

V	Vertiefende Inhalte
i	Ergänzende Zusatzinformationen
Z	Zusammenfassungen am Ende eines Kapitels
!	Aufgaben
M	Methodenseiten
Q	Quellentext
A	Aufgaben am Ende eines Kapitels zur Wiederholung
	Definitionen

Nach gültiger Rechtschreibung 2006

Druck A 1 / Jahr 2007
Alle Drucke der Serie A sind im Unterricht parallel verwendbar.

Redaktion: Marion Martens
Herstellung: Andreas Losse
Umschlaggestaltung: boje5 Grafik & Werbung, Eckard Schönke, Braunschweig
Satz: AndersARTig Werbung & Verlag GmbH, Braunschweig
Druck und Bindung: westermann druck GmbH, Braunschweig

ISBN 978-314-116209-7

Saldo 9

Wirtschaft und Recht

Gymnasium Bayern

Autoren
Reiner Kalteis
Gerald Neumeier
Dr. Günter Schiller
Susanne Schmidt

westermann

I Wirtschaftliches Handeln der privaten Haushalte ... **5**

1 Entscheidungen beim Konsum ... 6
1.1 Bedürfnisse, Güter, Knappheit ... 6
1.2 Wirtschaftlichkeitsprinzip und Haushaltsplan ... 9
1.3 Überlegtes Konsumieren ... 13
M Rollenspiel „Wirtschaftstalk der Klasse 9" ... 18
1.4 Werbung und Verkaufsstrategien ... 24
1.5 Konsum und Nachhaltigkeit ... 28
M Zukunftswerkstatt „Konsum und Umwelt" ... 33
Zusammenfassung ... 35
Aufgaben ... 36

2 Entscheidungen beim Umgang mit Geld ... 37
2.1 Geschichte des Geldes ... 37
2.2 Funktionen des Geldes ... 41
2.3 Bedeutung der Geldwertstabilität ... 44
2.4 Wichtige Zahlungsarten ... 48
2.5 Moderne Formen des Zahlungsverkehrs ... 51
2.6 Anlageformen und Entscheidungskriterien der Geldanlage ... 54
M Fallstudie „Geldanlage" ... 59
2.7 Verschuldung privater Haushalte ... 61
M Expertenbefragung „Gerichtsvollzieher" ... 66
Zusammenfassung ... 67
Aufgaben ... 68

3 Entscheidungen im Zusammenhang mit Ausbildung und Beruf ... 69
3.1 Entstehung und Entwicklung von Berufen ... 69
3.2 Anforderungen der modernen Arbeitswelt ... 72
3.3 Wege schulischer und beruflicher Qualifikation ... 74
3.4 Kriterien und Phasen der Berufswahlentscheidung ... 76
M Entscheidungsmatrix ... 80
M Fallstudie „Berufswahl" ... 82
M Rollenspiel „Vorbereitung auf ein Vorstellungsgespräch" ... 92
Zusammenfassung ... 95
Aufgaben ... 96

II Rechtliches Handeln der privaten Haushalte ... **97**

1 Bedeutung und Abschluss von Verträgen am Beispiel der Kaufhandlung ... 98
1.1 Die Kaufhandlung ... 98
1.2 Eigentum und Besitz ... 103
Zusammenfassung ... 105
Aufgaben ... 106

2 Die Rechte des Käufers bei Pflichtverletzungen ... 107
2.1 Pflichtverletzungen beim Kauf ... 107
2.2 Der Sachmangel ... 109
2.3 Ansprüche des Käufers bei Sachmangel ... 112
2.4 Verbraucherschutz ... 115
Zusammenfassung ... 122
Aufgaben ... 123

3 Die rechtliche Stellung Minderjähriger ... 124
3.1 Die Rechtsfähigkeit ... 124
3.2 Die Geschäftsfähigkeit ... 126
M Subsumtionstechnik ... 131
3.3 Deliktsfähigkeit und Strafmündigkeit ... 135
3.4 Aufgaben des Rechts ... 139
3.5 Der Jugendschutz ... 143
Zusammenfassung ... 145
Aufgaben ... 146

III Wirtschaftliches und rechtliches Handeln im Unternehmen ... 147

1 Entscheidungen bei der Gründung eines Unternehmens ... 148
1.1 Gründungsmotive ... 148
1.2 Die Wahl des Standortes ... 152
M Fallstudie „Auf der Suche nach einem neuen Betriebsstandort“ ... 158
1.3 Die Wahl der Rechtsform ... 160
M Lernirrgarten ... 166
1.4 Die Bedeutung des Unternehmens für die Gesellschaft ... 167
Zusammenfassung ... 169
Aufgaben ... 170

2 Typische Geschäftsprozesse im Unternehmen ... 171
2.1 Wesen der Produktion ... 171
2.1.1 Beschaffung von Produktionsfaktoren ... 171
2.1.2 Kombination und Verzehr von Produktionsfaktoren ... 174
2.1.3 Erstellung von Leistungen ... 175
2.1.4 Die Verwertung von Leistungen ... 175
2.2 Das Wirtschaftlichkeitsprinzip ... 177
2.3 Die Arbeitsteilung ... 179
2.4 Formen der Arbeitsorganisation ... 185
2.5 Funktionsbereiche eines Betriebes ... 188
2.6 Marketing ... 192
Zusammenfassung ... 197
Aufgaben ... 198

3 Rechnungswesen als Grundlage unternehmerischen Handelns ... 199
3.1 Die Bilanz ... 199
3.2 Die Bilanz verändert sich ... 202
3.3 Grundlagen der Erfolgsrechnung ... 204
M Tabellenkalkulation ... 206
3.4 Wirtschaftlichkeit – Produktivität – Rentabilität ... 210
Zusammenfassung ... 215
Aufgaben ... 216

Glossar ... 217
Stichwortverzeichnis ... 222
Bildquellenverzeichnis ... 224

I Wirtschaftliches Handeln der privaten Haushalte

1 Entscheidungen beim Konsum

2 Entscheidungen beim Umgang mit Geld

3 Entscheidungen im Zusammenhang mit Ausbildung und Berufswahl

1 Entscheidungen beim Konsum

1.1 Bedürfnisse, Güter, Knappheit

Inlineskating

Frank ist Schüler der Klasse 9b und sitzt neben Katja. In einer Zwischenstunde erzählt Katja, dass sie sich für einen Inliner-Kurs angemeldet hat. Sie überlegt noch, ob sie sich Recreation-, Stunt- oder Hockey-Inliner kaufen soll. Kleidung und ein Schützer-Set will sie natürlich auch. Frank als alter Schlittschuhfahrer ist von dieser Idee begeistert. Durch das Gespräch mit Katja angeregt, wird bei Frank ebenfalls der Wunsch nach Inlinern geweckt und er empfindet es allmählich als eine Zumutung, auf solche Skates verzichten zu müssen.

skate = eigentlich Schlittschuhe
recreation = Erholung, Entspannung
stunt = Kunststück, gefährliche Szene
hockey = Eishockey

Wie Frank geht es vielen Menschen. Sie haben Wünsche und Bedürfnisse und versuchen diese so weit wie möglich zu befriedigen.

Unter **Bedürfnissen** versteht man ein Gefühl des Mangels, verbunden mit dem Wunsch oder der Notwendigkeit, diesen Mangel zu beseitigen.

Einen Mangel empfindet man vor allem, wenn der Magen knurrt oder man Durst hat. Bei diesen Bedürfnissen steht der Selbsterhaltungstrieb des Menschen im Vordergrund, da Essen und Trinken das Dasein des Menschen sichern. Bedürfnisse, deren Befriedigung lebensnotwendig ist, bezeichnet man als **Existenzbedürfnisse**.

Existenzbedürfnis

Wenn die grundlegenden Lebensbedürfnisse erfüllt sind, entwickeln wir Wünsche, die vorwiegend im geistig-kulturellen Wesen des Menschen verwurzelt sind, wie z. B. nach Bildung, Unterhaltung, Reisen usw. Bedürfnisse, die von der kulturellen Umgebung, in der wir leben, beeinflusst sind, werden als **Kulturbedürfnisse** bezeichnet.

Bedürfnisse, die nicht von allen Menschen als Mangel empfunden werden und die aus dem Anspruch einer gehobenen bzw. überhöhten Lebenshaltung erwachsen, bezeichnet man als **Luxusbedürfnisse**. Der Wunsch nach teuren Sportartikeln, extravaganter Kleidung oder ausgefallenem Essen dient oft nur dem Imponiergehabe des Menschen mit dem Ziel, seinen Reichtum zu zeigen.

1. Betrachte die beiden Bilder. Welche Bedürfnisse werden in beiden Bildern angesprochen?

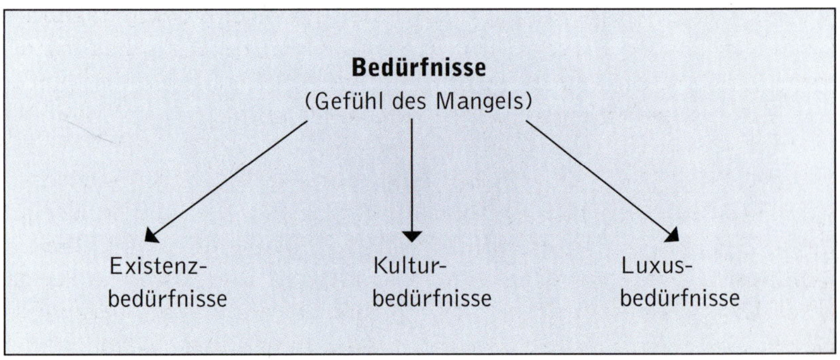

Eine genaue Abgrenzung der Bedürfnisse nach der Dringlichkeit, also in Existenz-, Kultur- und Luxusbedürfnisse, ist nicht immer leicht, da die Grenzen ineinander übergehen und sich im Zeitablauf ändern. Mit einem eigenen Auto zu fahren, war um 1912 ein Luxusbedürfnis. Heute muss der Besitz eines Mittelklassewagens als Kulturbedürfnis bezeichnet werden. Die Art der Bedürfnisse, die der Einzelne entwickelt, ändert sich ständig und hängt z. B. vom Alter, Kulturkreis, Hobby und gesellschaftlicher Stellung ab.

© Erich Schmidt Verlag 670 085

Damit Frank und Katja auf dem Fahrradweg unbeschwert gleiten können, benötigen sie Inliner, oder allgemein formuliert, um unsere Bedürfnisse befriedigen zu können, benötigen wir bestimmte Dinge. Eine Pizza ist geeignet, den Hunger zu stillen, ein Goldkettchen um sich zu schmücken. Pizza und Goldkettchen sind Mittel, mit denen bestimmte Wünsche erfüllt werden können. Sie werden als Güter bezeichnet.

Güter sind Mittel, mit denen Menschen ihre Bedürfnisse befriedigen können.

Auch Güter können ihrem Wesen nach unterschieden werden. **Freie Güter** wie Sonnenlicht, Luft, Flusswasser oder Sand in der Wüste werden den Menschen von der Natur ohne deren eigenes Zutun zur Verfügung gestellt. Sie sind normalerweise in unbegrenzter Menge vorhanden. **Wirtschaftliche Güter** müssen vom Menschen erst erzeugt werden, ehe sie für die Befriedigung menschlicher Bedürfnisse verwendet werden können. Sie sind nur in begrenzter Menge vorhanden und demzufolge knapp.

Wirtschaftliche Güter werden in Sachgüter und Dienstleistungen unterschieden. **Sachgüter** sind sichtbare (materielle) Gegenstände wie ein Fahrradhelm, ein T-Shirt oder ein Auto. Sie können auf Vorrat produziert werden. **Dienstleistungen** wie die Haarpflege beim Frisör sind an eine menschliche Person gebunden und können nicht auf Vorrat produziert werden. Dienstleistungen bieten uns dadurch einen Nutzen, dass andere für uns tätig werden.

1. Versetze dich in die Situation eines 15-jährigen Jungen (Mädchen), der (die) in Helsinki (Finnland) bzw. Lissabon (Portugal) lebt. Beschreibe die möglichen unterschiedlichen Bedürfnisse.

2. Stell dir vor, du würdest an einem Wochenende mit Bekannten zum Camping fahren. Bei diesem Vorhaben treten naturgemäß eine Reihe von Bedürfnissen auf. Welche Gegenstände können die auftretenden Bedürfnisse befriedigen?

3. Der Mensch lebt nicht vom Brot allein, steht in der Bibel. Stelle eine Beziehung zwischen dem Zitat und der Dringlichkeit der Bedürfnisse her.

4. Rollenspiel Oktoberfest: Opa, Oma, Vater, Mutter, ein 15-jähriger Junge und ein 7-jähriges Mädchen wollen am morgigen Tag das Oktoberfest in München besuchen. Sie sitzen beim gemeinsamen Abendessen und unterhalten sich darüber, was sie am morgigen Tag unternehmen wollen. Führt das Rollenspiel durch.

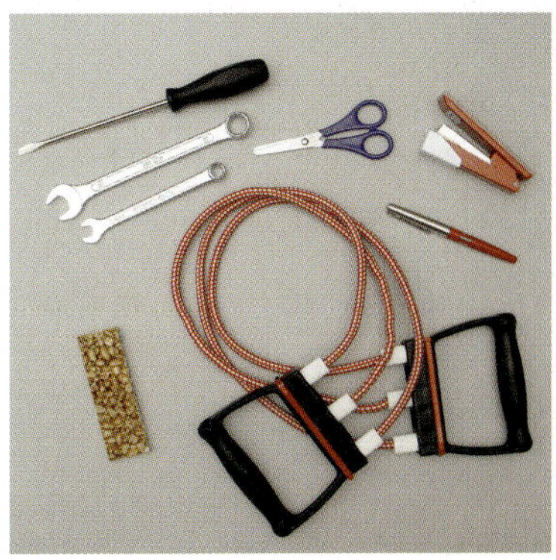

Wirtschaftliche Güter

1. Um welche Art von Gut handelt es sich bei folgenden Gegenständen?
   Brille, Mehl des Bäckers, Wasser in einem öffentlichen Bad, Wasser im Swimmingpool eines Gartens, Wasser als Rohstoff einer Brauerei, Wasserwaage eines Maurers.

2. Um mit Inlinern zu fahren, benötigt man nicht nur Skates, die mit Maschinen und Werkzeugen hergestellt werden, sondern auch frische Luft, eine gute Brotzeit, um die kräftezehrenden Aktivitäten zu überstehen und als Anfänger vor allem einen guten Trainer. Um welche Güter handelt es sich?

3. Ihr könnt in der Klasse folgendes Spiel durchführen, um die vielen Fachbegriffe zu vertiefen. Ein(e) Schüler(in) nennt ein Gut und ein(e) ander(e)r Schüler(in) nennt den entsprechenden Fachbegriff.

4. Unsere Umwelt wird zum Teil auch heute noch als freies Gut aufgefasst, d. h. Bodenschätze, Luft und Wasser werden der Natur zum Nulltarif entnommen.
   a) Welche Auswirkungen hat diese Handlungsweise für kommende Generationen?
   b) Entwickle Vorschläge, wie dem entgegengewirkt werden kann.

5. Ein märchenhaftes Land, in dem Milch und Honig fließen, wo die Faulheit verdienstvoll und die Tugend das höchste Laster ist, ist das Schlaraffenland. Welche Konsequenzen ergäben sich für Frank, wenn er im Schlaraffenland leben würde?

Die Sachgüter können weiter in Konsum- und Investionsgüter unterschieden werden.

Konsumgüter dienen der unmittelbaren Befriedigung menschlicher Bedürfnisse. Hierbei kann zwischen **Verbrauchsgütern** wie Pizza, Cola oder einem Snack, und **Gebrauchsgütern** wie Skier, CD-Player oder einem Computerspiel, unterschieden werden. Verbrauchsgüter sind kurzlebige und Gebrauchsgüter sind langlebige Konsumgüter.

Investitionsgüter sind Maschinen, Werkzeuge und Gebäude. Sie werden auch als Produktionsgüter bezeichnet. Ihr Einsatz ermöglicht zum einen die direkte Herstellung von Konsumgütern und zum anderen die Erzeugung von Investitionsgütern. Sie dienen damit der indirekten Bedürfnisbefriedigung.

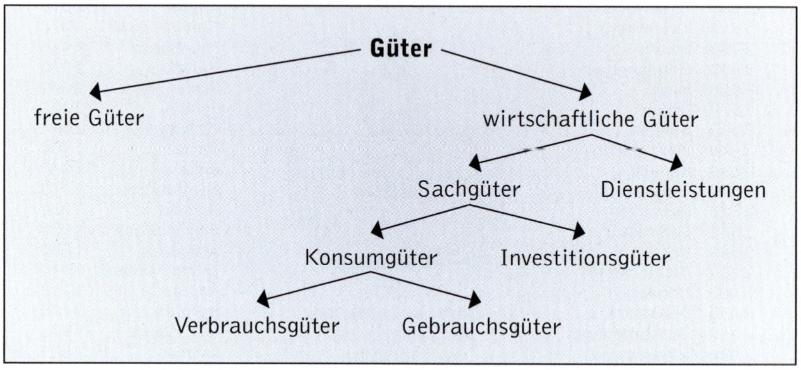

Menschen haben Bedürfnisse und um diese zu befriedigen benötigen sie Güter. Meist führt die Erfüllung von Mangelempfindungen zur Entstehung neuer Mangelempfindungen. Wer einen Computer erhält, benötigt auch Software und Literatur. Diese Eigenart des Menschen, immer mehr haben zu wollen, beschreibt Wilhelm Busch mit den Worten: „Ein Wunsch, wenn er erfüllt, kriegt augenblicklich Junge!“ Menschliche Bedürfnisse sind ihrem Wesen nach also unbegrenzt. Wirtschaftliche Güter hingegen müssen mit zum Teil aufwendigen Produktionsverfahren hergestellt und verteilt werden. Im Verhältnis zu den Bedürfnissen, die alle Menschen entwickeln, sind die vorhandenen Güter viel zu knapp.

Das Spannungsverhältnis zwischen der Unbegrenztheit der Bedürfnisse und der Beschränktheit der Güter wird als **Knappheit** bezeichnet.

Um dieses Spannungsverhältnis zu mindern, müssen sowohl der Einzelne, wie die Familie, als auch die Organe einer Gemeinde oder des Staates ständig Entscheidungen treffen. Frank muss z. B. überlegen, ob er von seinem Taschengeld lieber eine CD oder Computersoftware kauft.

1.2 Wirtschaftlichkeitsprinzip und Haushaltsplan

Du befindest dich mit deiner Klasse auf einem Wandertag und hast noch 10 Euro Taschengeld. Für welche der folgenden Konsumgüter würdest du dich entscheiden?
- ein kleines Schnitzel mit Pommes Frites und Spezi
- Ansichtskarten und Briefmarken
- ein kleines Kettchen zur Erinnerung
- eine Bratwurst mit Senf bzw. Ketchup und Semmel
- auf eine CD sparen

Schüler beim Wandertag

Du kannst nicht alles haben. Du musst eine Auswahl treffen und wirst dabei die Güter wählen, die dir persönlich den größten Nutzen stiften.

Menschen sind immer gezwungen sich zu entscheiden, d. h. aus mehreren nicht gleichzeitig zu verwirklichenden Möglichkeiten eine Auswahl zu treffen. Dieser Entscheidungsvorgang läuft in mehreren Phasen ab:
- Zuerst muss man sich die Situation verdeutlichen, in der man sich befindet (z. B. Wandertag).
- Anschließend ist das Problem zu erfassen, das zu lösen ist (nur 10 Euro).
- Danach wird man sich Ziele setzen (z. B. Bratwurst und Postkarten).
- Abschließend werden normalerweise die erforderlichen Maßnahmen ergriffen und die gewünschten Konsumgüter erworben.

Bei diesem Entscheidungsprozess wird man versuchen, ein möglichst günstiges Verhältnis zwischen dem Einsatz (input, Einnahmen, Aufwand, Mittel) und dem gewünschten Ergebnis (output, Ausgaben, Ertrag, Nutzen) anzustreben, also rational, d. h. dem ökonomischen Prinzip entsprechend zu handeln.
Wenn du am Wandertag mit deinen 10 Euro diejenigen Güter kaufst, die dir den größten Nutzen bieten, so handelst du nach dem Maximalprinzip.

Unter **Maximalprinzip** (Ergiebigkeitsprinzip) versteht man, dass mit einem gegebenen Einsatz ein größtmögliches Ergebnis erreicht werden soll.

Wenn du deine Fertigpizza „vier Jahreszeiten“ in dem Supermarkt kaufst, wo sie am billigsten ist, handelst du nach dem Minimalprinzip.

Unter **Minimalprinzip** (Sparsamkeitsprinzip) versteht man, dass man ein bestimmtes Ergebnis mit dem geringstmöglichen Mitteleinsatz erreichen will.

Beispiel:
Es gibt Schüler, die mit einem Minimum an Arbeitsaufwand ihren Abschluss bekommen wollen. Es kommt ihnen nicht auf die Note an.
Andererseits gibt es Schüler, die ihre ganze Arbeitskraft auf das Lernen konzentrieren, um einen möglichst guten Abschluss zu erhalten. Sie versuchen mit ihren verfügbaren Leistungen das beste Ergebnis zu erreichen.

!

1. Beschreibe Beispiele aus dem privaten Haushalt, bei denen dem Wirtschaftlichkeitsprinzip entsprechend gehandelt wird.

2. Bei gleich bleibendem Monatseinkommen haben steigende Energiepreise (Heizöl, Gas, Benzin) normalerweise Einfluss auf die Bedürfnisbefriedigung. Überlege, welche Entscheidungen in der Familie getroffen werden können, um diese Situation zu meistern.

3. Nicht immer ist es sinnvoll, nach dem Wirtschaftlichkeitsprinzip zu handeln. Es gibt viele Situationen, in denen auf die Anwendung des Vernunftprinzips verzichtet werden muss. Beschreibe solche Situationen.

4. Erkläre folgende Aussage: „Sparen ist Konsumverzicht.“

Unter **Wirtschaften** versteht man alle planvollen menschlichen Tätigkeiten, die unter Beachtung des ökonomischen Prinzips das Spannungsverhältnis zwischen Bedürfnisvielfalt und Güterknappheit zu verringern versuchen.

Bei den beschriebenen Beispielen handelt es sich um Extreme: Es gibt Schüler, die weder damit zufrieden sind, gerade noch zu bestehen, noch dazu bereit sind, ihr gesamtes Leistungsvermögen für die Schule einzusetzen. Da sie aber ein möglichst günstiges Verhältnis zwischen Einsatz und Ergebnis anstreben, handeln sie ebenfalls ökonomisch.

ÖKONOMISCHES PRINZIP

Maximalprinzip (Ergiebigkeitsprinzip)	Minimalprinzip (Sparsamkeitsprinzip)
größtmögliches Ergebnis ↑	bestimmtes Ergebnis
bestimmter Einsatz	↓ geringster Einsatz

So wie ein Schüler am Wandertag entscheidet, welche Güter er für sein Taschengeld kauft, so muss in einer Familie entschieden werden, wofür sie ihr Monatseinkommen ausgibt. Mit dem Einkommen auszukommen ist gar nicht so leicht, denn die Wünsche der einzelnen Familienmitglieder sind immer größer als das zur Verfügung stehende Geld. Um dieses Spannungsverhältnis zwischen vorhandenen Einnahmen und erwünschten Ausgaben auszugleichen, muss geplant werden.

Beratungsstelle

Der **Haushaltsplan** ist eine Aufstellung aller erwarteten Einnahmen und geplanten Ausgaben einer Familie bzw. einer Einzelperson für einen bestimmten Zeitraum.

Bei diesem Haushaltsplan ist darüber zu entscheiden, welche Bedürfnisse vorrangig zu befriedigen sind, d.h. ob die Erfüllung der Wünsche notwendig, nützlich oder überflüssig ist. Er wird in mehreren Schritten erstellt.

1. Zuerst verschafft man sich einen Überblick über die voraussichtlichen Einnahmen (Nettolöhne, Steuerrückerstattung, Zinseinnahmen).
2. Dann werden die fixen Ausgaben wie Miete, laufende Aufwendungen für Heizung, Strom, Wasser, Versicherungen ermittelt.
3. Die variablen Ausgaben für Nahrung, Kleidung, Unterhaltung, Freizeit, Kosmetik usw. müssen oft geschätzt werden.
4. Zudem muss man Überlegungen anstellen, welche größeren Anschaffungen in Zukunft notwendig werden, um hierfür Rücklagen zu bilden (z.B. Hausreparaturen, Auto, Möbel). Bei diesen Gütern besteht oft ein Entscheidungsspielraum bezüglich des Zeitpunkts der Anschaffung.

Haushaltsberatung
Es gibt – vor allem in großen Städten – Beratungsstellen, die bei der Aufstellung von Haushaltsbüchern behilflich sind. Wenn jemand mit seinen Ausgaben nicht mehr zurechtkommt, kann er sich kostenlos oder gegen eine geringe Gebühr beraten lassen.

Ausschnitt aus einem Haushaltsplan

Haushaltspläne können der Einzelne oder die Familie erstellen, ebenso wie Gemeinden, die Länder und der Bund.

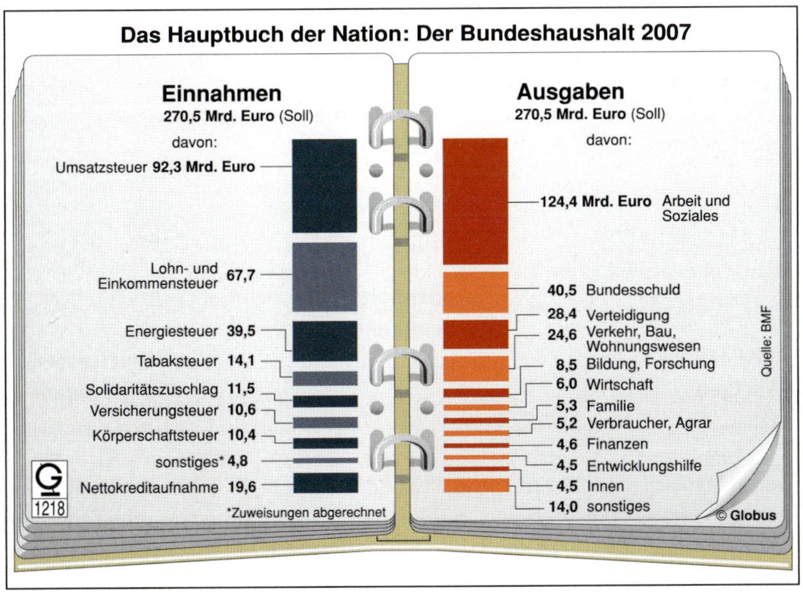

Wirtschaftliches Handeln verlangt nicht nur ein andauerndes Entscheiden über die Dringlichkeit von Gütern bei gegebenem Einkommen, sondern ebenso über die Wichtigkeit von beabsichtigten Aktivitäten bei begrenzter Zeit. Die Zeit, die dem Einzelnen gegeben ist, ist im Verhältnis zu dem, was er alles zu tun gedenkt, ebenfalls knapp. Frank wollte an diesem Nachmittag z. B. nicht nur Inliner fahren und anschließend seine neue CD anhören, er müsste natürlich auch seine Hausaufgaben machen und für die nächste Schulaufgabe zusätzlich mindestens eine Stunde Englisch lernen. Ein sinnvolles **Zeitmanagement** verlangt, die gegebene Zeit optimal zu nutzen.

1. Erstelle einen Haushaltsplan und berücksichtige dabei folgende Angaben: Gehalt 2.500 Euro, Telefon 80 Euro, Versicherungen 300 Euro, Miete 700 Euro, Lebensunterhalt 1.200 Euro.

2. Eine mögliche Einteilung des Haushaltsplans wäre z. B.: feste Ausgaben, täglicher Bedarf, periodischer Bedarf, gehobener Bedarf. Ordne diesen Begriffen entsprechende Ausgaben zu.

3. Rollenspiel: Haushaltsplan
   Sohn Christian wünscht sich unbedingt ein Moped; Tochter Julia will gerne einen CD-Player; der Vater möchte den reparaturanfälligen Rasenmäher durch einen neuen ersetzen; die Mutter will die Sparrate für den Urlaub in der Türkei erhöhen.
   Führt das Rollenspiel durch.

4. Schreibe deine Aktivitäten in den beiden letzten Tagen in ihrer zeitlichen Reihenfolge auf.
   a) Überlege dir die Stellen, an denen du die Zeit nicht optimal genutzt hast.
   b) Entwickle ein überlegtes Zeitmanagement für die nächsten beiden Tage.

Eisenhower, Dwight D.; 1890 – 1969; 1942 Oberbefehlshaber der amerikanischen Truppen in Europa; koordinierte die alliierten Invasionstruppen (Nordafrika, Italien, Normandie); 34. Präsident der USA 1953 – 1961

Dienstag, 24.9. ..		
7		
8	}	
9		
10		Unterricht
11		
12		
13		
14		
15	}	
16		Hausaufgaben
17		Mathe (nächste Woche)
18		
19		Skaterkurs Feuerwehrhaus
20		

Wichtige Ansatzpunkte für ein überlegtes Zeitmanagement nach dem ökonomischen Prinzip sind:

- die Zeit optimal zu planen, d. h., ebenso wie ein Topmanager kann sich ein Schüler ein Zeitplanbuch (time planer oder organizer) anlegen,
- Prioritäten setzen, d. h. Konzentration der Kräfte auf das Wesentliche, also Hausaufgabenerledigung vor den Freizeitaktivitäten,
- Eliminierung von „Zeitfressern“, d. h. beim Lernen Störungen beseitigen, nicht in Tagträume verfallen, Unlust überwinden und Scheinarbeit beseitigen.

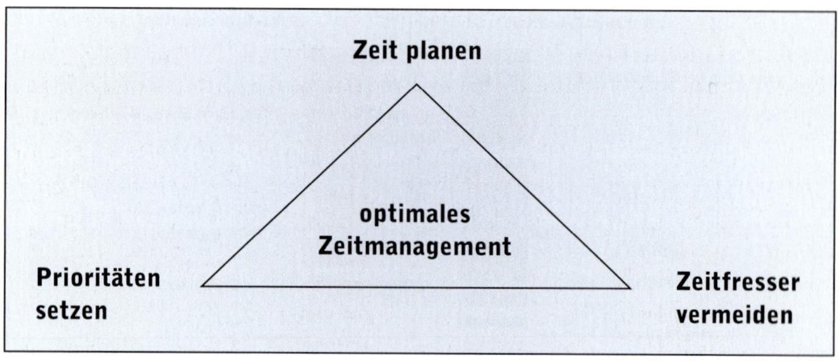

Der amerikanische General und Präsident Dwight D. Eisenhower ging bei der Erledigung seiner vielen militärischen und politischen Maßnahmen nach folgender Methode vor. Jedes Mal, wenn er eine Aufgabe zu erledigen hatte, fragte er sich in aller Ruhe:

Ist dies für mich

- wichtig und dringend zu erledigen? = Priorität A
- wichtig, aber nicht dringend zu erledigen? = Priorität B
- dringend, aber nicht wichtig zu erledigen? = Priorität C
- weder dringend noch wichtig zu erledigen? = Priorität D

Das Eisenhower-Prinzip, sich Prioritäten zu setzen, gilt in allen Lebenslagen. Die Erstellung des Haushaltsplans, der Kauf von Konsumgütern, die Erledigung von Hausaufgaben erfordert immer ein überlegtes Setzen von Prioritäten.

!

1. Du hast am Nachmittag 80 Minuten für die Hausaufgabenerledigung reserviert. Für welche Aktivitäten würdest du dich entscheiden?
   - Lektüre Deutsch, ca. 30 Minuten für nächste Woche
   - schriftliche Aufgaben Mathematik, ca. 20 Minuten für übermorgen
   - schriftliche Aufgaben Englisch, ca. 20 Minuten für morgen
   - Wirtschaft und Recht, ca. 10 Minuten für morgen
   - Erdkunde, ca. 20 Minuten für morgen, evtl. Extemporale
   - Geschichte, ca. 10 Minuten für morgen
   - Mathematikvorbereitung, ca. 30 Minuten, da in der nächsten Woche eine Schulaufgabe ansteht.

1.3 Überlegtes Konsumieren

Wenn Frank seinen lang gehegten Wunsch nach Inlinern in die Wirklichkeit umsetzen will, stößt er zunächst auf ein Problem. Es gibt eine Vielzahl von Einzelhandelsgeschäften, die Inliner in unterschiedlicher Qualität und Preisklasse anbieten. Zudem hat Frank noch keine Kenntnisse über die technischen Einzelheiten, wie die Art der Rollen, Schuhform, Bremssystem, den Service oder über Garantieleistungen. Frank wird darum nicht gleich in das nächstgelegene Geschäft gehen und die erstbeste Ware kaufen. Er wird sich zunächst informieren.

Ein wichtiger Schritt zu einer überlegten Konsumentscheidung ist das Sammeln von Informationen über die gewünschte Ware. Hierbei gibt es eine Reihe von Informationsmöglichkeiten für den Konsumenten.
Eine weitere Möglichkeit der Informationsbeschaffung sind Gespräche mit Verwandten, Bekannten und Freunden, die bereits Erfahrungen mit dem gewünschten Gut haben. Auch ein ausführliches Gespräch mit einem **Fachverkäufer** in einem Einzelhandelsgeschäft bietet viele Informationen über technische Daten, Handhabung und Serviceleistungen der Waren. Darüber hinaus gibt es eine Vielzahl von **Printmedien** wie Zeitungen, Zeitschriften, Kataloge und Magazine, die unterschiedlichste Produktinformationen enthalten. Hierbei muss der Konsument, je nach Art des Mediums, darauf achten, ob es sich um objektive Information oder bereits um eine geschickte Manipulation handelt.

Besonders objektive Produktinformationen bietet die **„Stiftung Warentest“** mit Sitz in Berlin. Diese Institution lässt Waren und Dienstleistungen bundesweit von unparteiischen Fachleuten prüfen und veröffentlicht die Ergebnisse ihrer Vergleichstests in der Zeitschrift „test“. Diese Zeitschrift enthält neben allgemeinen Textinformationen über Produkte oder Produktgruppen noch einen zusammenfassenden Vergleich in Form des „test KOMPASS“. Damit die „Stiftung Warentest“ sachliche Informationen bieten kann, wird sie von staatlicher Seite gefördert und nicht über private Werbung.

Radio- und Fernsehstationen, ebenso wie das Internet bieten eine Fülle von Verbraucherinformationen, allerdings mit unterschiedlicher Zielsetzung. Neben objektiven Informationen, die Sendungen wie „Ratgeber Technik“, „Ratgeber Recht“ usw. bieten, handelt es sich meist um manipulative Informationen mit dem Ziel, den Absatz des jeweiligen Produktes zu steigern.

Eine wichtige Organisation, die dem Verbraucherschutz und der Verbraucherinformation dient, ist die **„Arbeitsgemeinschaft der Verbraucher“** (AgV). Die AgV hat ein nahezu flächendeckendes Netz von Beratungsstellen in der Bundesrepublik Deutschland geschaffen, an die sich der Verbraucher direkt mit seinen Fragen und Problemen wenden kann. Er wird hierbei kostenlos oder gegen eine geringe Gebühr unparteiisch beraten, erhält Broschüren, kann zum Ortstarif telefonieren und sich wöchentlich wechselnde Verbraucher- und Einkaufstipps geben lassen. Daneben haben die Verbraucherzentralen Schieds- und Schlichtungsstellen und helfen bei Reklamationen und Rechtsstreitigkeiten. In größeren Städten sind Schuldnerberatungsstellen und Energieberatungseinrichtungen angegliedert.

Manipulation
1. bewusster und gezielter Einfluss auf Menschen ohne deren Wissen und oft gegen deren Willen (z. B. mit Hilfe der Werbung)
2. absichtliche Verfälschung von Informationen durch Auswahl, Zusätze oder Auslassungen

Internetadressen:
www.stiftung-warentest.de
www.verbraucherzentrale.de
www.verbraucherzentrale-bayern.de

test Inlineskates für Damen und Herren

	Gewichtung	Fila Night Hawk CS mit 84er Rollen
Damenmodell (Abbildung im Vordergrund)		**Lady** 010606065
Herrenmodell (Abbildung im Hintergrund)		**Man** 010606060
Rollendurchmesser in mm / Rollenhärte		84 / 83 A
Mittlerer Preis in Euro ca.		**150**
Preis für einen Satz Rollen mit Lager in Euro ca.		50,00
Preis für zwei Stopper in Euro ca.		9,90
test-QUALITÄTSURTEIL	100 %	**GUT (2,0)**
LAUFEIGENSCHAFTEN	60 %	**gut** (2,0)
Kurven, Ausweichen und Übersetzen		++
Fahren auf Asphalt		++
Fahren über Unebenheiten		++
Rollgeschwindigkeit		+
Bremsen		O
Tragekomfort		+
Dämpfung		+
HANDHABUNG	20 %	**gut** (2,2)
Schuh anziehen, schnüren und anpassen		+
Rollen wechseln		+

Ausschnitt aus „test“

1. Ermittle die für deinen Wohnort zuständige Verbraucherzentrale.

2. Erkundige dich bei dieser Beratungsstelle über
   - kostenlose Informationsbroschüren,
   - eine mögliche Erkundung,
   - die Einladung eines Verbraucherberaters.

3. „Ein Gramm Information wiegt schwerer als tausend Meinungen.“ Erläutere dieses Zitat.

1. Man kauft das, was man nicht braucht, mit dem Geld, das man nicht hat, um dem zu imponieren, den man nicht mag.
   Trifft dies zu?

2. Jeder Mensch entwickelt im Laufe seines Daseins Konsumgewohnheiten, die sich auf die Lebenshaltungskosten auswirken und ungünstigenfalls zu Belastungen im Alltag werden.
   Belege diese Aussage anhand der folgenden Karikatur.

Ich lebe im Jetzt ... und ich lebe im Soll.

spontan (lat.): von selbst, von innen heraus, freiwillig, ohne Aufforderung, aus eigenem plötzlichen Antrieb, unmittelbar
impulsiv (lat.): rasch handelnd, einer plötzlichen Eingebung folgend
Prestige (lat., fr.): Blendwerk, Zauber, das Ansehen, Geltung
imponieren (lat., fr.): Achtung einflößen, Eindruck machen

Aufgabenfelder der Verbraucherberatung

- Produktberatung
- Rechtsberatung
- Umweltberatung
- Wohnen und Bauen
- Ernährungsberatung
- Geld und Versicherung

Eine umfassende Information ist die Grundlage für eine sinnvolle Kaufentscheidung. Bei der Kaufhandlung selbst sind jedoch eine Reihe unterschiedlicher Gesichtspunkte zu beachten.

Ökonomische Gesichtspunkte
Eine Kaufentscheidung, die dem ökonomischen Prinzip folgt – also rational und vernunftgesteuert ist –, sollte vier Fragen berücksichtigen:

Was ↓
Wo ⟶ **kaufe ich?** ⟵ **Wie viel**
↑ **Wann**

1. Was kaufe ich?
Die Unbegrenztheit der Bedürfnisse führt oft zu unüberlegten Konsumentscheidungen, wie sie in Form von Spontankäufen (Impulskäufen) oder Prestigekäufen auftreten können. Spontankäufe erfolgen oft aus einer Laune, einem plötzlichen Antrieb heraus ohne eine konkrete Aufforderung. Prestigekäufe entstehen vor allem deshalb, weil ein Verbraucher seine Mitmenschen beeindrucken will und sich durch seinen Imponierkonsum in seiner Bezugsgruppe Achtung und Ansehen verschaffen will. „To keep up with the Jones", drücken es die Amerikaner treffend aus. Die Einführung von EC- und Kreditkarten, aber auch das Internet mit seinen elektronischen Einkaufskörben verleiten eher zu einer unreflektierten Kaufentscheidung und sind oft die Ursache für den Beginn eines Karussells der Verschuldung.

Ziel dieser Überlegungen sollte es sein, nur benötigte Güter zu kaufen.

2. Wo kaufe ich?
Wenn sich der Konsument für eine bestimmte Ware entschieden hat, wird er der Frage nachgehen, wo diese am günstigsten zu kaufen ist. Er wird Preis- und Qualitätsvergleiche anstellen, aber auch die Serviceleistungen und die Garantiebestimmungen vergleichen. Die Serviceleistungen eines guten Fachgeschäfts können oft wichtiger sein als die absolut niedrigen Preise eines Discountgeschäfts.

Ziel der Überlegungen sollte es sein, die Ware dort zu kaufen, wo das günstigste Preis-Leistungs-Verhältnis zu finden ist.

3. Wie viel kaufe ich?
Je größer die erworbene Menge einer Ware ist, desto größer ist der Preisnachlass (Mengenrabatt). Im Versandhandel wird oft nur ab einer bestimmten Menge porto- und verpackungsfrei geliefert. Wenn man über größere Mengen an Verbrauchsgütern verfügen kann, besteht eher die Gefahr eines ausschweifenden Konsums.

Ziel dieser Überlegungen sollte es sein, diejenigen Mengen zu kaufen, bei denen sowohl die Rabattvorteile als auch das persönliche Konsumverhalten berücksichtigt werden.

4. Wann kaufe ich?
Manche Güter sind zu bestimmten Zeiten billiger, wie z. B. Obst und Gemüse zur Erntezeit, Kleidungsstücke bei Schluss- oder Räumungsverkäufen, Strom während der Nachtzeit.

Auch hier ist das Ziel der Überlegungen, die Ware zu dem Zeitpunkt oder in dem Zeitraum zu kaufen, an dem sie am billigsten angeboten wird.

Ökologische Gesichtspunkte
Wer bei seinen Kaufentscheidungen nur die ökonomischen Zielsetzungen berücksichtigt, wird durch sein Verhalten die Funktionsfähigkeit und Qualität der Umwelt beeinträchtigen. Es sind demnach neben den ökonomischen auch die ökologischen Gesichtspunkte zu berücksichtigen.

Nach ökologischen Gesichtspunkten zu handeln, heißt z. B.,
- den Einkauf so zu gestalten, dass möglichst wenig Abfall und Müll entsteht, also die Einkaufstasche mitnehmen und nicht Plastiktüten verwenden, Waren mit einer aufwendigen Verpackung vermeiden, Mehrwegflaschen statt Einwegflaschen benutzen.
  Jeder Bürger produziert pro Tag 1 kg Müll!
- möglichst heimische Produkte zu verwenden, also Äpfel aus der Nachbarschaft und nicht Obst und Gemüse, das über weite Strecken mit Lkw oder Flugzeug antransportiert wird und damit das Verkehrsaufkommen erhöht und die Umwelt belastet.
- nur solche Gegenstände zu kaufen, bei deren Produktion möglichst wenig Rohstoffe und Energie benötigt werden, also eine Lederschultasche statt eine aus Kunststoff, oder einen Aluminiumkoffer.
- Umweltpapier zu kaufen statt normales Papier.

normales Papier (1.000 kg)	Umweltpapier (1.000 kg)
Holz von ca. neun Bäumen	kein Baum
über 300.000 Liter Wasser	bis zu 4.000 Liter Wasser
fast 8.000 Kilowattstunden Strom	fast 2.000 Kilowattstunden Strom

- Waren kaufen, die recycelt werden können. Unter Recycling versteht man die Rückführung von verbrauchten Rohstoffen in den Produktionsprozess durch Abfallverwertung von Papier, Glas oder Metall (vgl. S. 31).
- Zu den wichtigen Vorteilen des Recycling-Verfahrens gehört, dass die Abfallmengen vermindert und die immer knapper werdenden Rohstoffreserven geschont werden.

„War nur ein Frustkauf"

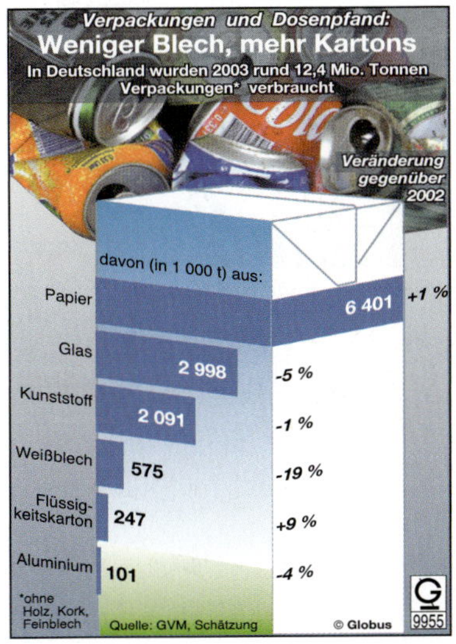

Fast die Hälfte unseres gesamten Hausmülls besteht aus Verpackungsmaterialien, die wir dreimal bezahlen müssen:
- einmal die Verpackung selbst (ist im Preis des Produktes enthalten),
- dann die Müllgebühren (die mit einem Zuwachs an Müll immer weiter steigen)
- und zuletzt noch die Beseitigung der Umweltschäden (z. B. Schadstoffe in der Luft bei der Verbrennung des Mülls).

Hühner in Legebatterien

Lkw-Transport mit Tieren

Bioland
ÖKOLOGISCHER LANDBAU

BIO KREIS e.V.

Naturland
anerkannt ökologischer Landbau

Gummibonbons
Zutaten:
Glukosesirup, Zucker, Traubenzucker (8%), Gelatine, Säuerungsmittel: Citronensäure, Kräuterauszüge, Aroma, Holunderbeersaftkonzentrat als färbendes Lebensmittel, Menthol, Vitamin C.

100 g Gummibonbons enthalten im Durchschnitt:	
Brennwert:	1471 kJ (346 kcal)
Eiweiß:	5,6 g
Kohlenhydrate:	80 g
-davon Zucker:	68 g
-davon Traubenzucker:	8 g
Fett:	< 0,1 g
- davon gesättigte Fettsäuren	< 0,1 g
Ballaststoffe	< 0,1 g
Natrium	< 0,1 g
Vitamin pro 100 g:	% der empf. Tagesdosis
Vitamin C: 18 mg	30%

1. Informiere dich über Lebensmittelskandale, z. B. BSE-Skandal, MPA-Skandal oder einen aktuellen Skandal.

Gesundheitliche Gesichtspunkte

Ein günstiges Preis-Leistungs-Verhältnis kann der Erzeuger meist nur bieten, wenn die Herstellung der Waren im Form der Serien- bzw. Massenproduktion erfolgt. Dies trifft nicht nur für Gebrauchsgüter, sondern auch für Verbrauchsgüter wie Nahrungsmittel zu.

Massenproduktion von Nahrungsmitteln bedeutet jedoch häufig
- Tierhaltung in Form von Legebatterien bei Hühnern (verfügbarer Platz je Huhn = ein DIN-A-4-Blatt)
- Mastbetriebe bei Rindern mit Hormonbeigaben im Futter und die Verabreichung von Medikamenten, um das Wachstum zu fördern
- Lachsfarmen, wobei den Fischen Antibiotika verabreicht werden müssen, um sie in ihren engen Becken vor Krankheiten zu schützen
- Schlachttiere, die über weite Strecken transportiert werden müssen, um zum Verbraucher zu gelangen.

Diese Fehlentwicklungen in der Nahrungsmittelerzeugung können zu gesundheitlichen Problemen bei den Konsumenten führen, wie z. B.
- ein mangelnder Wirkungsgrad der Antibiotika bei Erkältungen und Entzündungen
- Auftreten bestimmter Infektionskrankheiten, die z. B. durch Salmonellen in rohen Eiern hervorgerufen werden können,
- zunehmende Krebserkrankungen, die ihre Ursache in krebserregenden Substanzen von Nahrungsmitteln haben können.

Um diese möglichen Gefahren zu mindern, kann man bei seinen Kaufentscheidungen auch Gesichtspunkte berücksichtigen wie:
- Stammen die Produkte aus artgerechter Tierhaltung?
- Garantiert der Nahrungsmittelproduzent einen ökologischen Anbau?
- Sind die Produkte frei von chemischen Substanzen?

Durch eine bewusste Änderung des Kaufverhaltens hat es der Verbraucher in der Hand, die Weichen für die Erzeugung von gesunden und rückstandsfreien Produkten zu stellen.

Soziale Gesichtspunkte

Der Verbraucher ist es gewohnt, Waren aus der ganzen Welt gleich an der nächsten Ecke kaufen zu können. Er kann Orangen aus Südafrika, Kaffee und Kakao aus Südamerika, Kiwis aus Neuseeland, Blumen aus Ecuador, T-Shirts aus Asien und Teppiche aus Pakistan erwerben.

Der Verbraucher sollte darauf achten, dass dem Kauf ausländischer Produkte keine ökologische oder soziale Ausbeutung zugrunde liegt:
- In Indien und in anderen Entwicklungsländern ist Kinderarbeit an der Tagesordnung. Als Kinderarbeit wird die selbstständige berufliche Beschäftigung von Kindern unter 14 Jahren bezeichnet. Zwar ist Kinderarbeit in fast allen Ländern der Welt verboten und die Internationale Kinderrechtsorganisation (UN = United Nations) erkennt das Recht des Kindes auf Schutz vor wirtschaftlicher Ausbeutung an, doch wird geschätzt, dass weltweit 20 bis 30 Prozent der Kinder zwischen sechs und 15 Jahren arbeiten. In absoluten Zahlen sind dies ca. 200 Millionen, davon in Bangladesch 15 Millionen, in Indien 44 Millionen und in Lateinamerika 60 Millionen.

- Plantagenanbau und Monokulturen bedeuten die Rodung von Wäldern und eine Auslaugung der Böden.
- Auf Tee- und Kaffeeplantagen werden Arbeitskräfte beschäftigt, die nur einen geringen Lohn erhalten, schlechte Arbeitsbedingung haben und von Sonnenauf- bis -untergang tätig sind.

Der Verbraucher kann bei seinen Konsumentscheidungen darauf achten, dass bei Anbau, Herstellung und Handel der Waren soziale Fairness herrscht. Einige internationale Organisationen setzen sich für menschenwürdige Arbeitsbedingungen z. B. bei der Herstellung von Textilien, Sportartikel sowie bei der Ernte von Blumen und Bananen ein. Auch der Missstand der Kinderarbeit soll beseitigt werden.

Diese Organisationen haben vor allem Qualitätskriterien und Siegel erarbeitet, um ein Vertrauen in einen fairen Handel zu schaffen. Siegel auf den Produkten zeigen, dass die damit ausgezeichneten Waren aus fairem Handel stammen und dass von den erhöhten Preisen nicht Händler und Importeure profitieren, sondern die Erzeuger vor Ort.
Das Siegel **Transfair** weist darauf hin, dass den Erzeugern von Kaffee, Tee, Kakao und Honig von den Importeuren faire Preise bezahlt werden. Diese Produkte sind zwar etwas teurer, aber mit den Erlösen können Ausbildungsplätze oder menschenwürdige Arbeitsplätze geschaffen werden.
Rugmark (rug, engl. = Teppich) ist ein Warenzeichen für Teppiche, bei deren Herstellung auf Kinderarbeit verzichtet wird.

HAND IN HAND ÖKOLOGIE & FAIRER HANDEL | RUGMARK | TRANSFAIR | FAIRKAUF ®

Durch die Kaufentscheidung für Waren aus dem fairen Handel leistet der Verbraucher einen entscheidenden Beitrag zur Verbesserung der Lebensbedingungen in den Erzeugerländern und sorgt damit für mehr soziale Gerechtigkeit.

Wie jede Entscheidung, so beruht auch die Konsumentscheidung oft auf Kompromissen, da ihr unterschiedliche Zielsetzungen zugrunde liegen können. Wer rein nach ökonomischen Gesichtspunkten handelt, wird oft ökologische, gesundheitliche und soziale Gesichtspunkte vernachlässigen, und wer außerökonomische Zielsetzungen befolgt, wird meist einen höheren Preis zahlen müssen.

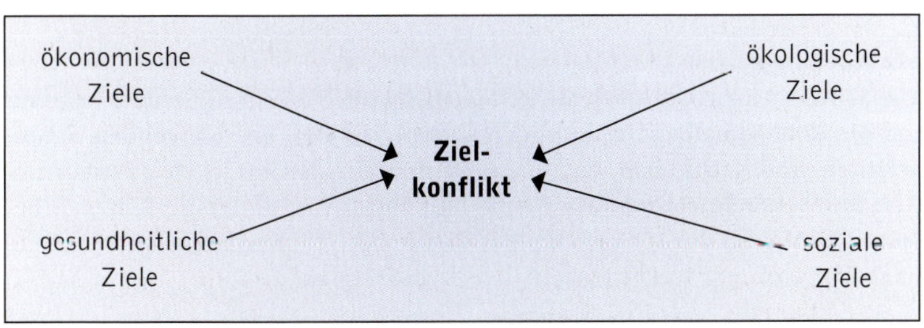

Kinderarbeit

Internetadressen:
www.transfair.org
www.eco-fair-trade-net.de
www.oneworldweb.de
www.banafair.de
www.label-online.de

!

1. Suche nach Gründen für die ausbeuterische Kinderarbeit.

2. Stelle fest, wo sich in deiner Nähe ein „Dritte-Welt-Laden" befindet.
   a) Informiere dich über das Warensortiment und die Verpackung, die in einem „Dritte-Welt-Laden" angeboten werden.
   b) Warum werden die Produkte in diesen Läden oft teurer angeboten?

Arbeitsaufträge für Nichtrollenspieler
Ihr könnt das Rollenspiel aktiv verfolgen. Legt eine Tabelle an. Die erste Spalte ist für die Eigenschaften des jeweiligen Rollenspielers; die nächsten Spalten übernehmen in der Kopfzeile die entsprechenden Rollenspieler. Die erste Spalte übernimmt in fünf Zeilen die jeweiligen Eigenschaften der Rollenspieler, wie z. B. äußeres Erscheinungsbild; Verhalten während des Gesprächs (locker, natürlich, unpersönlich, steif ...); Gesprächsstil (Monologe, Dialoge, Beteiligung ...); sachliche Argumentation (klare Aussagen, Stellung beziehen, Dinge verschweigen ...); Sonstiges (Vorbereitung, Glaubwürdigkeit ...)

Während des eigentlichen Rollenspiels bewertet ihr die einzelnen Rollenspieler und diskutiert später darüber.

Information

Vorbereitung

Vorbereitungen auf das Rollenspiel

Bei einem **Rollenspiel** versuchen die Teilnehmer, in einer der Realität nachgestellten Situation bestimmte Rollen zu übernehmen und entsprechend zu handeln. Solche Rollenspiele können sehr kurz sein, indem mit geringem Zeitaufwand eine Szene aus dem Alltag nachgespielt wird. Falls ihr das Rollenspiel Haushaltsplan von Seite 11 noch nicht durchgespielt habt, versucht es doch erst mal. Es gibt aber auch umfangreichere Rollenspiele, bei deren Ablauf die einzelnen Phasen deutlich unterschieden werden müssen und deren Rollenspieler – ähnlich wie echte Schauspieler – sich auf ihre Rolle vorzubereiten haben. Solch ein angeleitetes Rollenspiel wird im Folgenden vorgestellt, wobei vier Phasen zu berücksichtigen sind.

Informationsphase
Leider gibt es in der öffentlichen Diskussion immer wieder die Notwendigkeit, sich mit Lebensmittelskandalen auseinanderzusetzen. Beispiele dafür sind der BSE-Skandal, der Verkauf genmanipulierter Nahrungsmittel, krebsfördernde Substanzen in Konsumgütern oder irgendetwas stammt angeblich aus ökologischem Anbau, wobei dies aber nicht zutrifft. Falls zurzeit ein Lebensmittelskandal (Umweltskandal) in den Medien diskutiert wird, informiert euch anhand von Zeitungs- bzw. Fernsehberichten.

Nachdem ihr euch ausführlich über den aktuellen Skandal informiert habt, benötigt ihr noch Informationen über die eigentliche Rollenspielsituation. In unserem Falle handelt es sich um die allseits beliebte Fernsehdiskussion **„Wirtschaftstalk der Klasse neun "**, bei der es heute um den aktuellen Lebensmittelskandal geht. Unter Leitung des Moderators treffen sich die Interessenvertreter, die durch den **Lebensmittelskandal** berührt werden. Euer Lehrer wird geeignete Schüler für die erforderlichen Rollen auswählen.

Vorbereitungsphase
Die Schüler/-innen, die sich als Rollenspieler zur Verfügung stellen, bearbeiten die Rollenspielbeschreibungen (Karten), die ihre grundlegenden Eigenschaften und sachlichen Argumente enthalten. Nehmt euch ausreichend Zeit und versucht eigene Argumente einzubringen. Erfolgt die Rollenvorbereitung während der Unterrichtszeit, können die Nichtrollenspieler die Beobachtungsaufträge in der Marginalspalte bearbeiten.

Rollenspielkarte: Handel
Du vertrittst den Handel. Deine Aufgabe ist es, dich selbst und deine Kunden nicht in Verruf zu bringen.
- Wir sind auf das angewiesen, was wir von den Landwirten bekommen.
- Wir haben keine Möglichkeit, die Hersteller zu überprüfen.
- Wir können im Wettbewerb nur mit billigen Produkten bestehen.

Rollenspielkarte: Verbraucher
Du vertrittst die Verbraucher. Du willst gesunde Lebensmittel zu einem günstigen Preis.
- Wir können nicht erkennen, ob das Produkt sicher ist oder nicht.
- Futtermittelhersteller beachten aus Profitgier die gesetzlichen Vorschriften nicht.
- Wenn wir wüssten, dass teure Produkte auch sicher sind, würden wir sie kaufen.

Rollenspielkarte: Futtermittelhersteller
Du vertrittst die Futtermittelhersteller. Deine Aufgabe ist es, dich selbst und deine Kunden nicht in Verruf zu bringen.
- Wir liefern nur hochwertige Ware.
- Bisher ist noch nicht nachgewiesen, dass unsere Futtermittel (Saatgut) für bestimmte Krankheiten verantwortlich sind.
- Der Verbraucher darf selbst entscheiden, was er kauft und was nicht.

Rollenspielkarte: Landwirte
Du vertrittst die Landwirte. Deine Aufgabe ist es, dich selbst und deine Kunden nicht in Verruf zu bringen.
- Wir bekommen immer weniger Geld für unsere Nahrungsmittel.
- Wir bleiben auf unseren Produkten sitzen.
- Wir haben keine Möglichkeit, das Futtermittel (Saatgut) auf Risiken zu überprüfen.
- Die Verbraucher kaufen keine Qualitätsware.

Rollenspielkarte: Moderator
Du bist Fernsehmoderator und hast die Aufgabe, eine Diskussion über einen Lebensmittelskandal zu leiten. Halte durch objektive Fragen die Diskussion in Gang und achte auf zeitliche Ausgewogenheit.
- Wer ist schuld an dem Skandal?
- Warum wurde der Skandal erst so spät aufgedeckt?
- Welche gesundheitlichen Schäden sind bereits aufgetreten oder können auftreten?
- Wie wird den Geschädigten geholfen?
- Welche Gesetze müssen geändert werden?

Rollenspiel

Diskussion

Rollenspielphase
Nachdem sich die Teilnehmer gründlich vorbereitet haben, ist eine räumliche Umorganisation im Klassenzimmer erforderlich. Ähnlich wie in Fernsehstudios kann vor der Klasse ein Halbkreis aus Stühlen gebildet werden, auf denen die Teilnehmer mit dem Moderator in der Mitte Platz nehmen. Danach beginnt das eigentliche Rollenspiel mit Fragen und Antworten, Rede und Gegenrede.

Diskussionsphase
Im Anschluss an die Rollenspielphase werden Rollenspieler, Nichtrollenspieler und der Lehrer die abgelaufene Simulation kritisch erörtern. Dabei können sich die ausgetauschten Argumente sowohl auf die Personen als auch auf die Sache beziehen.

Straßen- oder Online-Shopping?

Auktion:
Sonderform des Kaufs; der Preis des zum Verkauf stehenden Gegenstandes wird durch Überbieten der Kaufinteressenten gesteigert; dem Meistbietenden wird der Zuschlag erteilt.

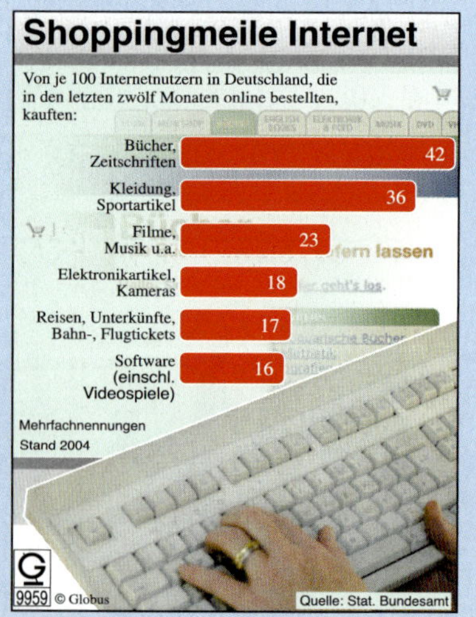

Konsumieren mit modernen Informationstechnologien

Frank hat Probleme in Englisch. Sein Lehrer meint, mit einer zusätzlichen Lektüre könnte das Problem gelöst werden. Frank überlegt: Soll er zu einer Buchhandlung in die Stadt fahren, die Lektüre bestellen, zwei Tage warten, wieder in die Stadt fahren und die Lektüre abholen? Es gibt doch das Internet! Frank sucht im Internet den entsprechenden Verlag, bestellt mit einem Mausklick die Lektüre und erhält sie umgehend zugesandt.

Alle Formen des Handels mit Waren und Dienstleistungen über elektronische Medien wie z. B. das Internet bezeichnet man als E-Commerce bzw. E-Business. Zu diesen virtuellen Marktplätzen gehören das Online-Shopping, das Teleshopping und eine Vielzahl weiterer Formen.
Beim **Online-Shopping** handelt es sich um Geschäftsbeziehungen zwischen Unternehmen (business) und dem Endverbraucher (customer bzw. consumer). Diese Beziehung von business-to-customer wird mit B-to-C bzw. B2C abgekürzt.
Das **B2C-Shopping** hat seinen Vorläufer im Versandhandel, der in Deutschland entstanden ist und in der Bevölkerung großen Anklang findet. Beim Versandhandel erhält der Kunde auf dem Postweg einen umfangreichen Katalog, der es ihm ermöglicht, bequem von Zuhause aus die Artikel zu betrachten und in aller Ruhe seine Kaufentscheidung treffen. Mit der Entwicklung des Internets bot sich die Möglichkeit, auf die teuren Kataloge zu verzichten, ausführliche Produktinformationen ins Netz zu stellen, und auch die Warenlieferung erfolgte bis an die Haustür. Im Laufe der Zeit wurden die klassischen Versandhäuser zu Online-Händlern.

E-Commerce
- **Online-Shopping** → **B2C**, **C2C**
- **Teleshopping**
- **weitere Formen z. B.** → **B2B**, **A2C**

B = Business C = Consumer 2 = to A = Administration

Von einem **C2C-Shopping** spricht man, wenn zwei Verbraucher privat und direkt untereinander handeln. Beispiele hierfür sind Kleinanzeigen von der Art „Biete vier Winterreifen auf Felgen“ oder „Suche Mitfahrgelegenheit nach Eger“. Diese Form des Handels ist oft auf den lokalen Bereich begrenzt.
Eine weitere Geschäftsidee nach dem C2C-Prinzip ist die Internet-Plattform. Hier handelt es sich um eine Auktion, d. h. eine Versteigerung, bei der die Waren an den Meistbietenden verkauft werden. Die Firma, die die Online-Plattform bereitstellt, tritt dabei nur als Vermittler zwischen dem Verkäufer und dem Käufer auf. Für die Nutzung der Plattform verlangt sie vom Verkäufer eine Gebühr, für den Käufer entstehen keine Kosten. Die Abwicklung des Geschäftes, der Versand, aber auch die Bezahlung erfolgen ohne die Beteiligung der Online-Auktionsplattform.

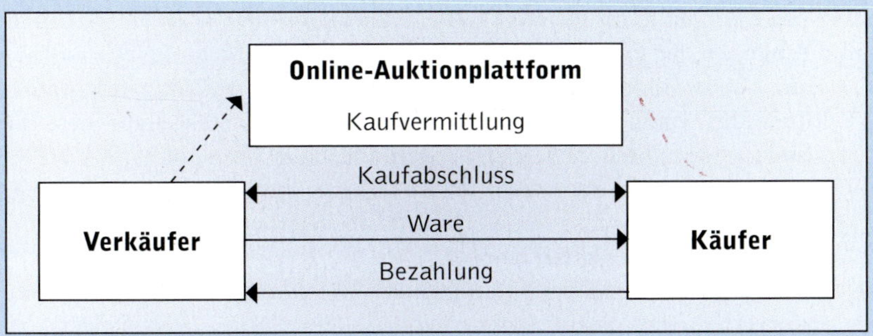

Beim **Teleshopping**, auch als Homeshopping bezeichnet, werden dem Endkunden die Produkte in einer Verkaufsshow im Fernsehen präsentiert. Der Käufer kann dann telefonisch bestellen. Anschließend wird die Ware zugesandt. Beim Teleshopping werden meist Luxusprodukte (schöne Ringe, praktische Töpfe) für den normalen Verbraucher angeboten.

Neben den genannten E-Commerce-Formen ermöglicht das Internet noch Wirtschaftsbeziehungen zwischen Unternehmen. Diese Form bezeichnet man als **B2B-Shopping**. Es ermöglicht aber auch z. B. die elektronische Steuererklärung, also das **A2C-Business**. „A“ steht hier für Administration, also das Finanzamt, und „C“ wiederum für den Consumer.

Vor allem das Online-Shopping hat sich in den letzten Jahren stark entwickelt, da es viele **Vorteile** hat:

- Dem Kunden werden umfassende Produktinformationen geboten.
- Zudem bietet das Internet einen raschen Zugriff auf mehrere Anbieter. Diese Vielfalt ermöglicht gründliche Preis- und Qualitätsvergleiche.
- Die Produkte können günstiger angeboten werden, da der Internethandel keine teuren Lagerräume und Verkaufsflächen benötigt und die Warenlieferung oft direkt vom Hersteller veranlasst wird.
- Der Kunde kann sich nicht nur schnell und umfassend informieren und rund um die Uhr einkaufen, ihm wird die Ware zudem ins Haus geliefert.

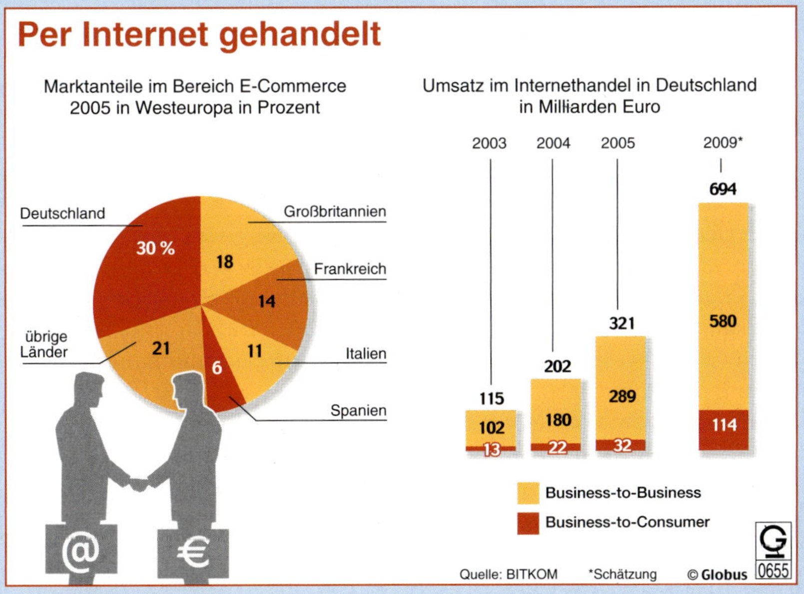

Die Ursprünge des Teleshoppings liegen in den USA. Eine Werbefirma konnte im Jahr 1977 ihren gebuchten Werbeplatz in einem lokalen Radiosender aus Geldmangel nicht mit finanziellen Mitteln begleichen und so wurde mit Dosenöffnern bezahlt. Der Verwalter des Radiosenders Lowell Paxson musste eine Lösung finden und so ließ er den Moderator Bob Circosta die Dosenöffner für $ 9,95 das Stück im Radioprogramm anbieten. Alle Dosenöffner wurden gekauft und die Teleshopping-Idee war geboren.

!

1. Frank und seine Eltern wollen in den Faschingsferien nach Österreich zum Skifahren. Welche Möglichkeiten bietet das Internet, um eine geeignete Unterkunft zu finden?

2. Bei der raschen Entwicklung des Onlineshoppings gibt es Gewinner und Verlierer.
Ordne zu und begründe kurz: Telekommunikationsunternehmen, Kleinhändler, Logistikbetriebe, Zustelldienste, Einzelhändler vor Ort, Softwareentwickler

1. Kannst du dir vorstellen, dass irgendwann einmal euer Kühlschrank die Milch selbstständig nachbestellt, eure Heizanlage vom Technikbüro eures Heizungstechnikers aus eingestellt wird und dass euer Hausarzt mit dem Hörgerät eurer Oma spricht?
Überlege dir weitere Beispiele.

Wer seine Produkte im Internet kauft, sollte sich jedoch auch der **Nachteile** und Probleme, die dieses Medium bietet, bewusst sein:

- Trotz bunter Bilder und umfassender Information im Internet kann der Kunde die Waren nicht direkt ansehen. Es besteht die Gefahr, dass die gelieferte Ware nicht den üblichen Anforderungen entspricht.
- Wer das Internet nutzt, muss damit rechnen, dass er seinen Computer mit Viren infiziert, dass seine Festplatte ausspioniert wird und dass es zu unerwünschten Zugriffen kommt.
- Teilweise muss man bei Internetkäufen Auskunft über seine Einkommensverhältnisse, Beruf, Hobbys oder Geburtsdaten geben. Diese Daten können gespeichert und zu einem Kundenprofil zusammengefügt werden. Dadurch wird man zu einem „gläsernen Kunden".
- Manche Firmen liefern nur gegen Vorauskasse, d.h., die Ware muss erst bezahlt werden, bevor sie geliefert wird. Bei dieser Zahlungsweise ist Vorsicht geboten, da bei einer fehlerhaften Ware diese nicht nur zum Verkäufer zurückgeschickt werden muss, sondern der gezahlte Betrag auch zurückzufordern ist.
- Der elektronische Markt bietet jedem die Möglichkeit, seine Waren anzubieten. Demzufolge ist die Zuverlässigkeit und die Glaubwürdigkeit der einzelnen Vertragspartner nicht immer gewährleistet. Manche Anbieter legen es regelrecht darauf an, die Kunden zu übervorteilen.

Bild der Kamera im Internet

§ 312 b BGB
Fernabsatzverträge
(1) Fernabsatzverträge sind Verträge über die Lieferung von Waren oder über die Erbringung von Dienstleistungen, einschließlich Finanzdienstleistungen, die zwischen einem Unternehmer und einem Verbraucher unter ausschließlicher Verwendung von Fernkommunikationsmitteln abgeschlossen werden, es sei denn, dass der Vertragsschluss nicht im Rahmen eines für den Fernabsatz organisierten Vertriebs- oder Dienstleistungssystems erfolgt. [...]

Erst das Geld – dann keine Ware
Kurzprotokoll eines Kamerakaufs

Der Kunde Schlau hält im Internet Ausschau nach einer preisgünstigen Pixelkamera. Über eine Preisvergleichsseite findet er den überaus günstigen Händler Gerissen. Er bestellt die Kamera. Die Bestellung wird umgehend bestätigt, und der Betrag von Herrn Schlau gegen Vorauskasse bezahlt. Die normale Lieferfrist ist bereits abgelaufen, die Kamera aber immer noch nicht angekommen. Herr Schlau ruft bei der Firma an und es wird versprochen, die Ware in der nächsten Woche zu liefern. Die Pixelkamera kommt nicht. Als Herr Schlau erneut anruft, muss er feststellen, dass der Elektronikhändler Gerissen seinen Firmensitz geändert hat (neues Konto, neue Telefonnummer). Es handelt sich um eine 0190-Nummer zu 1,96 Euro pro Minute. Mehrere weitere Anrufe führen zu demselben Ergebnis: angenehme Musik in der Warteschleife und nach zwei Minuten wird aufgelegt. Herr Schlau geht zur Polizei und erstattet Strafanzeige. Heutiger Stand: Keiner erreichbar, keine Bilder mit der Pixelkamera und das Geld ist weg.

Ratschlag für ein sinnvolles Konsumverhalten:
Billig ist nicht immer günstig

Um Täuschungsversuche und Betrügereien im Internet weitgehend zu verhindern, wurden in das Bürgerliche Gesetzbuch zusätzliche Bestimmungen (§ 312 b BGB ff.) eingefügt. Seit dem 30. Juni 2000 gilt das Fernabsatzgesetz. Das **Fernabsatzgesetz** regelt die Verträge zwischen den Verbrauchern und den Unternehmen, die per Fernkommunikation, also per Katalog, Brief, Fax, Telefon, E-Mail und Internet, geschlossen werden. Sein Geltungsbereich ist demnach das B2C-Shopping.

Wichtige Inhalte des Fernabsatzgesetzes sind:
- Die Informationspflicht: der Unternehmer muss Kontaktinformationen, Liefer- und Zahlungsbedingungen und die Bruttoendpreise nennen.
- Das Widerrufsrecht, d.h., der Käufer hat ein Widerrufs- und Rückgaberecht von 14 Tagen ab dem Erhalt der Ware. Er muss hierbei keine Begründung angeben.
- Die Regelungen zu den Rücksendekosten. Bei einem Warenwert unter 40,00 Euro trägt der Verbraucher die Rücksendekosten, bei einem Warenwert über 40,00 Euro trägt der Verkäufer die Kosten.

Beim B2C-Shopping sollte der Käufer zuerst das **Impressum** des Online-Shops prüfen. Das Impressum ist gesetzlich vorgeschrieben und ermöglicht bei Problemen eine rasche Kontaktaufnahme. Unerlässlich ist auch ein Blick in die **Allgemeinen Geschäftsbedingungen** (AGB) des jeweiligen Anbieters. Darüber hinaus gibt es URL-Adressen, die eine unabhängige Kaufberatung anbieten. Hier werden Händler genannt, bei denen es nicht empfehlenswert ist, einzukaufen.

Bei Anbietern, die nur Kreditkarten akzeptieren, sollte die Kartenummer nur dann angegeben werden, wenn deren Übertragung verschlüsselt erfolgt. Der Käufer hat nicht nur die Produktdaten genauestens zu prüfen, sondern auch darauf zu achten, dass der Verkäufer und der für die Überweisung angegebene Empfänger identisch sind. Auslandsüberweisungen gilt es so weit wie möglich zu vermeiden.

Auch das **Bundesamt für Sicherheit in der Informationstechnik** (www.bsi.de) bietet umfangreiche Ratschläge, nicht nur im Internet, sondern auch in Form von Broschüren und Faltblättern, um negative Erfahrungen bei Internetaktivitäten so weit wie möglich zu vermeiden.

Shopping im Internet und im Fernsehen

!

1. Fallbeispiel:
   Katja möchte sich ein Handy kaufen und hat sich für ein AIKON 6622 entschieden. Im Internet findet sie einen günstigen E-Shop und kauft das Produkt zum Preis von 312,00 Euro inklusive Mehrwertsteuer. Nach zwei Tagen hat sie die Ware in Händen.
   Tags darauf findet sie in einem Kaufhaus in der Stadt ein Sonderangebot:

   AIKON 6622
   280,00 Euro
   inkl. MwSt.

   Kann Katja ihr Handy zurückschicken? Was hat sie zu beachten?

2. Wähle ein beliebiges Produkt und ermittle mit einer Preissuchmaschine die günstigsten Anbieter.
   Bei welchem Anbieter würdest du das Produkt kaufen?

Litfaßsäule

„Der „Konsumtrottel“, der sich dem Werbebombardement der Medien unterwirft, der sich „diktieren“ und „terrorisieren“ lässt, ist allenfalls eine beklagenswerte Ausnahmeerscheinung, keinesfalls aber eine marktwirtschaftliche Symbolfigur.“
May, H.: Ökonomie für Pädagogen, 11. Aufl. Oldenburg 2002, S. 48

1. Informiere dich, wie viel in diesem Jahr in der Bundesrepublik Deutschland für Werbung ausgegeben wird.
2. Überlege dir, welche Auswirkungen es hätte, wenn die Ausgaben für Werbung in einem Jahr unterbleiben würden. Berücksichtige bei deiner Antwort die unterschiedlichen Werbeträger wie Zeitungen, Fernsehen, Radio, Internet, Schaufenster, Handzettel.
3. Informiere dich (eventuell anhand eines Lexikons) über den Unterschied von Werbung und Reklame.

1.4 Werbung und Verkaufsstrategien

Im Fernsehen und Radio, an Bussen und Hauswänden, in Zeitschriften und Magazinen, im Kino und Internet, als Postwurfsendung und auf Litfaßsäulen findet man Werbung. Die Hersteller und Händler von Produkten geben jedes Jahr über 30 Mrd. € für die Werbung aus. Warum werden so hohe Beträge für die Werbung aufgewendet? Die Tatsache, dass die Bedürfnisse der Menschen beeinflussbar sind, dient der Werbung als Grundlage für die Verfolgung ihres Hauptzieles, nämlich den Umsatz bzw. Gewinn zu steigern.

Werbung hat das Ziel, das Nachfrageverhalten von Einzelpersonen und Gruppen so zu steuern, dass bestimmte Produkte bevorzugt gekauft werden und dem Hersteller eine Steigerung seines Gewinns ermöglichen.

Um diese **Zielsetzung** zu erreichen, bemüht sich die Werbung

- **Informationen zu vermitteln**
  Durch die Werbung wird der Konsument mit der Existenz eines Produktes oft erst bekannt gemacht. Darüber hinaus enthält manche Werbung noch Informationen über technische Daten, Preis, Qualität oder Umweltfreundlichkeit des Produkts.
- **Interesse und Aufmerksamkeit zu wecken**
  Durch originelle Werbespots, einprägsame Slogans, reizvolle Motive, persönliche Ansprache und ständige Wiederholung versucht man beim Käufer den Wunsch nach einem bestimmten Produkt zu wecken.
- **den Bedarf zu lenken**
  Die Werbung soll den Verbraucher zum Kauf eines ganz bestimmten Gutes veranlassen. Nicht irgendwelche Inliner soll Frank kaufen, sondern die Inliner einer ganz bestimmten Marke. Das Unternehmen kann dabei einen neuen Kundenstamm aufbauen (Einführungswerbung) oder einen bereits vorhandenen Kundenstamm erhalten (Erhaltungswerbung).

Damit das Unternehmen diese allgemeinen Zielsetzungen erreicht, wird ein Werbefeldzug ausgearbeitet und eine geeignete **Werbebotschaft** entwickelt. Die Werbebotschaft richtet sich mit Bildern, Texten, Slogans an die festgelegte Zielgruppe und versucht deren Kaufentscheidung zu beeinflussen. Am Ende all dieser Aktivitäten sollte der **Werbeerfolg** stehen, d.h., dass die Verbraucherentscheidungen so beeinflusst worden sind, dass sie dem Unternehmen eine Ertragssteigerung bringen.

Werbemittel und Werbeträger dienen der Verbreitung der Werbebotschaft. **Werbeträger** sind die Gegenstände und Einrichtungen, über die Werbemittel an die Zielperson(en) herangetragen werden, also Zeitungen, Zeitschriften, Rundfunk und Fernsehanstalten, Verkehrsmittel und Gebäude. **Werbemittel** dienen der Übertragung von Werbeinformationen an den beabsichtigten Empfänger. Dazu gehören z. B. Anzeigen, Plakate, Rundfunk- und Fernsehspots, Werbefilme für Kino, Zeitungsbeilagen, Kataloge und Prospekte aber auch Verkaufs- und Beratungsgespräche, Vorführungen bei Modeschauen und Anpreisungen.

Werbefeldzug

Werbeziele
↓
Werbebotschaft
↓
Werbeträger/-mittel
↓
Werbeerfolg

Um die Bedürfnisse der Konsumenten in Richtung eines ganz bestimmten Produktes zu lenken, versucht die Werbung nicht nur zu informieren, sondern auch zu manipulieren. Während **informierende Werbung** Angaben über Preis, Menge und Qualität des angebotenen Produkts enthält und einen Vergleich mit anderen Produkten nicht scheut, spricht die **manipulierende Werbung** die Gefühle an und macht keine direkten Aussagen über das Produkt. Hier werden die Vorstellungen und Wünsche eines jeden Menschen nach Jugend, Gesundheit, Schönheit und Erfolg angesprochen, wobei die Werbung suggeriert, dass durch den Kauf des Produkts diese Sehnsüchte erfüllt werden. Es wird versucht, eine Lebensphilosophie zu verkaufen und nicht ein Produkt, also nicht ein Auto, sondern Schnelligkeit und Jugend. Um die Glaubwürdigkeit der Werbebotschaft zu erhöhen, wird das Produkt oft in eine unmittelbare Beziehung zu einer bestimmten Person gebracht. Meinungsführer wie Sportler oder Schauspieler dienen oft dazu, Leistungsfähigkeit und Schönheit zu vermitteln, Ärzte und Wissenschaftler, um Gesundheit und Wohlbefinden zu suggerieren.

Vor allem die manipulierende Werbung versucht beim Verbraucher einen Prozess in Gang zu setzen, der als **AIDA-Prinzip** bezeichnet wird und an dessen Ende die Kaufhandlung steht.

Beim AIDA-Prinzip werden mehrere Phasen unterschieden:

A	**= attention**	**= Aufmerksamkeit erregen**
I	**= interest**	**= Interesse auf das Produkt lenken**
D	**= desire of possession**	**= Besitzwunsch anregen**
A	**= action**	**= zum Handeln, zum Kaufen bringen**

Die Zielsetzung des Anbieters, möglichst viele Waren gewinnbringend zu verkaufen, kann auch am Beispiel der ausgeklügelten Verkaufsstrategien eines Supermarktes belegt werden.

Unter **Verkaufstrategien** versteht man Planungen und Maßnahmen der Produzenten und Einzelhändler mit dem Ziel, die Konsumenten zum Kauf von Waren anzuhalten.

!

1. Belege das AIDA-Prinzip an praktischen Beispielen.

2. Durch die Werbung wird die Konsumentensouveränität untergraben. Nimm zu dieser Aussage kritisch Stellung.

3. Als Werbefachmann rätst du einem namhaften Schuhhersteller, „Verkaufen Sie den Frauen keine Schuhe, verkaufen Sie ihnen hübsche Füße!"
Der Schuhhersteller beauftragt dich, eine Anzeige in einer Illustrierten zu entwerfen. Berücksichtige dabei, dass die klassischen Gestaltungselemente einer Anzeige bildliche Darstellung, Text und Slogan sind.

4. Entwickelt ein Werbekonzept für das nächste Schulfest (Weihnachtsbasar). Beantwortet dabei folgende Fragen: Wofür wird geworben? Womit wird geworben? Wo wird geworben? An wen wendet sich die Werbung? Welche Informationen enthält die Werbung?

Begleiten wir Katja und ihre Mutter beim Einkauf im Supermarkt.

Einkaufsdauer in Minuten	durchschnittlicher Einkaufsbetrag in Euro
bis 10	11,26
11–20	14,41
21–30	21,40
31–40	24,30
41–50	31,50

Quelle: Zeitbild

Katja und ihre Mutter betreten den Supermarkt, um Rinderschulter zu kaufen, die es im Sonderangebot gibt. Um zur Fleischabteilung zu gelangen, müssen sie fast das gesamte Geschäft durchqueren. So kommen sie auch an der Süßwaren-Abteilung vorbei, wo der Schokoriegel eines namhaften Herstellers besonders günstig angeboten wird. Da muss man doch zugreifen, vielleicht ein paar mehr, um einen Vorrat zu haben! In der Drogerieabteilung entdeckt Katja ein spezielles Shampoo für Mädchen, von dessen Vorzügen sie gestern im Radio gehört hat. Das sollte sie doch wirklich einmal ausprobieren! Während sie weitergehen, ertönt aus dem Lautsprecher der letzte Sommerhit und Katjas Mutter denkt mit Wehmut an die schönen Abende bei einem Glas Wein im letzten Urlaub. Steht da nicht im Weinregal die gleiche Marke? Die könnte man doch mitnehmen – ein bisschen Urlaub im Alltag! Schließlich kommen sie an der Fleischtheke an und die Mutter verlangt zwei Kilogramm Rinderschulter aus dem Angebot. Die Verkäuferin legt ein Stück auf die Waage, es sind genau 2200 Gramm und das freundliche „Darf es etwas mehr sein?“ quittiert die Mutter mit einem ebenso freundlichen Kopfnicken! Nun noch zur Kasse, zurück durch den ganzen Supermarkt. Die Mutter legt den Inhalt des Einkaufswagens auf das Band, die Kassiererin registriert die gekauften Waren: „67,35 Euro, bitte“. Oh je, die Mutter hat nur 30 Euro dabei. Sie wollte ja nur zwei Kilogramm Rinderschulter kaufen.

Supermärkte sind so eingerichtet, dass sie uns verführen mehr zu kaufen als wir eigentlich wollen. Sowohl beim Grundriss und Aufbau als auch bei der Warenanordnung wird in diesem Einzelhandelsgeschäft nichts dem Zufall überlassen. Eine zentrale Verkaufsstrategie in einem Supermarkt ist es, den Kunden so lange wie möglich im Geschäft zu halten. Wer lange bleibt, kauft mehr. Man bleibt aber nur länger, wenn es gemütlich ist und wenn man sich wohl fühlt. Um diese Atmosphäre zu erreichen, wird eine Reihe von Verkaufstricks angewendet. Supermärkte haben fast überall eine ähnliche **Raumgestaltung.**

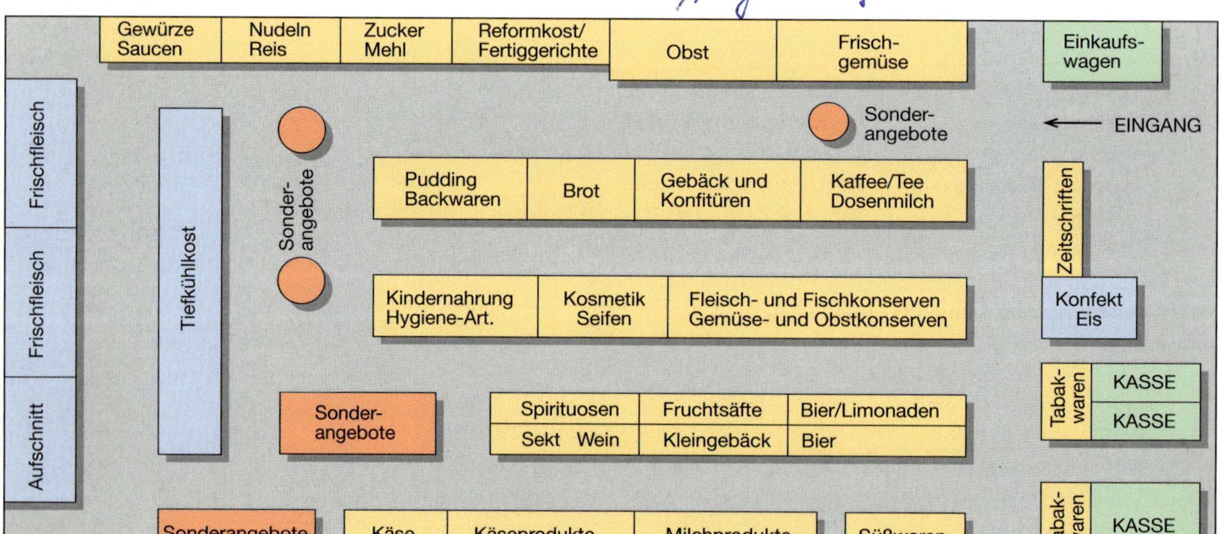

Reck-Zone

Über 170 cm, wird vom Kunden schlechter angenommen.
Hier stehen billige, leichte Waren.

Sicht-Zone

Beste Verkaufszone zwischen 130 cm und 170 cm.
Hier stehen die teuersten Artikel.

Griff-Zone

Der Regalbereich von 80 cm bis 130 cm ist die zweitbeste „Verkaufszone". Etwas preiswerter.

Bück-Zone

Bis zu 80 cm. Hier stehen große, schwere – und billige Waren.
Schnäppchen-Zone, Blick lohnt sich.

Raumgestaltung und Warenplatzierung lassen den Supermarkt zur „Einkaufsfalle" werden:

- Durch Angebote in Zeitungen, Handzettel im Postkasten und weit sichtbaren Plakaten versucht man die Kunden ins Geschäft zu locken.
- Die rechts gelegenen Regale enthalten in der Sicht- und Griffzone die gewinnträchtigen Artikel, auch Spannenartikel genannt.
- Sonderangebote, aber auch unbedingt erforderliche Waren, finden sich oft in der verkaufsschwachen Bück- oder Greifzone.
- Lebensnotwendige Güter wie Fleisch und Wurst oder Obst und Gemüse befinden sich im rückwärtigen Teil des Geschäfts. Der Kunde wird dadurch gezwungen, diese Magnetabteilungen aufzusuchen und den größten Teil des Supermarkts zu durchlaufen.
- Regelmäßig benötigte Waren sind im ganzen Supermarkt verstreut und werden oft umgeräumt. Der Kunde wird gezwungen, sie zu suchen.
- Durch Musik soll der Käufer in Einkaufsstimmung versetzt werden.

In **Schüttkörben** sind die Waren hoch aufgetürmt, der Boden ist aufgewölbt. Dadurch erhält der Käufer den Eindruck „großer Mengen" und verbindet damit „billig". Die Waren sind durcheinander angeordnet und die Preisschilder sind oft nicht gedruckt, sondern mit Filzstift auf Pappe geschrieben. Dadurch erhält der Käufer den Eindruck von billigem Ramsch, der „schnell weg muss".

In **Wühltischen** werden z. B. Textilien unterschiedlicher Größen präsentiert und der Kunde muss die gewünschte Ware selbst suchen. Das dabei entstehende Gerangel vermittelt dem Käufer oft das Gefühl „zu kurz zu kommen", wodurch seine Kaufentscheidung beschleunigt wird.

Wer den Supermarkt mit Korb oder Wagen durchlaufen hat, muss sich meist an der Kasse anstellen. Im Kassenbereich – auch **Quengelzone** – genannt, werden Kaugummis, Bonbons, Schokoriegel, Batterien, Tabakwaren oder Schnapsfläschchen präsentiert. Durch das Warten wird der Kunde auf diese Waren aufmerksam gemacht und durchläuft den AIDA-Prozess, an dessen Ende noch ein Schokoriegel im Warenkorb landet.

Tipps für überlegte Einkaufsentscheidungen

- Verkaufs- und Werbestrategien der Produzenten und Einzelhändler kennen
- gegenüber der manipulierenden Werbung sehr kritisch sein
- das eigene Verbraucherverhalten überlegen und kontrollieren
- erst informieren, dann überlegen und vergleichen und anschließend kaufen
- in den Supermarkt den Einkaufzettel mitnehmen und sich daran halten
- wenn möglich, auf billigere Ersatzgüter ausweichen

Schüttkorb

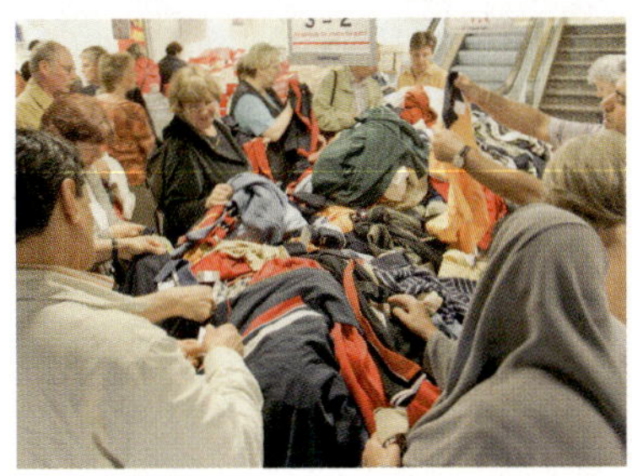

Wühltisch

1. Begründe den Ausdruck „Einkaufsfalle Supermarkt".
2. Erkläre folgende Begriffe: Mogelpackung, Warenplatzierung, Lockvogelangebot, Spontankauf, Sortiment

Bei genauerer Betrachtung erkennt man: Die Erdbeeren stammen aus Polen, die Bakterien aus Schleswig-Holstein, die Aluminiumdeckel ebenso wie der Plastikbecher müssen aus dem Rheinland gebracht werden und die Milch aus Italien. Bis so ein simpler Joghurt im Supermarktregal steht, fahren Lastwagen durch halb Europa, mehr als neuntausend Kilometer weit.
Quelle: nach Schmidt-Bleek, F.: Wieviel Umwelt braucht der Mensch? Berlin, Basel 1994, S. 10 ff.

„... aber wir schaffen doch nur notwendige Arbeitsplätze."

1. Überlege dir, welche Möglichkeiten du hast, dich in deiner Familie (Schule) umweltschonend zu verhalten.
2. Unsere Konsumgesellschaft hat sich zu einer Wegwerfgesellschaft entwickelt. Belege diese Feststellung an Beispielen.

1.5 Konsum und Nachhaltigkeit

Frank schlemmt gern Joghurt und kauft diesen im nächstgelegenen Supermarkt (Sichtzone, links hinten, nahe der Magnetabteilung). So ein Erdbeerjoghurt ist ein Niedrigpreisprodukt. Er kostet nur ein paar Cent. Viel Spielraum für ein aufwendiges Produktionsverfahren bleibt dem Hersteller also nicht, sollte man meinen. Und außerdem: was ist schon dran an einem Erdbeerjoghurt? Milch aus der nahen Molkerei, ein paar Früchte, ein Deckel, immerhin Aluminium, aber ansonsten: harmlose Kleinigkeiten.

Jeglicher Konsum hat Auswirkungen, die sowohl die Umwelt als auch die Gesellschaft als Ganzes betreffen. Die Produktion von Konsumgütern verlangt den Einsatz von natürlichen Ressourcen wie Energie, Rohstoffe oder die Fruchtbarkeit des Bodens in Verbindung mit der menschlichen Arbeitsleistung. Es müssen demnach die Produktionsfaktoren Natur und Arbeit (vgl. S. 171) zusammenwirken. Wer den Faktor Natur beansprucht, hat mit ökologischen Auswirkungen zu rechnen und wer menschliche Arbeitskraft benötigt, beeinflusst das soziale Gefüge in einer Gesellschaft. Die ökologischen und sozialen Auswirkungen, die der Konsum mit sich bringt, werden vom einzelnen Verbraucher vielfach nicht bedacht.

Eine sinnvolle Verbrauchererziehung verlangt deshalb ein Nachdenken über den eigenen Bedarf und die Entwicklung eines verantwortungsvollen Verbraucherverhaltens, das die Wirkungen des Konsums auf die Umwelt und die Mitmenschen berücksichtigt.

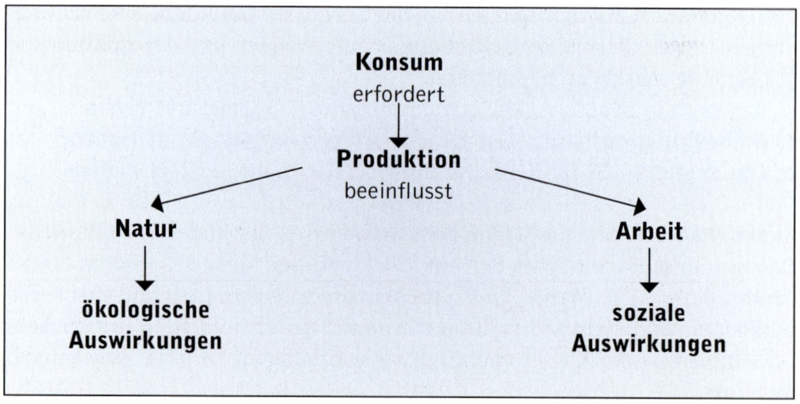

Die **ökologischen Auswirkungen** des Konsums sind vielfältig. Durch seinen Verbrauch beeinflusst jeder Einzelne, zusammen mit den anderen Konsumenten, die Art und die Menge der hergestellten Waren. Bei der Produktion dieser Güter werden Ressourcen der Natur wie Rohstoffe und Energie verbraucht. Hierbei unterscheidet man zwischen erneuerbaren und nicht erneuerbaren Ressourcen. Zu den erneuerbaren Ressourcen gehören der Holzreichtum der Wälder, die Fruchtbarkeit landwirtschaftlicher Böden, die Kraft des Windes und der Sonne, aber auch der Artenreichtum der Weltmeere; nicht erneuerbare Ressourcen sind z. B. fossile Energieträger wie Rohöl oder Kohle und viele Mineralien. Je mehr wir nicht erneuerbare Ressourcen verbrauchen, desto weniger Rohstoffe hinterlassen wir unseren Nachkommen.

Unüberlegter Konsum führt langfristig zur Zerstörung der Lebensgrundlagen des Menschen, da die jetzige Generation auf Kosten ihrer Kinder lebt.

Der **Ressourcenverbrauch** hat sich in den letzten Jahrzehnten z. B. in den privaten Haushalten stark erhöht. Elektrische Haushaltsgeräte verbrauchen Energie, z. B. Waschmaschinen, Geschirrspülmaschinen, Wäschetrockner und Geräte zur Nahrungsmittelzubereitung. Darüber hinaus wird Energie für Heizung, Beleuchtung, Warmwasserbereitung und die Informations- und Unterhaltungselektronik benötigt. Beträchtlich ist der Konsum chemischer Mittel in den Haushalten für die Nutzung von Wasch- und Spülmaschinen, für Reinigungszwecke, aber auch zur Körperpflege. Chemische Mittel erfordern nicht nur bei der Herstellung Energie, sondern stellen nach ihrer Verwendung Entsorgungsprobleme dar.

Weitere ökologische Auswirkungen des Konsums sind die steigende Belastung von Luft, Wasser und Boden. Luftverschmutzung entsteht vor allem durch die Abgase der Unternehmen, privaten Haushalte ebenso wie beim Transport von Waren und Personen. Ein Kubikmeter Abgas verpestet zehn Kubikmeter Luft, mit der Folge, dass Wälder absterben, Atemwegserkrankungen zunehmen und die Ozonbelastung steigt. Stark umweltbelastend sind auch die Transportleistungen, die weltweit zugenommen haben. Gütertransport bedeutet einerseits Energieverbrauch und andererseits **Luftverschmutzung**. Statt den heimischen Apfel mit Druckstellen und möglicherweise einem kleinem Würmchen zu essen, wird im Supermarkt der sechsmal gespritzte und aus Neuseeland stammende Apfel gekauft.

Flüsse, Seen und Meere dienen als Auffangbecken für das Brauchwasser bei der Industrieproduktion oder sammeln die Abwässer der Haushalte und übernehmen die Entsorgung von Abfällen jeglicher Art. **Wasserverschmutzung** ist wiederum die Ursache für einen nachlassenden Artenreichtum in der Tierwelt, Fischsterben und einer Vielzahl von Krankheiten.

Auch der Boden bleibt nicht frei von Umweltbelastungen. Oft werden bei der Nahrungsmittelproduktion Düngemittel ausgebracht, Unkraut- bzw. Schädlingsbekämpfungsmittel eingesetzt und damit die **Bodenbelastung** erhöht. Der Bau von Straßen, Häusern und Industrieanlagen, das Abholzen von Wäldern zerstört natürliche Flächen und führt in seiner Folge zu einem Ungleichgewicht, das sich in einem Klimawandel mit Dürreperioden und Jahrhunderthochwassern äußert. Die Zunahme des Selbstbedienungsprinzips im Einzelhandel erzwingt mehr Verpackungsmaterial, das auf Mülldeponien landet und das Grundwasser belastet. Moderner Konsum bedeutet immer eine Verpackungsflut in Form von Kartons, Dosen, Flaschen, Papiertüten und Kunststoffteilen.

Die Gründe für die steigenden Müllberge sind vielfältig:

- Vor allem um Verkaufspersonal zu sparen, müssen die Verbrauchsgüter verpackt und als Selbstbedienungsartikel angeboten werden.
- Viele Produkte sind mehrfach verpackt.
- Wegen der zunehmenden Zahl kleinerer Haushalte mit ein bis zwei Personen gibt es mehr Kleinpackungen, wodurch sich der gesamte Verpackungsaufwand erhöht.
- Viele gehen zu sorglos mit Verpackungen um und benutzen z. B. Plastiktüten statt Stoffbeutel.

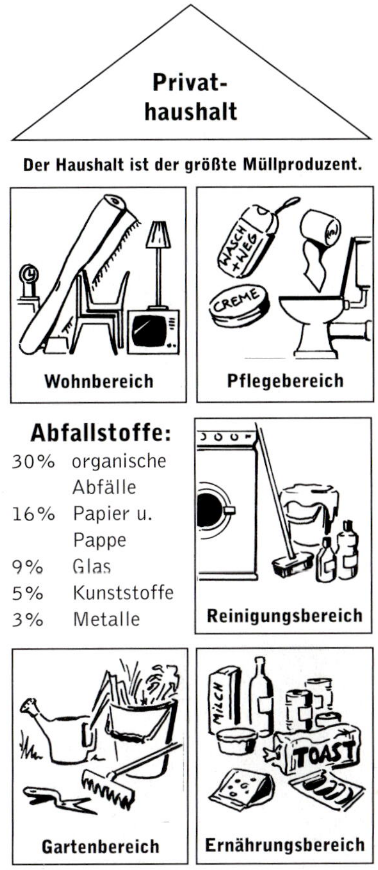

1. Versucht anhand der Verpackung der Konsumgüter, die sich in eurer Küche befinden, den Herkunftsort dieser Waren festzustellen.
2. Informiere dich bei Obst und Gemüse, aus welchen Ländern die jeweiligen Produkte stammen.
3. Entwickle Vorschläge für eine umweltgerechte Nahrungsmittelversorgung in eurer Familie.

Schwellenland
ist die Bezeichnung für jene in der Entwicklung begriffenen Länder, die bereits die „Schwelle" zu einem Industrieland erreicht haben: Sie liegen in ihrer wirtschaftlichen Entwicklung zwischen den Entwicklungsländern einerseits und den Industrieländern andererseits. Beispiel für Schwellenländer sind z.B. Brasilien, Mexiko, Taiwan, Singapur, Indonesien.

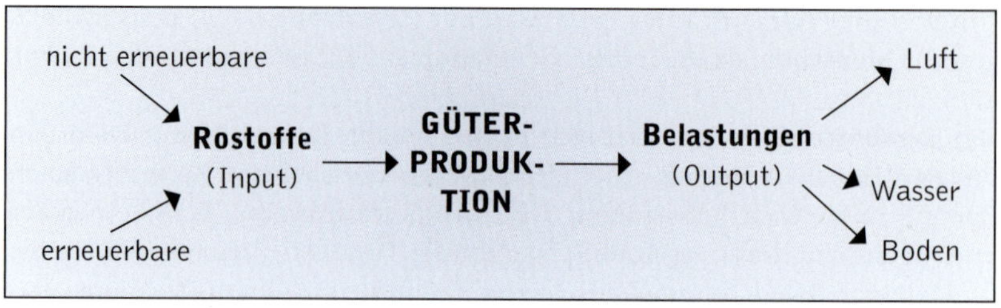

Konsum und Produktion haben auch **soziale Auswirkungen**.

Da die überwiegende Zahl der Konsumenten ihre Waren möglichst preisgünstig kaufen will, wird der Hersteller gezwungen, Konsumgüter dort zu produzieren, wo die geringsten Kosten entstehen. Die Kosten eines Produkts setzen sich überwiegend aus den Rohstoffkosten, Lohnkosten, Steuern und den Kosten für den Unterhalt der Maschinen zusammen.

Man wird demzufolge den Standort einer Unternehmung dort wählen, wo Rohstoffe vorhanden sind, die Lohnkosten sehr niedrig sind, die Steuerbelastung am geringsten ist und möglichst keine Umweltauflagen bestehen. Vor allem die Entwicklungsländer, aber auch die Schwellenländer, bieten günstige Rahmenbedingungen für die Herstellung von Konsum- und Investitionsgütern. Das Kostengefälle zwischen Entwicklungs- und Industrieländern hat aber auch seine Ursachen in der international stark zunehmenden Arbeitsteilung, die zu einer Globalisierung der Märkte führte.

Die niedrigen Löhne in den Entwicklungsländern sind die Voraussetzung für den zunehmenden Konsum in den Industrieländern. Zu den zentralen Auswirkungen moderner Konsumgesellschaften gehört die **ungerechte Einkommensverteilung** auf der Erde. Während in den Entwicklungsländern Hunger und Armut dominieren, findet sich in den Industrieländer überwiegend Reichtum und Wohlstand.

Kinderarbeit beim Teppichknüpfen in Persien, Hungerlöhne für die Frauen in Sri Lanka und ein 10-Stunden-Arbeitstag auf den Kaffeeplantagen Brasiliens sind eine Seite des Konsums; auf der anderen Seite stehen Shopping und Freizeit, Prestigekonsum und Impulskäufe, Life-Style und ab und zu eine Weltreise als Tourist. Der Teufelskreis, in dem die armen Länder immer ärmer und die Reichen immer reicher werden, ist nur durch ein sinnvolles Konsumieren und Produzieren zu durchbrechen.

Eine weitere soziale Auswirkung der ungerechten Einkommensverteilung sind die unterschiedlichen **gesundheitlichen Verhältnisse** der Weltbevölkerung. In den Wohlstandgesellschaften führt das reiche Nahrungsmittelangebot bei vielen Menschen zu Übergewicht, das sie mit Diäten, sportlichen Aktivitäten und Schönheitsoperationen zu korrigieren versuchen. Krankheiten, die aus ungesundem Konsum (Alkohol, Zigaretten, fette Speisen) resultieren, sind eine der Hauptursachen für Sterbefälle. In den Hungergesellschaften der Dritten Welt leiden die Menschen an Unterernährung und Mangelerscheinungen. Unzumutbare hygienische Verhältnisse, einseitige Ernährung und unzureichende ärztliche Versorgung sind oft die Quelle von Seuchen. Die Lebenserwartung eines Kindes in Afrika oder Südamerika ist demzufolge deutlich niedriger als in Deutschland.

Wohnen in reichen Ländern

Wohnung sozial Schwacher

Sport gegen Übergewicht

Um die weltweiten ökologischen und sozialen Auswirkungen des Konsums zu reduzieren, muss der Verbraucher mithelfen, die Schäden, die aus seinem Handeln resultieren, so weit wie möglich zu mindern.

- Er sollte Produkte meiden, die entweder selbst umweltbelastend sind, oder mit umweltbelastenden Methoden produziert werden. Durch seine Konsumzurückhaltung zwingt er die Produzenten verstärkt, den Umweltaspekt zu berücksichtigen. Das Umweltzeichen „Der blaue Engel" fördert die Herstellung und den Kauf umweltfreundlicher Produkte. Dieses Zeichen wird von einer unabhängigen Jury auf Vorschlag des Umweltbundesamtes verliehen.
- Vielleicht kann als nächstes Urlaubsziel die nähere Umgebung mit dem Fahrrad erkundet werden, bevor man mit dem Flugzeug oder Auto in den Süden reist. Sanfter Urlaub im Inland schont die Umwelt.
- Wenn bei Produktion und Konsum Abfälle entstehen, so sollten diese recycelt werden.

Unter **Recycling** versteht man die Rückführung verbrauchter Rohstoffe in den Produktionsprozess durch Abfallverwertung.

1991 haben sich Unternehmen aus Handel, Konsumgüterindustrie und Verpackungsbetriebe zusammengeschlossen und das „Duale System Deutschland" (DSD) gegründet. Ziel ist das Sammeln, Sortieren und Wiederverwerten gebrauchter Verpackungen, um die Abfallberge drastisch zu reduzieren.
Die Molkerei, die den Joghurt produziert, zahlt eine Gebühr an das DSD und erhält dafür die Erlaubnis, einen „grünen Punkt" auf ihren Produkten anzubringen. Die Gebühr für den grünen Punkt ist in den Preis des Produkts bereits einkalkuliert. Für diese Gebühren erbringt das DSD folgende Leistungen:

- das Einsammeln von gelben Säcken, die Kunststoffe (z. B. Joghurtbecher) und Verbundmaterialen (z. B. Saftkartons) aufnehmen
- das Aufstellen von Sammelbehältern für Glas, Papier/Pappe und Metall. Dieser gesammelte Müll wird in den Betrieben des DSD sortiert und die brauchbaren Stoffe zur Verwertung weitergegeben. Viele Güter können recycelt werden, z. B. Altglas wird zu neuen Flaschen, aus Altpapier wird neues Papier. Organische Bestandteile wie Küchenabfälle werden zur Kompostierung verwendet, aus Kunststoffabfällen werden Platten und Straßenbeläge hergestellt. Nicht verwertbare Reste landen auf der Mülldeponie oder in den Müllverbrennungsanlagen.

Übrigens: Im Rahmen des DSD können auch Umweltverpackungen problemlos an die Erzeuger und Händler zurückgegeben werden.

Aber nicht nur das Verhalten von Erwachsenen kann auf seinen ökologischen und sozialen Auswirkungen hin durchdacht werden, sondern auch das von Schülern. Sinnvoll ist es, auf Hefte mit Recycling-Papier zu achten, Ledertaschen statt Kunststofftaschen zu kaufen, Bleistifte zu verwenden und Faserschreiber bzw. Tintenkiller zu vermeiden, da sie giftige Dämpfe enthalten.

Unter **Globalisierung** versteht man eine zunehmende internationale Arbeitsteilung, deren Folge eine weltweite Vernetzung der Gütermärkte, Kapitalmärkte und Arbeitsmärkte ist, begünstigt durch verbesserte Informations- und Transportsysteme.

Blauer Engel

Grüner Punkt

Pfandsymbol für Einwegbehälter

1. Überlege Möglichkeiten des umweltbewussten Verbraucherverhaltens beim Pausenbrot.

Mehrkammercontainer

Agenda (lat-roman.)
„was zu tun ist"
1. a) Schreibtafel, Merk-, Notizbuch;
   b) Terminkalender
2. Aufstellung der Gesichtspunkte bei politischen Verhandlungen

1. Global denken, lokal handeln. Erläutere dieses Zitat und belege es an praktischen Beispielen.

2. Welche konkreten Möglichkeiten bieten sich in deinem Familienhaushalt, nach dem Prinzip der Nachhaltigkeit zu handeln?

3. Informiere dich über Zielsetzungen und Maßnahmen der letzten Umweltkonferenz(en) der Vereinten Nationen.

4. Die Wale der Weltmeere standen Ende des vorigen Jahrhunderts kurz vor der Ausrottung.
   a) Worin lagen die Ursachen dieser Entwicklung?
   b) Welche Maßnahmen wurden ergriffen, um dies zu verhindern?

Die vielfältigen Aktivitäten, mit denen die Umweltauflagen von Natur und Mensch reduziert werden können, sind unter dem Leitbild des „nachhaltigen Konsums" zusammengefasst. Der Begriff der Nachhaltigkeit gilt seit einigen Jahren als Vorbild für eine zukunftsfähige Entwicklung (sustainable development) der Menschheit.

In Europa wurde der Gedanke der Nachhaltigkeit erstmals in einer Forstordnung des Klosters Mauermünster im Elsass aus dem Jahr 1144 gefunden. Um die Wende vom 18. zum 19. Jahrhundert setzte sich das Nachhaltigkeitsprinzip schließlich in der Forstwirtschaft durch. Laut Forstordnung durfte fortan nicht mehr Holz geschlagen werden als nachwächst. Vom wirtschaftlichen Standpunkt aus bedeutet dies, nicht vom Kapital, sondern von den Zinsen zu leben.

Erst 1987 wurde der Begriff „sustainable development" durch die von der UNO eingesetzte Weltkommission für Umwelt und Entwicklung unter Führung des norwegischen Ministerpräsidenten Gro Harlem Brundtland wiederentdeckt. Im Brundtland-Bericht wird „Nachhaltigkeit" wie folgt definiert:

Dauerhafte Entwicklung ist die Entwicklung, die die Bedürfnisse der Gegenwart befriedigt, ohne zu riskieren, dass künftige Generationen ihre eigenen Bedürfnisse nicht befriedigen können.

In der Agenda 21 haben sich 170 Staaten zu einer „nachhaltigen Entwicklung" in ihren Ländern bekannt und versprochen, diese Zielsetzung bei allen ihren politischen Maßnahmen zu berücksichtigen.

Die Verwirklichung des Prinzips der Nachhaltigkeit beim Konsum verlangt von jedem Einzelnen:
- auf die Erhaltung der natürlichen Lebensgrundlagen zu achten,
- die Wahrung der Lebenschancen heutiger und zukünftiger Generationen weltweit zu berücksichtigen,
- die Integration ökologischer, ökonomischer und sozialer Belange zu beachten.

ökonomischer Gesichtspunkt
Vermehrung des Wohlstands durch wirtschaftliche Entwicklung

sozialer Gesichtspunkt
gerechte Verteilung der Güter zwischen den Generationen sowie den reichen und armen Ländern

NACHHALTIGER KONSUM

ökologischer Gesichtspunkt
Sicherung und Erhaltung der natürlichen Lebensgrundlagen und der Artenvielfalt

Jeder Mensch hat Wünsche und Träume, d.h., er versucht sich manchmal von der Wirklichkeit zu lösen und in weltfernen Fantasien zu leben. Diese Fähigkeit eines jeden, sich Traumwelten zu schaffen, macht man sich bei der Methode der Zukunftswerkstatt zunutze. Es handelt sich bei dieser Methode um die Entwicklung einer wünschbaren Zukunft, d.h., es werden Utopien beschrieben, die aus Träumen geboren sind. Bei einer Zukunftswerkstatt dürft ihr deshalb euren Träumen, Sehnsüchten und Fantasien freien Lauf lassen. Das Ungewöhnliche dieser Methode ist die Umkehrung der gewohnten Betrachtungsperspektive. Die Zukunft wird nicht als Verlängerung der Gegenwart angesehen, sondern aus der Zukunftsperspektive heraus wird versucht, die Gegenwart zu gestalten.

Wenn ihr z. B. mit den heutigen Konsum- und Produktionsformen und ihren Wirkungen auf die Umwelt nicht mehr einverstanden seid, könnt ihr versuchen, eine solche Zukunftswerkstatt über den Zusammenhang von **Konsum und Umwelt** zu gestalten. Ziel einer Zukunftswerkstatt ist es, Lösungsideen für einen sinnvollen umweltschonenden Konsum zu entwickeln, also zu versuchen, Umwelt- und Gesundheitsschäden in der Zukunft zu vermeiden. In einer Zukunftswerkstatt muss man in mehreren Schritten (Phasen) vorgehen.

Vorbereitungsphase

Zunächst sind einige räumliche und organisatorische Vorbereitungen zu treffen. Diese Unterrichtsform erfordert überwiegend Gruppenarbeit, sodass im Klassenzimmer mehrere Arbeitstische erforderlich sind. Wünschenswert wären Kleingruppenräume und vielleicht die Möglichkeit, einen Sitzkreis zu bilden. Darüber hinaus benötigen die Teilnehmer Arbeitsmaterialien wie z. B. Karteikärtchen, Papier, Plakate, Pinnwände und Scheren. In die Vorbereitungsphase gehört auch die Information über den eigentlichen Ablauf der Zukunftswerkstatt, während der die Schüler meckern dürfen (Kritikphase), träumen können (Fantasiephase) und dann loslegen müssen (Verwirklichungsphase).

Kritikphase (Meckerphase)

In dieser Phase sollt ihr überlegen, welche negativen Auswirkungen der Konsum auf die Umwelt in unserer Zeit ausübt. Damit die gegenwärtigen Missstände gekennzeichnet werden, kann jeder Teilnehmer seine Kritikpunkte willkürlich und ungeordnet auf die ausgeteilten Kärtchen schreiben. Schreibt auf jedes Kärtchen nur einen Gedanken wie z. B. zu viele Müllberge, schlechte Luft in Großstädten, Prestigekonsum. Zusätzliche Argumente findet ihr auf den vorangegangenen Seiten dieses Buches, in Zeitungsartikeln, Broschüren der einschlägigen Ministerien, im Internet. Wichtig ist, dass ihr möglichst viel Unmut und Unbehagen über das gegenwärtige Konsumverhalten und die Umweltbelastungen äußert.

Nachdem ihr so viel wie möglich gemeckert habt, könnt ihr die gesammelten Kritikpunkte sichten, ordnen und zu Themengruppen zusammenfassen. Mögliche Themengruppen sind z. B. Konsumgewohnheiten, Luftbelastung, Wasserbelastung, Bodenbelastung. Den Themen entsprechend werden Arbeitsgruppen gebildet, deren Aufgabe es ist, die kritischen Argumente noch zu vertiefen und zu erweitern.

Mülldeponie

Nenne dich nicht arm, weil deine Träume nicht in Erfüllung gegangen sind; wirklich arm ist nur der, der nicht geträumt hat.
(Marie Ebner-Eschenbach, östr. Schriftstellerin)

Man muss an Utopien glauben, um sie verwirklichen zu können.
(Jean-Jacques Servan-Schreiber; franz. Journalist und Politiker)

Vorbereitung

Kritik

Fantasie

Verwirklichung

Nachbereitung

Fantasiephase (Traumphase)
In dieser Phase dürft ihr so viel wie möglich träumen, fantasieren und euren Sehnsüchten über eine intakte Umwelt nachgehen. Als erster Schritt in dieser Phase ist es ratsam, die kritischen negativen Argumente, die ihr in der Meckerphase gefunden habt, in positive Aussagen umzuwandeln. Die negative Aussage „die Zunahme von Fertiggerichten erhöht die Müllhalden“ kann z. B. in den positiven Satz „ traditionelle Speisezubereitung bedeutet weniger Müll“ umgewandelt werden. Oder: „Der Stadtverkehr belästigt die Fußgänger durch Lärm und Abgase“ wird umformuliert in: „Durch mehr autofreie Innenstädte werden Fußgänger vor Lärm und Abgasbelästigungen geschützt.“ Nach diesen ersten Schritten in eine utopische Welt sollt ihr weitere Visionen über umweltverträglichen Konsum und eine für alle lebenswerte Umwelt entwickeln. Ein mögliches Hilfsmittel, mit dem solche unerfüllbaren Welten beschrieben werden können, ist das Brainstorming. Ihr sollt auf Kärtchen oder im Stuhlkreis möglichst utopische, alberne, unrealistische Ideen über umweltfreundlichen Konsum äußern. Die Grundidee dieses Verfahrens beruht darin, dass ihr möglichst viele Ideen, Trugbilder und Wunderwelten findet, wie z. B. klare Flüsse mit großem Artenreichtum, eine Welt ohne Müll, eine abgasfreie Industrie. Auch am Ende dieser Phase können die Utopien thematisch geordnet und von den Gruppen weiter bearbeitet werden.

Verwirklichungsphase (Losleg-Phase)
In dieser Phase sollt ihr wieder auf den Boden der Realität zurückfinden und überlegen, wie die Zukunftsentwürfe und Fantasien in der Gegenwart verwirklicht werden können. Die zentrale Frage dieser Phase lautet: Was müsste geschehen, um die Utopie einer lebenswerten Umwelt zu verwirklichen? Diese Hauptfrage kann in Teilfragen aufgelöst werden, wie z. B.: Was kann der Einzelne tun? Was kann in der Familie, Schule verbessert werden? Welche neuen Gesetze sollten die politischen Organisationen anstreben? Wie hat sich die Wirtschaft zu verhalten?

Die sich aus den Fragen entwickelnden Vorschläge und Strategien zur Erreichung einer lebenswerten Umwelt müssen auf ihre Durchsetzungschancen geprüft werden. Am Ende dieser Diskussion könnte z. B. ein Forderungskatalog stehen und wenn möglich ein Aktionsplan entwickelt werden, der sich auf die Durchsetzung dieser Vorschläge bezieht. Die Werkstattteilnehmer sollten loslegen, um die Fantasien der Realität ein Stück näher zu bringen.

Nachbereitungsphase
In dieser Phase können sich die Teilnehmer kritisch über die Stärken und Schwächen der abgelaufenen Zukunftswerkstatt äußern. Hat das Meckern, Fantasieren, Diskutieren, die Gruppenarbeit und Informationssuche für den Einzelnen etwas gebracht oder nicht? Neben selbstkritischen Überlegungen besteht aber auch die Möglichkeit, die erarbeiteten Inhalte der Öffentlichkeit zu präsentieren. Vielleicht kann man einen Beitrag in der Schülerzeitung bringen, oder Schaukästen mit Collagen, Texten, Bilder, Statistiken aus der Werkstattarbeit füllen.

Übrigens eignen sich noch weitere Themen für eine Zukunftswerkstatt, z. B. der Nord-Süd-Konflikt, die Globalisierung, die Arbeitswelt im Jahre 2020.

Renaturierte Mülldeponie

Wirtschaften dient der Daseinsvorsorge. Hierbei werden die menschlichen **Bedürfnisse** durch eine systematische Produktion von Gütern befriedigt.

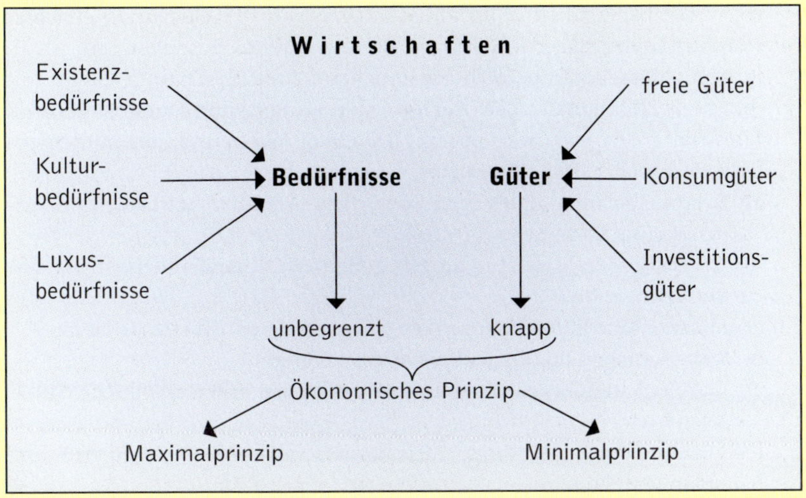

Bildung ist ein Kulturbedürfnis

Laptop: Kultur- oder Luxusbedürfnis?

Da die Möglichkeiten der Güterproduktion im Verhältnis zu den menschlichen Bedürfnissen begrenzt sind, muss der Mensch bei seinen ökonomischen Handlungen **rationale Entscheidungen** treffen.
Er wird einen **Haushaltsplan** erstellen, d.h. die erwarteten Einnahmen und die geplanten Ausgaben sinnvoll ausgleichen und den Regeln des optimalen Zeitmanagements folgen. Hierbei ist zu entscheiden, ob die Bedürfnisbefriedigung notwendig, nützlich oder überflüssig ist.

Bei seinen Konsumentscheidungen hat der Mensch
- neben **ökonomischen** auch **ökologische**, **gesundheitliche** und **soziale Gesichtspunkte** zu beachten;
- den Einfluss von **Werbung** und Verkaufstrategien zu berücksichtigen. Werbung versucht nicht nur zu informieren, sondern auch durch Bedarfsweckung und -lenkung zu manipulieren. Verkaufsstrategien versuchen durch Warenplatzierung und Raumgestaltung das Konsumverhalten zu beeinflussen. Die Anordnung von Waren in den Regalen mit Bück-, Griff-, Sicht- und Reckzone, die Gestaltung von Schüttkörben, Wühltischen und der Quengelzone berücksichtigen die Erkenntnisse der Verkaufspsychologie.
- auf das Prinzip der **Nachhaltigkeit** zu achten, d.h. natürliche Lebengrundlagen und Artenvielfalt zu erhalten, und für eine langfristig gerechte Güterverteilung zu sorgen.

Nachhaltiger Konsum verlangt
- die **ökologischen Auswirkungen**, wie Ressourcenverbrauch, Luft- und Wasserverschmutzung zu berücksichtigen,
- die **sozialen Auswirkungen**, wie die ungerechte Güterverteilung zwischen Arm und Reich bzw. Jung und Alt zu bedenken
- die **gesundheitlichen Auswirkungen**, wie Übergewicht in den Industrieländern und Unterernährung in den Entwicklungsländern zu reflektieren.

Wichtige Begriffe:
Bedürfnis (Existenz-, Kultur-, Luxusbedürfnis)
Güter
freie Güter
dauerhafte Entwicklung
Maximalprinzip
Minimalprinzip
Wirtschaften
Haushaltsplan
Werbung
E-Commerce (E-Business)
wirtschaftliche Güter
Wirtschaftlichkeit
Verkaufstrategien

Freies Gut

Wirtschaftliches Gut

1. Es ist ein heißer Sommertag. Frank und Katja wollen nach der Schule schwimmen gehen. Mit ihren Rädern fahren sie zu einem nahe gelegenen Baggersee. Hier haben die Badegäste freien Zutritt und es sind sogar Grünanlagen und sanitäre Anlagen von der Gemeinde errichtet worden. Leider haben an einigen Stellen frühere Besucher ihre Abfälle liegen lassen. Katja sucht darum eine saubere schattige Stelle mit direktem Zugang zum See. Auch für den Hunger und Durst ist gesorgt. Frank hat einen Picknick-Korb mit Brötchen, Äpfeln und Cola mitgenommen und sogar Gläser sind dabei.
   a) Beschreibe anhand des Textes den Zusammenhang zwischen Bedürfnissen und Gütern.
   b) Welche Bedürfnisse sind im Text genannt? Ordne die Bedürfnisse den Bedürfnisarten zu.
   c) Mit welchen Gütern werden die genannten Bedürfnisse befriedigt?
   d) Systematisiere die im Text genannten Güter.
   e) Warum handelt es sich bei Cola und Glas um unterschiedliche Güterarten?
2. Jede Familie bzw. jeder Single muss bewusst oder unbewusst einen Haushaltsplan erstellen.
   a) Erläutere die wichtigsten Posten der Einahmen und der Ausgabenseite eines Haushaltsplans.
   b) Welche Schritte sind bei der Erstellung eines Haushaltsplanes zu berücksichtigen?
3. Die Klasse 9b absolviert im Januar einen einwöchigen Skiurlaub in Österreich.
   a) Wiederhole zunächst die vier Gesichtpunkte für ein überlegtes Konsumieren.
   b) Belege am Beispiel des Skiurlaubs, inwieweit obige Gesichtspunkte berücksichtigt werden.
4. Der Supermarkt kann für den Kunden zur Einkaufsfalle werden.
   a) Beschreibe die Warenanordnung für einen Supermarkt deiner Wahl.
   b) Belege an Beispielen, wie in diesem Supermarkt der Kunde zu unüberlegten Käufen veranlasst werden soll.
5. Erläutere am Beispiel der Quengelzone das AIDA-Prinzip.
6. In einem Sportfachgeschäft kauft Katja mit ihren Eltern eine komplette Skiausrüstung. Erläutere am Beispiel eines Sportfachgeschäftes
   a) die vorherrschende Methode der Werbung,
   b) die Raumgestaltung und Warenplatzierung.
   c) Wann ist es am günstigsten eine Skiausrüstung zu kaufen?
   d) Welche Probleme und Möglichkeiten bietet das Internet beim Kauf einer Skiausrüstung?
7. Entwickeln Verbraucher gemeinsame Verhaltensweisen, so können sie die Produktion und den Preis eines Gutes beeinflussen.
   a) Belege diese Aussage an konkreten Beispielen.
   b) Wie versuchen die Hersteller von Produkten diesen „unzurechenbaren“ Verhaltensweisen entgegenzuwirken?
8. Der mündige Wirtschaftsbürger sollte seinen Konsum nachhaltig gestalten.
   a) Was versteht man unter Nachhaltigkeit?
   b) Welche Gesichtspunkte sind beim nachhaltigen Konsum zu berücksichtigen?

2 Entscheidungen beim Umgang mit Geld

2.1 Geschichte des Geldes

Das war vielleicht eine komische Zeit damals, als es noch kein Geld gab: Da zog man einen störrischen Esel hinter sich her, um ihn gegen zwei Säcke Mehl zu tauschen. Oder man musste einen Sack Korn durch die Gegend schleppen, wenn man ein paar Liter Wein haben wollte. Stell dir nur mal vor, das wäre heute noch so. Du willst einen Füller kaufen und musst dafür drei Liter Milch hergeben. Was machst du dann, wenn ihr zu Hause überhaupt keine Kuh habt? Du musst dir erst mal Milch besorgen und dafür fünf Pfund Mehl hergeben. Dann gehst du zum Verkäufer des Füllers und kriegst endlich deinen Füller – falls der Mann mit dem Füller nicht längst etwas anderes sucht. Schrecklich umständlich, was?
(Quelle: nach Grupp, Claus D.: Mit Tausch fing's an. Vom Naturaltausch zu Geld und Wertpapier., 6. Aufl., Köln 1980, S. 13)

Naturaltausch

Die Menschen der Vorzeit kannten noch kein Geld. Sie betrieben eine einfache Selbstversorgungswirtschaft, d.h. alles, was sie für den Lebensunterhalt benötigten, mussten sie selbst erzeugen. Im Laufe der Zeit spezialisierten sich einzelne Menschen auf die Herstellung bestimmter Güter, wie z.B. Töpfe oder Äxte. Diese Arbeitsteilung zwang zu einem Tausch der Güter, die man in größeren Mengen produzierte als man sie selbst verbrauchte. Der Töpfer tauschte seine Produkte gegen Nahrungsmittel oder ein Rinderfell.

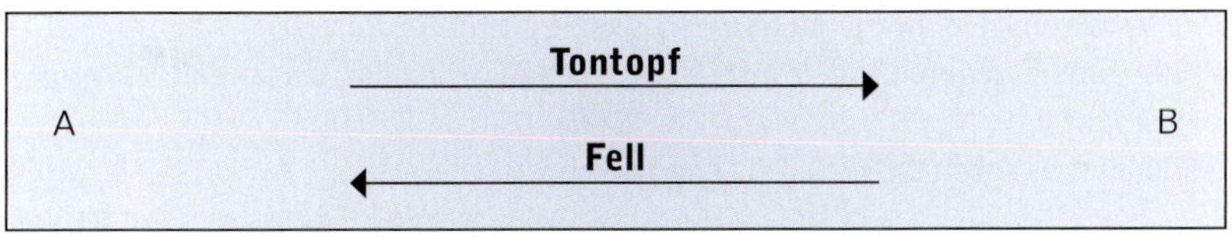

Beim **Naturaltausch** handelt es sich um die Übertragung unterschiedlicher realer Güter von einer Person auf eine andere.

Dieser Naturaltausch hatte im Wesentlichen zwei Nachteile:
- Man brauchte viel Zeit und Geduld, um den geeigneten Tauschpartner zu finden.
- Der Wert der Gegenstände, die getauscht werden sollten, war sehr unterschiedlich und es fehlte ein allgemeiner Wertmaßstab.

Um die Schwierigkeiten des Naturaltausches zu überwinden, kamen die Menschen darauf, den Tauschvorgang zu erleichtern, indem sie sich auf ein von allen anerkanntes Tauschmittel einigten. Diese Entwicklung begann allmählich und hatte ihren Grund darin, dass manche Güter begehrter waren als andere und dass man mit ihnen alle anderen Güter eintauschen konnte. Die Waren, auf die man sich einigte, waren relativ haltbar, knapp und wertvoll und dienten als Zwischentauschgüter. Diese älteste Form des Geldes wird als **Warengeld** bezeichnet.

1. Gibt es in deinem Freundeskreis noch irgendwelche Möglichkeiten für einen Naturaltausch?

2. Informiere dich über vergangene Hochkulturen, die noch nicht über Geld verfügten und demzufolge Naturaltausch betrieben.

3. Im Ostseeraum war früher Bernstein ein beliebtes Zwischentauschmittel.
   a) Was ist Bernstein?
   b) Welche Vorteile hat Bernstein als Warengeld?

4. Bei den Kikuju in Kenia wird heute noch das Rind als Warengeld benutzt. Beschreibe mögliche Nachteile der Rinderwährung.

5. Bei den Warengeldarten kann man zwischen Nutzgeld und Schmuckgeld unterscheiden. Erläutere beide Begriffe und ordne die Warengeldarten zu.

Begehrte Zwischentauschgüter waren vor allem Gebrauchsgegenstände wie z. B. Vieh (lateinisch: pecus – pecunia), Salz, Felle, Waffen oder Schmuckgegenstände wie Perlen, Muscheln, Bernstein und Ringe und nach dem Zweiten Weltkrieg Zigaretten. Die Eigenschaft, Warengeld oder Ware zu sein, hing von der Verwendung des Gegenstandes ab. Wurde z. B. Salz zum Würzen von Speisen benutzt, so war es eine Ware, wurde es zum Tausch verwendet, so handelte es sich um Warengeld.

Noch vor wenigen Jahren war in Teilen Tibets, Sibiriens und der Mandschurei Warengeld im Gebrauch. Man zahlte mit Teeziegeln aus gepressten Teeblättern. Ein Pferd kostete 80 Teeziegel und für 20 Teeziegel erhielt man eine Axt.

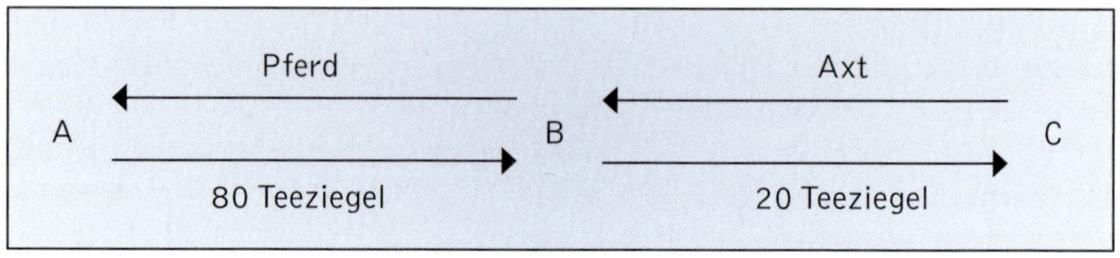

Kaurischnecke

Mit Kaurischnecken kann man heute noch in Zentralafrika, im Gebiet des Niger, bezahlen. Lange vor Erfindung der Metallmünzen war diese „Währung“ sehr weit verbreitet.

Aus den Gewichtsbezeichnungen sind viele Münznamen entstanden: eine englische Münze heißt „pound", Pfund. „Peso" heißt im Spanischen das Gewicht, und so heißen auch Münzen in Kuba, Mexiko oder Kolumbien. In Frankreich hieß ein Geldstück früher „Livre", und „livre" heißt Pfund. Es stammt vom lateinischen „Libra" ab, wie der ehemalige italienische Münzname Lira.

Der Vorteil des Warengeldes lag vor allem darin, dass die Teeziegel als Wertmaßstab dienen und die Tauschvorgänge zeitlich und örtlich auseinander liegen konnten. Die Nachteile des Warengeldes sind:
- Es ist über einen längeren Zeitraum nicht wertbeständig.
- Das Warengeld ist oft nicht gleichwertig untereinander.
- Bei Tauschgegenständen mit geringerem Wert ist das Warengeld zu wenig teilbar.
- Es ist z. T. sehr schwer zu transportieren.

Beim Gebrauch von Warengeld erkannte man, dass Edelmetalle wie Kupfer, Silber oder Gold besondere Vorteile boten. Sie waren über lange Zeiträume hinweg haltbar, ließen sich leicht aufbewahren und konnten verhältnismäßig einfach geteilt werden. Damit entstand die Form des **Metallgeldes**.
Im Altertum zahlte man mit unterschiedlich großen Metallstücken oder Klumpen. Bei diesem **Wägegeld** wurden zuerst die Klumpen geteilt und gewogen und später formte man die Metalle zu Barren, Beilen oder Sicheln. Der Name der russischen Münze Rubel wird aus dem Begriff „Abgehacktes“ abgeleitet und deutet darauf hin, dass man kleine Metallstücke abgetrennt und abgewogen hat.

Lydischer Stater

Um das Wägen und Abschätzen überflüssig zu machen und vor Fälschungen geschützt zu sein, kamen die Lyder in Kleinasien unter dem König Krösus um 700 vor Chr. auf die Idee, die Metallstücke mit einem Stempel zu prägen. Der König garantierte mit seinem aufgestempelten Siegel dafür, dass die Münzen immer von gleichbleibender Qualität waren. Mit diesem **Prägegeld** war die Münze in ihrer heutigen Form erfunden. Die kleinen Münzen, so genannte Stater, erleichterten den Tausch, Kauf und Verkauf von Waren ganz erheblich und die handelstüchtigen Phönizier verbreiteten das Geld im ganzen Mittelmeerraum.

Römischer Denar

Bei den lydischen Münzen entsprach der aufgedruckte Wert dem Metallwert der Münzen. Geldstücke, die vollwertig ausgeprägt sind, bezeichnet man als **Kurantmünzen**. Die Münzen mussten nicht mehr gewogen, sondern nur noch gezählt werden. Spätere Herrscher prägten – um ihre Staatskasse aufzufüllen – Münzen, deren Metallwert geringer war als der aufgedruckte Nennwert. Bei diesen Münzen wurde kein reines Gold oder Silber verwendet. Man bezeichnet die unterwertig ausgeprägten Münzen als **Scheidemünzen**.

Als Beispiele für Münzen, die im Mittelalter geprägt wurden, können der **Heller**, Kreuzer oder Taler genannt werden. In Hall am Kocher (heute Schwäbisch Hall) wurden seit Ende des 12. Jahrhunderts Münzen geprägt, die „Haller pfennic" hießen. Aus „Haller" oder „Häller" wurde dann der „Heller". Die ersten Heller zeigten eine Hand, das Wappen von Hall, und auf der Rückseite ein Kreuz.

Aus dem Silber des Joachimstals dem heutigen Jachimov in Tschechien im Erzgebirge wurden seit 1518 Münzen geprägt, die man Joachimstaler nannte. Im Laufe der Zeit sparte man sich einen Teil des Ortsnamens und es wurde daraus der **Taler**. Der „Dollar" in den Vereinigten Staaten und der „Daler" in Schweden führen ihre Namen darauf zurück.

Taler, 15. Jahrhundert

1. Entwickle eine Tabelle, in der du die Vor- und Nachteile der Geldarten einander gegenüber stellst.
2. Unter welchen Bedingungen kannst du dir eine geldlose Gesellschaft vorstellen?

Mit der Zunahme des Handels zu Beginn der Neuzeit wurde das ständige Umwechseln des Geldes immer hinderlicher. Ein Nachteil des Münzgeldes lag auch darin, dass es bei größeren Zahlungsbeträgen sehr schwierig zu transportieren war. Zudem konnte man sich beim Bezahlen leicht verzählen, das Geld verlieren oder ungünstigenfalls wurde es einem gestohlen.

Der Anfang des **Papiergeldes** dürfte im England des 17. Jahrhunderts liegen. Damals nahmen Goldschmiede Edelmetalle und Münzen in Verwahrung und stellten darüber Quittungen (Goldsmith-Notes) aus. Diese Quittungen waren ursprünglich voll durch die hinterlegten Gold- und Silberwerte gedeckt. Papiergeld hatte also nur dann einen Wert, wenn es jederzeit in Gold umgetauscht werden konnte. Die Banken übernahmen diese Verwahrungsgeschäfte und fertigten selbst Banknoten. Diese Scheine stellten das Versprechen der Banken dar, bei Einlösung den angegebenen Betrag in Münzen auszuzahlen.

Das Recht Münzen zu prägen, also das Münzmetall, das Münzgewicht und die Münzstückelung festzulegen, wird als **Münzregal** bezeichnet und lag in der Regel bereits bei den Griechen und Römern in den Händen des Staates.

Münzprägung mit der Schraubenpresse um 1770

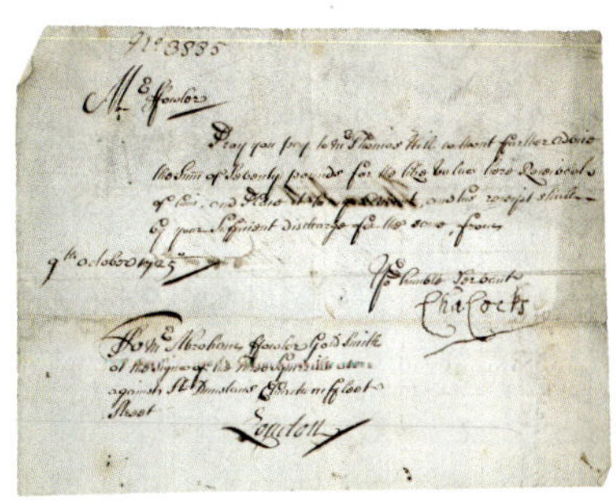

Quittung eines Goldschmiedes, 1725

Es fuhren einst der
Kaufmann Hesse
und Kaufmann Kunz nach Köln
zu Messe,
um einzukaufen Tuch und Leder
und Schnupftabak, den braucht
ein jeder.
Sie trugen bei sich zu dem Zwecke
an Golddukaten wohl drei Säcke.
Da bricht aus einer Hecke keck
der Räuber Butz von Butzen-
schreck.
„Geld“ ruft er grimmig, „oder
Leben!“
na und? Was hätten Sie gegeben?
So standen beide nackt und bloß
und waren all ihr Bargeld los.
(Deutscher Genossenschafts-Verlag e. G: Bargeldlos zahlen, 7. Aufl. Wiesbaden 1999, S. 2)

Das Konto

In seiner ursprünglichen Form war das Konto eine Einnahmen- bzw. Ausgabenrechnung, die bereits 3000 v. Chr. bei den Sumerern vorhanden war. Der Saldo ist erstmals bei den Ptolemäern 300 v. Chr. nachgewiesen.
Die Römer unterschieden beim Konto (ratio) ebenfalls zwischen accepta (Einnahmen) und expensa (Ausgaben). Den Saldo bezeichneten sie als reliquum, d. h. das Überschießende.
Im 13. Jahrhundert war das Konto (= italienisch „Rechnung“) als zahlenmäßige Gegenüberstellung von Geschäftsvorgängen bereits allgemein verbreitet.

Es musste in einer Volkswirtschaft demnach immer so viel Gold vorhanden sein, wie Geld in Umlauf war. Diese Regelung bestand noch bei der Goldmark des Deutschen Reiches, die bis zum ersten Weltkrieg Gültigkeit hatte. Ein solches Geldsystem wird als **Goldwährung** bezeichnet.

Mit der Zeit lockerten die Bankiers ihre Verpflichtung, die angegebene Note jederzeit in Gold einzulösen. Es entstanden Banknoten, die nicht mehr eingelöst wurden, also das echte Papiergeld. Heute beruht in allen Ländern die Geldwährung nicht mehr auf Gold, sondern auf der Wirtschaftskraft des Volkes.

Die Vorteile des Papiergeldes liegen darin, dass es sich leicht transportieren lässt und größere Werte übertragen werden können. Infolge der Ausweitung des Handels waren diese Eigenschaften von großer Bedeutung. Die größten Nachteile des Papiergeldes bleiben jedoch, dass es zu allen Zeiten ein beliebtes Diebesgut war und gefälscht werden kann.

Eine Geldform, die leicht zu übertragen und nicht zu fälschen ist, bei der man sich nicht verzählen kann und keine Gefahr des Verlustes besteht, bildet das **Buchgeld**. Neben dem Papiergeld hatte sich nahezu gleichzeitig in den großen Handelsstädten wie Venedig, Mailand, Augsburg, Nürnberg und Amsterdam diese moderne Geldform herausgebildet. In diesen Handelszentren wurden um 1500 Banken gegründet, bei denen die Kaufleute Konten unterhielten. So ein Konto hatte die Form eines T und erfasste die Zuflüsse und Abflüsse des Geldes. Verkaufte ein Kaufmann Waren an einen Geschäftspartner, so erfolgte die Bezahlung durch Lastschrift vom eigenen Konto und Gutschrift auf dem Konto des Käufers (vgl. S. 49). Das Geld „wanderte“ durch Umbuchung von einem Konto auf das andere und war in realer Form nicht vorhanden. Es erfolgten also nur Veränderungen in den „Büchern“ der Banken.

Beim Buchgeld handelt es sich um stoffloses Geld mit vielen Vorteilen:

- Zahlungen über Länder und Kontinente hinweg sind fast zeitgleich und problemlos möglich.
- Es gibt eine Vielzahl von Verfügungsmöglichkeiten wie Überweisung, Scheck, EC-Karte, Kreditkarte, Homebanking (vgl. 53) .
- Der Transport des Geldes entfällt und damit werden ein Verlieren oder die Diebstahlsgefahr erschwert.

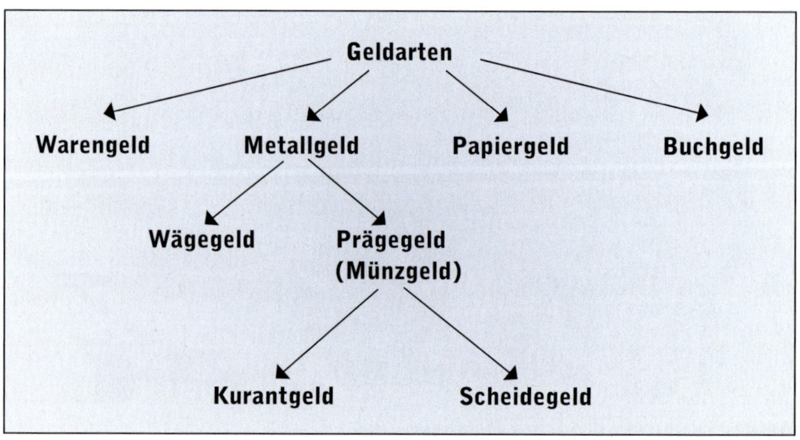

2.2 Funktionen des Geldes

In der Zeichentrickgeschichte von Walt Disney „Donald Duck" – Geld fällt vom Himmel" kann man viel über das Wesen und die Aufgaben des Geldes erfahren.

Donald Duck und seine Neffen sind als Landarbeiter auf dem Mustergut ihres Onkels Dagobert beschäftigt. Sie müssen Schweine füttern, Kühe melken, Kartoffeln sammeln, Holz hacken und erhalten von ihrem geizigen Onkel Dagobert nur einen geringen Lohn. Das ist kein schönes Leben!
Hinter dem Gutshaus steht ein großes Silo, in dem Dagobert Duck seine riesigen Geldmengen aufbewahrt. Aus Sparsamkeitsgründen besitzt der Geldspeicher jedoch kein Dach. Von Zeit zu Zeit steigt Onkel Dagobert auf den Speicher, springt in sein Geld hinein und wühlt wie ein Maulwurf darin herum.

Die harte Arbeit, der niedrige Lohn und die dauernden Ermahnungen Dagoberts, noch fleißiger zu sein, erzeugen bei Donald Duck den Wunsch nach Reichtum und Nichtstun. Erschöpft vom vielen Jäten, setzt er sich an den Rand des Feldes, träumt von einer Million Dollar und von einer Weltreise. In diesem Augenblick kommt sein Vetter Gustav – ein Lebenskünstler und Glückspilz – vorbei und erzählt ihm prahlerisch: „Wenn ich Geld haben will, brauch' ich nur den Hut hinzuhalten und es mir zu wünschen. Schon ist er bis obenhin randvoll." Nach kurzem Überlegen entschließt sich Donald Duck seiner Mühsal zu entfliehen und vielleicht eine Million Dollar mit seinem Vetter Gustav zu finden.

Zur selben Zeit bilden sich am Himmel dunkle Wolken und eine Windhose treibt in Richtung des Bauernhofs. Unglücklicherweise bewegt sich die Windhose genau auf das Geldsilo zu und saugt alle Banknoten und Münzen heraus. Onkel Dagoberts schönes Geld wird vom Winde verweht.

Für Vetter Gustav und Donald Duck – einige Meilen vom Gutshof entfernt – erfüllt sich plötzlich und unerwartet der Wunsch nach vielem Geld. Beiden flattert eine Million Dollar in ihre Hüte. Eilig beschließen sie ihre Weltreise – natürlich erster Klasse – anzutreten. Sie fahren in die nächste Stadt, um dort zu tanken. Als sie ankommen, hängt an der Tür ein Schild: „Wegen Weltreise geschlossen – Der Inhaber". Etwas geknickt wollen sie mit dem Bus in die nächste Stadt fahren. An der Bushaltestelle müssen sie jedoch erfahren, dass der Busfahrer bereits eine Weltreise angetreten hat.

Als letzten Ausweg schlägt Donald vor, sich feste Wanderstiefel zu kaufen, um in die nächste Stadt zu tippeln. Aber auch der Schuhverkäufer hat wegen Reichtums geschlossen. Nach langem Hin und Her und mit knurrendem Magen beschließen sie, zum Gutshof des Dagobert Duck zurückzuwandern.

Als sie dort ankommen, sehen sie eine große Menschenmenge. Alle kaufen auf dem Mustergut des Dagobert Duck Nahrungsmittel, aber zu stark überhöhten Preisen. Ein Ei kostet 1 Million Dollar und ein Brot 6 Millionen Dollar. In kurzer Zeit füllt sich der Geldspeicher wieder und alles ist so, wie es vorher war.

Barzahlung im Supermarkt

Die historische Entwicklung des Geldes zeigt ebenso wie die „Geldregengeschichte“ von Walt Disney, dass Geld zwei wesentliche Merkmale erfüllen muss, um als Zahlungsmittel von allen anerkannt zu werden:

1. Es muss knapp sein um einen Wert zu haben.
   Die Knappheit des Geldes kann auf zweierlei Arten erreicht werden. Entweder werden knappe Güter wie Bernstein, Vieh, Gold oder Silber verwendet oder der König, Fürst, die Regierung oder die Zentralbank sorgen für die Knappheit des Geldes.
2. Geld muss durch Güter gedeckt sein.
   Geld hat nur einen geringen Stoffwert. Der eigentliche Wert des Geldes besteht darin, dass es die Möglichkeit bietet, über Güter verfügen zu können. Darüber hinaus muss das Geld von allen Teilnehmern am Wirtschaftsleben akzeptiert werden.

Geld ist ein von allen Wirtschaftsteilnehmern anerkanntes knappes Gut, das einen Anspruch auf Güter darstellt und in einer Volkswirtschaft bestimmte Aufgaben übernimmt.

Das Geld hat in einer modernen Volkswirtschaft vier Aufgaben (Funktionen) zu erfüllen.

1. Tauschmittel

Mit Geld werden Güter gekauft, d.h. wer Geld besitzt, kann dafür Güter eintauschen. In jeder Sekunde vollziehen sich in einer Volkswirtschaft viele solche Tauschgeschäfte, da jede Kaufhandlung einen Tausch von Gütern gegen Geld darstellt. Ein Bäckermeister versucht z.B. seine produzierten (Teig)Waren gegen Geld einzutauschen, um sich mit diesem Geld neben Rohstoffen auch Waren für seinen privaten Bedarf zu kaufen. Er tauscht Ware gegen Geld, um Waren zu erhalten.

Der größte Teil der wirtschaftlichen Aktivitäten des modernen Lebens besteht darin, die eigene Arbeitsleistung gegen Geld einzutauschen. Mit diesem Geld kann der Arbeitnehmer Waren und Dienstleistungen erwerben und somit seine Existenz- und Kulturbedürfnisse erfüllen. Es wird demnach Arbeitsleistung gegen Geld und Geld gegen Ware getauscht.

Ware ⟷ Geld ⟷ Ware

Arbeitsleistung ⟷ Geld ⟷ Ware

Geld ist daher „Zwischentauschgut“ beim Tausch von Sachgütern und Dienstleistungen. Wird das umlaufende Geld von den Teilnehmern am Wirtschaftsleben nicht mehr akzeptiert, so verliert es seine Funktion als Tauschmittel und man muss sich nach einem geeigneten Warengeld (z.B. Zigaretten nach dem Zweiten Weltkrieg) umsehen oder Naturaltausch betreiben.

2. Wertmesser

Wird das Geld als Tauschmittel benutzt, so muss jedem Gut mit Hilfe des Geldes ein bestimmter Wert beigemessen werden. Auf diese Weise kann man den Wert einer CD mit dem Wert eines Mofas oder Autos vergleichen.

1. Von Mai 1945, dem Ende des Zweiten Weltkrieges, bis zur westdeutschen Währungsreform vom 20. Juni 1948 blieb die Reichsmark noch gesetzliches Zahlungsmittel. In dieser Zeit war für Geld sehr wenig und für amerikanische Zigaretten beinahe alles zu haben.
   a) Um welche Art von Geld handelte es sich damals bei den Zigaretten?
   b) Wie ist dieser Sachverhalt unter dem Gesichtspunkt der Geldfunktionen zu beurteilen?

Schwarzmarkt nach dem II. Weltkrieg

Geld ist nicht nur Wertmaßstab, sondern auch Recheneinheit. Schon die Grundschule vermittelt die Erkenntnis, dass Birnen und Äpfel nicht zusammengezählt werden dürfen. Bewertet man aber beide Früchte mit ihrem Preis und drückt diesen in Geld aus, so ist es möglich, ihre Werte zu addieren und einen Gesamtwert anzugeben.

1 Kilo Äpfel	1,99 €
3 Kilo Birnen	2,99 €
Summe	4,98 €

Man kann doch Äpfel und Birnen zusammenzählen!!!

3. Wertübertragungsmittel

Geld bietet noch die Möglichkeit, Werte zu übertragen, ohne dass zunächst Güter in Erscheinung treten. Geben die Eltern Katja zum Wochenanfang Taschengeld, so hat sie einen Anspruch auf Güter erhalten, über den sie während der Woche nach Belieben verfügen kann. Die Summe des Taschengeldes ist ein Wert, der Verfügungsmöglichkeiten über Waren beinhaltet; rechtlich handelt es sich um eine **Schenkung** der Eltern an ihr Kind. Auch die Großmutter, die nicht weiß, ob sie dem Enkel einen CD-Player, eine Reisetasche oder Sportschuhe kaufen soll, kann Geld schenken.

Der Vorteil der freien Verfügbarkeit besteht auch beim **Kredit**. Der Kreditnehmer erhält von der Bank einen Wert übertragen, über den er meist frei verfügen und sich seine Wünsche vorzeitig erfüllen kann.

Durch die **Erbschaft** werden Vermögenswerte von einer verstorbenen Person auf ihre(n) Erben übertragen, ebenso wie bei der Besteuerung durch den Staat Werte von einer privaten Person auf staatliche Institutionen übergehen.

4. Wertaufbewahrungsmittel

In einer modernen Volkswirtschaft wird der Einzelne den größten Teil seines Arbeitslohnes für den Kauf von Gütern verwenden und den Rest zurücklegen und sparen. Er kann somit den Gegenwert für die geleistete Arbeit aufbewahren und zu einem späteren Zeitpunkt darüber verfügen. Geld ist somit Wertaufbewahrungsmittel und in dieser Funktion vielen Gütern überlegen. Wenn wir heute noch im Zeitalter des Warengeldes leben würden, so wäre jede Entscheidung, einen Teil unseres Einkommens zu sparen, zugleich mit der Frage verbunden, in welcher Ware wir unsere Ersparnisse anlegen wollen. Vielleicht würden die Eltern ihre Ersparnisse in wertvollen Möbeln oder Teppichen anlegen, da diese mit zunehmendem Alter möglicherweise einen höheren Verkaufspreis erzielen. Werden die Möbel aber im Keller mit falscher Temperatur und zu hoher Feuchtigkeit gelagert, kann diese Anlage sehr risikoreich sein.

Geld als Wertaufbewahrungsmittel

Geld als Zahlungsmittel

1. Als Robinson Crusoe in dem Schiffswrack eine Truhe mit Gold- und Silbermünzen entdeckte, rief er aus: „O elender Plunder! Wozu taugst du mir? Bleib, wo du bist!“ Gib eine Begründung für die Verhaltensweise des Robinson Crusoe.
2. Welche Aufgabe erfüllt das Geld in folgenden Beispielen:
   a) Du kaufst dir eine Semmel am Pausenkiosk.
   b) Deine Eltern schließen einen Bausparvertrag ab, um ein Eigenheim zu finanzieren.
   c) Jemand gewinnt bei der Fernsehlotterie 3.000 €.
   d) Ein Unfallwagen wird von einem amtlichen Gutachter auf 6.000 € geschätzt.
   e) Tante Sigrid vererbt ihrem Neffen Fabian ein Sparbuch im Wert von 10.000 €.
3. „Der Staat verhält sich wie ein Dieb, er nimmt den Bürgern über die Steuern etwas ohne Gegenleistung weg.“ Belege, dass diese Aussage falsch ist.

2.3 Bedeutung der Geldwertstabilität

Am 4. November 1923 meldete der Berliner Lokalanzeiger, dass die Post die Gebühren für die Ortsgespräche am nächsten Tag von 1,5 auf 7,5 Milliarden Reichsmark erhöhen werde. Für einen Liter Milch mussten am gleichen Tag 20 Milliarden Reichsmark gezahlt werden. Der billigste Straßenbahnfahrschein kostete 15 Milliarden Mark. Ein Brief nach London musste in der heißesten Phase der Inflation mit Marken für 1.094.000.000.000,00 Reichsmark beklebt werden (vgl. Die Zeit, Nr. 41, 5. Okt. 1979).

13166

Eintrittskarte

zur Fürstengruft

auf dem Friedhofe zu Weimar.

Preis 10000 Mark.

Eintrittskarte 1922

Inflationsbriefmarke 1923

Im Herbst 1923 konnte das Geld vielen seiner Funktionen nicht mehr nachkommen. Damit das Geld die Funktionen als Tauschmittel, Wertmesser, Wertübertragungs- und Wertaufbewahrungsmittel erfüllen kann, müssen Güter- und Geldmenge in einer Volkswirtschaft einander entsprechen.

Die **Gütermenge**, die in einem Land in einem Jahr erzeugt wird – auch Inlandsprodukt genannt –, ist das Ergebnis des Fleißes und der Intelligenz der arbeitenden Menschen, der Rohstoffreserven und der vorhandenen Maschinen und Werkzeuge, also der Investitionsgüter. Die Gütermenge ist das Ergebnis der Ausstattung einer Wirtschaft mit Produktionsfaktoren.

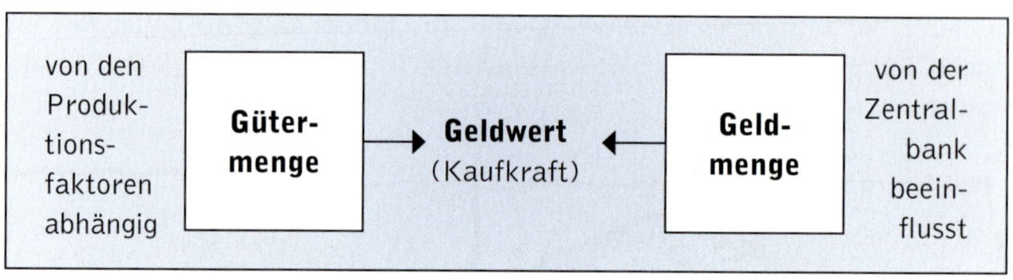

Die **Geldmenge** besteht aus der Bargeldmenge sowie der Buchgeldmenge. Die Bargeldmenge besteht aus allen umlaufenden Münzen und Banknoten. Als Buchgeldmenge wird die Summe der Guthaben bezeichnet, die auf Bankkonten liegen. Die Geldmenge wird von der Zentralbank des jeweiligen Landes bzw. der Währungsunion ausgegeben und durch ihre Instrumente gesteuert. Entspricht die Gütermenge der in einer Volkswirtschaft umlaufenden Geldmenge, so bleibt der Geldwert stabil. Statt von Geldwert wird auch von der Kaufkraft des Geldes gesprochen. Als Kaufkraft bezeichnet man die Fähigkeit des Geldes, eine bestimmte Gütermenge zu erwerben.

1. a) Überlege dir, in welchem Umfang das Geld im Jahr 1923 seine Funktionen noch erfüllt hat.
   b) Was könnte die Ursache für diese Situation gewesen sein?
2. Als Vasco de Balboa 1513 die Südsee entdeckte, gab es dort eine Insel, auf der die Einheimischen in Granitwährung bezahlten. Da die Inselbewohner sehr viel Wert auf Goldschmuck legten, waren Goldklumpen ein wichtiges Tauschobjekt. Nehmen wir an, dass auf der Insel 100 Goldklumpen (Gk) vorhanden waren und insgesamt 800 Granitsteine (Gs) als Zahlungsmittel dienten.
   a) Berechne die Kaufkraft eines Granitsteins in Gk/Gs.
   b) Eines Tages wurde die Insel von europäischen Seeleuten entdeckt. Als sie von der Granitwährung erfuhren, eilten sie schnell nach Europa zurück und füllten den Bug ihres Schiffes mit 1200 Granitsteinen. Diese Steine tauschten sie gegen den gesamten Goldvorrat, der sich auf der Insel befand.
   Welche Kaufkraft hatte bei diesem Handel ein Granitstein?
   Um wie viel Prozent hat sich der Geldwert für Goldklumpen verändert?

$$\text{Kaufkraft (Geldwert)} = \frac{\text{Gütermenge}}{\text{Geldmenge}}$$

Kommt es in einer Volkswirtschaft zu einer stärkeren Vermehrung der Geldmenge, der kein entsprechender Güterzuwachs gegenübersteht, so bezeichnet man diese Erscheinung als **Inflation**. Bei einer Inflation (vom lat. inflare = aufblähen) kommt es meist zu einer Ausdehnung der Geldmenge, begleitet von einer fortschreitenden Geldentwertung, sinkender Kaufkraft und steigendem Preisniveau. Inflation ist demnach die nachhaltige Steigerung der Preise aller Güter in einer Volkswirtschaft.

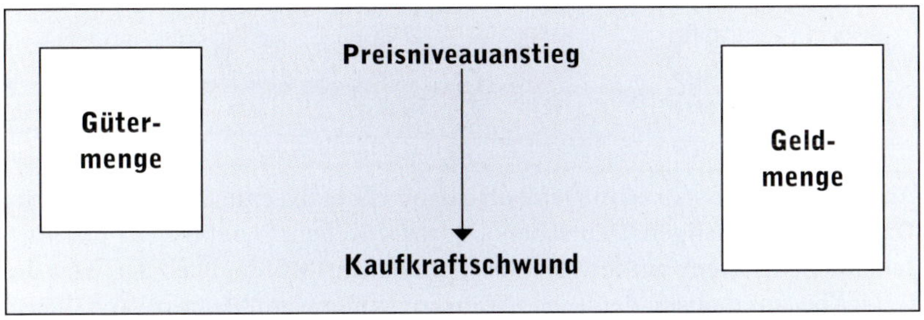

Solche Inflationen gab es in Deutschland zu verschiedenen Zeiten und in unterschiedlichem Ausmaß.

Die erste große Inflation war während der Weimarer Republik von 1914 bis 1923. Damals konnte die Reichsregierung ihre Ausgaben für die Kriegsführung nicht mehr aus den regulären Steuereinnahmen finanzieren. Sie nahm Kredite bei der Reichsbank auf und erhöhte damit die Geldmenge und den Geldumlauf. Die Folge waren stark steigende Preise, die wiederum höhere Löhne erzwangen. Mitte November 1923 erhielt man für eine Billion Papiermark drei Eier oder ein Brot. Am Ende dieser Entwicklung produzierten 133 Druckereien Tag und Nacht Papierscheine. Jede Stadt und jeder Betrieb konnte Geld drucken. Da sich diese Inflation in stark steigenden Preisen äußerte, spricht man von **offener Inflation**.

Die Inflation von 1939 bis 1948 war eine **zurückgestaute (verdeckte) Inflation**. Diese hatte in der Finanzierung des zweiten Weltkrieges und der Überschuldung des Staates ihre Ursachen. Allerdings wurden zu dieser Zeit die Preise zwangsweise vom Staat festgesetzt. Da die Geldmenge im Verhältnis zur Gütermenge zu groß war, gab die Regierung Bezugsscheine aus, womit Waren gekauft wurden.

Mit der Währungsreform vom 18. Juni 1948 löste in Westdeutschland die DM (= Deutsche Mark), auch „Westmark“ genannt, die inflationäre Reichsmark ab. Die DM verlor von 1948 bis zum Jahr 2002 ebenfalls an Wert, allerdings war der Kaufkraftverlust bei weitem nicht so hoch wie bei den beiden Kriegsinflationen. Man spricht hier von einer **schleichenden Inflation**.

Banknotenumlauf in Millionen Reichsmark

Juli	1914	1.891
Dez.	1914	5.046
Dez.	1914	11.468
Jan.	1919	23.645
Jan.	1920	37.443
Jan.	1921	66.620
Jan.	1922	115.375
Jan.	1923	1.984496
Jun.	1923	17.291.061
Aug.	1923	663.200.050
Sept.	1923	28.228.815.494
Okt.	1923	2.496.822.909.039
Nov.	1923	400.267.640.301.854

(nach: Slotosch: „Das Geld, mit dem wir leben müssen“, München 1971, S. 13 und „Kleiner Wirtschaftsspiegel“, Nr. 10/1964)

1 Billion Mark 1922

1. In einem Land herrscht über viele Jahre hinweg eine schleichende Inflation. Nimm an, du wärst Unternehmer, Angestellter, Arbeiter oder Rentner. Wie wird der andauernde Kaufkraftverlust deine wirtschaftliche Lage beeinflussen?

Warteschlange vor einem Lebensmittelgeschäft, 1948

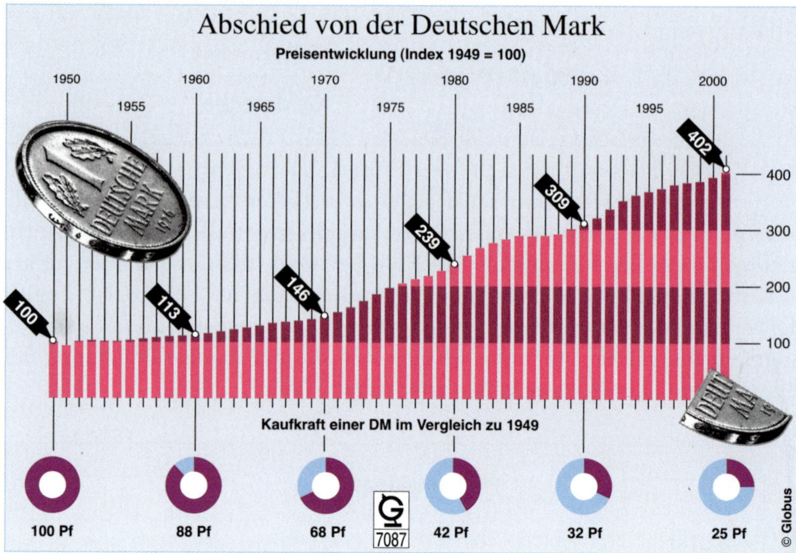

Am 23. Juni 1948 gab es in Ostdeutschland ebenfalls eine Währungsreform. Da in der ehemaligen Deutschen Demokratischen Republik ein planwirtschaftliches System mit festen Preisen eingeführt wurde, blieb der Wert des Geldes bis zur deutsch-deutschen Währungsunion vom Mai 1990 annähernd gleich. Die Deutsche Bevölkerung erlebte im vergangenen Jahrhundert zwei schwerwiegende Inflationen und hatte unter ihren negativen Auswirkungen stark zu leiden. Die wesentlichen **Nachteile** einer starken Inflation sind:

Die Bevölkerung verliert das Vertrauen in das Geld.
Bei stark steigenden Preisen versucht jeder, sein Geld sofort in Güter umzutauschen. 1923 standen die Hausfrauen bereits am frühen Morgen an, um sich für ihr Papiergeld Brot zu kaufen, da der Brotpreis bis zum Abend um ein Vielfaches stieg. Damit erfüllte das Geld seine Aufgaben als Wertaufbewahrungsmittel nicht mehr. Da jeder versuchte, Waren zu horten und möglichst kein Geld anzunehmen, wurde das Geld als Tauschmittel und Wertübertragungsmittel von der Bevölkerung nicht mehr anerkannt. Das Vertrauen in das Geld schwand und man fiel auf die Stufe des Naturaltausches zurück.

Die Bezieher gleich bleibender Einkommen verarmen.
Wer als Schüler z. B. 5,00 € wöchentlich erhält, kann sich bei einem Wurstsemmelpreis von 50 Cent zehn Semmeln kaufen. Bei einer Preiserhöhung auf 70 Cent pro Semmel bedeutet dies nur noch sieben Semmeln in der Woche.
Die Bezieher relativ fester Einkommen wie Arbeiter, Angestellte oder Rentner erhalten bei gleichem Einkommen und steigenden Preisen immer weniger Waren. Liegt nur ein geringes Einkommen vor, wird die Armutsgrenze sehr schnell erreicht. Aber auch die Sparer werden von der Inflation sehr hart getroffen. Wer bei einer starken Inflation sein Geld auf dem Sparkonto belässt, bekommt zwar von der Bank, der er 100,00 € gegeben hat, wieder 100,00 € zurück, der gütermäßige Gegenwert ist jedoch geringer als bei Einzahlung. Die Zinsgutschrift, die ein Sparer am Ende des Jahres auf seine Einlage erhält, gleicht oft den Kaufkraftverlust während des Jahres nicht aus. Erst, wenn das Zinsniveau höher als der Kaufkraftverlust ist, kommt es zu einer Vermögenszunahme.

!

1. Beschreibe die Preisentwicklung der Deutschen Mark von 1950 bis 2000.

2. Informiere dich im Internet unter www.destatis.de über
   a) die aktuelle Preisentwicklung (Verbraucherpreisindex) des Euro,
   b) die aktuelle Preisentwicklung von Nahrungsmitteln, Pauschalreisen und Kraftstoffen in Deutschland.

Das Gegenteil der Inflation ist die **Deflation**. Hier ist die Geldmengenvermehrung geringer als der Zuwachs der Gütermenge. Dadurch sinkt das Preisniveau und die Kaufkraft des Geldes steigt. Bei der Deflation kommt es demnach zu einem nachhaltigen Sinken der Preise aller Güter in einer Volkswirtschaft. Solche Deflationen treten in der wirtschaftlichen Wirklichkeit unserer Zeit fast nicht mehr auf, während die unterschiedlichen Formen der Inflation weltweit verbreitet sind.

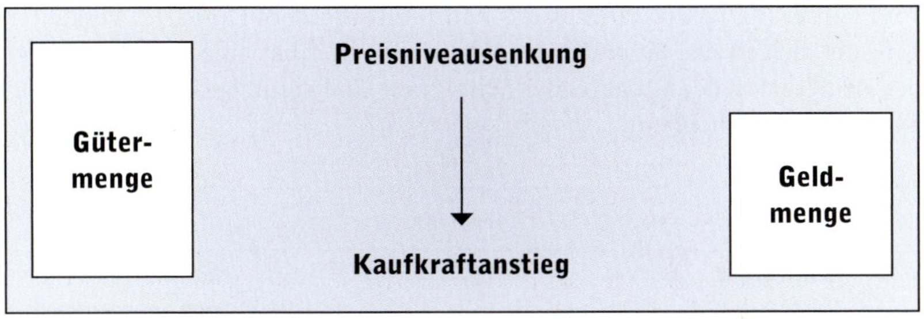

Ein arbeitsloser Mann um 1930

Die Ursachen einer Deflation können z. B. eine zu geringe Kaufneigung der Bevölkerung, übermäßige Spartätigkeit oder eine zu geringe Kreditgewährung der Banken sein. Eine solche Deflation erlebte Deutschland in den Jahren 1929 bis 1932. Sie wurde durch ein übertriebenes Sparen des Staates verursacht.

Die wesentlichen **Nachteile** einer starken Deflation sind:

Die Produktion geht zurück und die Arbeitslosigkeit steigt.
Wenn z. B. die Haushalte weniger Geld für ihren privaten Konsum ausgeben, werden die Unternehmen nur eine geringere Gütermenge herstellen. Damit sinkt der Bedarf an Arbeitskräften und die Arbeitslosigkeit in der Bevölkerung nimmt zu. Die Deflation von 1932 führte zur Massenarbeitslosigkeit, bei der 7 Millionen Menschen ohne Arbeit waren.

Die Tilgung von Schulden wird erschwert.
Während es in einer Inflation dem Schuldner sehr leicht fällt, seinen Kredit mit immer wertloserem Geld zurückzuzahlen, muss in einer Deflation der Schuldner eine steigende Kaufkraft aufwenden, um seinen Kredit zu begleichen. Bei einem hohen Schuldenanteil der Bevölkerung führt dies zu steigender Zahlungsunfähigkeit und zunehmenden Konkursen.

Vergleich

Inflation	Deflation
Überversorgung mit Geld	Unterversorgung mit Geld
Preisniveauanstieg	Preisniveausenkung
sinkende Kaufkraft	steigende Kaufkraft
Güter werden gehortet	Geld wird gehortet
Wertverlust bei Spareinlagen	Wertzunahme bei Spareinlagen
erleichterte Schuldentilgung	erschwerte Schuldentilgung
Benachteiligung von Beziehern fester Einkommen	Bevorzugung von Beziehern fester Einkommen
(zunächst) sinkende Arbeitslosigkeit	steigende Arbeitslosigkeit

1. Bei einer Deflation empfiehlt sich die „Flucht in die Geldwerte", bei einer Inflation die „Flucht in die Sachwert". Erkläre und begründe diese Handlungsweisen.

2.4 Wichtige Zahlungsarten

Während der ersten Unterrichtspause eilt Katja zum Pausenstand, um sich eine Breze zu holen. Was ereignet sich eigentlich beim Kauf so einer Breze?

Es wird ein Kaufvertrag geschlossen, bei dem der Verkäufer (Hausmeister) vom Käufer (Katja) die Zahlung des Kaufpreises fordern kann. Der Verkäufer befindet sich in der Situation des Gläubigers und hat eine Forderung und der Käufer ist in der Situation des Schuldners und damit besteht für ihn eine Schuld (Verbindlichkeit).

Gläubiger (Verkäufer) — Forderung → **Schuldner** (Käufer)

Gläubiger (Verkäufer) ← Verbindlichkeit — **Schuldner** (Käufer)

Nachdem Katja ihre Breze in den Händen hat, übergibt sie dem Hausmeister die erforderlichen Cent. Durch die Übergabe des Geldes verliert der Verkäufer seine Forderung und der Käufer seine Verbindlichkeit. Wird beim Kauf einer Ware sofort das Geld übergeben, so spricht man von Barzahlung.

Unter **Barzahlung** versteht man die sofortige Übergabe von Bargeld, also von Münzen und Banknoten vom Schuldner an den Gläubiger.

Gläubiger ← Bargeld — **Schuldner**

Viele Geschäfte des täglichen Lebens, wie z. B. der Kauf von Nahrungsmitteln, erfordern die augenblickliche Übergabe von Geld. Dafür benötigt man Münzen und Banknoten.

Die Bundesrepublik Deutschland gehört zur Europäischen Währungsunion, in der Euromünzen und -banknoten verbindliches Zahlungsmittel sind und der Abwicklung der Barzahlung dienen. Die umlaufenden Münzen in der Europäischen Währungsunion sind die Euro- und Centmünzen. Das Recht, Münzen zu prägen (Münzhoheit), haben die einzelnen Mitgliedsstaaten der Währungsunion. Die Menge des geprägten Kleingeldes muss jedoch von der Europäischen Zentralbank genehmigt werden. Als Geldscheine sind in der Europäischen Währungsunion 5-, 10-, 20-, 50-, 100-, 200- und 500-Eurobanknoten im Umlauf. Für den Druck der Banknoten in der Europäischen Währungsunion sind die Europäische Zentralbank in Frankfurt und die nationalen Notenbanken verantwortlich.

Bargeld: Der Euro

€
Das grafische Symbol für den Euro ähnelt einem E, das von deutlich markierten, horizontal parallel verlaufenden Linien durchquert wird. Es lehnt sich an den griechischen Buchstaben Epsilon an und verweist damit auf die Wiege der europäischen Kultur und auf den ersten Buchstaben des Wortes „Europa". Die parallel verlaufenden Linien sollen für die Stabilität des Euro stehen.

1. Informiere dich darüber, welche Motive die Münzen und Banknoten der Europäischen Währungsunion tragen und was sie bedeuten.
2. Damit der Schuldner die Übergabe des Bargeldes belegen und beweisen kann, ist es sinnvoll, sich eine Quittung (Zahlungsbeleg) vom Gläubiger geben zu lassen.
   a) Bei welchen geschäftlichen Situationen würdest du eine Quittung verlangen?
   b) Überprüfe bzw. begründe die einzelnen Bestandteile einer Quittung.

Einer der wichtigen Vorteile der Barzahlung besteht darin, dass sie den täglichen Geschäftsverkehr erleichtert. Außerdem wird die Schuldnersituation, in der sich der Käufer einer Ware befindet, durch die Barzahlung sofort bereinigt. Vor allem, wenn sich die Geschäftspartner fremd sind und der Gläubiger dem Schuldner nicht das nötige Vertrauen entgegenbringt, ist die sofortige Bezahlung die einzige Möglichkeit Geschäfte abzuwickeln.

Die Nachteile der Barzahlung wie Verzählen, Verlieren oder die Möglichkeiten Geld zu fälschen, waren ausschlaggebend für die Entwicklung moderner bargeldloser Zahlungsformen.

Damit Zahlungen ohne Bargeld erfolgen können, benötigen sowohl der Schuldner als auch der Gläubiger ein Konto bei einer Bank. Bei der Eröffnung des Kontos muss der Bankkunde geschäftsfähig sein. Die Einwilligung der Eltern ist die Voraussetzung für eine Kontoeröffnung durch einen Minderjährigen (vgl. S. 126 f.).

Das Konto hat zwei Seiten, wobei auf der rechten Seite (Haben) der Anfangsbestand und die Zunahme (Gutschrift) an Geld stehen. Auf der linken Seite (Soll) werden die Abbuchungen (Lastschriften) und der Schlussbestand erfasst. Jeder Inhaber eines Kontos, das auch als laufendes Konto oder Girokonto bezeichnet wird, kann durch Überweisungsaufträge über sein Guthaben verfügen.

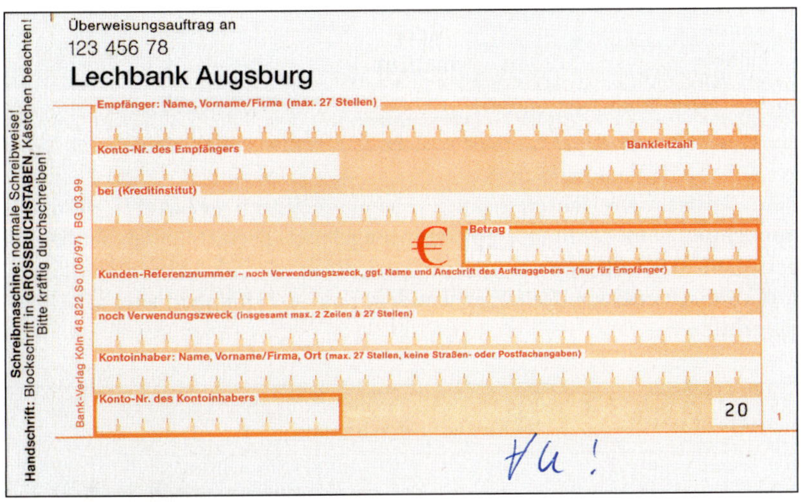
Überweisungsauftrag an
123 456 78
Lechbank Augsburg
Empfänger: Name, Vorname/Firma (max. 27 Stellen)
Konto-Nr. des Empfängers
Bankleitzahl
bei (Kreditinstitut)
€ Betrag
Kunden-Referenznummer – noch Verwendungszweck, ggf. Name und Anschrift des Auftraggebers – (nur für Empfänger)
noch Verwendungszweck (insgesamt max. 2 Zeilen à 27 Stellen)
Kontoinhaber: Name, Vorname/Firma, Ort (max. 27 Stellen, keine Straßen- oder Postfachangaben)
Konto-Nr. des Kontoinhabers
20
Schreibmaschine: normale Schreibweise! Handschrift: Blockschrift in GROSSBUCHSTABEN, Kästchen beachten! Bitte kräftig durchschreiben!
Bank-Verlag Köln 48.822 So (06/97) BG 03.99

Überweisungsauftrag

Kauft sich z. B. Frank Inliner im Wert von 60,00 €, so erfolgt auf seinem Konto eine Lastschrift im Soll in Höhe von 60,00 € und beim Sportgeschäft eine Gutschrift in Höhe von 60,00 € im Haben.

Soll	**Konto Frank** Haben
Lastschrift 60,00 €	

Soll	**Konto Sportgeschäft** Haben
	Gutschrift 60,00 €

Umbuchung

Soll **Konto X**	Haben
Lastschrift	Anfangsbestand
Schlussbestand	Gutschrift

Die **Überweisung** ist die Anweisung eines Kontoinhabers an seine Bank, einen bestimmten Betrag vom eigenen Konto abzubuchen und auf das Konto des Zahlungsempfängers zu übertragen.

!

1. Führe das Klassenkonto der Klasse 9 b und ermittle den Schlussbestand.

Anfangsbestand aus der Klasse 8 b	4,00 €
Einmalige Spende von je 2 € zu Beginn des Schuljahres (25 Schüler)	50,00 €
Ausgabe für Schulfest	40,00 €
Einnahmen aus Schulfest	60,00 €
Ausgabe für Klassenfeier	25,00 €

2. Dein Vater will eine Sendung Frankenwein im Wert von 125,00 € durch Überweisung begleichen. Er selbst hat ein Konto bei der Sparkasse in München und der Weinhändler bei einer Raiffeisenbank in Würzburg.
   a) Beschreibe den Weg der Überweisung.
   b) Was würde sich ändern, wenn der Wein aus dem Loiretal stammen würde?

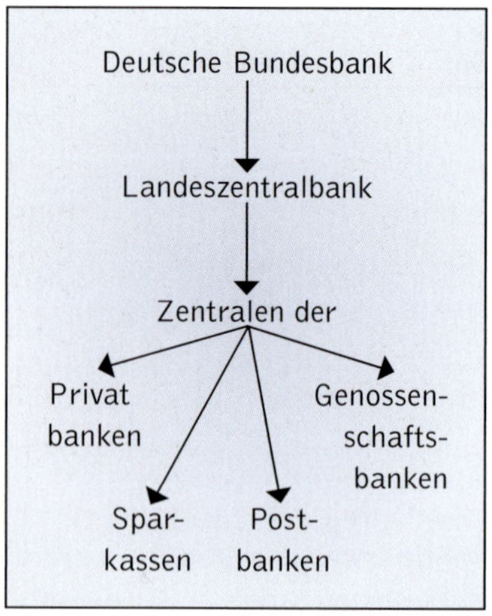

Haben Schuldner und Gläubiger ihre Konten bei der gleichen Bank, dann übernimmt die Bank die Umbuchung von einem Konto auf das andere. Haben die Beteiligten ihre Konten bei verschiedenen Banken, so laufen die Buchungsvorgänge über Zentralen. Diese sind notwendig, da nicht jede Bank über die Konten der anderen Banken in Deutschland verfügt. Die Banken einer bestimmten Gruppe (z. B. Raiffeisenbanken und Volksbanken) sind zu einem Gironetz (Genossenschaftsbanken) zusammengeschlossen, welches mit den anderen Gironetzen durch (Landes-)Zentralbanken in Verbindung steht.

Das Girokonto bei einer Bank bietet nicht nur die Möglichkeit, einmalige Zahlungen zu leisten, sondern es haben sich auch Sonderformen des bargeldlosen Zahlungsverkehrs herausgebildet.
Beim **Dauerauftrag** weist der Zahlungspflichtige seine Bank an, einen der Höhe nach gleich bleibenden Betrag regelmäßig zu einem festgesetzten Termin auf ein bestimmtes Konto zu überweisen. Solche Daueraufträge werden erteilt, wenn wiederkehrende, gleich bleibende Zahlungen wie Miete, Versicherungsprämien, Bausparbeiträge, Fernsehgebühren oder Krankenkassenbeiträge erfolgen müssen.

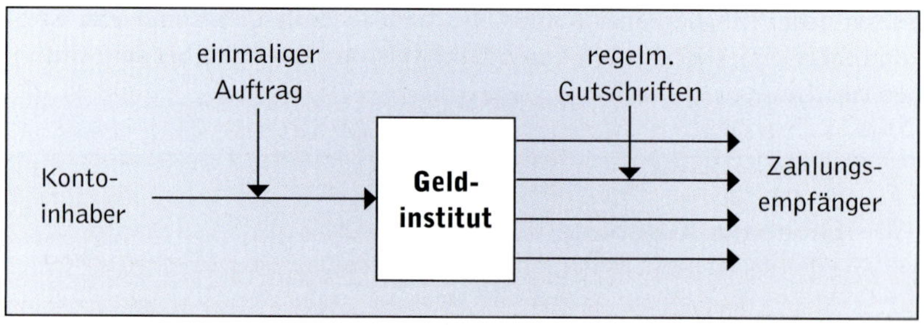

Beim **Lastschriftverfahren** – auch Einzugsverfahren genannt – wird die Abbuchung vom Zahlungsempfänger eingeleitet. Diese Methode ist besonders dann sinnvoll, wenn es sich um periodisch wiederkehrende Zahlungen mit unterschiedlichen Beiträgen handelt. Solche Zahlungen sind z. B. Telefongebühren.

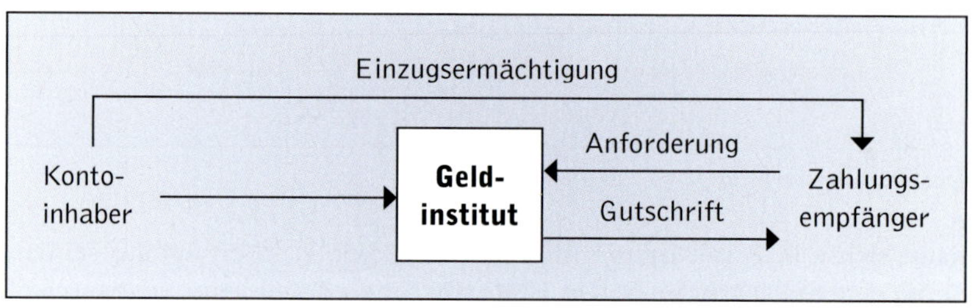

Wesentliche Vorteile des bargeldlosen Zahlungsverkehrs sind nicht nur die bequeme, rasche und risikolose Übertragung großer Geldsummen, sondern auch die Möglichkeit, finanzielle Verpflichtungen von der Bank automatisch erledigen zu lassen. Allerdings verlangen die Geschäftsbanken für ihre Dienstleistungen Gebühren, die von Kreditinstitut zu Kreditinstitut unterschiedlich erhoben werden. Häufig verlangen die Banken eine pauschale Gebühr für die Kontoführung kombiniert mit Zahlungsverkehrsgebühren für Überweisungen, Daueraufträge und Lastschriften.

1. Vier Jugendliche, nämlich Katja und Irene, Fabian und Kai, sitzen zusammen. Plötzlich fällt Fabian ein: „Du Katja, ich muss dir noch 5 € für die Bälle geben". „Nicht nötig", meint Katja, „ich habe zufällig noch den gleichen Betrag für eine Lektüre an Irene zu zahlen. Das trifft sich gut", meint Irene, „letztes Mal konnte Kai seine Zeche im Klubheim nicht zahlen. Ich habe ihm 5 € geborgt." „Auch ich habe 5 € Schulden an Fabian", meint Kai, „Fabian hat mir für meinen Computer ein originelles Mauspad besorgt".
   a) Diese absichtlich konstruierte Geschichte dürfte sich in Wirklichkeit so nicht zugetragen haben. Warum wohl?
   b) Trotzdem belegt die Geschichte wichtige Merkmale des bargeldlosen Zahlungsverkehrs. Welche sind das?
   c) Wie hoch war der Schuldenbetrag, der insgesamt beglichen wurde?

2.5 Moderne Formen des Zahlungsverkehrs

Die modernen Formen des Zahlungsverkehrs werden unter dem Begriff **Electronic Banking** zusammengefasst. Darunter werden alle auf elektronischer Datenverarbeitung beruhenden Bankdienstleistungen verstanden. Zu diesen Dienstleistungen gehören vor allem die Bargeldabhebung, das Electronic-Cash-Verfahren und die Geldkarte.

Bargeldabhebung

Voraussetzung für diese Bankdienstleistung sind EC-Karte und PIN. Bei der EC-Karte (EC steht für Electronic Cash) handelt es sich um eine Plastikkarte (Standardgröße 85,6 x 54 x 0,76 mm) mit einem eingebauten Chip, der die Datenspeicherung und Datenorganisation übernimmt. Unter PIN versteht man die **P**ersönliche **I**dentifikations-**N**ummer. Mit EC-Karte und PIN ist es möglich, an allen EC-Geldautomaten in Deutschland und vielen Teilen der Welt bei Tag und Nacht Bargeld abzuheben.

Electronic-Cash-Verfahren

Die Kombination von EC-Karte und Geheimzahl ist die Grundlage für die Teilnahme am Electronic-Cash-Verfahren. Diese Form des Zahlens wird auch als POS-Banking bezeichnet und bietet die Möglichkeit des elektronischen Zahlens mit Plastikgeld an der Ladenkasse. Die Abkürzung POS bedeutet „Point of sale" und ermöglicht die Bezahlung am „Ort des Verkaufs". Ob diese Zahlungsmöglichkeit besteht, erkennt man an einem Logo, das sich an gut einsehbarer Stelle, meist am Eingang eines Geschäftes, befindet.

(1) Ermittlung und Anzeige des Kaufbetrages durch das Kassenpersonal
(2) EC-Karte einstecken und PIN eingeben
(3) Rechnungszentrale prüft Kontensperre und finanzielle Verfügungsmöglichkeit
(4) Bei „Positivmeldung" wird der Betrag vom Konto des Kunden abgebucht
(5) Kunde erhält eine Quittung
(6) Gutschrift auf dem Konto des Händlers

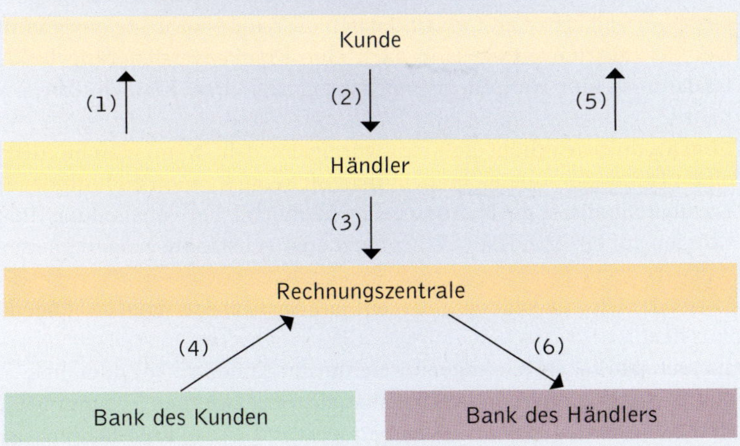

Geldautomat

EC-Karten-Notfall-Service

Die zentrale Stelle zur Sperrung verlorener oder gestohlener EC-Karten hat eine einheitliche Telefonnummer. Unter 0 18 05/02 10 21 können Betroffene rund um die Uhr ihre Karte sperren lassen, wenn sie ihre Kontonummer und die Bankleitzahl nennen. Die Rufnummer ist auch über Mobiltelefon und aus dem Ausland gültig. In diesem Fall ist dann die jeweilige Ländervorwahl zu wählen (Deutschland 00 49). Nach Sperrung der Karte übernimmt die Bank alle Schäden, die durch eine missbräuchliche Verfügung an Geldautomaten oder automatisierten Kassen entstehen.

Electronic-Cash-Beleg

Logo Geldkarte

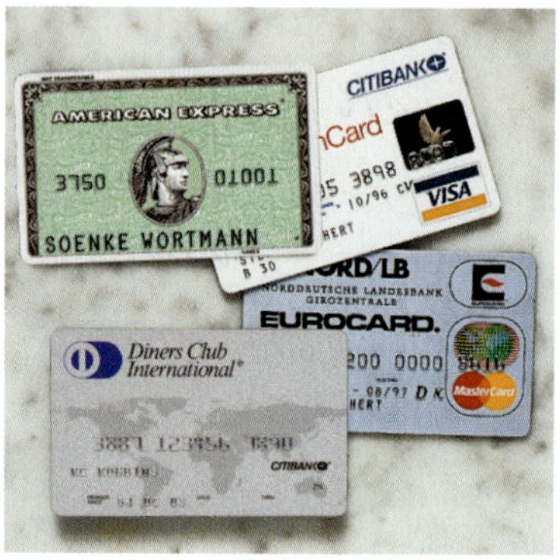

Kreditkarten

automatisch (lat.)	= selbst steuernd
cash (engl.)	= Bargeld
cheque (engl.)	= Scheck
chip (engl.)	= Splitter
logo (gr.)	= Wort, Rede, Vernunft
point (engl.)	= Punkt
sale (engl.)	= Verkauf
surf (engl.)	= Brandung

Geldkarte

Eine weitere Form des bargeldlosen Zahlungsverkehrs bietet die Geldkarte. Kreditinstitute können die EC-Karte mit einem Chip ausstatten, der beliebig oft bis zu 200 € aufgeladen werden kann. Hierbei kann der Kunde institutsgebundene Bankkundenkarten oder EC-Karten erhalten bzw. es gibt die Möglichkeit der nicht an eine Bank gebundenen „white-Cards". Mit der persönlichen Geheimzahl bucht man vom Girokonto auf den Chip der Karte. Die EC-Karte wird dann zur „elektronischen Geldbörse". Um zu bezahlen, wird die Geldkarte in den Geldkartenterminal gesteckt und das restliche Guthaben angezeigt. Nach Bestätigung der Kaufsumme wird der Betrag von der Geldkarte abgebucht. Das Geldkartenverfahren funktioniert ähnlich wie eine Telefonkarte: Um telefonieren zu können, muss man eine Karte mit Guthaben erwerben.

Kreditkarte

Bargeldlos zahlen kann man auch mit Kreditkarten. Dazu muss man Mitglied einer Kreditkartenorganisation werden. Solche Kreditkartengesellschaften sind z. B. Eurocard, Visa, American Express und Diners Club. Der erste Schritt zur Mitgliedschaft ist ein schriftlicher Antrag. Eine Kreditkarte wird jedoch erst dann ausgestellt, wenn man über ein gesichertes Monatseinkommen verfügt und die SCHUFA eine positive Auskunft erteilt.

SCHUFA ist die Abkürzung für „Schutzgemeinschaft für allgemeine Kreditsicherung e. V.". Mit dieser Organisation wollen die Banken Verluste bei Kreditgeschäften vermeiden und Kunden vor einer übermäßigen Verschuldung schützen. Deshalb haben sich die Banken und andere Gesellschaften zusammengeschlossen und informieren sich gegenseitig über die finanzielle Lage ihrer Kunden. Erfüllt ein Kunde die Anforderungen der Kreditgesellschaft und ist sie mit dem Beitritt einverstanden, so erhält er eine Mitgliedskarte im Format einer EC-Karte.

Um mit einer Kreditkarte zu bezahlen ist es erforderlich, dass Geschäfte, Hotels, Restaurants, Tankstellen usw. ebenfalls Vertragspartner der Kreditkartenorganisation sind.

Die Kreditkarten bieten den Kunden viele Vorteile:
- Im In- und Ausland kann man in den meisten Geschäften bargeldlos bezahlen und erhält an Geldautomaten die Landeswährung ausgezahlt.
- Der Kreditkartenvertrag kann auch eine Krankenversicherung bei Auslandsreisen, eine Haftpflichtversicherung oder einen Kfz-Schutzbrief enthalten.
- Eine Kreditkarte erhöht die Kreditwürdigkeit, d. h., wenn man im Ausland einen Leihwagen mietet, braucht man oft keine Kaution zu hinterlegen.
- Darüber hinaus ist die Haftung bei missbräuchlicher Verwendung für den Kunden auf ein Mindestmaß begrenzt oder vollständig ausgeschlossen.

Die Kreditkartenorganisation finanziert ihre Serviceleistungen aus folgenden Einkünften:
- aus den jährlichen Kartengebühren, die der Kunde zu bezahlen hat,
- aus den Provisionen der Vertragshändler, die zwischen 2% und 4% des Rechnungsbetrages der Kunden betragen und an die Kreditkartenorganisation zu zahlen sind, und
- aus den Kreditgewährungen und Kontoführungsgebühren.

Abwicklung der bargeldlosen Zahlung mit Kreditkarte

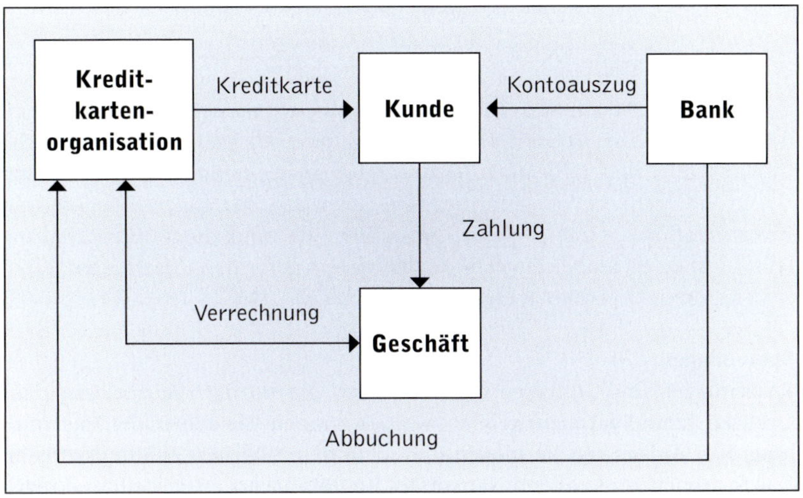

Eine weitere Möglichkeit, bequem bargeldlos zu zahlen und die Bankendienste in Anspruch zu nehmen, bietet das **Homebanking**.

Beim Homebanking kann der Kontoinhaber von zu Hause aus seinen Kontostand Tag und Nacht, auch am Wochenende, kontrollieren und alle Kontenbewegungen innerhalb eines Monats verfolgen. Es ist ihm möglich, Überweisungen durchzuführen, Daueraufträge zu erteilen und weitere Serviceleistungen der Banken wie Börsennachrichten, Kreditangebote, Geldanlagemöglichkeiten usw. in Anspruch zu nehmen.

Voraussetzungen für Homebanking sind:
- ein PC mit entsprechender Software, ein Telefonanschluss in der Nähe der Computeranlage und ein Telefonmodem bzw. ein ISDN-Anschluss,
- ein Kontovertrag mit der zuständigen Bank, die das Konto für Homebanking frei schaltet.

Um von seiner Wohnung aus eine Überweisung vorzunehmen, muss der Kontoinhaber neben seiner Kontonummer noch eine PIN über die Tastatur eingeben. Durch die PIN, die nur der Kontoinhaber kennt, wird das Konto vor fremden Zugriffen geschützt. Am Ende der Überweisungseingabe wird der Teilnehmer noch zur Eingabe einer TAN (Transaktionsnummer) aufgefordert. Die TAN entspricht der Unterschrift auf einer herkömmlichen Überweisung. Eine Liste dieser sechsstelligen TAN-Nummern erhält man von der Bank automatisch per Briefpost übersandt.

Wer bargeldlos zahlt, sollte sich immer der Risiken bewusst sein, die diese Zahlungsweise mit sich bringt. Wer mit Bargeld bezahlt, weiß genau, wann sein Geld zur Neige geht und muss eventuell auf den Konsum verzichten. Wer hingegen Plastikgeld einsetzt, vergisst leicht, dass das Eintippen eine Abbuchung vom Konto zur Folge hat. Es besteht daher eher die Gefahr, dass vom Kunden Spontankäufe, aber auch Prestigekäufe getätigt werden. Darüber hinaus kann der Verlust der EC- oder Kreditkarte oder die mehrmalige Falscheingabe von PIN- und TAN-Nummern zu Unannehmlichkeiten und zusätzlichen Kosten führen.

Homebanking

1. Welche Form(en) des bargeldlosen Zahlungsverkehrs würdest du bei folgenden Situationen wählen?
   a) Du hast gerade getankt und nicht ausreichend Bargeld dabei.
   b) Der Vereinsbeitrag deines Sportvereins wird um 5 € angehoben.
   c) Du bist beim Schüleraustausch im sonnigen Kalifornien und bezahlst in einem Fastfood-Restaurant deine Speisen und Getränke.
   d) Von zu Hause aus willst du ganz bequem deine Bücher bezahlen.

2. In welcher Reihenfolge erfolgt der Rechnungsausgleich beim Electronic-Cash-Verfahren:
   a) Gutschrift auf dem Konto des Zahlungsempfängers
   b) EC-Karte wird eingesteckt und die PIN eingegeben
   c) Ermittlung und Anzeige des Kaufbetrags
   d) finanzielle Verfügbarkeit wird geprüft
   e) Betrag wird vom Konto des Zahlungspflichtigen abgebucht.

3. Stelle die Vorteile und Nachteile des bargeldlosen Zahlungsverkehrs einander gegenüber.

2.6 Anlageformen und Entscheidungskriterien der Geldanlage

Gewinner in einem Fernsehquiz

Stell dir vor, du nimmst an einem Fernsehquiz teil und gewinnst 50.000,00 €. Das Geld soll sinnvoll und ertragbringend angelegt werden. Bei einem ersten Beratungsgespräch in einer Bank werden du und deine Eltern über mögliche Geldanlageformen informiert. Der Sachbearbeiter meint, dass im Prinzip alle grundlegenden Anlageformen wie Sparbuch, Aktien, Pfandbriefe und Investmentfonds sinnvoll seien. Bevor ihr eine unüberlegte Entscheidung fällt, wirst du dich über die verschiedenen Anlageformen informieren.

Reich wird man nicht von dem Geld, das man verdient, sondern von dem, das man nicht ausgibt.
(Henry Ford I)

Spareinlagen

Spareinlagen sind Guthaben auf Sparkonten, die erst nach Ausstellung einer Urkunde (dem Sparbuch) gebildet werden können. Sie dienen der Ansammlung oder Anlage von Vermögen und nicht dem üblichen Zahlungsverkehr. Das Sparbuch wird auf den Namen des Kontoinhabers ausgestellt und registriert in Übereinstimmung mit dem Sparkonto alle Kontoveränderungen, also Einzahlungen, Auszahlungen und Zinsgutschriften. Über seine Spareinlage kann der Sparer nur verfügen, wenn er seine Einlagen gekündigt hat und die vereinbarte Kündigungsfrist abgelaufen ist.

V

Bei einem Sparbuch mit gesetzlicher Kündigungsfrist beträgt die Kündigung drei Monate. Ohne Kündigung können im Rahmen eines Freibetrags bis zu 2.000,00 € innerhalb eines Kalendermonats abgehoben werden. Hebt der Sparer ohne vorherige Kündigung bzw. nach Kündigung vor Ablauf der Kündigungsfrist von seinem Sparkonto ab, so sind für den abgehobenen Betrag bis zum Ablauf der Kündigungsfrist Vorschusszinsen zu berechnen. Die Vorschusszinsen betragen ¼ der Habenzinsen.

Hat ein Sparer ein Sparbuch im Wert von 5.002,00 € bei 1 % Habenzinsen und hebt 5.000,00 € ab, so berechnen sich die Vorschusszinsen wie folgt: Bei 5.000,00 € wird zunächst der Freibetrag in Höhe von 2.000,00 € abgezogen. Vom Restbetrag in Höhe von 3.000,00 € werden dann die Vorschusszinsen berechnet.

$$\text{Zinsen} = \frac{\text{Kapital x Prozentsatz x Monate}}{\text{12 Monate x 100 x 4}} = \frac{3.000\text{ € x 1 x 3 Monate}}{\text{12 Monate x 100 x 4}} = 1{,}87\text{ €}$$

!

1. Du hast 10.000,00 € und legst diese für acht Monate zum Zins von 4 % bei deiner Sparkasse an.
   a) Berechne die Zinsen am Ende des Jahres.
   b) Die Konkurrenzbank bietet dir 4,5 % Zinsen. Wie hoch sind die Mehreinnahmen?

Das Sparbuch hat seine Funktion als Quelle der Vermögensbildung, der Finanzierung zukünftiger Anschaffungen und der Zukunftsvorsorge weitgehend verloren. Deshalb bieten die Banken noch andere Formen der Geldanlage an. Der Sparbrief dient der mittelfristigen Anlage, ist mit einem festen Zins ausgestattet, dessen Höhe von der Laufzeit abhängt und der in der Regel über den höchstverzinslichen Spareinlagen liegt. Über das angelegte Geld kann erst am Ende der Laufzeit verfügt werden.

Wertpapiere
Der Begriff „Wertpapier“ besteht aus den Wortbestandteilen „Wert“ und „Papier“. Man könnte annehmen, dass alle Papiere, die einen Wert besitzen, „Wertpapiere“ genannt werden können, wie z. B. Theaterkarten, Fahrscheine oder Banknoten. Im Bankenbereich versteht man unter Wertpapieren jedoch Urkunden, die private Vermögensrechte verbriefen. Diese Wertpapiere werden als Effekten bezeichnet und dienen der Kapitalanlage.
Die Effekten werden in Teilhaberpapiere, Gläubigerpapiere und Sonderformen eingeteilt.

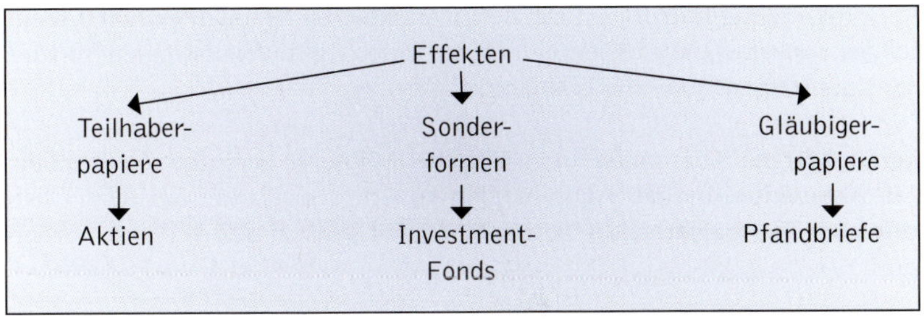

Blick in eine Börse

Aktien entstehen dadurch, dass bei der Gründung und Erweiterung eines Unternehmens Effekten in Form von Teilhaberpapieren ausgegeben werden, um das Eigenkapital der Aktiengesellschaft zu beschaffen (vgl. S. 163 ff.). Erwirbt ein Anleger eine Aktie, so ist er in der rechtlichen Position des Miteigentümers, kann Dividende erhalten und hat genau geregelte Mitspracherechte.

1. Begründe, warum es sich bei einer Zehnerkarte fürs Schwimmbad um ein Wertpapier handelt.

Die Aktien der Unternehmen werden – meist vermittelt durch Banken – an der Börse angeboten und von den Aktionären erworben. Da es sich bei der Aktie um ein Teilhaberpapier handelt, hat der Aktionär mit seinem Wertpapier zwar das Recht, z. B. bei der Versammlung der Aktionäre (Hauptversammlung) teilzunehmen und seine Stimme abzugeben. Als Kapitalanleger ist er aber besonders an einer Dividende und an möglichen Kurssteigerungen interessiert.

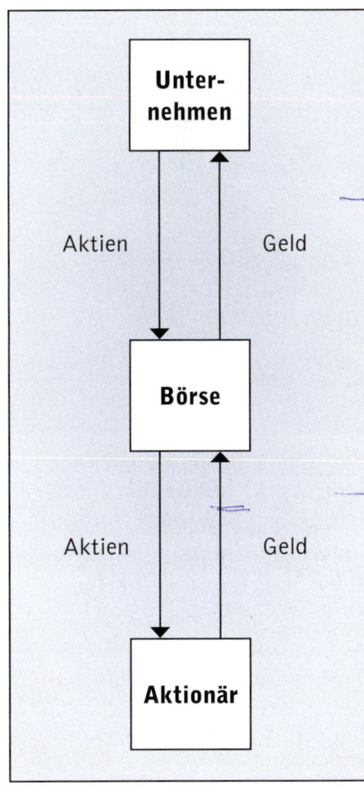

historische Aktie

1. „Wer gut essen will, kauft Aktien, wer gut schlafen will, kauft Renten", sagte schon das Finanzgenie John D. Rockefeller.
   Erläutere die wesentlichen Aussagen dieses Zitats.

2. Bei Aktien besteht die Gefahr des Totalverlusts. Unter welchen Bedingungen kann diese Situation auftreten?

Friedrich der Große verfügte die Schaffung des Pfandbriefs, um der Geldnot des Landadels zu begegnen und den Wiederaufbau seines Landes nach dem siebenjährigen Krieg (1756 – 1763) zu finanzieren.

Wenn das Jahresergebnis des Unternehmens einen Gewinn aufweist, kann durch Beschluss der Hauptversammlung ein bestimmter Teil zur Ausschüttung kommen. Man nennt ihn wegen seiner gleichmäßigen Verteilung auf alle Aktien **„Dividende"**. Bei unzureichendem Gewinn oder bei Verlusten erfolgt keine Dividendenausschüttung.

Neben der Dividende bietet die **Kurssteigerung**, also der Kursunterschied zwischen dem niedrigeren Einkaufskurs und dem höheren Verkaufskurs, eine mögliche Ertragsquelle beim Aktienhandel. Der Kurswert ist der Preis einer Aktie, zu dem sie an der Börse gehandelt wird. Er bildet sich durch das Angebot und die Nachfrage nach den Wertpapieren. Handelt es sich um ein solides, umsatzstarkes Unternehmen mit guten Zukunftsaussichten, so wird der Kurs steigen, andernfalls sinken.

Konjunkturelle Situationen und politische Ereignisse beeinflussen ebenfalls den Aktienkurs. Bei der Aktie handelt es sich deshalb um ein relativ risikoreiches Wertpapier, das allerdings jederzeit gekauft und verkauft werden kann.

Zu den Gläubigerpapieren gehören Anleihen, Pfandbriefe, Obligationen und Schuldverschreibungen. Der Kapitalgeber ist hier in der Gläubigerposition und der Kapitalnehmer ist Schuldner mit genau festgelegten Verpflichtungen. Zwischen den Vertragspartnern wird vereinbart, dass das Geld für eine gewisse Laufzeit gegen Zahlung von Zinsen überlassen wird. Am Ende der Laufzeit muss der zur Verfügung gestellte Betrag wieder zurückgezahlt (getilgt) werden. Da man bei diesen Wertpapieren während der gesamten Laufzeit mit einem gleich bleibenden Ertrag rechnen kann, spricht man auch von Rentenpapieren.

Als typisches Beispiel für ein Gläubigerpapier wird im Folgenden der **Pfandbrief** beschrieben. Pfandbriefe sind eine spezielle Form von Schuldverschreibungen, die von Hypothekenbanken an Geldanleger verkauft werden. Diese Banken geben das beschaffte Geld in erster Linie als Darlehen an Bauherren weiter.

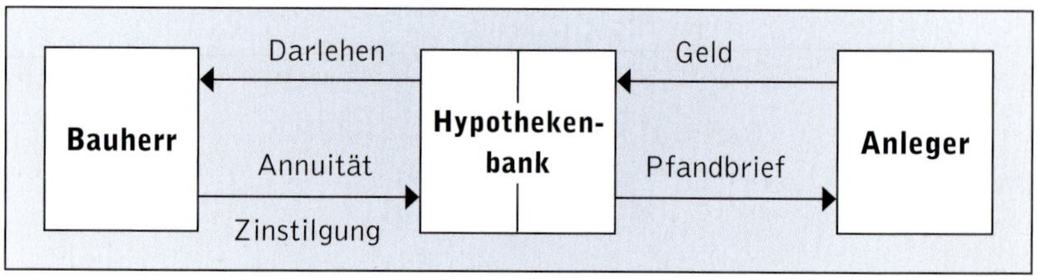

Pfandbriefe müssen im Prinzip durch erstmalige Grundpfandrechte – meist Hypotheken – gedeckt sein. Diese im Hypothekenregister eingetragenen Grundpfandrechte bilden die Deckungsmasse, die unter Aufsicht eines vom Bundesaufsichtsamt bestellten Treuhänders steht. Der Pfandbrief ist mit festen Zinszahlungen und genau festgelegten Zahlungsterminen ausgestattet. Die Zinsen müssen gezahlt werden, unabhängig davon, ob die ausgebende Bank einen Gewinn erwirtschaftetet oder nicht. Am Ende der Laufzeit wird der auf der Urkunde aufgedruckte Nennbetrag zurückgezahlt. Aufgrund der strengen Sicherheiten eignen sich diese Papiere für den vorsichtigen Geldanleger.

Teilhaberpapiere wie die Aktien sind ihrer Natur nach risikoreich und ermöglichen nur bei geschickter Anlage einen hohen Gewinn. Gläubigerpapiere hingegen bieten über lange Laufzeiten einen festen, aber relativ geringen Ertrag. Um das Risiko zu mindern und den Gewinn zu steigern, haben sich Sonderformen in Form der **Investmentzertifikate** gebildet. Diese Wertpapierart erfordert eine Kapitalanlagegesellschaft, die die Geldeinlagen ihrer Kunden treuhänderisch nach dem Grundsatz der Risikomischung in Aktien, Pfandbriefen, Anleihen anlegt und darauf Zertifikate ausgibt.

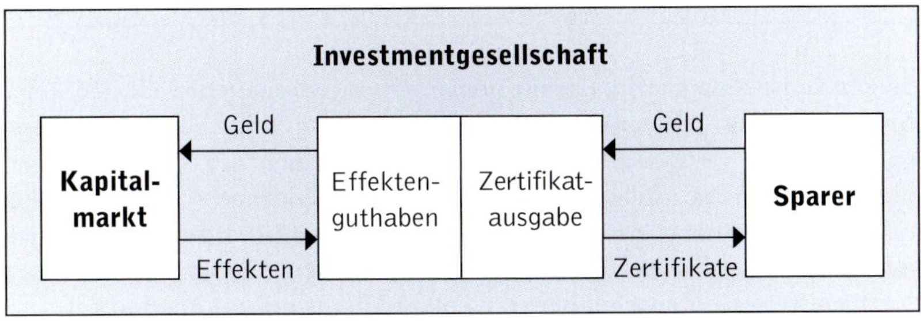

Investmentzertifikate sind Anteilsscheine an Sondervermögen (Investmentfonds), die von Kapitalgesellschaften (Investmentgesellschaften) gesondert vom eigenen Vermögen gebildet und verwaltet werden.

Das Investmentsparen bietet für den Geldanleger eine Reihe von Vorteilen:
- Die Wertpapiere des Fonds werden nach dem Prinzip der Risikomischung ausgewählt, d.h. Wertverluste bei einem Teil der Effekten können bei anderen Wertpapieren ausgeglichen werden.
- Der Investmentinhaber wird Miteigentümer des Sondervermögens.
- Da bereits kleine Beträge angelegt werden können, ist es möglich, viele Geldgeber zu erreichen und große Summen zu sammeln.
- Investmentzertifikate sind relativ liquide, da sie jederzeit zum Tageswert an die Gesellschaft zurückgegeben werden können.

Verschiedene Arten von Investmentzertifikaten haben sich herausgebildet:
- Bei den Aktienfonds erfolgt die Anlage nur in Aktien,
- bei den Rentenfonds wird Geld in Anleihen investiert,
- und gemischte Fonds sind eine Mischung aus Aktien und Anleihen.

Wer Geld über längere Zeit anlegen will, sollte nicht nur eine Geldanlagemöglichkeit bevorzugen, sondern bei seinen Entscheidungen die Zielsetzungen der Geldanlage berücksichtigen.

Die drei zentralen Zielsetzungen der Geldanlage sind:
- Die Anlage sollte einen hohen Ertrag abwerfen und/oder einen angemessenen Wertzuwachs für das eingesetzte Kapital erwarten lassen, d.h. Rentabilität wird verlangt.
- Die Anlage soll größtmögliche Sicherheit bieten. Der Grundsatz der Sicherheit bedeutet, die Gelder so anzulegen, dass das Risiko begrenzt und Verluste vermieden werden.
- Die Anlage soll flüssig sein, also im Bedarfsfall jederzeit in Bargeld zurückverwandelt werden können. Die Liquidität ist gewahrt, wenn die Geldanlage dem Kapitalgeber möglichst rasch und umgehend für seine Zahlungsverpflichtungen wieder zur Verfügung steht.

Aktienfonds	27.7.2006	20.7.2006
Activest Dt. Potential	139,26	137,01
ADIG Adifonds	70,86	69,47
DekaFonds	65,88	64,84
DIT-Concentra	51,67	51,00
DWS Investa	89,79	88,39
Uni Deutschland	99,30	98,31
UniFonds	33,97	33,71

Quelle: Der neue Tag, Weiden, 29./30.7.2006, S. 16

1. Neben Wertpapierfonds gibt es noch Immobilienfonds. Erkläre das Zustandekommen dieses Fonds.

2. Informiere dich über weitere Möglichkeiten der Geldanlage bei der Bank.

3. a) Was versteht man unter einem Bundesschatzbrief?
   b) Um welche Art von Wertpapier handelt es sich beim Bundesschatzbrief? Begründe kurz.
   c) Entwickle – ähnlich wie z.B. beim Pfandbrief – ein Schema für den Bundesschatzbrief.

1. Erläutere den Kauf eines Grundstücks, einer Eigentumswohnung unter den Gesichtspunkten von Sicherheit, Rentabilität und Liquidität.

Rentabilität
(gewinnbringende Anlage)

Prinzipien der Geldanlage

Sicherheit
(Vermeidung von Verlusten)

Liquidität
(Erfüllung aller Zahlungsverpflichtungen)

Es gibt keine Anlageform, die alle genannten Eigenschaften in idealer Weise in sich vereinigt. Geldanlagen, die eine sehr hohe Verzinsung, d. h. einen guten Gewinn versprechen, weisen im Allgemeinen nur einen geringen Liquiditätsgrad auf. Anlagen, die sehr liquide sind, bringen meist nur einen relativ bescheidenen Ertrag. Geldanlagen mit hohen Gewinnchancen enthalten in der Regel auch vergleichsweise hohe Risiken. Die weniger riskanten Anlagen weisen demgegenüber eine entsprechend geringe Rendite auf.

Wer sein Geld so anlegen will, dass in optimaler Weise sowohl den Zielen der Liquidität als auch der Rentabilität und der Sicherheit Rechnung getragen wird, darf sich nicht mit einer einzigen Anlageform begnügen. Um das Risiko zu streuen, ist es sinnvoll, bei seiner Geldanlage zu dritteln. Die klassische Geldanlageregel müsste demnach lauten: 1/3 flüssige Mittel, 1/3 fest (in Laufzeit und Ertrag) und 1/3 mehr oder weniger spekulativ.

Neben den genannten Anlageformen gibt es noch weitere Möglichkeiten, sein Geld sinnvoll einzusetzen. Die Anlage in Edelmetallen (Gold oder Silber) ermöglicht keinen direkten Ertrag. Sie bietet jedoch langfristig große Sicherheiten, auch dann noch, wenn das Geld seinen Wert verloren hat.
Der Erwerb von Immobilien (Beteiligungen an Geschäfts- oder Wohngebäuden bzw. Eigentumswohnungen) bietet zum einen regelmäßig wiederkehrende Mieteinnahmen und je nach Gesetzeslage steuerliche Vorteile, zum anderen ist es eine langfristige Anlage mit geringer Verzinsung.

Anlageformen und ihre Merkmale

	Spareinlage z. B. Sparbuch	**Teilhaberpapiere** z. B. Aktie	**Gläubigerpapiere** z. B. Pfandbrief	**Sonderformen** z. B. Investmentfonds
Rentabilität	sehr geringe Verzinsung	Dividendenzahlungen, Kursschwankungen	feste Verzinsung über längere Laufzeit, evtl. geringe Kursschwankungen	hängt von der Art des gewählten Fonds ab
Liquidität	Freibetrag 2.000,00 €; Rest Vorschusszinsen	jederzeitiger Börsenverkauf möglich; jedoch Kursrisiko	Bindung bis Ende der Laufzeit	jederzeitige Rückgabe zum Tageswert
Sicherheit	sehr sicher, da Haftung durch Bank und Einlagensicherungsfonds	Haftung durch Eigenkapitalanteil an der AG, Totalverlust möglich	Fremdkapitalcharakter mit hoher Absicherung	z. B. Aktienfonds: geringe Sicherheit, Immobilienfonds: relativ hohe Sicherheit

Auch in deiner Familie gibt es irgendwann einmal die Notwendigkeit, ein neues Auto zu kaufen, weil das alte seinen „Geist“ aufgibt oder nicht mehr rentabel ist. Meist wird man sich in dieser Situation gründlich überlegen, welches Fahrzeug man kauft: ein inländisches Fabrikat oder ein ausländisches; reicht das Geld für ein fabrikneues, soll es ein Jahreswagen sein; wo gibt es günstige Gebrauchtwagenangebote?

Alle diese Alternativen haben Vor- und Nachteile. Wenn man sich die Entscheidung nicht einfach macht, sich gründlich informiert, analysiert und diskutiert und dann eine überlegte Entscheidung fällt, geht man nach der Methode der Fallstudie vor.

Bei einer **Fallstudie** geht man immer von einer konkreten wirtschaftlichen Situation aus, die ein Problem enthält. Die Lösung dieses Problems beinhaltet mehrere Entscheidungsalternativen. Eine Fallstudie verläuft in mehreren Phasen:

Konfrontationsphase (Situation)
In dieser Phase setzt man sich mit der konkreten Situation auseinander, d.h. man muss die wirtschaftliche Ausgangslage mit ihren Personen erfassen und die Zielsetzung des Falles erkennen.
Folgende Situation wird angenommen:
Du bist bei der Firma *Treck & Bike GmbH* im kaufmännischen Bereich angestellt. Diese Firma stellt in großem Umfang moderne Sportfahrräder her, vor allem Mountain-Bikes, Trekking-Räder und City-Bikes. In einer Besprechung mit der Geschäftsleitung wird dir mitgeteilt, dass es dem Unternehmen wirtschaftlich sehr gut geht. Vor allem das gesteigerte Gesundheitsbewusstsein der Bevölkerung hat dazu geführt, das sehr viele Mountainbikes verkauft wurden und ein finanzieller Überschuss von 200.000,00 € entstanden ist, den die Firma mittelfristig anlegen will. Als kaufmännischer Mitarbeiter hast du die Aufgabe, dieses Geld für ein Jahr möglichst gewinnbringend anzulegen.
Die Geschäftsleitung macht folgende Auflagen:
- Die klassische Geldanlageregel ist zu beachten.
- Es sind nur DAX-Werte zu verwenden.
- Bei den Fonds dürfen nur die Werte einer Bezugsbank verwendet werden.
- Nach der fiktiven Geldanlage sind keine Käufe bzw. Verkäufe mehr zu tätigen.

Die Geschäftsleitung verlangt von den jeweiligen Anlagegruppen einen exakten Rechenschaftsbericht (Zinsberechnung, Kursentwicklung, Dividendenausschüttung) nach einem Monat bzw. sechs Monaten.

Informationsphase (Sammeln)
In dieser Phase sollte die Klasse in Gruppen eingeteilt werden, wobei jede Gruppe selbstständig eine eigene Anlagekonzeption entwickeln soll. Die Gruppenmitglieder sammeln dabei Informationen, d.h. sie beschaffen sich Geldanlageprospekte bei den Banken und verfolgen in Zeitungen, Zeitschriften und im Internet die Kursentwicklung der DAX-Werte bzw. Investmentfonds.

Diskussion in der Klasse

1908 waren die Studenten der Harvard Business School in Boston mit dem Vorlesungsstil ihrer Ökonomieprofessoren nicht mehr einverstanden. Um Abwechslung in ihr Studium zu bringen, luden sie Unternehmer in ihre Hochschule ein und baten sie, Problemfälle aus ihrer Betriebspraxis zu schildern. Diese Fallsituationen schrieben sie auf, analysierten sie und versuchten Lösungsvorschläge zu entwickeln. So entstanden Fallstudien.

Konfrontation

Information

Exploration (Sortieren)
In dieser Phase sollen von der einzelnen Gruppe möglichst in sich schlüssige Anlagealternativen entwickelt und erarbeitet werden. Hierbei spielt die Gruppendiskussion eine entscheidende Rolle. Nach anfänglich kontroversen Standpunkten sollte in der Gruppe allmählich ein gemeinsames Anlagekonzept für die 200.000,00 € der *Treck & Bike GmbH* entwickelt werden. Die Vorgaben der Geschäftsleitung sind dabei unbedingt zu berücksichtigen.

Resolution (Entscheiden)
In der Resolutionsphase muss entschieden werden, welches Anlagekonzept gewählt wird. Hierbei sind die Anlagevarianten mit Betrag und Art (Spareinlage, Aktien, Pfandbriefe, Fonds usw.) genau anzugeben und in ein Schema zu übernehmen, das neben den einzelnen Varianten die Vor- und Nachteile bzw. Konsequenzen enthält.

Alternativen	Betrag	Vorteile	Nachteile	Konsequenzen
Variante 1	...	...	...	...
Variante 2	...	...	...	...
Variante 3	...	...	...	...
Summe	...	...	...	...

Disputation (Diskussion)
In der Disputationsphase stellen die jeweiligen Gruppen, zunächst vertreten durch ihre Gruppensprecher, die von ihnen entwickelte Entscheidungsübersicht dem Plenum, also den anderen Gruppen und der Geschäftleitung (eventuell Lehrer/in) vor. Im Rahmen einer sich anschließenden Gesamtdiskussion kann man sich auf das Anlagekonzept einer Gruppe einigen oder ein neues Konzept entwickeln.

Interessant wäre auch, wenn jedes Gruppenkonzept oder das gemeinsame Konzept nach einem oder nach sechs Monaten auf die Ertragssteigerung hin überprüft würde. Denn bei
- Sparanlagen oder Gläubigerpapieren kann der Zinszuwachs mittels der Zinsformel berechnet werden,
- den Teilhaberpapieren und den Sonderformen kann die Wertveränderung den Kurstabellen entnommen werden. (Abwicklungsgebühren können unberücksichtigt bleiben!)

Die Fragen „Wie haben sich die 200.000,00 € entwickelt?“ und „Wer hat die beste Anlagestrategie gehabt?“ können dadurch beantwortet werden.

Fallstudien eignen sich nicht nur für die Vorbereitung sinnvoller Entscheidungen bei der Geldanlage. Alle wichtigen wirtschaftlichen Entscheidungen werden – bewusst oder unbewusst – in Form einer Fallstudie durchdacht. Die Wahl des Berufes, der Kauf wertvoller Gegenstände oder eine teure Urlaubsreise gehören dazu. Wichtig ist, dass man sich eine Entscheidung nicht einfach macht, sondern Handlungsalternativen entwickelt, analysiert und diskutiert.

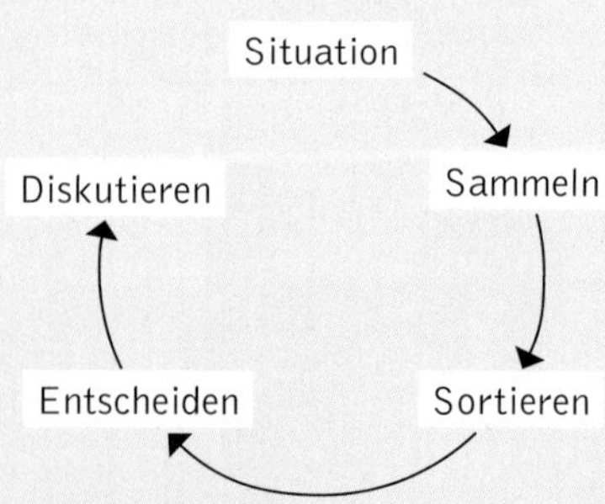

Ablauf einer Fallstudie

2.7 Verschuldung privater Haushalte

Jan-Phillip war 14, als die Eltern seinen größten Wunsch erfüllten: ein eigenes Handy. Doch mit dem Mobilfunkgerät begann ein Drama. Mal eben den Freund anzurufen oder eine SMS-Nachricht zu verschicken ist sehr kostspielig. Trotz dauernden Mahnens seiner Eltern und entsprechender Kürzungen seines Taschengeldes gab es jeden Monat hohe Gebührenrechnungen. Einmal war seine Handy-Rechnung dreimal so hoch wie sein monatliches Taschengeld. Zähneknirschend bezahlten die Eltern die Rechnung.

Nicht den Überblick verlieren

Ann-Kathrin (15 Jahre) mag es gern schick. Eine neue Hose, Schuhe nur von der teuren Sorte und vor allem Marken-Pullis sind ihre schwache Seite. Für tolle Kleidung gibt sie ihr letztes Geld aus, denn man will ja mithalten, „in" sein vor allem, wenn es die anderen auch so machen. Um ehrlich zu sein, sie hat schon mehrmals ihre Mitschülerinnen angepumpt und bei Oma und Opa steht sie bereits „in der Kreide".

Jeder zehnte Jugendliche steckt bereits in der Schuldenfalle und trotz steigenden Wohlstands gibt es immer mehr private Haushalte, die durch Überschuldung in Not geraten sind.

Worin liegen die Ursachen für die Verschuldung der privaten Haushalte?

Ohne Moos nix los
Born to shop
Buy now pay later

Falsches Verhalten beim Konsum
Manche Jugendliche, aber auch Erwachsene, orientieren sich beim Konsumieren nicht an ihren finanziellen Gegebenheiten, sondern am Ausgabeverhalten in ihrem Freundeskreis. Der Einfluss der Peergroup steckt den Orientierungsrahmen für den Umgang mit Geld und der soziale Druck der Gleichaltrigen-Kultur ist oft sehr stark. Ausgelöst durch eine starke Anfälligkeit gegenüber einer raffinierten Werbung oder übertriebenes Imponiergehabe kommt es zu überflüssigen Impuls- oder Prestigekäufen mit ihren nachhaltig negativen Folgen.
Ein typisches Beispiel für falsches Konsumverhalten ist Jörg.

1. Beim Umgang mit Geld kann man verschiedene Typen unterscheiden: Der Großzügige, der Leichtlebige, der Solide, der Dagobert-Duck-Typ. Beschreibe die einzelnen Typen genauer (und überlege dir, zu welchem Typ du dich zählen würdest).

2. Nicht nur private Haushalte leiden an Überschuldung, sondern auch Industriestaaten wie die Bundesrepublik Deutschland oder Entwicklungsländer wie Argentinien.
   a) Nenne Gründe für die Staatsverschuldung in Deutschland.
   b) Informiere dich über die Ursachen der Verschuldung in Argentinien.

Jörg, 18 Jahre alt und Auszubildender, hatte seinen Führerschein bestanden und wollte natürlich ein eigenes Auto. Aber doch keinen Kleinwagen; ein gebrauchtes Mittelklasseauto mit 55 KW, preisgünstig für 6.000 € sollte es schon sein. Die neidvollen Blicke seiner Kumpels waren ihm ebenso gewiss wie die Bewunderung seiner neuen Freundin. Das Kreditgespräch mit der Bank verlief problemlos. Bei einer Spritzfahrt kam es allerdings zu einem Auffahrunfall. Jörg ist nichts passiert, aber das Auto hatte Totalschaden. Jörg konnte doch jetzt nicht mit dem Fahrrad fahren. Ein neues Auto musste her, allerdings mit 65 KW und für 6.500 €. Der größte Teil seines Lehrlingsgehalts musste er jetzt für Ratenzahlungen aufwenden. Als eine größere Reparaturzahlung für das Auto anfällt, konnte er diese nicht mehr begleichen. Der Gerichtsvollzieher war dann bei seinem Arbeitgeber wegen einer Lohnpfändung erschienen.

Bei einem **Kredit** handelt es sich um eine befristete Überlassung einer bestimmten (Güter-) Geldmenge, wobei der Kreditgeber das Vertrauen in den Kreditnehmer haben muss, dass dieser seinen Verpflichtungen ordnungsgemäß nachkommt.
(credere (lat.) = glauben, vertrauen)

Ursprünglich war der Kredit ein Borgen von Korn, Fleisch und Fellen, also von Dingen, die unmittelbar zum täglichen Leben benötigt wurden. Wer sich Konsumgüter borgen musste, war meist arm und litt große Not. Wurden bei einem Kreditgeschäft Naturalien verlangt, so traf es die Schwächsten, die sich nur schwer aus ihrer Armut lösen konnten.

Bank- und Kreditkarten

1. Verführt + gekauft = verschuldet
   Erläutere diese Gleichung!
2. Informiere dich über die Höhe der Dispositionskredite und den Zinssatz bei einer geduldeten Überziehung.

Nicht nur bei den Jugendlichen, sondern auch in einigen privaten Haushalten findet sich ein falsches Verbraucherverhalten, d.h. man „lebt auf großem Fuß“. Man will seinem Freundeskreis imponieren und hat noch nicht gelernt, für zukünftige Anschaffungen zu sparen und seine Ausgaben zu planen. Handyverträge, Fitnesscenter, Abos von Zeitungen, Mitgliedsbeiträge bei Vereinen, Versicherungen, Raten für Auto und Haus binden die Familien über lange Zeit. Dadurch wird ein Großteil der Einnahmen fest verplant und der Anteil des verbleibenden Geldes immer geringer. Manche Haushalte verlieren die Fähigkeit, ihre wirtschaftliche Leistungskraft realistisch einzuschätzen. Sie sind unfähig, auf nicht mehr dringend benötigte Konsumgüter zu verzichten, während sie umfangreiche Kredite zurückzahlen müssen.

Falsches Verhalten bei der Kreditaufnahme

Zu den ersten Schritten, die zu einem falschen Umgang mit Geld führen, gehört die permanente Inanspruchnahme von Überziehungskrediten auf dem Girokonto. Die Banken gewähren Dispositionskredite und fordern dafür relativ hohe Zinsen, oft ermöglichen sie noch eine geduldete Überziehung mit nochmals deutlich höheren Zinsen.
Neben den sehr teuren kurzfristigen Krediten gewähren die Banken auch mittel- und langfristige Kredite. Für Anschaffungen wie den Kauf bzw. Bau eines Hauses oder einer Eigentumswohnung sind langfristige Darlehen unbedingt erforderlich. Allerdings bieten Kreditinstitute, aber auch Handelsbetriebe, noch mittelfristige Geldquellen wie z. B. Konsumkredite, Ratenkredite, Versandhauskredite oder Leasingverträge an. Solche Kredite werden oft aufgenommen, um sich Wünsche wie den Kauf eines Autos, einer Reise oder von Möbeln zu erfüllen. Wer sich jedoch mit dem Geldregen per Kredit einen schnellen Konsum ermöglichen will, steht oft am Ende mit einem hohen Schuldenberg da.
Auch der Umgang mit Plastikgeld birgt die Gefahr der Verschuldung. Die Bezahlung mit EC- oder Kreditkarten wird oft nicht mehr als Geldausgabe erlebt, wie dies bei der Geldbörse gegeben ist. Hat der Verbraucher lediglich Bargeld, so ist er gezwungen auf einen wünschenswerten Konsum zu verzichten, wenn er in seinem Portemonnaie kein Geld mehr findet. Diese Begrenzung entfällt beim bargeldlosen Zahlungsverkehr. Durch das Plastikgeld wird das Zahlen sehr erleichtert und damit steigt das Risiko, den Überblick über seine Ausgaben zu verlieren.
Die Überschuldung von privaten Haushalten hat fast immer ihre Ursache darin, dass von der bewährten Lebensgleichung, wonach die Ausgaben durch die Einnahmen zu decken sind, abgewichen wird. Fast immer findet sich in diesen Familien die Gleichung, wonach die Einnahmen plus dem Kredit gleich den Ausgaben sind.

Unvorhergesehene Ereignisse und Schicksalsschläge

Jedem Schuldnerberater ist bekannt, dass unvorhergesehene Ereignisse in einer Familie der Anfang für zunehmende Schulden und Zahlungsschwierigkeiten sein können. Vor allem der Verlust des Arbeitsplatzes führt zu einer starken Reduzierung des Einkommens. Wird dem Hauptverdiener oder einem der Doppelverdiener gekündigt, so erhält dieser nur noch Arbeitslosengeld. Dieses verringerte Einkommen reicht oft nicht mehr aus, um die laufenden Zahlungen, die unter den Bedingungen des höheren Einkommens aufgenommen wurden, zu begleichen. Um den Lebensstandard zu halten, wird das fehlende Einkommen durch die Aufnahme von Schulden ausgeglichen.

Ähnliche Auswirkungen wie ein Arbeitsplatzverlust kann z. B. auch eine Scheidung haben. Neben den Kosten des Rechtsstreits und einem geringeren Nettoeinkommen aufgrund der veränderten Steuerklasse sind noch langfristige laufende Unterhaltszahlungen zu leisten. Aber auch Krankheit, Unfälle, die Geburt eines Kindes oder der Tod eines Angehörigen können zu einem dauerhaften Niedrigeinkommen führen, das man oft durch steigende Schulden auszugleichen versucht.

Falsche Verhaltensweisen beim Konsum oder unvorhergesehene Schicksalsschläge sind die Hauptursachen für eine sich nach oben schaukelnde **Verschuldensspirale**.

Der Weg in die Verschuldensfalle beginnt meist damit, dass über eine längere Zeit die Ausgaben nicht mehr durch die entsprechende Einnahmen ausgeglichen werden. Um trotzdem den bisherigen Lebensstandard beizubehalten, werden Schulden aufgenommen, die allmählich immer größer werden. Haben die Schulden einen bestimmten Umfang erreicht, wird man die Bank bitten, das Kreditvolumen zu erhöhen. Tilgungs- und Zinsraten, also der so genannte Schuldendienst, nehmen zu. Irgendwann wird auch das erweiterte Kreditvolumen nicht mehr ausreichen und man kommt mit seinen Ratenzahlungen in Verzug. Nach dem Verbraucherkreditgesetz kann ein Geldinstitut den Kreditvertrag kündigen, wenn man mit zwei Ratenzahlungen ganz oder teilweise hinterher hinkt. Wenn die Banken das Girokonto sperren oder keinen Anschlusskredit mehr gewähren, weichen manche Haushalte auf private Geldverleiher aus. Meist werden hier bereits Schulden aufgenommen, um bestehende Kredite bei den Geschäftsbanken zu begleichen. Diese Situation, in der man Schulden mit Schulden begleicht, bildet bereits eine höhere Ebene in der Verschuldensspirale. Der steigende Schuldendienst engt den privaten Konsum immer mehr ein und um den Grundbedarf irgendwie zu decken, werden fällige Rechnungen nur schleppend oder teilweise gar nicht mehr beglichen. Die Mahnungen und offenen Rechnungen häufen sich und werden im fortgeschrittenen Stadium sogar in den Papierkorb geworfen. Meist dauert es dann nicht mehr sehr lange, bis der erste gerichtliche Mahnbescheid ins Haus „flattert“ und die Zahlungsunfähigkeit zugegeben werden muss. Von **Zahlungsunfähigkeit** spricht man, wenn das Einkommen einer privaten Person nicht mehr ausreicht, um den zwingend fälligen Zahlungsverpflichtungen nachzukommen. Überschuldung liegt vor, wenn die Schulden einer Privatperson größer als ihr Vermögen sind.

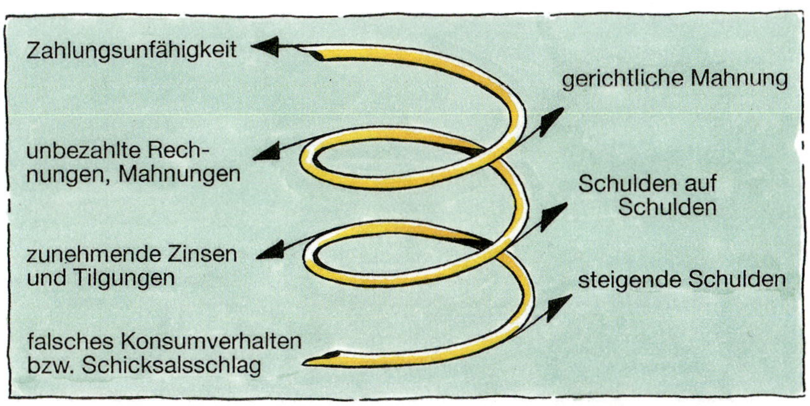

Schuldenspirale

Kredithai

1. Erläutere folgende Begriffe, die bei einem Kreditvertrag von Bedeutung sind: Ratentilgung, Annuitätentilgung, Abgeld, Effektivzins, Gebühren, vorzeitige Tilgung, Restschuldversicherung.

2. Nenne Beispiele für Ausgleichszahlungen bei einer Ehescheidung.

3. Manchmal erscheinen irgendwelche Vertreter vor der Haustür und versuchen Waren „sehr preisgünstig“ zu verkaufen.
   a) Was hältst du von solchen Haustürgeschäften?
   b) Informiere dich über die rechtlichen Regelungen bei Haustürgeschäften.

4. „Ich verstehe das nicht“, grübelt der Bauer Meck. „In der Stadt gibt mir niemand Geld, weil man mich nicht kennt. Und hier gibt man mir keines, weil man mich kennt.“
   Suche nach den Gründen für die mangelnde Kreditwürdigkeit des Bauern Meck.

Beratungsstellen:
www.schulden-infos.de
www.bag-sb.de
www.forum-schuldnerberatung.de
www.sfz-mainz.de
www.dajeb.de
www.bmfsfj.de

Wer bietet Schuldnerberatung an? Schuldnerberatung wird angeboten von Trägern der freien Wohlfahrtsverbände (Caritas, Diakonisches Werk und z. T. von den örtlichen Sozialhilfeträgern (kreisfreie Städte, Landkreise).

Die **Schuldnerberatung** leistet professionelle Hilfe, wenn Menschen in finanzielle Schwierigkeiten geraten sind oder zu geraten drohen.

Stundung nennt man die Vereinbarung zwischen Gläubiger und Schuldner, in der die Fälligkeit einer vom Schuldner zu erbringenden Leistung zeitlich hinausgeschoben wird.

Gerichtliches Mahnverfahren
Hier beantragt der Gläubiger den Erlass eines Mahnbescheides beim zuständigen Amtsgericht. Erfolgt von Seiten des Schuldners kein Widerspruch, so kann der Vollstreckungsbescheid beantragt und die Zwangsvollstreckung eingeleitet werden.

Zwangsvollstreckung ist ein Verfahren, bei dem Leistungsansprüche durch staatlichen Zwang eingetrieben werden, also z. B. durch die Zwangsversteigerung von Immobilien.

Eine sich nach oben drehende Schuldenspirale hat für die Betroffenen zum einen materielle Folgen, da das verfügbare Geld für einen angemessenen Lebensunterhalt nicht mehr reicht und der ökonomische Handlungsspielraum immer enger wird. Zum anderen bedeutet Verschuldung zunehmende soziale und psychische Störungen. Nach anfänglicher Unzufriedenheit, mangelndem Selbstvertrauen, Antriebslosigkeit und permanentem Familienstreit stehen am Ende dieser seelischen Spirale manchmal Ehescheidung, Depressionen oder der Einstieg in ein Suchtverhalten.

Um sowohl die materiellen als auch die psychischen Probleme gar nicht erst entstehen zu lassen, sollte man bereits bei den ersten Anzeichen finanzieller Schwierigkeiten eine **Schuldnerberatungsstelle** aufsuchen. Sie bietet verschuldeten Einzelpersonen, Familien und Haushalten Hilfe zur Selbsthilfe an, um die Ver- bzw. Überschuldung zu beseitigen oder zu verringern. Die Hilfe ist hier Teil einer umfassenden Lebensberatung und beinhaltet daher auch die Beratung in sozialen und persönlichen Angelegenheiten. Bei der Schuldnerberatung müssen die Ratsuchenden allerdings bereit sein, alle Schulden und Einnahmemöglichkeiten offen zu legen und den Empfehlungen des Schuldnerberaters Folge zu leisten.

Eine effektive Schuldnerberatung umfasst folgende Hilfestellungen:

- Die **rechtliche Schuldnerberatung**, d.h., der Schuldnerberater erkennt die rechtlichen Probleme und gewährleistet die notwendige Zusammenarbeit mit Gläubigern, Rechtsanwälten und Gericht.
- Die **wirtschaftliche Schuldnerberatung**, d.h., der Schuldnerberater hilft bei der Erstellung des Haushaltplanes und entwickelt Vorschläge für einen Sanierungsplan.
- Die **psychologische Schuldnerberatung** beinhaltet die Beratung bei seelischen und sozialen Problemen, bzw. verweist auf spezialisierte Institutionen.
- Die **präventive Schuldnerberatung** hat sich das Ziel gesetzt, vor allem durch Bildung den „mündigen Konsumenten" zu fördern, der durch eine geänderte Lebensweise auf Schulden verzichten kann.

Ist eine Privatperson am Ende der Verschuldensspirale angekommen, bietet das **Verbraucherinsolvenzrecht** ein Verfahren aus der Verschuldensfalle herauszukommen. Dieses Gesetz ermöglicht es überschuldeten Privathaushalten nach Erteilung der Restschuldbefreiung wieder geordnete finanzielle Verhältnisse aufzubauen. Diese Befreiung von Schulden können nur Personen erhalten, die zahlungsunfähig und überschuldet sind. Vereine oder Gesellschaften sind von dieser Regelung nicht betroffen.

Q

§ 1 InsO
Ziele des Insolvenzverfahrens
Das Insolvenzverfahren dient dazu, die Gläubiger eines Schuldners gemeinschaftlich zu befriedigen, indem das Vermögen des Schuldners verwertet und der Erlös verteilt oder in einem Insolvenzplan eine abweichende Regelung insbesondere zum Erhalt des Unternehmens getroffen wird. Dem redlichen Schuldner wird Gelegenheit gegeben, sich von seinen restlichen Verbindlichkeiten zu befreien.

Das Insolvenzverfahren wird in zwei Phasen eingeteilt:
Die erste Phase besteht in dem Versuch der **außergerichtlichen Schuldenregulierung**. Hier sollte sich der Schuldner mit seinen Gläubigern außergerichtlich einigen. Er wird in Verhandlungen versuchen, eine Streckung seiner Ratenzahlungen zu erreichen oder die Stundung von Krediten. Gelingt die Einigung nicht, muss eine geeignete Person, etwa ein Rechtsanwalt oder eine Schuldnerberatungsstelle, das Fehlschlagen bescheinigen.

Danach beginnt die zweite Phase, also das **gerichtliche Verbraucherinsolvenzverfahren**. Nachdem der Schuldner die Eröffnung des Insolvenzverfahrens beim zuständigen Amtsgericht beantragt hat, versucht das Gericht nochmals eine Einigung zwischen dem Schuldner und dem (den) Gläubiger(n) herbeizuführen. Scheitert auch dieser Versuch, so wird das eigentliche Insolvenzverfahren eingeleitet. Der Schuldner stellt für Schulden, die er nicht mehr bezahlen kann, einen Antrag auf Restschuldbefreiung beim Gericht. Innerhalb eines Zeitraums von sechs Jahren muss er alle pfändbaren Überschüsse seines Einkommens an einen Treuhänder abtreten, der das Geld unter den Gläubigern verteilt. Danach werden ihm alle Schulden erlassen.

!

1. Wie kann man die Schuldnerspirale möglichst frühzeitig durchbrechen?

2. Das Ausmaß der Verschuldung privater Haushalte lässt sich keiner Statistik eindeutig entnehmen. Es muss aus vielen Quellen geschlossen werden. Hinweise auf die Überschuldung privater Haushalte liefern z. B. Kreditkündigungen, Lohnpfändungen, Räumungsklagen, Stromsperrungen und Zwangsversteigerungen.
   a) Erkläre die unterstrichenen Begriffe.
   b) Warum sind Informationen über die Verschuldungssituation privater Haushalte unbedingt erforderlich?

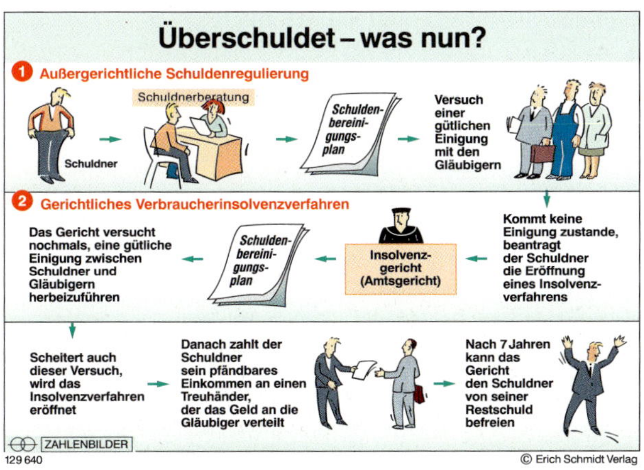

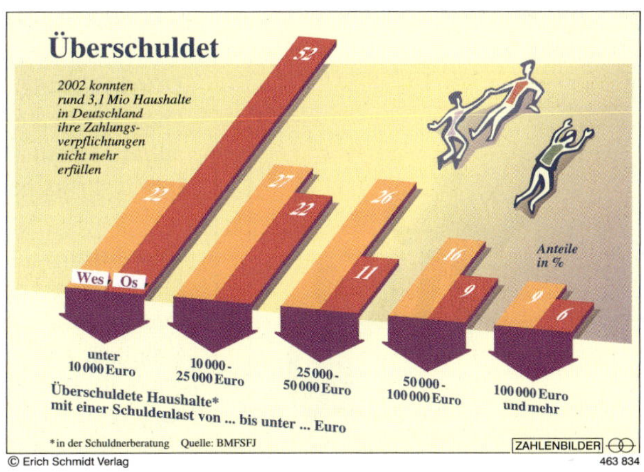

Gerichtsvollzieher

Vorbereitung

Durchführung

Auswertung

Bei einer Expertenbefragung handelt es sich um alle Formen von Informationsprozessen, in denen Fachleute aus der Wirtschaft den Schülerinnen und Schülern Auskünfte erteilen. Solche Expertenbefragungen können am Wirkungsort des Experten, also außerhalb der Schule, erfolgen, häufig wird jedoch der Experte in die Schule eingeladen. Der Ökonomieunterricht bietet viele Möglichkeiten Experten einzuladen. So können neben Verbraucherberatern, Berufsberatern, Richtern oder Rechtsanwälten, Anlageberatern von Banken, Gewerkschaftsvertretern, aber auch Handwerksmeister, Steuerberater oder Finanzbeamte eingeladen werden. Zur Vertiefung des Themas „Die Verschuldung der privaten Haushalte" eignet sich ein Expertengespräch mit einem Schuldnerberater oder einem Gerichtsvollzieher.

Vorbereitung

Wenn eine Expertenbefragung sinnvolle Ergebnisse bringen soll, muss sie sowohl von den Schülern als auch vom Experten gründlich vorbereitet werden. Die Vorbereitung von Seiten der Schüler erfordert organisatorische und inhaltliche Überlegungen. Zunächst sollte versucht werden, über das nächstgelegene Amtsgericht Kontakt mit einem Gerichtsvollzieher aufzunehmen, der sich für ein Expertengespräch zur Verfügung stellt. In einem höflichen Schreiben wird der Experte in die Schule eingeladen, Terminvorschläge unterbreitet und über den Ablauf der Befragung informiert. Darüber hinaus sollte der Gerichtsvollzieher noch über das Vorwissen der Klasse und über deren Interessenlage informiert werden.

Bei der inhaltlichen Vorbereitung werden Gruppen mit Gruppensprechern gebildet, die einen Fragenkatalog ausarbeiten. Bei der Fragetechnik können die unterschiedlichsten Formen gewählt werden: Bei der strukturierten Befragung sind die Fragen, die dem Experten gestellt werden, vorab in ihrer Reihenfolge und Formulierung genau festgelegt. Anders ist es bei der teilstrukturierten Befragung, wo wichtige Inhalte und die Reihenfolge der Fragen in Form eines Leitfadens konzipiert werden.

Mögliche Fragen an einen Gerichtsvollzieher sind z. B.:
- Wie sieht bei Ihnen ein typischer Arbeitstag aus?
- Erläutern Sie Beispiele von Personen, die in die Verschuldensfalle geraten sind.
- Welche Personen bzw. Personengruppen geraten bevorzugt in die Schuldenspirale?
- Berühren Sie die Schicksale Ihrer Klienten persönlich?

Durchführung

Die eigentliche Befragung sollte in einer angenehmen, interessierten Atmosphäre ablaufen und am Ende mit dankenden Worten des Schülersprechers bzw. Lehrers beschlossen werden.

Auswertung

Die Auswertung besteht aus der Sammlung und Systematisierung der Antworten und dem Erstellen eines Protokolls. Vielleicht kann das Expertengespräch (wenn Einverständnis vorliegt, mit einem Bild des Experten) als Grundlage für einen Beitrag in der Schülerzeitung oder dem Jahresbericht dienen.

Geld ist ein von allen Wirtschaftsteilnehmern anerkanntes **knappes Gut**, das dem Konsumenten viele Vorteile bietet, da es in der Wirtschaft verschiedene Aufgaben übernimmt.

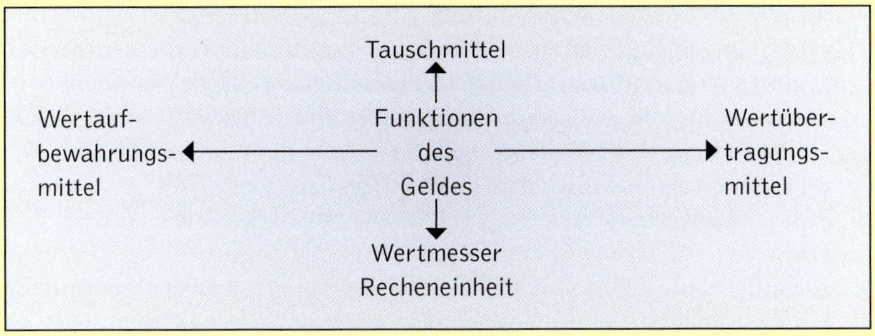

Die Entstehungsgeschichte des Geldes beginnt beim **Naturaltausch**. Hier wird ein Gut gegen ein anderes eingetauscht. Beim **Warengeld** einigt man sich auf ein bestimmtes Zwischentauschgut wie z. B. Muscheln, Bernstein oder Rinder. Das **Metallgeld** entwickelte sich vom in Wägegeld zum geprägten Geld, also den Münzen. Das **Papiergeld** ermöglichte es, größere Werte leichter transportieren zu können. Die Wertübertragung beim **Buchgeld** erfolgt durch die Umbuchung von einem Konto auf ein anderes Konto.

Beim Umgang mit Geld hat der Konsument zu beachten:

Wertentwicklung	**Zahlungsarten**	**Anlagemöglichkeiten**
Inflation	Barzahlung	Spareinlagen
Deflation	Überweisung	Aktien
	Electronic Cash	Investmentzertifikate
	Pfandbrief	
	Kreditkarte	
	Geldkarte	
	Homebanking	

Bei seiner Geldanlage hat der Konsument zu entscheiden, inwieweit die Kriterien der Sicherheit, der Rentabilität und der Liquidität für ihn von Bedeutung sind. Jede Anlageform hat ihre besonderen Merkmale: Aktien sind z. B. liquide, aber wenig sicher; das Sparbuch hat eine große Sicherheit, jedoch nur eine geringe Rentabilität.

Der Konsument hat bei allen Entscheidungen darauf zu achten, dass er nicht in die Schuldenfalle gerät. Falsches Konsumverhalten, zu hohe Belastungen aus Krediten, aber auch persönliche Schicksalsschläge können in die Schuldenspirale münden. Fehlentscheidungen beim Konsum führen über steigende Schulden bis zur Zahlungsunfähigkeit. Unter Zuhilfenahme von Schuldnerberatungsstellen bzw. eines Verbraucherinsolvenzverfahrens kann der Schuldenumfang reduziert werden. Das Insolvenzverfahren beginnt mit einer außergerichtlichen Schuldenregulierung, dem ein gerichtliches Verbraucherinsolvenzverfahren folgen kann.

Ein Römer bezahlt mit Denaren (Ware gegen Geld).

Wichtige Begriffe:
Aktien
Buchgeld
Dauerauftrag
Deflation
Dividende
Geld
Geldkarte
Kaufkraft
Kreditkarte
Liquidität
Tauschmittelfunktion
Überweisung
Wertmesserfunktion
Wertaufbewahrungsfunktion
Wertpapier
Wertaufbewahrungsmittel
Wirtschaftlichkeit
Verbraucherinsolvenzverfahren

Flämische Geldwechsler

Das „magische Dreieck" bei Geldanlagen

1. Die Entstehungsgeschichte des Geldes ist die Geschichte eines andauernden Lernprozesses nach dem Motto: Aus Erfahrung wird man klug.
   a) Beschreibe mit Hilfe der Nachteile einer jeden Geldform die Entwicklungsgeschichte des Geldes.
   b) Welche Nachteile haben die derzeitigen Geldformen?
   c) In einigen Gebieten der ehemaligen Sowjetunion wurde den Bergarbeitern oft monatelang kein Lohn bezahlt. Sie konnten nur überleben, indem sie die geförderte Kohle gegen andere Güter tauschten. Auf welcher Stufe der Geldentwicklung befanden sich die Bergleute?
   d) Gibt es bei uns noch solche Formen des Tausches?
2. Was versteht man unter einer Inflation und welche Auswirkungen hat sie?
3. Katja hat der Skikurs mit der Schulklasse so gut gefallen, dass sie im nächsten Jahr das Skigebiet nochmals mit ihren Eltern besucht. Hierbei ergeben sich folgende Situationen: Die Unterkunft wird von zu Hause aus bezahlt. Die Bezahlung des mittäglichen Almdudlers auf der Berghütte, Liftkarten und eine Tankfüllung werden mit Karte beglichen. Katjas Mutter findet in einem Sportgeschäft der gehobenen Preisklasse noch einen schicken Skianzug und Katjas Vater abonniert die Zeitschrift „Ski und Lift".
   Erläutere die Zahlungsarten ausführlich.
4. Frank hat lange gespart und kann sich von seinen Ersparnissen einen Laptop zum Preis von 600,00 € bei der Firma Mediaplatz kaufen. Er will durch Überweisung bezahlen.
   a) Errichte die notwendigen Konten. Frank hat 620 € auf seinem Konto.
   b) Trage die Umbuchung ein.
5. Nimm einmal an, deine Eltern haben aus einer Erbschaft 110.000,00 € erhalten. Sie wollen das Geld sinnvoll anlegen, kennen sich aber nicht so genau aus. Hilf ihnen dabei.
   a) Gib ihnen zunächst einen Überblick über die verschiedenen Geldanlagemöglichkeiten.
   b) Erläutere die Kriterien, die bei der Geldanlage berücksichtigt werden müssen.
   c) Erstelle einen sinnvollen Geldanlageplan für 100.000,00 €, wobei der aktuelle Zins, Kurs und die Dividendensituation zu berücksichtigen sind.
   d) In eurer Familie wird auch überlegt, das Geld unter Zuhilfenahme eines Kredits für den Kauf einer Eigentumswohnung zu verwenden. Wie erfüllt dieses sogenannte „Betongeld" die Kriterien der Geldanlage?
   e) Wie verändert sich das Anlageverhalten, wenn in Zukunft mit einer Inflation bzw. Deflation zu rechnen ist?
6. Bei sinkendem Vertrauen in die heimische Währung besteht die Möglichkeit, sein Vermögen in Metallen, bevorzugt Gold, anzulegen. Erläutere diese Anlagemöglichkeit unter Zuhilfenahme der Kriterien Rentabilität, Liquidität und Sicherheit.
7. Der Kauf einer Eigentumswohnung kann bei einem geringen Einkommen den Anfang für eine Verschuldensspirale bedeuten.
   a) Beschreibe den Ablauf einer Schuldenspirale.
   b) Welche Phasen kann ein Insolvenzverfahren durchlaufen?

3 Entscheidungen im Zusammenhang mit Ausbildung und Beruf

3.1 Entstehung und Entwicklung von Berufen

„Dazu fühle ich mich wirklich nicht berufen“, stöhnt Katja über ihrer Physikaufgabe. „Sich berufen fühlen“ ist ein Ausdruck, den man verwendet, wenn man sich zu einer Tätigkeit hingezogen fühlt, weil man etwas besonders gut kann. Sich berufen zu fühlen ist nicht nur etwas für Priester, es ist die „Wiege“ vieler, vielleicht aller Berufe.

In der Steinzeit, vor der Entwicklung von Berufen, lebte jede Familie auf sich allein gestellt. Nahrung, Kleidung, Werkzeuge, die sie benötigten, stellten sie selbst her. Die Fähigkeiten und Begabungen der Familienmitglieder bestimmten weitgehend über die Lebensqualität der Familie. Dinge, die nicht selbst hergestellt werden konnten, musste man entbehren. Die Wirtschaftsform, in der jede Familie beziehungsweise jede Gruppe alle benötigten Güter selbst herstellt, nennt man **Selbstversorgerwirtschaft** oder **Subsistenzwirtschaft**.

Bauernhof vor ...

... und nach der Spezialisierung

Im Laufe der Zeit begannen die Menschen, ihre Arbeit besser zu organisieren. Je nachdem, über welche Fähigkeiten sie verfügten oder welche natürlichen Voraussetzungen sie vorfanden, spezialisierten sie sich auf die Herstellung eines oder weniger Güter beziehungsweise auf die Verrichtung einer oder weniger Tätigkeiten. Sie begannen **arbeitsteilig** zu wirtschaften. Der Vorteil der **Spezialisierung** liegt auf der Hand. Jeder erledigt die Dinge, die er besonders gut kann. Das führt dazu, dass sich die Qualität der Produkte verbessert und die Produktionsmenge insgesamt gesteigert wird. Erforderlich ist jedoch, dass die Menschen untereinander handeln, die Güter untereinander austauschen. Eng mit der Spezialisierung und Arbeitsteilung ist die Entstehung verschiedener **Berufe** verbunden.

Ein **Beruf** ist eine erlernte Tätigkeit, die möglichst kontinuierlich ausgeübt wird, der Neigung oder Eignung des Berufsausübenden entspricht und an ein Entgelt gebunden ist.

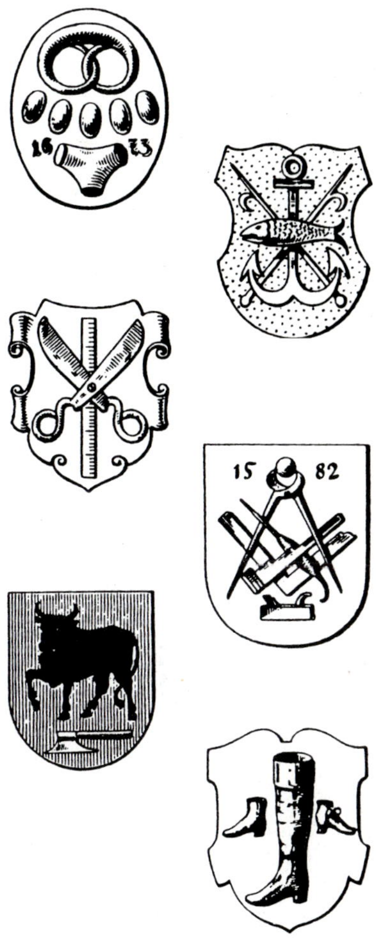

Zunftwappen

!

1. Welche Nachteile sind mit der Subsistenzwirtschaft verbunden?

2. a) Informiere dich auf einem Bauernhof über die dortige Spezialisierung.

   b) Erkundige dich, was den Bauern veranlasst hat, sich in dieser Weise zu spezialisieren.

   c) Welche Probleme können bei der Spezialisierung auftreten?

3. Grenze die Begriffe „Beruf“ und „Job“ voneinander ab.

1. a) Nenne Beispiele für Berufe, die durch die Erfindung des PCs und des Internets entstanden sind.
   b) Welche Berufe haben durch diese Erfindungen an Bedeutung verloren?

Schmied

Hammermeister
Nadler
Ahlenschmied
Plattner
Pfannenschmied
Ringmacher
Messerschmied
Fingerhüter
Waffenschmied
Hufschmied
Zirkelschmied
Schwertfeger
Harnischpolierer
Schleifer
Feilenbauer
Sporer

Schon zu der Zeit, als die Familien und Sippen nur für den eigenen Bedarf produzierten, zeigte sich, dass die Mitglieder der Gemeinschaft unterschiedliche Fähigkeiten hatten. Daraus entwickelten sich zunächst einfache handwerkliche Tätigkeiten: Schuhe fertigte der Schuster, Hufeisen der Schmied. Die planmäßigen mittelalterlichen Stadtgründungen spielten für die Entwicklung und Weiterentwicklung von Berufen und Berufsfeldern eine große Rolle. Handwerker aus ländlichen Siedlungsgebieten zogen in die Städte. In den Städten gewannen die Handwerker schnell beachtlichen Einfluss. Sie organisierten sich in Zünften und hatten eigene Wappen (siehe S. 69). Die Zünfte kontrollierten die Märkte, setzten Preise fest und regelten Bestimmungen über die Ausbildung von Lehrlingen.

Innerhalb der einzelnen Berufe kam es zu weiteren Spezialisierungen, die man **Berufsspaltung** nennt. Aus den einzelnen Berufen bildeten sich eine Reihe weiterer Berufe heraus. Nach einer Handwerksordnung von 1629 gab es im Bereich der Eisenverarbeitung viele verschiedene Berufe.

Die Erfindung der Dampfmaschine im Jahr 1765 leitete die industrielle Revolution ein. Die Dampfmaschine wurde bereits 1787 als Antriebskraft in Textilbetrieben verwendet. Zur Zeit der Industrialisierung begünstigte der technische Fortschritt, wie z. B. die Erfindung des Fließbandes, die **Arbeitszerlegung**. Die Herstellung eines Produktes wurde in verschiedene Teilschritte zerlegt. Jeder Teilschritt wurde von einer anderen Arbeitskraft erledigt. Das beschleunigt die Herstellung von Gütern erheblich, weil Rüstzeiten entfallen und die Arbeit auf wenige Handgriffe bzw. Arbeitsschritte reduziert wird. Nachteil der Arbeitszerlegung ist aber die Eintönigkeit, die entstehen kann.

Die Bevölkerungszunahme, steigender Bedarf, Erfindungen, Veränderungen in der Familienstruktur, aber auch in jüngerer Zeit wachsende Freizeit führten zur Entstehung immer neuer Berufe und Berufsfelder. So ist mit der Auflösung des Zusammenlebens in Großfamilien mit verschiedenen Generationen der Beruf des Altenpflegers notwendig geworden, ohne Erfindung des Computers gäbe es den Beruf des Informatikers nicht. Im Zuge dieser Entwicklung werden aber nicht nur neue Berufe geschaffen, verschiedene Berufe verlieren auch an Bedeutung oder verschwinden ganz. Die Erfindung des Automobils und die damit verbundene Entwicklung haben neue Berufe, wie z. B. Kfz-Mechatronikerin, Automobikaufmann oder Kraftfahrer, geschaffen.

Altenpfleger

Kfz-Mechatronikerin

Gleichzeitig bewirkte diese Entwicklung jedoch auch einen Bedeutungsverlust des Berufs Hufschmied, da Pferde nicht mehr für den Transport von Waren und für die Beförderung von Menschen benötigt wurden, sondern lediglich für den Reitsport.

Aus der folgenden Tabelle wird deutlich, wie sich die Bedeutung der einzelnen Wirtschaftssektoren im Laufe der Zeit geändert hat.

Wirtschaftsbereiche	Zahl der Erwerbstätigen							
	Früheres Bundesgebiet						Neue Bundesländer	
	1950		1970		2004		2004	
	in 1.000	in %	in 1.000	in %	in 1.000	in %	in 1.000	in %
Primärer Sektor	5.750	28,2	2.810	10,6	648	2,2	180	2,9
Sekundärer Sektor	7.960	39,1	12.440	46,8	9.243	31,4	1.748	28,1
Tertiärer Sektor Handel, Gastgewerbe, Verkehr	2.920	14,3	4.760	17,9	6.712	22,8	1.481	23,8
Tertiärer Sektor sonstige Dienstleistungen	3.750	18,4	6.520	24,7	12.835	43,6	2.812	45,2
Tertiärer Sektor gesamt	6.670	32,7	11.280	42,6	19.547	66,4	4.293	69,0
Insgesamt	20.380	100,0	26.530	100,0	29.438	100,0	6.221	100,0

Quelle: Statistisches Bundesamt, www.destatis.de

1. a) Erstelle aus dem Zahlenmaterial ein geeignetes Diagramm.
   b) Untersuche, wie sich die Erwerbstätigenstruktur im dargestellten Zeitraum verändert hat.
   c) Welche Gründe hat der Wandel der Berufswelt?

2. a) Beschreibe die Lage auf dem Arbeitsmarkt im dargestellten Zeitraum.
   b) Welche regionalen Unterschiede kannst du feststellen?
   c) Informiere dich unter www.arbeitsagentur.de über die aktuelle Lage auf dem Arbeitsmarkt in deiner Region.
   d) Erarbeite aus nebenstehendem Text die verschiedenen Gründe für Arbeitslosigkeit.

3. a) Erläutere die einzelnen Gründe für Arbeitslosigkeit.
   b) Finde weitere Gründe, die zur Arbeitslosigkeit führen können.

Gerade in den letzten Jahren vollzog sich ein bedeutender Wandel in der Arbeitswelt. Durch den Einsatz neuer Technologien, wie computergesteuerter Maschinen in der industriellen Produktion, verliert die menschliche Arbeitskraft in diesem Bereich immer mehr an Bedeutung. Seitdem nehmen Planung, Beratung, Forschung und Entwicklung einen immer breiteren Raum ein. Der wachsende Anteil der maschinellen Fertigung führt dazu, dass besonders in der Industrie viele Arbeitskräfte freigesetzt werden. Damit ist Arbeitslosigkeit zu einem zentralen Problem unserer Zeit geworden.

Gründe für Arbeitslosigkeit
- sinkende Nachfrage
- technischer Fortschritt
- Marktsättigung
- Arbeitsplatzsuche nach dem Schulabschluss
- Wettbewerbsvorteil des Auslands gegenüber deutschen Waren
- Verlagerung der Produktion ins Ausland
- jahreszeitliche Schwankungen auf dem Arbeitsmarkt
- Arbeitskräfte werden durch Maschinen ersetzt
- kurze Phase beim Übergang von einer Arbeitsstelle zur anderen

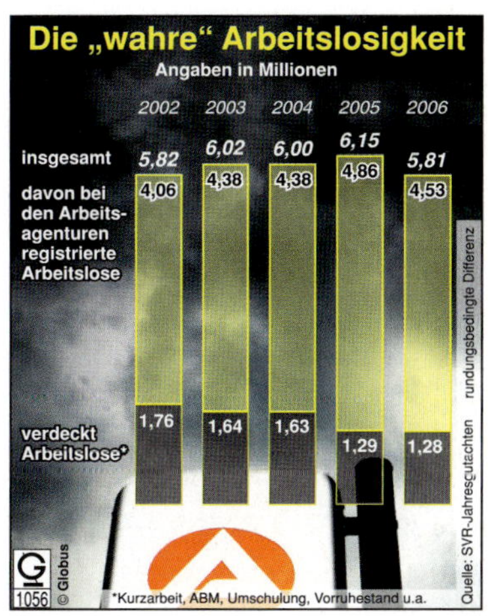

Bleisatz

Linotype-Maschine

Moderner Satz

1. Befrage Personen in deinem Verwandten- und Bekanntenkreis, ob und in welchem Maße sie beruflich von der neuen Technologie betroffen sind. In welcher Weise hat sich ihre Arbeitswelt dadurch verändert?

2. Werte die nebenstehende Grafik aus und gib an, welche Konsequenzen sich für dein Berufsleben ergeben.

3. Suche dir in den Ferien einen Praktikumsplatz. Hier kannst du am besten erproben, welche Anforderungen die Unternehmen an ihre Mitarbeiter stellen.

3.2 Anforderungen der modernen Arbeitswelt

Katjas Großvater war Schriftsetzer. Sein Arbeitsplatz war ein großer Setzkasten mit Bleibuchstaben. Die Buchstaben wurden mit der Hand entnommen, einzelne Worte gesetzt, die später den Text einer ganzen Zeitungsseite bildeten. Im Laufe seines Berufslebens wandelte sich sein Arbeitsplatz. Der Setzkasten wurde durch eine Linotype-Maschine ausgetauscht. Die Texte wurden nun ähnlich wie auf einer mechanischen Schreibmaschine gesetzt. Katjas Großvater musste lernen, auf einer Schreibmaschine zu schreiben. Heute ist er Rentner. Sein Lehrberuf ist nicht mehr gefragt. Zeitungsseiten werden heute mit Hilfe von Computern gestaltet.

Mit der Einführung neuer Technologien und Organisationsformen haben sich die Anforderungen in der Arbeitswelt erheblich gewandelt. Die Menschen früherer Generationen mussten sich im Laufe ihres Berufslebens mit Neuerungen und Veränderungen auseinandersetzen, die jedoch nicht so gravierend waren, wie es in der heutigen Berufswelt häufig der Fall ist. Wenn Katja in das Berufsleben eintritt, muss sie damit rechnen, dass sie ihren Startberuf nicht bis zur Rente ausüben kann, und auch damit, dass sie im Laufe ihres Berufslebens das Unternehmen wechseln oder einen neuen Beruf erlernen muss. Technischer Fortschritt verändert die Berufsbilder und damit die Anforderungen an die Arbeitnehmer.

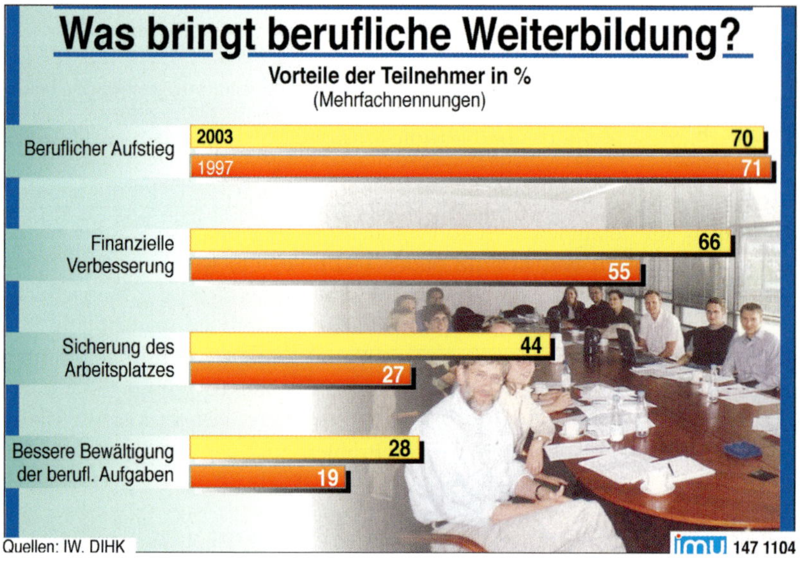

Berufliches Fachwissen ist oft nach nur wenigen Jahren nicht mehr aktuell, die rasante Entwicklung der Technik erfordert zusätzliche Kenntnisse oder neue Qualifikationen. Für Erwerbstätige bedeutet das lebenslanges Lernen. Wer in der heutigen und künftigen Arbeitswelt bestehen will, muss Fähigkeiten und Fertigkeiten entwickeln, die über das Spezialwissen des erlernten Berufs hinausgehen. **Schlüsselqualifikationen** sind berufsübergreifende Qualifikationen, über die ein Erwerbstätiger unabhängig von seinem ausgeübten Beruf verfügen muss, wenn er den Anforderungen der zukünftigen Arbeitswelt gerecht werden möchte.

Schlüsselqualifikationen können fachlicher Art sein, wie das Beherrschen von Fremdsprachen; persönlicher Art, etwa die Bereitschaft, Verantwortung zu übernehmen, oder sozialer Art, wie Kommunikationsfähigkeit. Die Übersicht zeigt, welche Fähigkeiten und Fertigkeiten die Wirtschaft von den Erwerbstätigen erwartet:

Fachliche/methodische Kompetenz	**Persönliche Kompetenz**	**Soziale Kompetenz**
• Fremdsprachen-kenntnisse • mündliche/schriftliche Ausdrucksfähigkeit • problemlösendes Denken • PC-Kenntnisse • logisches Denken	• Zuverlässigkeit • Leistungs- und Lernbereitschaft • Ausdauer, Durchhaltevermögen, Belastbarkeit • Sorgfalt, Gewissenhaftigkeit • Konzentrations-fähigkeit • Verantwortungs-bereitschaft • Selbstständigkeit • Fähigkeit zur Kritik und Selbstkritik • Kreativität • Flexibilität	• Teamfähigkeit • Höflichkeit, Freundlichkeit • Konfliktfähigkeit • Toleranz • Sensibilität • Kommunikations-fähigkeit

Der Unterricht in Schulen kann zum Erwerb von Schlüsselqualifikationen erheblich beitragen. Hier können z. B. Qualifikationselemente vermittelt werden wie

- sicheres Beherrschen von Rechnen, Lesen, Schreiben,
- Ausdrucks- und Argumentationsvermögen,
- Lerntechniken und Fähigkeit zum selbstständigen Lernen,
- Bereitschaft, sich neue Techniken anzueignen,
- Beweglichkeit des Denkens und Entscheidens,
- Fähigkeit zum selbstständigen Planen, Durchführen und Kontrollieren von Arbeitsaufgaben,
- Fähigkeit, Probleme lösen zu können,
- Fähigkeit zur Zusammenarbeit,
- Kommunikationsfähigkeit.

Wenn man von speziellen Fertigkeiten wie Fremdsprachenkenntnissen absieht, kann die Vermittlung der Schlüsselqualifikationen in der Regel nicht bestimmten Fächern zugeordnet werden. Vielmehr sind dies übergeordnete Inhalte, die jedes Unterrichtsfach betreffen. Kreativität ist ein Element, das sowohl im Kunstunterricht als auch im Deutschaufsatz geschult werden kann, Durchhaltevermögen braucht man sowohl beim Erlernen von Vokabeln als auch beim Ausdauersport. Soziale Kompetenzen können immer eingeübt werden, wenn Menschen aufeinandertreffen, dies ebenso in der Schule, in der Familie wie im Sportverein. Nicht zuletzt hängt der Erwerb von Schlüsselqualifikationen erheblich vom Engagement der einzelnen Schülerinnen und Schüler ab.

1. Über welche Schlüsselqualifikationen verfügst du bereits?

2. Welche Schlüsselqualifikationen kannst du in der Schule erwerben? Erstelle eine Liste.

3. Welche Schlüsselqualifikationen hältst du für wichtig, die du nicht in der Schule erwerben kannst? Überlege dir Möglichkeiten, auf welchem Wege man sich diese Qualifikationen aneignen kann.

4. Beschreibe die Schlüsselqualifikationen, die folgende Berufe erfordern:
   a) Versicherungsvertreter,
   b) Wissenschaftler,
   c) Polizist.

5. Werte die Zeitungsannonce aus und stelle fest, welche Schlüsselqualifikationen vom inserierenden Unternehmen erwartet werden.

Ihre Chance – wir suchen Verkäufer im Einzelhandel – mit dem EDV-Basiswissen – die den Sprung zum

IT-Fachberater/in

für den Verkauf von Kopier- u. Drucksystemen im Außendienst suchen. Mit intensiven Schulungen werden Sie hervorragend begleitet und unterstützt.

Wir setzen ein gepflegtes Äußeres, sicheres Auftreten sowie verkäuferische Fähigkeiten voraus.

Interessiert? Dann freuen wir uns auf Ihre Bewerbung.

Freigang & GRABMANN
Systemhaus

Vogelstraße 20
90... Nürnberg
Tel.: (0911) 4 10

3.3 Wege schulischer und beruflicher Qualifikation

Als kleiner Junge im Kindergarten wollte Frank Feuerwehrmann oder Polizist zu werden. Jetzt ist er 15 Jahre alt. Die Idee, Polizist zu werden, findet er immer noch interessant. Ob er diesen Beruf ergreifen kann, hängt von verschiedenen Faktoren ab. Zuverlässigkeit, Vertrauenswürdigkeit, hohe Einsatzbereitschaft sind Schlüsselqualifikationen, die in diesem Beruf gefragt sind. Neben diesen persönlichen Fähigkeiten und Fertigkeiten spielt für die Berufswahl auch der Schulabschluss eine wichtige Rolle.

Das Bayerische Schulsystem bietet nach einer vierjährigen Grundschulzeit die Möglichkeit, auf die Hauptschule, die Realschule oder das Gymnasium zu wechseln, wobei der Übertritt auf Realschule und Gymnasium an ein bestimmtes Notenbild in den Fächern Deutsch und Mathematik gebunden ist. Beim Übertritt auf das Gymnasium kann der Schüler je nach Neigung zwischen verschiedenen Schulzweigen wählen. Derzeit gibt es in Bayern den sprachlichen, den naturwissenschaftlichen, den musischen sowie den wirtschafts- und sozialwissenschaftlichen Zweig. Die gymnasiale Schullaufbahn umfasst in Bayern üblicherweise acht Schuljahre. Am Ende der 12. Jahrgangsstufe steht die Abiturprüfung. Wird diese erfolgreich abgelegt, hat der Absolvent die Möglichkeit zu einem Hochschulstudium oder zum Übertritt in das Berufsleben.

Nicht nur das am Gymnasium abgelegte Abitur eröffnet den Weg zum Studium. Auch, wer nach der 10. Jahrgangsstufe das Gymnasium verlässt oder nach der 4. Jahrgangsstufe die Realschule wählt, hat nach erfolgreichem Abschluss der 10. Jahrgangsstufe über den Weg der Fachoberschule bzw. der Berufsoberschule die Möglichkeit zu einem Studium. Die Hauptschule endet üblicherweise nach der 9. Jahrgangsstufe. Die Schüler können durch eine schriftliche Prüfung den Qualifizierenden Hauptschulabschluss erwerben. Eine Reihe von Hauptschulen bieten ihren Schülern auch einen Mittlere-Reife-Zug (M-Zug) an, der an ein bestimmtes Notenbild in den Kernfächern Deutsch, Mathematik und Englisch gebunden ist und den Schülern den Erwerb des Mittleren Schulabschlusses ermöglicht.

Neben den Standardschularten gibt es noch eine Reihe von Fachschulen, Fachakademien, Berufsoberschulen mit unterschiedlichen Ausbildungsrichtungen und Zielen. Die hohe Durchlässigkeit des Schulsystems in Bayern so-

Bestimmte Berufe sind an einen Hochschulabschluss gebunden.

Ein Studium bietet die Möglichkeit, wissenschaftliche Interessen zu befriedigen.

Gehobene Positionen in der Wirtschaft setzen vielfach ein Hochschulstudium voraus.

Hochschulstudium pro und contra

Der unmittelbare Übergang von der Ausbildung in den Beruf ist nach einer Lehre vielfach einfacher als nach einem Studium.

Eine Ausbildung ohne Studium ist kürzer und führt früher zu finanzieller Unabhängigkeit.

Eine berufliche Ausbildung kommt denjenigen, die mehr für praktische und organisatorische Tätigkeiten geeignet sind, entgegen.

1. Werte die Argumente pro und contra Hochschulstudium aus.
   a) Welche Argumente sind deiner Meinung nach die entscheidenden?
   b) Überlege dir weitere Argumente pro und contra Studium.

Ausbildungsvergütungen 2006

Ausbildungsberuf	West	Ost
Versicherungskaufmann	813	813
Industriekaufmann	723	642
Tischler	492	372
Friseur	418	266

Quelle: Bundesinstitut für Berufsbildung (www.bibb.de)

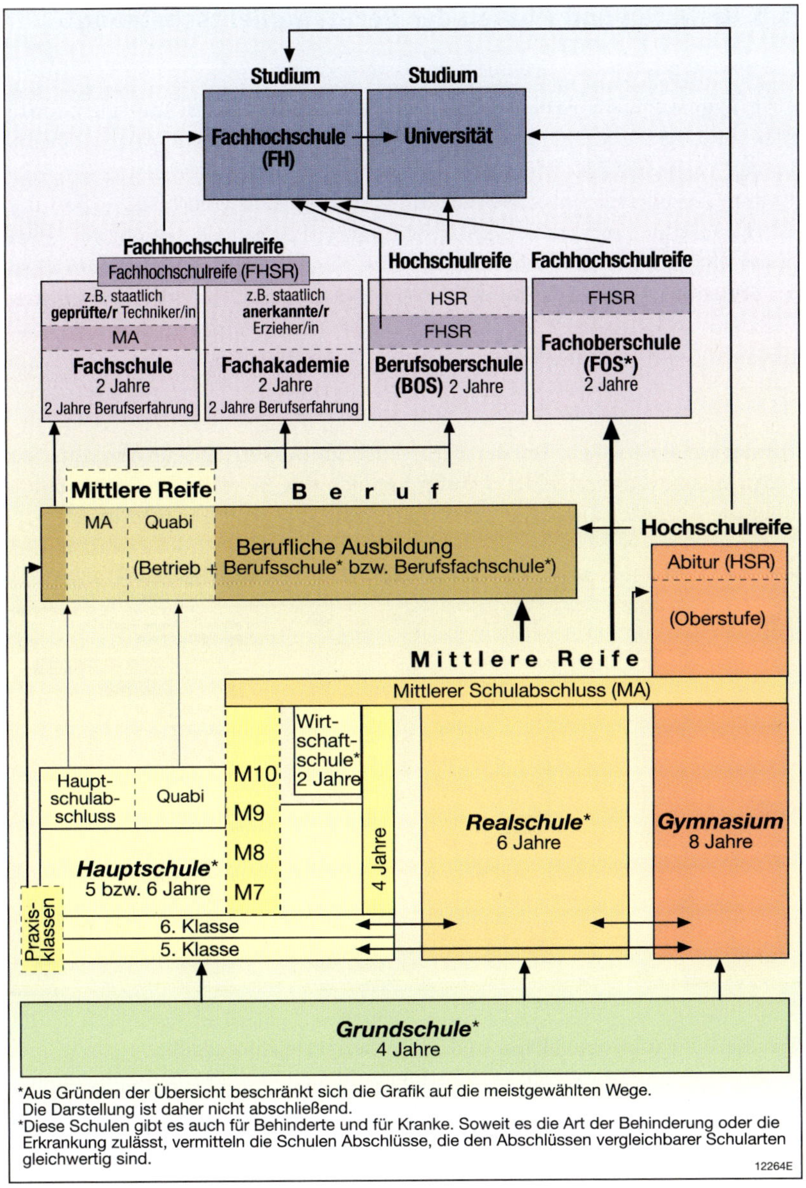

Schullaufbahnen in Bayern

wie die vielfachen Möglichkeiten zur Weiterqualifizierung ermöglichen somit Schülern aller Schularten, den Weg bis zu einem Hochschulstudium zu gehen. Jedoch darf nicht übersehen werden, dass es neben dem Hochschulstudium interessante berufliche Ausbildungsalternativen gibt.

Die Chance, aus einem größeren Spektrum von Berufen auswählen und damit ein höheres Monatseinkommen erzielen zu können, steigt mit der Qualifikationsstufe der Schulbildung. Bildung ist mit der beste Schutz gegen Arbeitslosigkeit. Während im Jahr 2004 lediglich 4,9 % der Akademiker und nur 6 % der Meister arbeitslos gemeldet waren, betrug die Arbeitslosenquote bei Geringqualifizierten 16,5 % und lag damit deutlich über der durchschnittlichen Arbeitslosenquote. Arbeitslosigkeit wird somit zunehmend ein Problem der Geringqualifizierten.

1. Informiere dich im Internet und gib drei kaufmännische Berufe an, die kein Hochschulstudium erfordern.
2. Stelle fest, ob ein 15-jähriger Bäckerlehrling, der den Qualifizierenden Hauptschulabschluss hat, noch die Möglichkeit hat, Hochschulprofessor zu werden.
3. Welche Möglichkeiten gibt es, die Fachhochschulreife zu erlangen?
4. Welche schulischen Möglichkeiten hat ein Gymnasiast, der den mittleren Bildungsabschluss bereits erreicht hat?
5. Werte die untere Abbildung aus und stelle fest, welche Beziehung zwischen Schulbildung und Arbeitslosigkeit besteht.
6. Begründe die Beziehung zwischen Schulbildung und Arbeitslosigkeit.

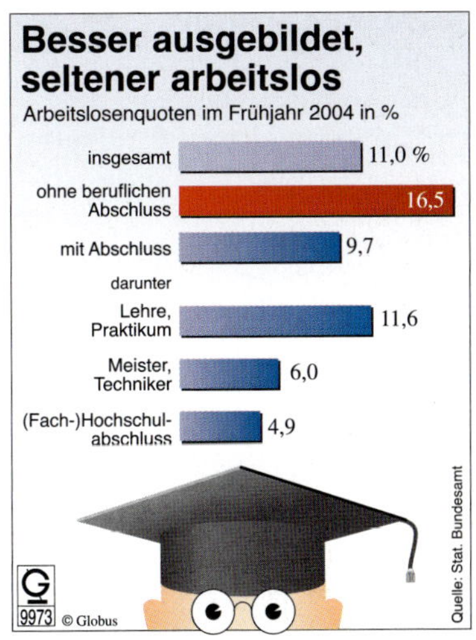

3.5 Kriterien und Phasen der Berufswahlentscheidung

Fragebögen, die dir helfen, deine Fähigkeiten und Interessen einzuschätzen, findest du z. B. unter www.machs-richtig.de oder www.schulbank.de

plus Studienabbruch

„Die Lage auf dem Arbeitsmarkt mit vielen Arbeitslosen und gleichzeitig fehlenden Fachkräften, das Ansehen der Berufe, das Einkommen, ... Es gibt so viel zu bedenken. Wie soll ich da jemals den richtigen Beruf für mich finden?“, fragt sich Katja. Sie hat Angst, dass sie den Überblick verliert und am Ende eine ganz falsche Entscheidung trifft. Deshalb spricht sie Herrn Nolte, ihren Wirtschaftslehrer, an. „Keine Angst, Katja! Den richtigen Beruf zu finden ist ein **Entscheidungsprozess**, der sich in vielen kleinen Schritten vollzieht und erst am Ende zu einer Berufsentscheidung und der Auswahl des Ausbildungsbetriebes führt.“

Immer wieder wird ein Teil der Berufsausbildungsverträge vor Abschluss der Berufsausbildung aufgelöst. Häufig hat sich der Bewerber nicht genügend über die Anforderungen des gewählten Ausbildungsplatzes informiert.

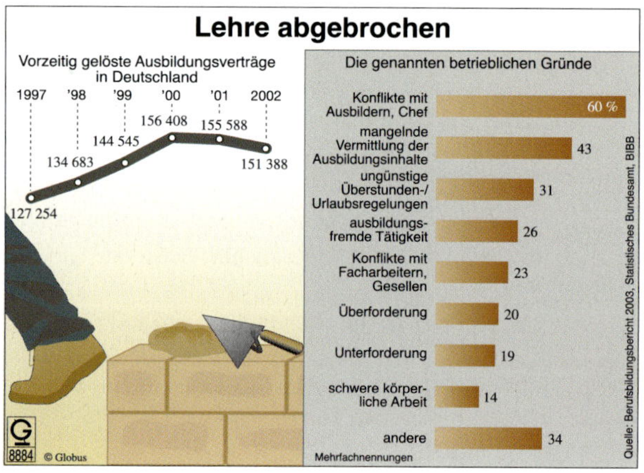

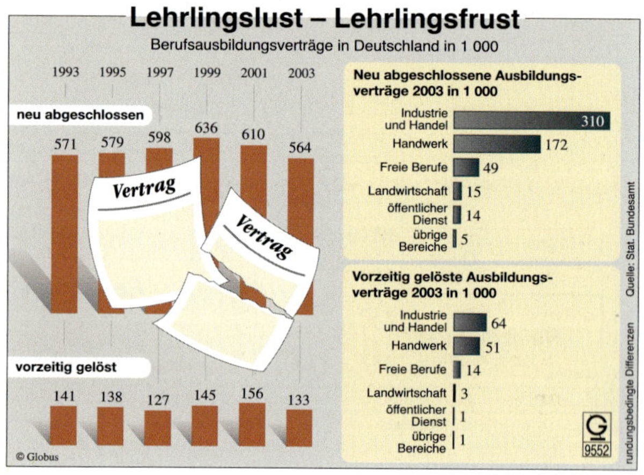

Der Berufswahlprozess kann in drei Phasen unterteilt werden:

- In der **Orientierungsphase** informierst du dich über Berufsmöglichkeiten, die mit dem von dir angestrebten Schulabschluss möglich sind.
- In der **Entscheidungsphase** triffst du eine Auswahl aus verschiedenen Alternativen, die sich in der Orientierungsphase ergeben haben. Du entscheidest dich für einen bestimmten Beruf.
- In der **Verwirklichungsphase** machst du dich auf die Suche nach einem Ausbildungsplatz und schließt einen Berufsausbildungsvertrag ab.

Jede der drei Phasen lässt sich in mehrere kleine Schritte unterteilen, die aufeinander aufbauen. Wenn du sie alle nacheinander und gründlich abarbeitest, hast du gute Chancen“, zu „deinem richtigen Beruf“ zu gelangen.

Die Orientierungsphase

Katja hat sich vorgenommen, die einzelnen Stufen des Berufswahlprozesses zu durchlaufen. „Wie fange ich an?“ Im Gespräch mit ihrem Lehrer Herrn Nolte erfährt sie Folgendes: „Wenn du einen Beruf finden möchtest, der zu dir passt, ist es wichtig, dass du dir zuerst Gedanken über dich selbst machst.

1. Werte die Grafiken aus.
   a) Wie hat sich die Zahl der abgeschlossenen Berufsausbildungsverträge in Deutschland entwickelt?
   b) In welchen Bereichen werden die meisten Ausbildungsverträge geschlossen? Begründe.
   c) Welche Ursachen gibt es für das vorzeitige Auflösen von Ausbildungsverträgen?
   d) Wie kann die Zahl der vorzeitig gelösten Ausbildungsverträge verringert werden?

Wo liegen deine Interessen und Neigungen? Über welche Fähigkeiten und Fertigkeiten verfügst du? Bist du naturwissenschaftlich interessiert oder sind es eher die Sprachen, die dir liegen? Vokabeln lernen – kein Problem, du warst auch schon im Ausland und konntest deine Sprachkenntnisse gut anwenden. Vielleicht sind es die beschriebenen Fähigkeiten und Fertigkeiten, die auf dich zutreffen, vielleicht liegen diese bei dir aber in einem anderen Bereich. Wichtig ist, dass du dir Klarheit über deine Eigenschaften, Stärken und Schwächen verschaffst. Ein guter Ausgangspunkt ist dabei das Interesse an bestimmten Schulfächern bzw. die Freizeitgestaltung. Je umfangreicher ein Selbsteinschätzungsbogen angelegt ist, desto genauer kannst du später die Berufsfelder eingrenzen, die passend sind."

Nicht nur die eigene Einschätzung, auch die Einschätzung anderer Menschen in der näheren Umgebung kann weiterhelfen. Wie wird man von anderen gesehen, von Eltern, Freunden oder Klassenkameraden? Aus ihrem Urteil kann man wertvolle Erkenntnisse über die eigene Außenwirkung erhalten. Neben Selbst- und Fremdeinschätzungstests kann auch ein Berufsneigungstest weiterhelfen, eigene Fähigkeiten und Interessen herauszufinden. Derartige Tests sind eine gute Grundlage, um den Berufsfeldern auf die Spur zu kommen, für die man geeignet ist. Sind die eigenen Neigungen eher praktisch/technisch, sozial/pädagogisch oder vielleicht naturwissenschaftlich? Je mehr Klarheit über die eigenen Neigungen und Interessen besteht, desto größer ist die Chance, später den richtigen Beruf zu ergreifen.

Nach einer gründlichen Eigenanalyse kann mit dem 2. Schritt in der Orientierungsphase begonnen werden. Damit man später die persönlichen Voraussetzungen bestimmten Berufsfeldern oder konkreten Berufen zuordnen kann, ist zunächst ein Überblick über das Berufsspektrum erforderlich. Informationen kann man von verschiedenen Quellen beziehen:

- Gespräche mit Eltern, Bekannten, Lehrern
- Informationen von der Argentur für Arbeit, Berufsberatung oder BIZ
- Praktika ableisten
- Medien (Schriftreihen, Videos, Internet, ...) usw.

Die Entscheidungsphase

„Na, wie war es im BIZ?", fragt Katjas Mutter, als Katja von der Erkundung nach Hause kommt. „Ich fühle mich jetzt schon viel besser. Im Berufsinformationszentrum konnte ich mich über verschiedene Berufe und Berufsfelder informieren. Weitere Informationen erhalte ich aus dem Internet."

1. Lege einen Selbsteinschätzungsbogen z. B. nach folgendem Muster an

Welche Schulfächer machen mir Spaß?	Deutsch ++ Englisch ++ Mathematik – ...
Wie erfolgreich bin ich in den verschiedenen Schulfächern?	Deutsch + Englisch ++ Mathematik +
Welche Hobbys habe ich?	lesen schwimmen ...

2. a) Fülle einen Selbsteinschätzungsbogen aus.
   b) Bitte Freunde, Verwandte und Eltern, eine Fremdeinschätzung über dich abzugeben.
   c) Vergleiche die Selbsteinschätzung mit der Fremdeinschätzung und diskutiere über die Unterschiede.

3. Führe einen Berufsneigungstest durch. Unterlagen dazu erhältst du z. B. unter www.schulbank.de.

4. Erkundige dich unter www.arbeitsagentur.de nach Schriften zur Studien- und Berufswahl.

5. a) Erkundige dich über einen Standort des BIZ in der Nähe deines Wohnortes.
   b) Welche Informationen hält ein BIZ bereit? Erkundige dich in einem BIZ in der Nähe deines Wohnortes oder per Internet unter www.biz.de.

Ausgewählte Internetadressen, bei denen du dich über Ausbildungsinhalte und Berufe informieren kannst:

Bundesministerium für Bildung und Forschung (www.bmbf.de)
Bundesministerium für Arbeit und Sozialordnung (www.bma.de)
Bundesinstitut für Berufsbildung (www.bbib.de)
Regionale Arbeitsagenturen (www.arbeitsagentur.de)
Staatliche Schulberatung (www.schulberatung.bayern.de)
Regionale Industrie- und Handelskammer (www.ihk.de)

Wer auf seinem Weg zur Berufswahl so weit gekommen ist wie Katja, kann in die Entscheidungsphase eintreten. Sie dient dazu, aus der Vielzahl von Berufen den oder die richtigen Berufe auszuwählen, die zur Person des Berufssuchenden und dessen Fähigkeiten und Vorstellungen passen.

Fragen wie
- Welche Anforderungen sind zu erfüllen?
- Welche formalen Voraussetzungen sind zu beachten?
- Wie gut sind die Einstellungschancen auf dem Arbeitmarkt?
- Wie gut sind die Verdienstmöglichkeiten und ggf. Aufstiegschancen?
- Welche Weiterbildungsmöglichkeiten kann man in Anspruch nehmen?

müssen in dieser Phase beantwortet und mit den Voraussetzungen, die der Interessent mitbringt, abgeglichen werden.

Zur besseren Orientierung wurden die Ausbildungsberufe 13 verschiedenen Berufsfeldern zugeordnet. Diese Einteilung ermöglicht einen ersten Überblick über die Anforderungen, die ein bestimmter Beruf verlangt.

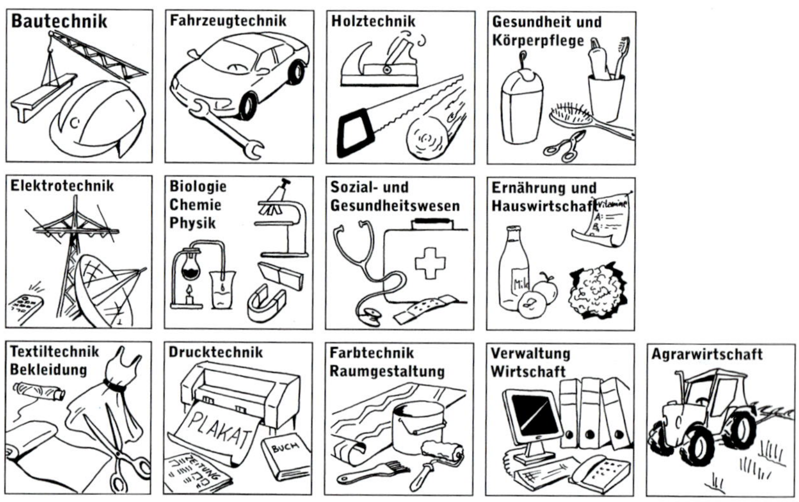

Die dreizehn Berufsfelder

Bei der Berufsentscheidung ist es wichtig, dass sich die Anforderungen, die der Beruf mit sich bringt, mit den persönlichen Vorstellungen und Fähigkeiten decken. Als Anhaltspunkte können die vier Leitfragen dienen, die die Abbildung auf der nächsten Seite zeigt. Für den Beruf Bankkaufmann/-frau treffen zum Beispiel die Merkmale
- im Büro arbeiten,
- mit Menschen umgehen,
- verkaufen, kaufen und
- saubere Arbeit zu.

Diese Merkmale betreffen ebenso weitere kaufmännische Berufe, die alle dem Berufsfeld „Verwaltung, Wirtschaft" zuzuordnen sind. Arbeitet man lieber im Freien und hat gern mit Pflanzen und Tieren zu tun, ist es sinnvoll, dass man sich in einem anderen Berufsfeld orientiert. Treffen die vier Merkmale aber genau die Vorstellungen, lohnt es sich im Berufsfeld „Verwaltung, Wirtschaft" weiter zu forschen und aus der Vielzahl der kaufmännischen Berufe einen konkreten auszuwählen.

1. Informiere dich über den Beruf des Bankkaufmanns/der Bankkauffrau.

2. Ordne die einzelnen Berufe den jeweiligen Berufsfeldern zu:
   - Industriekaufmann/-frau
   - Elektroniker/-in Automatisierungstechnik
   - Koch/Köchin
   - Kfz-Mechatroniker/in
   - Webdesigner/-in
   - Gesundheits- und Krankenpfleger/-in

Wo ist der Arbeitsplatz?

Im Büro arbeiten

Im Labor arbeiten

Im Freien arbeiten

Wer oder was ist Gegenstand der Arbeit?

Mit Baumaterialien umgehen

Mit Menschen zu tun haben

Mit Pflanzen oder Tieren umgehen

Mit Metall umgehen

Mit Elektrizität, Elektronik zu tun haben

Welche Tätigkeit wird ausgeführt?

Auf technischem Gebiet arbeiten

Anderen helfen

Verkaufen, kaufen

Maschinen zusammenbauen, reparieren

Produktionsanlagen überwachen

Wie wird gearbeitet?

Gestalterisch arbeiten

Körperlich tätig sein

Saubere Arbeit

Handwerklich arbeiten

Der nächste Schritt auf dem Weg zum richtigen Beruf ist ein genauer Abgleich der Tätigkeitsbeschreibung mit den persönlichen Vorstellungen und Fähigkeiten. Dazu kann man zum Beispiel eine Entscheidungsmatrix erstellen, wie es auf der folgenden Seite beschrieben wird. Stimmen die Vorstellungen mit den Berufsanforderungen weitgehend überein, muss man zusätzlich klären, ob es bestimmte Zugangsvoraussetzungen, wie zum Beispiel einen bestimmten Schulabschluss, für den gewählten Beruf gibt. Kann der Beruf mit einem qualifizierenden Hauptschulabschluss ergriffen werden oder benötigt man die Mittlere Reife oder die Allgemeine Hochschulreife? Zugangsvoraussetzungen können aber auch z. B. sportliche Fitness (für den Beruf Polizist/-in) oder Schwindelfreiheit (für den Beruf Zimmerer/-in) sein. Die Antworten auf diese Fragen findet man im Berufsinformationszentrum oder bei der Berufsberatung der Agentur für Arbeit.

1. Informiere dich auf der Internetseite www.berufenet.de über Tätigkeitsbeschreibungen zu Berufen, die dich interessieren.
2. Erarbeite aus den Tätigkeitsbeschreibungen die wesentlichen Berufsmerkmale der dargestellten Berufe.
3. Vergleiche das Tätigkeitsprofil der Berufe mit deinen persönlichen Vorstellungen.

1. Erstelle eine Entscheidungsmatrix. Wenn du Kriterien abfragen willst, die in der unten dargestellten Matrix nicht aufgeführt sind, ergänze diese Kriterien entsprechend.
2. Werte die Entscheidungsmatrix aus. Welche Tätigkeiten liegen dir am meisten?

Eine Entscheidungsmatrix stellt verschiedene Entscheidungskriterien untereinander, die systematisch miteinander verglichen werden. Dabei wird jeweils eine Entscheidung für das eine oder das andere Kriterium getroffen.

Arbeitstechnik zur Erstellung einer Entscheidungsmatrix:
Die Tätigkeiten werden der Reihe nach aufgelistet und miteinander verglichen. Dabei fragt man sich, welche Eigenschaft den größeren Wert hat. Man beginnt mit dem ersten Kriterium „mit Maschinen und Technik zu tun haben“ und „andere beraten“. Wenn einem Maschinen und Technik wichtiger sind als andere zu beraten, dann trägt man in das Kästchen, in dem sich beide Zellen treffen, eine (1) ein. Als nächstes vergleicht man die beiden Kriterien „mit Maschinen und Technik zu tun haben“ und „Leuten etwas verkaufen“. Wenn man lieber mit Maschinen und Technik zu tun hat, trägt man eine (1) ein, ansonsten eine (4). So vergleicht man alle Kriterien miteinander (1 mit 3, 1 mit 5 usw.). Nach dem ersten Durchlauf beginnt man mit dem Kriterium Nummer (2). Man vergleicht es mit den nachfolgenden Kriterien und trägt die entsprechende Zahl in die zweite Spalte ein usw.

Wenn alle Entscheidungen getroffen sind, sind auch alle Kästchen ausgefüllt. Danach trägt man unter der Matrix ein, wie häufig jede Zahl, also das jeweilige Kriterium, vorgekommen ist. Die häufigste Zahl erhält den Rangplatz 1; die mit der zweithäufigsten Nennung den Rangplatz 2 usw. Wenn die Tabelle komplett ausgefüllt ist, weiß man, welche Tätigkeit im Verhältnis zu anderen am Wichtigsten ist. Natürlich ist die Entscheidungsmatrix nur ein Beispiel und sie kann entsprechend der Bedürfnisse abgewandelt werden.

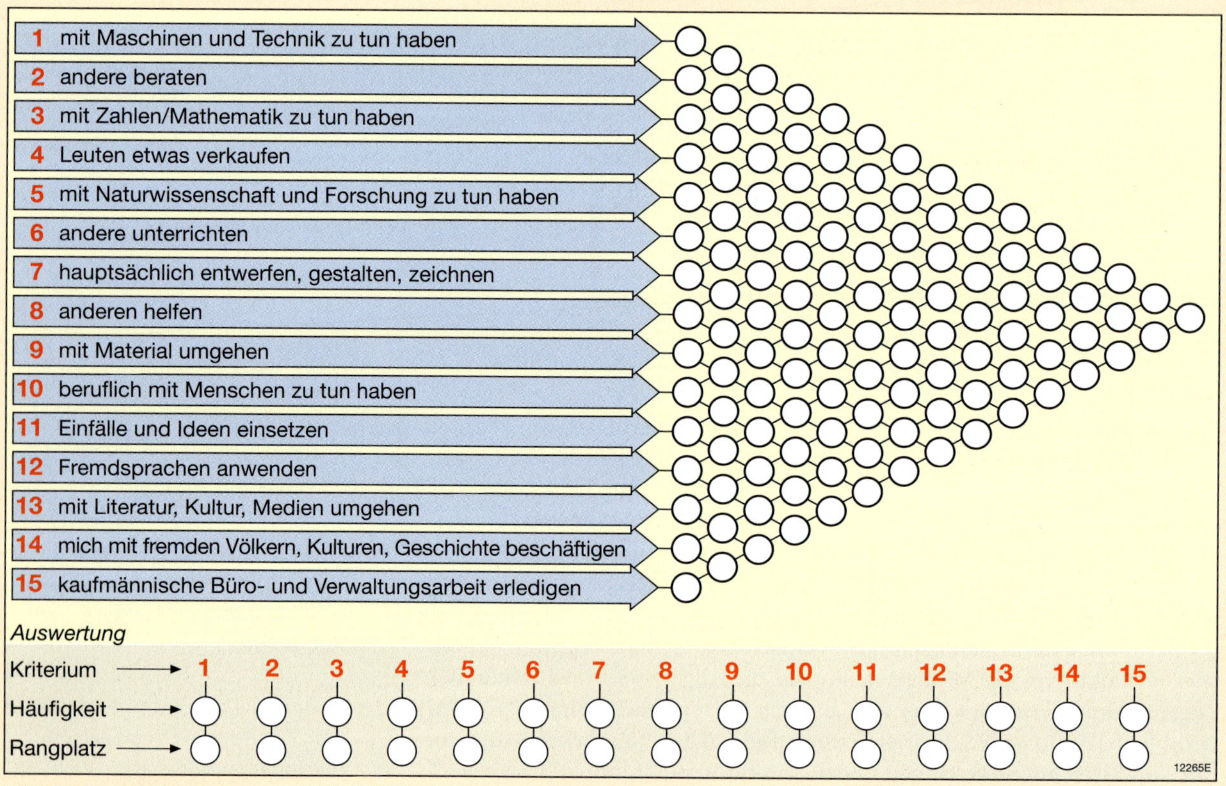

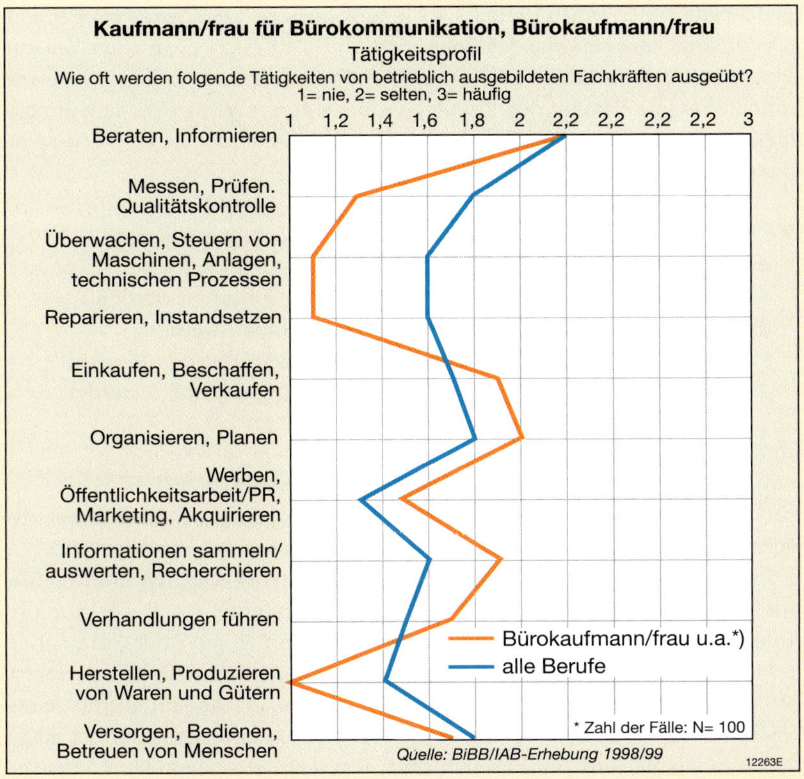

Wenn für dich bereits eine bestimmte Berufsgruppe beziehungsweise Berufstätigkeit infrage kommt, erstellst du eine Entscheidungsmatrix, die sich mit dem Tätigkeitsprofil des Berufs deckt. Im direkten Vergleich stellst du fest, ob der Beruf für dich geeignet ist oder ob du für den Beruf geeignet bist. Die Tätigkeitsprofile eines Kaufmanns für Bürokommunikation und eines Elektrogerätebauers sind nebenstehend abgebildet.

Weitere Berufsprofile findest du unter der Internet-Adresse www.berufenet.de

1. a) Informiere dich auf der Internetseite www.berufenet.de über die Tätigkeitsbeschreibungen eines bestimmten Berufs, der dich interessiert.

   b) Erarbeite aus der Tätigkeitsbeschreibung die wesentlichen Berufsmerkmale des dargestellten Berufs.

   c) Vergleiche das Tätigkeitsprofil des Berufs mit deiner persönlichen Entscheidungsmatrix.

Den Ablauf einer Fallstudie hast du bereits auf den Seiten 59 – 60 kennen gelernt. Hier noch einmal das Wichtigste zum Auffrischen: In einer Fallstudie setzt du dich mit einer konkreten Situation auseinander, die ein Problem enthält. Für die Lösung des Problems gibt es verschiedene Entscheidungsalternativen. Die Entscheidung, welche Lösung am sinnvollsten ist, wird in einer Gruppendiskussion getroffen.

Die fünf Phasen, die bei einer Fallstudie durchlaufen werden, sind
- die Konfrontationsphase, in der die Situation geschildert wird,
- die Informationsphase, in der Informationen gesammelt werden,
- die Explorationsphase, in der Informationen sortiert werden,
- die Resolutionsphase, in der Entscheidungen getroffen werden und
- die Disputationsphase, in der die Entscheidungen diskutiert werden.

Konfrontation

Information

Konfrontationsphase
Folgende Situation wird angenommen:
Ein Schüler der 9. Jahrgangsstufe eines Gymnasiums strebt den qualifizierenden Hauptschulabschluss an. Nach erfolgreichem Abschluss möchte er in das Berufsleben übertreten. In Englisch rettet er sich seit zwei Jahren mit einer 4– über die Runden, in Latein ist es immer eine 5. Dafür sind die Noten in Mathematik und Sport vorzeigbar. Wenn es gut läuft, erreicht er in beiden Fächern die Note 2. Als Wahlfach hat er Informatik belegt. Sportlich ziemlich fit geht er zweimal in der Woche zum Handballtraining, jedes Wochenende ist ein Spiel. In der Klasse ist er anerkannt, das Amt des Klassensprechers ist ihm seit Jahren sicher. Das liegt besonders daran, dass er die Belange der Klasse gut vertritt. Er kann argumentieren und organisieren. Darum beneidet ihn so mancher. Handwerkliche Tätigkeiten gehören nicht gerade zu seinen Spezialitäten. Einen Nagel gerade in die Wand zu schlagen stellt schon eine Herausforderung dar. Solche Tätigkeiten interessieren ihn auch nicht besonders.

Deine Aufgabe ist es, eine der Situation angemessene Berufsentscheidung zu treffen.

Informationsphase
In dieser Phase ist es zweckmäßig, die Klasse in Gruppen aufzuteilen. Jede Gruppe hat die Aufgabe, unter Berücksichtigung der gegebenen Situation selbstständig Informationen zu sammeln, die eine spätere Berufswahlentscheidung ermöglichen. Dazu können die Gruppen Informationsquellen nutzen, die bereits in der Orientierungsphase vorgestellt wurden (Elterngespräche, BIZ, Arbeitsagentur, Informationsschriften, ...).

Fahrplan- und Zeitwächter
Achte darauf, dass ihr einen Zeitplan festlegt, aus dem hervorgeht, wie lange die einzelnen Phasen dauern sollen. Kurz vor der Präsentation soll noch Zeit bleiben zu klären, ob alle Gruppenmitglieder das Ergebnis verstanden haben.

Gruppenmitarbeiter
Als Mitarbeiter der Gruppe bringst du Gedanken und Ideen zur Aufgabenstellung in die Gruppe ein. Du beteiligst dich, um ein gutes Ergebnis zustande zu bringen. Achte darauf, dass deine Gedanken bei der Arbeit berücksichtigt werden und deine Ideen bei der Präsentation nicht zu kurz kommen.

Gesprächsleiter
Du möchtest, dass ihr ein gutes Ergebnis erreicht. Achte deshalb darauf, dass alle Gruppenmitglieder zu Wort kommen, dass eure Gruppe am Thema arbeitet, dass ihr bei Abschweifungen zum Thema zurückkommt und dass alle Beiträge berücksichtigt werden.

Regelwächter
Damit eine Gruppe gut arbeiten kann, müssen Regeln eingehalten werden. Achte deshalb darauf, dass andere Meinungen akzeptiert werden, dass zugehört und aufeinander eingegangen wird. Deine Aufgabe ist es, vorlaute Gruppenmitglieder zu bremsen und passive Gruppenmitglieder zur Arbeit aufzufordern.

Protokollführer
Du bist dafür verantwortlich, dass die Ergebnisse der Gruppenarbeit schriftlich festgehalten werden. Achte darauf, dass du ordentlich und leserlich schreibst und dass du alles mitbekommst. Wenn du etwas nicht verstehst, frage nach. Vor der Präsentation deiner Gruppe trägst du die Zusammenfassung der Ergebnisse vor.

Um zu gewährleisten, dass jedes Gruppenmitglied einen Beitrag leistet, können Rollenkarten verteilt werden. Wenn die Gruppe mehr als vier Mitglieder hat, kann die Rollenkarte „Gruppenmitarbeiter" mehrmals verteilt werden, bei weniger als vier Mitgliedern müssen die einzelnen Mitglieder ggf. mehr als eine Rolle übernehmen.

Explorationsphase
In der Explorationsphase muss die Gruppe aus den verschiedenen Informationen Entscheidungsalternativen bilden. Welche Berufe stehen zur Auswahl? Welche Berufe kommen aufgrund der Situation in die engere Auswahl? Das Sortieren von Informationen erfolgt in einer Gruppendiskussion, an deren Ende eine Entscheidung für wenige Berufe steht, die noch in der Auswahl sind. Unterstützend kann in dieser Phase eine Matrix angelegt werden, in der die verschiedenen Berufe miteinander verglichen werden:

Exploration

Kriterium/Beruf	Friseur/-in	Koch/ Köchin	Bäcker/-in
Arbeitszeit	...	...	...
Verdienst	...	...	...
Ansehen des Berufs	...	...	...
...	...	...	...

Resolution

Resolutionsphase
Jede Gruppe muss eine konkrete Entscheidung für einen Beruf treffen. Dazu wird die Entscheidungsmatrix herangezogen. Die einzelnen Kriterien werden bewertet. Jeder Beruf bringt Vor- und Nachteile mit sich, die gegeneinander abgewogen werden müssen. Am Ende dieser Phase muss jede Gruppe eine begründete Berufsentscheidung getroffen haben.

Disputation

Disputationsphase
Jeder Gruppensprecher stellt der gesamten Klasse das Ergebnis vor und begründet die Entscheidung. In einer anschließenden Gruppendiskussion kann eine Einigung gefunden werden, welcher Beruf aufgrund der Ausgangssituation der „ideale Beruf" ist. Am Ende der Diskussion können auch alternative Berufe stehen, die gleichermaßen gut geeignet sein können.

Wie Unternehmer Arbeitskräfte suchen:

50 %	eigene Inserate
41 %	Agentur für Arbeit
31 %	über eigene Mitarbeiter
30 %	Auswahl aus Initiativbewerbungen
8 %	Antwort auf ein Inserat
5 %	private Vermittler
4 %	Aushang am Werkstor

Die Verwirklichungsphase

Katja hat die Orientierungs- und Entscheidungsphase des Berufswahlprozesses abgeschlossen. Sie hat sich entschieden, nach dem Abschluss des 10. Schuljahres eine Ausbildung als Informatikkauffrau zu beginnen.

Jetzt geht es in die Verwirklichungsphase. Ziel ist ein Berufsausbildungsvertrag. Die Schritte der Verwirklichungsphase sind die Bewerbung, der Einstellungstest und das Vorstellungsgespräch.

Die Bewerbung um einen Ausbildungsplatz
Es ist kein Zufall, dass in dem Wort Bewerbung das Wort „Werbung" steckt. Bei der Bewerbung um einen Ausbildungsplatz geht es darum, dass du für dich wirbst. Das heißt nicht, dass du in deiner Bewerbung maßlos übertreiben sollst. Es ist jedoch sehr wichtig, dich überzeugend und interessant darzustellen. Der erste Eindruck ist immer der wichtigste. Aus diesem Grund entscheidet häufig die äußere Form der Bewerbung.

Eine schriftliche Bewerbung umfasst
- ein Deckblatt mit Foto, Name und Adresse,
- das Bewerbungsschreiben,
- einen Lebenslauf,
- Kopien der Zeugnisse des letzten Schuljahres und
- gegebenenfalls Bescheinigungen über erfolgreich absolvierte Kurse.

Tipps zur äußeren Form der Bewerbung
- eine schicke Mappe verwenden
- gutes, weißes Schreibmaschinenpapier (80 oder 90 Gramm) nehmen
- Format DIN A4 wählen
- nur einseitig beschreiben
- genügend Abstand von oben, unten und den Seiten einhalten
- einen weißen Umschlag für den Versand der Bewerbungsmappe (Format DIN C4) mit kartoniertem Rücken nehmen
- vollständige Anschrift und Adresse auf den Umschlag schreiben, nicht auf einen Aufkleber
- ausreichend frankieren (Strafporto ärgert den Empfänger)

Eine Bewerbung wird zusammengestellt.

Katja Meier ① ② Erlangen, den 20..-09-26
Heidenstraße 9
91... Erlangen
Tel.: 09... 123456

X-AG ③
z. Hd. Herrn Ziegler
Fantasiestraße 1
91... Freistadt

Bewerbung um einen Ausbildungsplatz als Informatikkauffrau ④

Sehr geehrter Herr Ziegler, ⑤

auf Empfehlung des Berufsberaters bei der Agentur für Arbeit, Herrn Schmidt, bewerbe ich mich um einen Ausbildungsplatz als Informatikkauffrau.

Im Juli 20.. werde ich voraussichtlich mit dem Abschluss der Mittleren Reife das Albert-Schweitzer-Gymnasium in Erlangen verlassen. ⑥

In Gesprächen mit dem Berufsberater der Arbeitsagentur und durch eigene Recherchen im Berufsinformationszentrum habe ich Einzelheiten über die Aufgaben einer Informatikkauffrau erfahren. Da mich kaufmännische Tätigkeiten sehr interessieren, in denen ich gleichzeitig meinem Interesse an Informatik nachgehen kann, möchte ich diesen Beruf gern erlernen. ⑦

Über eine Einladung zu einem Vorstellungsgespräch würde ich mich sehr freuen. Meinen Lebenslauf mit Lichtbild, Kopien meiner letzten Zeugnisse sowie einen Nachweis über einen absolvierten Informatik-Kurs füge ich bei. ⑧

Mit freundlichen Grüßen ⑨

(eigenhändige Unterschrift) ⑩

Anlagen: ⑪
Lebenslauf mit Passfoto
Zeugniskopien
Bescheinigung über einen Informatik-Kurs

Dein Bewerbungsschreiben soll nicht mehr als eine Seite umfassen. Folgende Elemente sollte es enthalten:

1 Absender
2 Datum
3 Anschrift
4 Zweck des Schreibens
5 Anrede (möglichst den direkten Ansprechpartner anschreiben; ansonsten immer beide Geschlechter nennen)
6 derzeitige Situation
7 Begründung für den Berufswunsch
8 Schlussformel
9 Gruß
10 Unterschrift
11 Anlagenvermerk

1. Verfasse nach dem vorgegebenen Muster ein Bewerbungsschreiben für deinen Wunschberuf.

Der Lebenslauf

Der Lebenslauf besteht aus persönlichen Daten des Bewerbers sowie Daten zur Schullaufbahn. Man kann ihn entweder in ausführlicher Form oder tabellarisch verfassen. Wenn es keine Vorgaben des Ausbildungsbetriebes gibt, genügt ein tabellarischer Lebenslauf. Er kann mit Schreibmaschine oder Computer geschrieben werden und muss anschließend handschriftlich unterzeichnet werden. Die Angaben müssen mit den Unterlagen genau übereinstimmen. Wenn du irgendwann eine „Ehrenrunde“ gedreht hast, kannst du dich nicht durch Abänderung der Daten darüber hinweg mogeln.

Folgende Elemente sollte der Lebenslauf enthalten:

1. Überschrift Lebenslauf
2. Vollständiger Name
3. Absender mit Anschrift und Telefonnummer
4. Geburtsdatum und -ort
5. Eltern (mit Beruf)
6. Schullaufbahn
7. Schulabschluss
8. Schwerpunktfächer
9. Besondere Kenntnisse (z. B. Kurse an der VHS)
10. Hobbys
11. Ort und Datum
12. Unterschrift
13. Passfoto

Der Lebenslauf sollte
- übersichtlich,
- knapp,
- vollständig und
- wahr

sein.

Lebenslauf ① ⑬

Name: Katja Meier ②
Anschrift: Heidenstraße 9
91... Erlangen ③

Telefon: 09... 123456

Geburtsdatum: 06.06.19..
Geburtsort: Erlangen ④
Eltern: Vater: Bernhard Meier (Techniker) ⑤
Mutter: Irene Meier (Hausfrau)

Schullaufbahn: von September 19.. bis Juli 20.. ⑥
Heinrich-Kirchner Grundschule
von September 20.. bis Juli 20..
Albert-Schweitzer-Gymnasium in Freistadt

voraussichtlicher Schulabschluss: Juli 20.. Mittlere Reife ⑦

Schwerpunktfächer: Mathematik, Physik ⑧
Besondere Kenntnisse: EDV-Kenntnisse ⑨
Hobbys: Schwimmen, Leichtathletik ⑩

Erlangen, den 26.09.20.. ⑪ (Unterschrift) ⑫

Das Passfoto

Ein Passfoto gehört zu jeder Bewerbung. Üblicherweise wird es auf dem Deckblatt oder rechts oben auf dem Lebenslauf platziert. Es sollte sich um ein Foto neueren Datums handeln. Auch die Qualität des Fotos sollte stimmen. Deshalb kann es sich lohnen, zu einem Berufsfotografen zu gehen. Name und Adresse werden auf die Rückseite des Fotos geschrieben und dann z. B. mit Fotoecken auf dem Lebenslauf befestigt.

Zeugnisse

Zeugnisse gehören – auch wenn sie nicht glänzend sind – in die Bewerbungsmappe. Normalerweise genügt es, sie in unbeglaubigter Kopie vorzulegen. Falls ein beglaubigtes Zeugnis verlangt ist, kann man dies z. B. gegen eine Gebühr bei der Gemeinde beglaubigen lassen. Originale sollte man nicht verschicken. Sie könnten auf dem Postweg verloren gehen.

1. Erstelle deinen Lebenslauf in tabellarischer Form.

Der Einstellungstest

Katja hat ihre sorgfältig zusammengestellte Bewerbungsmappe bereits vor drei Wochen abgeschickt. Als sie heute nach Hause kommt, entdeckt sie die Antwort auf dem Küchentisch. Ihre Bewerbung hat Anklang gefunden. Sie wird zum Einstellungstest eingeladen. „Oh Schreck, zum Einstellungstest soll ich kommen. Da ist man doch total aufgeregt und nervös und dann soll man dabei Höchstleistungen bringen!" Katjas Mutter entgegnet: „Wenn du zum Einstellungstest eingeladen wirst, hast du doch in jedem Fall eine überzeugende Bewerbung abgeschickt. Jetzt geht es darum festzustellen, ob du für den Beruf geeignet bist. Das stellst du doch lieber fest, bevor du dort zu arbeiten beginnst. Außerdem gibt es Bücher, mit deren Hilfe man sich auf Tests vorbereiten kann."

Der Einstellungstest gibt dem Arbeitgeber Aufschluss darüber, ob der Bewerber den körperlichen und geistigen Anforderungen des Ausbildungsberufs entspricht. Der Schreiner erwartet vom Auszubildenden räumliches Vorstellungsvermögen, der/die Bankkaufmann/-frau muss z. B. über Rechenfähigkeit verfügen und kontaktfähig sein. Es gibt jedoch auch allgemeine Merkmale, die berufsübergreifend von Interesse sind. Dazu gehören z. B. Intelligenz, Belastbarkeit, die Fähigkeit, im Team zu arbeiten und Einsatzbereitschaft.

Der Einstellungstest ermöglicht dem Unternehmen, eine Entscheidung zwischen mehreren infrage kommenden Bewerbern zu treffen. Was bei Einstellungstests im Einzelnen geprüft wird, hängt zum einen vom angestrebten Berufsziel, zum anderen von den Personalchefs der testenden Betriebe ab. Auch Dauer und Umfang der Tests sind unterschiedlich. Festzustellen ist jedoch, dass nicht unbedingt der Bewerber mit den besten Noten oder dem besten Einstellungstest den Ausbildungsvertrag unterschreiben darf. In der Regel kommt es auf den Gesamteindruck an.

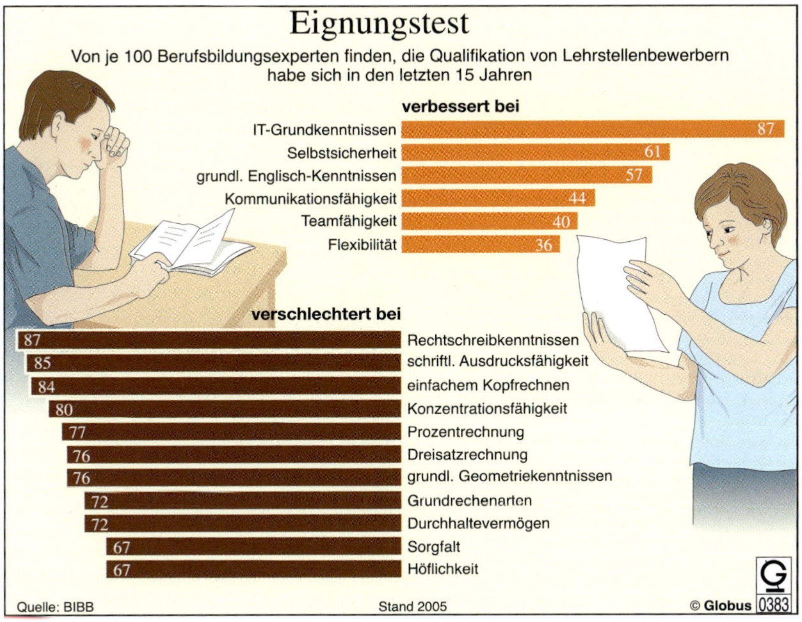

Einige Grundregeln für den Einstellungstest:

1. Gehe den Test in aller Ruhe an.
2. Stelle Verständnisfragen, wenn es welche gibt; nicht immer sind die Testfragen glücklich formuliert.
3. Nutze die zur Verfügung stehende Bearbeitungszeit aus.
4. Arbeite zügig, aber nicht hektisch.
5. Bleibe gelassen. Tests sind oft so ausgelegt, dass sie in der Bearbeitungszeit nicht vollständig zu bewältigen sind.

Noch ein Tipp:
Vermehrte Schwierigkeiten beim Lösen der Aufgaben sind kein Zeichen für nachlassende Konzentration. Üblicherweise steigt der Schwierigkeitsgrad der Aufgaben im Testverlauf.

Einstellungstest

Einstellungstests werden üblicherweise in schriftlicher Form abgehalten. Zwei Arten kommen dabei immer wieder vor:
- schulähnliche, schriftliche Prüfungen, die zur Überprüfung des durch die Schule vermittelten Wissens eingesetzt werden und
- psychologische Fähigkeitstests, die dazu dienen, die geistigen Fähigkeiten (z. B. logisches Denken) bzw. die speziellen Eignungsvoraussetzungen für den angestrebten Beruf zu testen.

Wer vorbereitet in einen Eignungstest geht, hat deutlich bessere Chancen. Mit folgenden Aufgaben kannst du üben:

Berufsbezogene Kenntnisse

1. Wen kann man als Hüterin der in der Bundesrepublik Deutschland geltenden Währung bezeichnen?
   a) die Deutsche Bank
   b) die Deutsche Bundesbank
   c) die Europäische Zentralbank

2. Was ist ein Wechsel?
   a) die Übertragung von Aktienmehrheiten
   b) die Veränderung der Konjunkturlage
   c) die Verpflichtungserklärung eines Schuldners

Kreativer Sprachgebrauch

3. Schreiben Sie sämtliche Wörter auf, die mit GE beginnen und Ihnen binnen einer Minute einfallen.

Mathematisches Denken (Textaufgaben)

4. 4 Arbeiter benötigen 6 Stunden um ein Haus zu streichen. Wie lange würden 3 Arbeiter brauchen?

5. Der Familienvater verdient im Monat ein Fünftel von dem, was der Sohn verdient, mehr als dieser. Der Sohn verdient das Doppelte, was die Mutter verdient, da sie nur halbtags arbeitet. Die Tochter verdient ein Drittel dessen, was die Mutter verdient, da sie noch in der Ausbildung ist. Wie hoch ist das Familieneinkommen, wenn die Tochter 400 € im Monat verdient?

Zahlensymbole

6. Die einzelnen Symbole entsprechen einzelnen Ziffern. Welche Ziffer muss für ein bestimmtes Symbol eingesetzt werden?

△ + △ + △ = ◇△

△ **steht für a) 1 b) 2 c) 4 d) 5 e) 8**

Technisches Verständnis

7. Welches der drei Bretter könnte das schwerste Gewicht halten?

8. Welches der drei Räder a, b, c dreht sich am schnellsten? Sollten sich alle Räder gleich schnell drehen, lautet die Antwort d.

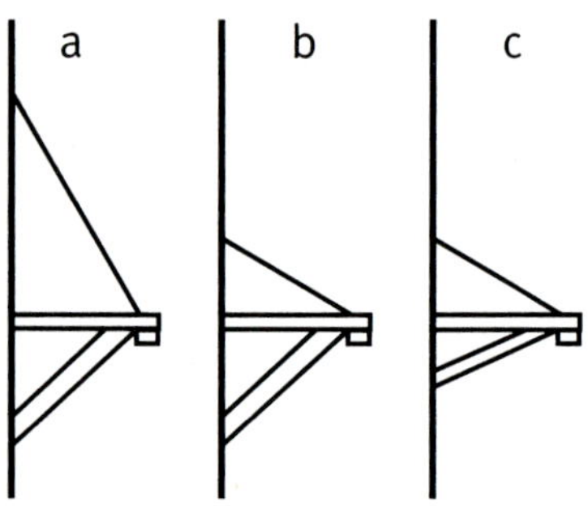

zu Aufgabe 7

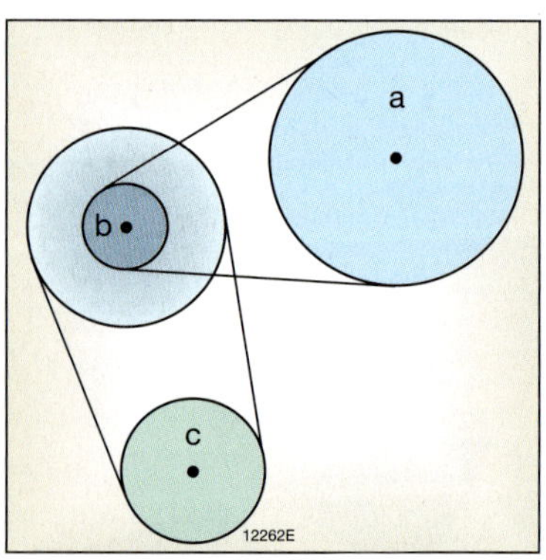

zu Aufgabe 8

Allgemeinwissen

9. Wie hieß der erste Bundespräsident der Bundesrepublik Deutschland?
   a) Willy Brandt b) Konrad Adenauer c) Theodor Heuss

10. Von wem wird der Bundespräsident der Bundesrepublik Deutschland gewählt?
   a) vom Volk b) vom Bundestag c) von der Bundesversammlung

11. Was ist die OPEC?
   a) ein Verteidigungsbündnis
   b) die Konferenz für Sicherheit und Zusammenarbeit in Europa
   c) die Organisation erdölexportierender Länder

Weitere Beispiele zu Einstellungstests stehen im Internet unter http://www.machs-richtig.de oder sind im Buchhandel erhältlich.

Welche Rechtschreibung ist richtig?

12. a) Karussel b) Karussell c) Karrusel

13. a) Musikkapele b) Musikkappele c) Musikkapelle

Logisches Denken

14. Mit welcher Auswahlfigur (a, b, c oder d) kann man die Figurenreihe fortsetzen?

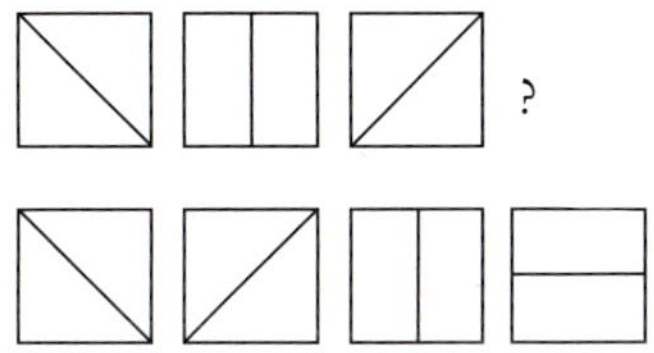

a b c d

zu Aufgabe 14

Beobachten

15. Vergleichen Sie die drei Gesichter. Zwei sind gleich, das dritte unterscheidet sich von den anderen beiden. Welches?

Zahlenreihen

16. Wie heißt das nächste Glied in der Zahlenreihe?
   6 7 5 8 4 9 3 ? 17 14 7 21 18 9 ?
   4 5 7 4 8 13 ?

Räumliches Vorstellungsvermögen

17. Welcher der vier Körper (links) kann aus der Faltvorlage (rechts) gebildet werden? Die Faltvorlage stellt immer die Außenseite der Körper dar.

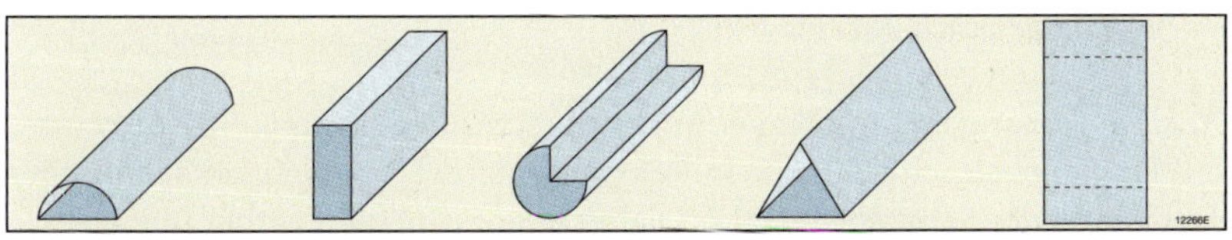

Ordnung und Systematik

18. Die Abschrift muss mit dem Original verglichen werden, die Fehler sind zu unterstreichen und pro Abschriftzeile insgesamt auszuzählen.

1. Benter Robert, München
   Arnulfstr. 87

   Penter Robert, München
   Arnullfstr. 87

2. Oehlers Felix, Rotterdam,
   Lange Fleet 6

   Oehlers Felix, Rotterdamm,
   Lange Flet 7

3. Liebig Oswald, Günzburg
   Alte Str. 21

   Liebig Oswald, Gunzburg
   Alte Str. 21

zu Aufgabe 18

Das erste Urteil über einen Menschen fällt man oft aufgrund seines äußeren Erscheinungsbildes. Achte daher auf ein gepflegtes Äußeres, ordentliche Kleidung, die in den allgemeinen Rahmen des Betriebes passt, ohne dich zu verkleiden.

Das Vorstellungsgespräch

Die Einladung zum Vorstellungsgespräch zeigt, dass Bewerbung, Zeugnisse und das Ergebnis des Einstellungstests den Vorstellungen des Betriebes entsprechen. Nun geht es darum, im persönlichen Gespräch diesen Eindruck zu bestätigen.

Ein erfolgreiches Vorstellungsgespräch beginnt bereits mit der Terminvereinbarung. Man bestätigt den genannten Termin umgehend schriftlich und bedankt sich für die Gelegenheit, sich vorstellen zu dürfen. Wenn ein bestimmter Termin angegeben wird, sollte man nur in ganz dringenden Fällen um Verlegung bitten.

Wer vorbereitet in ein Vorstellungsgespräch geht, erlebt weniger unangenehme Überraschungen. Bewerbungsunterlagen, Einladungsschreiben und eine Liste mit eigenen Fragen werden zum Vorstellungsgespräch mitgenommen. Besonders wichtig ist die inhaltliche Vorbereitung auf das Vorstellungsgespräch. Zu einem Gespräch gehören mindestens zwei Personen, d. h., auch der Bewerber muss etwas zu dem Gespräch beitragen. Das gemeinsame Thema ist der Betrieb und der angestrebte Beruf. Die eingehende Beschäftigung mit dem Ausbildungsbetrieb bringt im Gespräch in jedem Fall Pluspunkte.

Pünktliches Erscheinen zum Vorstellungsgespräch ist selbstverständlich. Falls man seinen Gesprächpartner nicht bereits kennen gelernt hat, stellt man sich mit seinem Namen vor. Den angebotenen Tee oder Kaffee kann man getrost annehmen. Falls ein alkoholisches Getränk angeboten wird, sollte man dies jedoch ablehnen. Dies ist der erste Test, ob der Kandidat gern Alkohol trinkt. Auch der Griff zur Zigarette macht keinen guten Eindruck.

Was du bereits vor dem Gespräch wissen solltest:
- Wie heißt der Ansprechpartner?
- Was stellt der Betrieb her?
- Welche Rechtsform hat das
- Unternehmen (AG, GmbH ...) und was bedeutet das?
- Wie viele Mitarbeiter hat der Betrieb?
- Wer sind die wichtigsten Kunden?
- Gibt es Filialen des Unternehmens in anderen Städten oder Ländern?

Vorstellungsgespräch

Weitere Beispiele für mögliche Fragen in einem Vorstellungsgespräch finden sich im Internet, z. B. unter www.machs-richtig.de.

Auch auf unangenehme Fragen muss man vorbereitet sein. Die Antworten auf Fragen nach schlechten Schulnoten, dunklen Flecken in der schulischen Laufbahn oder Schwachstellen im Lebenslauf sollte man vorher überlegen.

Mit den Fragen verfolgt der Gesprächspartner in der Regel konkrete Ziele. Letztlich geht es aber immer um die Frage, ob der Bewerber zum Unternehmen und zum gewählten Beruf passt.

Auch die eigenen Fragen sollten vorbereitet sein, wenn man in das Vorstellungsgespräch geht. Spätestens, wenn der Bewerber am Ende des Gesprächs gefragt wird, ob er noch etwas wissen möchte, muss eine Frage gestellt werden. Alles andere kann als Interesselosigkeit gewertet werden.

Fragen, die in einem Vorstellungsgespräch gestellt werden können:
- Wie viele Ausbildungsplätze bietet das Unternehmen?
- Wo findet die Ausbildung statt?
- Welche Berufsschule besuchen die Auszubildenden?
- Wie ist der Berufsschulbesuch organisiert?
- Wo setzt das Unternehmen Schwerpunkte in der Ausbildung?
- Sind während der Ausbildung ergänzende Praktika vorgesehen?
- Wie gut sind die Chancen, nach der Ausbildung vom Betrieb übernommen zu werden?
- Wie ist die Arbeitszeit geregelt?
- Wie lange dauert die Ausbildung?
- Gibt es eine Möglichkeit, die Ausbildungsdauer zu verkürzen?
- Wie hoch ist die Ausbildungsvergütung?
- ...

Tipps für einen guten Berufsstart

Die Lohnsteuerkarte
Der Ausbildungsbetrieb benötigt eine Lohnsteuerkarte. Diese erhält man bei der zuständigen Stadt- oder Gemeindeverwaltung.

Die Krankenversicherung
Mit dem Start ins Berufsleben endet die Mitversicherung bei den Eltern. Die Anmeldung zur Krankenkasse übernimmt der Arbeitgeber. Man kann jedoch die Krankenkasse selbst wählen – also: rechtzeitig über Beiträge und Leistungen informieren.

Renten-/Arbeitslosenversicherung
Die Mitgliedschaft ist Pflicht. Für die Anmeldung benötigt man ein Versicherungsheft und einen Sozialversicherungsausweis. Die Krankenkasse wird bei der Beantragung behilflich sein. Das Versicherungsheft wird nach Erhalt dem Arbeitgeber überlassen.

Gesundheitsbescheinigung
Eine ärztliche Untersuchung und Bescheinigung ist erforderlich. Nach dem Jugendarbeitschutzgesetz dürfen Jugendliche unter 18 Jahren nur dann beschäftigt werden, wenn sie für den ausgewählten Beruf gesundheitlich geeignet sind.

Schulzeitbescheinigung
Wer über das 16. Lebensjahr hinaus zur Schule gegangen ist, erhält unter bestimmten Voraussetzungen Anrechnungszeiten, die sich positiv auf die Rentenhöhe auswirken.

Girokonto
Die Ausbildungsvergütung wird üblicherweise auf ein Konto überwiesen. Dazu benötigt man ein Girokonto. Die Kontoführung ist während der Ausbildung oft kostenlos.

Am Ende des Einstellungsverfahrens steht die Zu- bzw. Absage des auswählenden Betriebes. Erhält man mehrere Zusagen, steht man vor einem neuen Auswahlproblem. Ist die Entscheidung für einen bestimmten Ausbildungsplatz gefallen, sollte man daran denken, bei anderen Betrieben abzusagen, um anderen Bewerbern eine Chance zu geben.
Zwischen dem Ausbildungsbetrieb und dem Auszubildenden wird ein schriftlicher Ausbildungsvertrag geschlossen. Hier werden Ausbildungszeit und -ort, Vergütung, Arbeits- und Urlaubszeit festgehalten. Bei minderjährigen Auszubildenden ist zum Vertragsschluss die Zustimmung des gesetzlichen Vertreters notwendig.

Das Rollenspiel hast du bereits auf den Seiten 18 und 19 kennen gelernt. Durch die Übernahme einer Rolle versetzt du dich in bestimmte Lebenssituationen und spielst diese nach. Dadurch trainierst du Verhaltensweisen, sodass du auf bestimmte Lebenssituationen besser vorbereitet bist.

In diesem Rollenspiel soll die Situation in einem Vorstellungsgespräch gespielt werden. Das Rollenspiel teilt sich in drei Phasen:

- Vorbereitung
- Durchführung
- Nachbereitung, Besprechung, Kritik

Vorbereitung

Vorbereitung der Rolle

Beim Rollenspiel übernimmt ein Spieler die Rolle des Personalchefs, ein zweiter die Rolle des Bewerbers um einen Ausbildungsplatz. Ebenso ist es möglich, die Klasse in zwei Gruppen zu unterteilen, von denen die eine Gruppe die „Personalchefs" und die andere Gruppe die „Bewerber" sind. Ihr einigt euch auf einen oder mehrere Ausbildungsberufe. Für jeden Ausbildungsberuf muss mindestens ein Personalchef und ein Bewerber vorhanden sein.

In der Vorbereitungsphase arbeitest du dich in deine Rolle ein. Dazu musst du wissen, dass in einem Vorstellungsgespräch üblicherweise Fragen aus verschiedenen Themenbereichen gestellt werden. Eine Auswahl möglicher Themen findest du in den Kästchen. Überlege auch, in welchem Rahmen das Vorstellungsgespräch abläuft. Was ist angemessen in Bezug auf Kleidung, Frisur, Schmuck, Auftreten, Körperhaltung, Sprache, Höflichkeit, Selbstbewusstsein? Für die Vorbereitungszeit muss ein Zeitrahmen festgelegt werden.

Rollenbeschreibung des Personalchefs

Du hast die Rolle des Personalchefs übernommen. Deine Aufgabe ist es, das Gespräch von der Seite des Unternehmens vorzubereiten. Stelle einen sinnvollen Fragenkatalog zusammen. Die unten stehenden Fragen sind lediglich Beispiele. Beachte dabei auch, dass du eine sinnvolle Reihenfolge der Fragen wählst. Überlege dir, wie du das Gespräch beginnst und beendest. Überlege dir auch, welche Erwartungen du an den Bewerber hast. Dabei musst du dir auch über die Antworten klar werden, die du erwartest. Achte während des Gesprächs auf deine Körpersprache.
Notiere dir wichtige Stichpunkte.

Rollenbeschreibung des Bewerbers

Du hast die Rolle des Bewerbers um einen Ausbildungsplatz übernommen. Du bereitest dich auf das Gespräch vor, indem du Antworten auf die Fragen findest, von denen du glaubst, dass sie im Rahmen dieses Gesprächs beantwortet werden müssen. Überlege dir weitere Fragen als die hier aufgeführten. Erinnere dich an die Gesprächsregeln und achte während des Gesprächs auch auf deine Körperhaltung.
Notiere dir wichtige Stichpunkte.

Vorbereitung mit Heften der Bundesagentur für Arbeit

Bewerbungsgespräche

Fragen zum Lebenslauf, zur Schulbildung
- Welche Zeugnisnoten haben Sie in den Fremdsprachen?
- Wie haben sich die schulischen Leistungen in den letzten beiden Jahren entwickelt?
- Welches ist Ihr Lieblingsfach?
- Welche Freizeitinteressen haben Sie?
- Welche Praktika, Ferienjobs haben Sie neben der Schule gemacht?
- Welches Fach mögen Sie überhaupt nicht und warum?
- Seit wann interessieren Sie sich für diesen Beruf?

Fragen zur Persönlichkeit des Bewerbers:
- In welchem Bereich sehen Sie Ihre besonderen Fähigkeiten?
- Welche Aufgaben bereiten Ihnen Schwierigkeiten?
- Wo sehen Sie Ihre Stärken und Schwächen?
- Versuchen Sie, sich selbst zu beschreiben.
- Wie stehen Sie zum Thema Pünktlichkeit, Ehrlichkeit, Fleiß, ... ?
- Stellen Sie kurz Ihren Lebenslauf dar.
- Wie reagieren Sie auf Kritik?
- Welche beruflichen Ziele haben Sie?
- Welche Hobbys haben Sie?

Fragen zur Wahl des Unternehmens
- Welche Vorstellungen haben Sie von einer Ausbildung in unserem Hause?
- Wie haben Sie erfahren, dass in unserem Unternehmen eine Stelle zu besetzen ist?
- Was schätzen Sie an unserem Unternehmen besonders?
- Versuchen Sie bitte, das Unternehmen zu beschreiben, in dem Sie am liebsten arbeiten würden.
- Was produziert bzw. leistet dieser Betrieb?
- Bei welchen Unternehmen haben Sie sich noch beworben?

Fragen zum Allgemeinwissen, aktuellen Tagesgeschehen in der Politik und Wirtschaft

- Wie beurteilen Sie die aktuelle Entwicklung an der Börse?
- Was sagen Sie zu den gerade veröffentlichen Zahlen zum Wirtschaftswachstum?
- Lesen Sie Zeitung?
- Was ist die heutige Schlagzeile der Zeitung?
- Wie hoch ist die Arbeitslosenquote?
- Welche Ursache hat Ihrer Meinung nach die Arbeitslosigkeit?
- Wie heißt der deutsche Wirtschaftsminister?

Weitere Fragen, die einem Bewerber um einen Ausbildungsplatz häufig gestellt werden:

- Sind Sie gern zur Schule gegangen?
- Wie sind Sie mit den Lehrern ausgekommen?
- Und mit Ihren Mitschülern?
- Sind Sie mit Ihrem Zeugnis zufrieden? In welchen Fächern wären Sie gerne besser?
- Warum haben Sie die Schule vorzeitig verlassen?
- Warum wollen Sie nicht studieren?
- Wie lange ist das schon Ihr Wunschberuf?
- Welche Berufe interessieren Sie noch?
- Was ist Ihre Lieblingslektüre? Wie hat Ihnen das letzte Buch gefallen?

Durchführung

Haben sich die Gesprächspartner vorbereitet, geht es los. Zunächst wird eine Zeitvorgabe vereinbart, die die Dauer des Gesprächs festlegt. Personalchef und Bewerber sitzen sich gegenüber und gestalten das Vorstellungsgespräch. Alle Schüler, die gerade nicht in das „Vorstellungsgespräch" eingebunden sind, beobachten die Spielszene. Hier können z. B. alle Personalchefs den Bewerber und alle Bewerber den Personalchef beobachten. Legt einen Beobachtungsbogen an, in dem ihr festhaltet, wie sich der „Personalchef" und der Bewerber im Gespräch verhalten:

- Wie verhalten sich die Gesprächsteilnehmer (höflich, ruhig, hektisch, freundlich, ...)?
- Werden die Gesprächsregeln eingehalten (ausreden lassen, zuhören, deutlich sprechen, ...)?
- Kann der Bewerber die Fragen angemessen beantworten?
- Welche Qualität hat der Fragenkatalog des Personalchefs?
- ...

Nachbereitung, Besprechung, Kritik

In dieser Phase kommen die Beobachter zu Wort. Sowohl der Personalchef als auch der Bewerber werden beurteilt. Die Beobachtungen aus dem Gesprächsverlauf werden diskutiert: Was lief gut? Was muss verbessert werden? Wer hat die Rolle so gespielt, dass er/sie die Stelle bekäme? Im Anschluss können die Rollen für einen zweiten Durchgang gewechselt werden.

Mit der Entwicklung von Selbstversorgerwirtschaft zur arbeitssteiligen Wirtschaft wurde eine Spezialisierung erreicht. Dadurch entstanden immer mehr Berufe. Diese entwickeln sich weiter und die Anforderungen an die Arbeitskräfte ändern sich beständig. Darum ist es heute wichtig, über Schlüsselqualifikationen zu verfügen und sich fortlaufend weiterzubilden. Dies verringert auch das Risiko, arbeitslos zu werden.

fachlich-methodische Kompetenz
(z. B. Fremdsprachenkenntnisse, logisches Denken)

persönliche Kompetenz
(z. B. Zuverlässigkeit, Belastbarkeit)

Schlüsselqualifikationen
= berufsübergreifende Qualifikationen, über die ein Erwerbstätiger unabhängig von seinem ausgeübten Beruf verfügen muss, wenn er den Anforderungen der Arbeitswelt gerecht werden will.

soziale Kompetenz
(z. B. Teamfähigkeit, Freundlichkeit)

Der Weg zum Beruf

↓

Orientierungsphase
(Informationen sammeln; welche Möglichkeiten gibt es?)

↓

Entscheidungsphase
(Informationen auswerten; welche Möglichkeiten sagen mir zu?)

↓

Verwirklichungsphase
(Informationen umsetzen; Welche Schritte muss ich einleiten, um den gewählten Beruf ausüben zu können?)
(Bewerbung schreiben (Anschreiben, Lebenslauf, Passfoto, Zeugnisse), Eignungstest durchführen, Vorstellungsgespräch führen, Ausbildungsvertrag abschließen)

Wichtige Begriffe:
Beruf
Bewerbungsschreiben
Einstellungstest
Entscheidungsphase
Lebenslauf
Orientierungsphase
Passfoto
Schlüsselqualifikationen
Selbstversorgerwirtschaft
Spezialisierung
Verwirklichungsphase
Vorstellungsgespräch
Zeugnis

Q

Artikel 12 GG
(1) Alle Deutschen haben das Recht, Beruf, Arbeitsplatz und Ausbildungsstätte frei zu wählen. Die Berufsausübung kann durch Gesetz oder auf Grund eines Gesetzes geregelt werden.

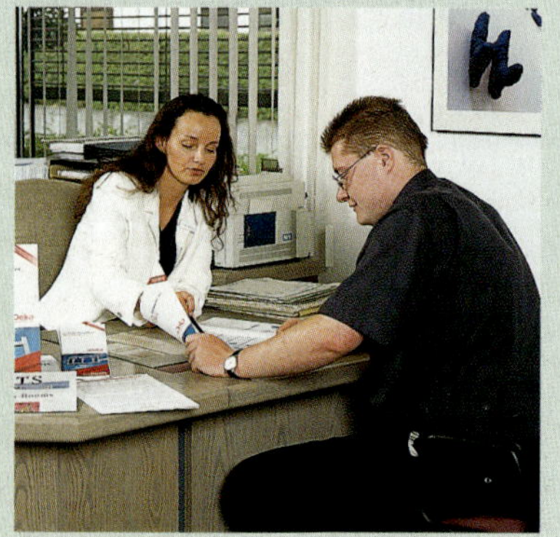

1. a) Erläutere, inwiefern Artikel 12 (1) GG eine freie Berufswahl garantiert.
   b) Erläutere, welche Einschränkungen die freie Berufswahl in Deutschland erfährt.
2. a) Nenne je zwei Berufe aus dem primären, sekundären und tertiären Wirtschaftsbereich.
   b) Recherchiere im Internet, bei der Agentur für Arbeit oder einer anderen geeigneten Quelle, welche Zukunftsaussichten die von dir gewählten Berufe haben.
   c) Erkläre, warum es sowohl aus volkswirtschaftlicher als auch aus persönlicher Sicht besonders wichtig ist, die richtige Berufswahlentscheidung zu treffen.
   d) Begründe, warum hohe Flexibilität der Arbeitnehmer in der Berufswelt eine so große Bedeutung hat.
3. a) Überlege dir, mit welchen Vorinformationen ein Bewerber in ein Vorstellungsgespräch gehen sollte und begründe dies.
   b) Formuliere vier geeignete Fragen, die von Seiten des Unternehmens an den Bewerber gerichtet werden können.
   c) Nenne zwei Fragen, auf die ein Bewerber im Vorstellungsgespräch keine Antwort geben muss.
   d) Überlege dir vier Fragen, die der Bewerber in einem Vorstellungsgespräch stellen kann.
   e) Begründe, warum es wichtig ist, dass auch der Bewerber im Vorstellungsgespräch Fragen stellt.
4. a) Arbeite aus folgendem Text heraus, welche schulischen Anforderungen im Inserat gefordert sind.
   b) Welche weiteren Eigenschaften muss der Bewerber erfüllen?
   c) Welche Unterlagen sind mit den üblichen Bewerbungsunterlagen gemeint?

Für unseren Unternehmensbereich Forschung und Entwicklung suchen wir eine(n) Auszubildende(n) im Bereich ... ... Landwirtschaftlich-technische Laborant/in

Ihr mindestens mittlerer Bildungsabschluss weist gute Noten in den Fächern Biologie und Chemie auf. Sie verfügen über technischen Sachverstand und sind in der Lage mit Datenbankprogrammen zu arbeiten. Sie arbeiten sowohl gern im Freien als auch im Labor. Konzentrationsfähigkeit und Teamfähigkeit sind unabdingbar.

Wir bieten einen sicheren Arbeitsplatz mit übertariflicher Bezahlung.
Bei Interesse bewerben Sie sich unter Einsendung der üblichen Bewerbungsunterlagen bei Firma ...

5. Erfolg im Arbeitsleben basiert nur zu 50 % auf Fachkompetenz. Die anderen 50 % werden durch die „Soft Skills“ abgedeckt.
   a) Kläre den Begriff „Soft Skills“.
   b) Nenne fünf wesentliche „Soft Skills“, die aus der Sicht des Arbeitgebers von Bedeutung sein können.

II Rechtliches Handeln der privaten Haushalte

1 Bedeutung und Abschluss von Verträgen am Beispiel der Kaufhandlung

2 Die Rechte des Käufers bei Pflichtverletzungen

3 Die rechtliche Stellung Minderjähriger

Katja kauft ein Sweatshirt

1 Bedeutung und Abschluss von Verträgen am Beispiel der Kaufhandlung

§ 145 BGB
Bindung an den Antrag
Wer einem anderen die Schließung eines Vertrags anträgt, ist an den Antrag gebunden, es sei denn, dass er die Gebundenheit ausgeschlossen hat.

1.1 Die Kaufhandlung

Katja geht mit ihrer Mutter einkaufen. Ihr gefällt ein Sweatshirt im Schaufenster eines Jeans-Shops besonders gut. Sie betreten das Geschäft. Die Mutter fragt, ob das Sweatshirt aus dem Schaufenster in Katjas Größe noch vorrätig sei. Der Verkäufer bejaht dies und bringt das Kleidungsstück zur Anprobe. Mutter findet, dass die Tochter darin toll aussieht. „Wir nehmen das Shirt“, sagt die Mutter. „Aber gerne. Begleiten Sie mich bitte zur Kasse“, entgegnet der Verkäufer. Damit ist das Kleidungsstück gekauft.

Das Verpflichtungsgeschäft
So oder ähnlich läuft das ab, tagtäglich tausende Male. Ein ganz alltäglicher Vorgang also. Und trotzdem, aus der Sicht des deutschen Rechts ist dieser Kaufvorgang nicht so einfach wie es zunächst aussieht. Die Mutter und der Verkäufer schließen miteinander einen Kaufvertrag. Dieser kommt durch zwei übereinstimmende, also sich inhaltlich deckende Willenserklärungen zustande. Die erste Willenserklärung nennt man Antrag, die zweite Annahme.

Bestandteile einer Willenserklärung
→ Handlungswille
→ Erklärungsbewusstsein

Eine **Willenserklärung** ist eine Erklärung, die auf die Herbeiführung eines Rechtserfolges gerichtet ist. Sie erfordert zunächst einen Handlungswillen, also die Bereitschaft durch Abgabe einer Willenserklärung, z. B. in Form von Sprechen, Schreiben, Handaufheben, am rechtsgeschäftlichen Verkehr mitzuwirken. Daneben ist ein Erklärungsbewusstsein erforderlich, d.h., der Erklärende muss sich bewusst sein, dass er mit dieser Erklärung am rechtsgeschäftlichen Verkehr teilnimmt.
Zugegangen ist eine Willenserklärung in schriftlicher Form, wenn sie in den Machtbereich des Empfängers gelangt, wenn dieser also theoretisch die Möglichkeit hat, von der Willenserklärung Kenntnis zu nehmen. Dies ist gegeben, wenn der Brief (oder die Postkarte) z. B. in seinen Briefkasten eingeworfen wurde. Entscheidend für den Zeitpunkt des Zuganges ist nicht das tatsächliche Lesen der Willenserklärung.

Der **Antrag** ist eine an eine bestimmte Person gerichtete, empfangsbedürftige Willenserklärung zum Abschluss eines Vertrages. Für seine Wirksamkeit ist es somit erforderlich, dass er zugegangen ist.

Ist der Antrag einmal abgegeben, so ist er auch verbindlich. Er kann von beiden Parteien ausgehen. Es muss nicht immer der Käufer sein, der ihn stellt. Wenn der Vertragspartner den Antrag ablehnt, kommt kein Vertrag zustande. Stimmt er dem Antrag zu, hat das einen Vertrag zur Folge. Dies geschieht ebenfalls durch eine Willenserklärung, die als Annahme bezeichnet wird.

Die **Annahme** ist eine empfangsbedürftige Willenserklärung und auch sie ist rechtlich bindend. Ein unter Anwesenden gemachter Antrag hat lediglich eine augenblickliche Bindungsdauer für den Antragenden zur Folge. Äußert sich der Antragsempfänger nicht sofort, ist der Antragende von der Bindung an seinen Antrag befreit.

Für unseren Fall stellt sich das rechtlich so dar:

Vorgang	Rechtliche Deutung
– Sweatshirt im Schaufenster	– Aufforderung zum Kauf, an eine anonyme Allgemeinheit gerichtet (keine rechtliche Bindung)
– Mutter fragt, ob das Sweatshirt in Katjas Größe vorrätig ist.	– Anfrage (keine rechtliche Bindung)
– „Wir nehmen das Shirt."	– Antrag (rechtlich bindend)
– „Aber gerne ..."	– Annahme (rechtlich bindend)

Da der Antrag angenommen wird, kommt ein Kaufvertrag bezüglich des Sweatshirts zustande. Die beiden an der Kaufhandlung beteiligten Parteien, Verkäufer und Käufer, übernehmen durch den Kaufvertrag Pflichten. Man bezeichnet den Kaufvertrag deshalb auch als **Verpflichtungsgeschäft**. Da diese Verpflichtung, eine Leistung erbringen zu müssen, sowohl Verkäufer als auch Käufer betrifft, spricht man von einem zweiseitig verpflichtenden Vertrag. Es handelt sich dabei um einen schuldrechtlichen Vertrag, weil er ein Schuldverhältnis zwischen zwei Personen regelt. Er stellt ein rechtliches Band zwischen den beiden Vertragspartnern her.

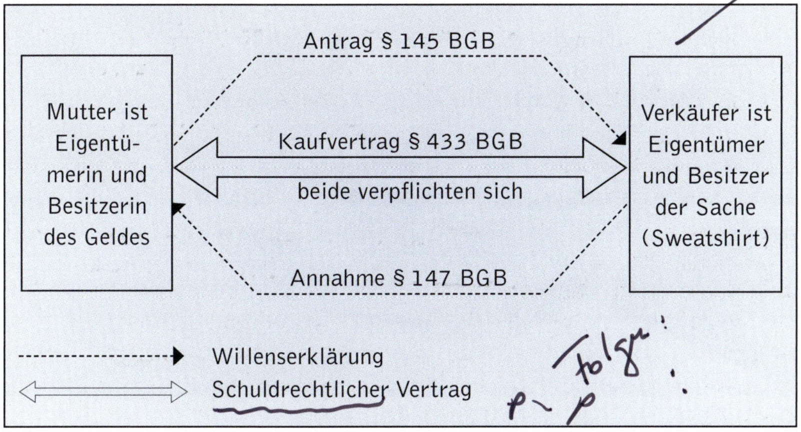

§ 147 BGB
Annahmefrist

(1) Der einem Anwesenden gemachte Antrag kann nur sofort angenommen werden. Dies gilt auch von einem mittels Fernsprechers [...] von Person zu Person gemachten Antrag.

(2) Der einem Abwesenden gemachte Antrag kann nur bis zu dem Zeitpunkt angenommen werden, in welchem der Antragende den Eingang der Antwort unter regelmäßigen Umständen erwarten darf.

Ausgeschlossen werden kann die Gebundenheit an den Antrag durch Freizeichnungsklauseln (z. B. „solange der Vorrat reicht"). Keinen Antrag im juristischen Sinne stellen Prospekt- und Katalogzusendungen, Zeitungsinserate, Speisekartenaushang und Schaufensterauslagen dar. Auch die Bereitstellung von Ware in Regalen kann nicht als Antrag bezeichnet werden, wohl aber das Warenangebot in Automaten.

§ 433 BGB
Vertragstypische Pflichten beim Kaufvertrag

(1) Durch den Kaufvertrag wird der Verkäufer einer Sache verpflichtet, dem Käufer die Sache zu übergeben und das Eigentum an der Sache zu verschaffen. Der Verkäufer hat dem Käufer die Sache frei von Sach- und Rechtsmängeln zu verschaffen.

(2) Der Käufer ist verpflichtet, dem Verkäufer den vereinbarten Kaufpreis zu zahlen und die gekaufte Sache abzunehmen.

Realakt:
ein tatsächliches Handeln mit einer daran gebundenen Rechtsfolge, also z. B. Besitzübergang.

1. Ein Elektrofachgeschäft bietet Autoradios zu einem äußerst günstigen Preis an. „ 99,00 € das Gerät – solange der Vorrat reicht!" Es bringt diese Offerte
   – in einem Zeitungsinserat, das Frau Huber liest,
   – in einem an den Stammkunden Herrn Meister persönlich gerichteten Brief.

   Frau Huber und Herr Meister gehen zum Elektrofachgeschäft, müssen dort jedoch enttäuscht feststellen, dass es keine Autoradios zu diesem Preis mehr gibt. Haben Frau Huber und Herr Meister einen Anspruch auf Lieferung eines dieser günstigen Autoradios?

2. Frau Bauer geht morgens auf den Markt, um Gemüse und Obst einzukaufen. Am ersten Marktstand fragt sie nach dem Preis für einen Rettich. Der Verkäufer bietet ihr das Stück zu 0,99 € an. Da sie sich aber zuerst bei den anderen Anbietern informieren möchte, geht sie weiter. Als sie feststellt, dass die Konkurrenten Rettich durchwegs zu höheren Preisen anbieten, kehrt sie zu ersten Stand zurück, um dort drei Rettiche zum Preis von je 0,99 € zu kaufen. Der Händler verlangt jetzt jedoch pro Stück 1,20 € wie seine Mitbewerber.

   Kann Frau Bauer darauf bestehen, die Rettiche noch für 0,99 € zu erhalten?

Bis zur Erfüllung dieser Pflichten:
a) der Übereignung und Übergabe der Sache durch den Verkäufer,
b) der Übereignung und Übergabe des Geldes durch den Käufer,
bleiben
a) der Verkäufer Eigentümer und Besitzer der Sache,
b) der Käufer Eigentümer und Besitzer des Geldes.

Die Erfüllung dieser Verpflichtungen aus dem Kaufvertrag geschieht durch eigene Rechtsgeschäfte, die rechtlich getrennt von der Verpflichtung im Kaufvertrag sind.

Man kann einen Vertrag auch durch **konkludentes** oder schlüssiges **Handeln** schließen. Das bedeutet, dass Willenserklärungen nicht nur mündlich oder fernmündlich abgegeben werden können. So zeigt man zum Beispiel durch Handheben bei einer Versteigerung an, dass man mitbieten möchte.
Beim Autokauf wird man den Kaufvertrag in der Regel schriftlich schließen. Für manche Rechtsgeschäfte schreibt das Recht die Schriftform sogar vor, wie beispielsweise bei der Kündigung eines Mietverhältnisses. Noch weiter geht der Gesetzgeber, wenn er bei der Veräußerung eines Grundstückes notarielle Beurkundung verlangt. Je bedeutender ein Vertrag, umso wichtiger erscheint es, für den Abschluss des Vertrags Schriftform oder gar notarielle Beurkundung zu wählen. Der Grund dafür liegt zum einen in der Beweiskraft, die ein Schriftstück im Falle von Unstimmigkeiten vor Gericht hat. Daneben soll es den Einzelnen vor übereilten Vertragsabschlüssen und sich daraus eventuell ergebenden nachteiligen Folgen schützen.

Die Erfüllungsgeschäfte
Der Verkäufer packt das Sweatshirt in eine Papiertüte und reicht sie Katjas Mutter, die sich bedankt.
Damit hat der Verkäufer seine Pflichten erfüllt. Er hat Katjas Mutter ein einwandfreies Sweatshirt ausgehändigt und ihr das Eigentum und den Besitz daran verschafft. Dazu ist es nötig, dass beide wollen, dass das Eigentum an dem bestimmten Kleidungsstück auf die Mutter übergeht. Hierzu sind wiederum zwei übereinstimmende Willenserklärungen (in diesem Fall durch schlüssiges Handeln bzw. mündlich) erforderlich. Es entsteht also ein weiterer Vertrag, die Einigung (§ 929 BGB).

Der Verkäufer packt das Sweatshirt ein und übergibt es.

Um der Mutter das Eigentum an der Kaufsache zu verschaffen, muss sie ihr übergeben werden. Bei dieser Übergabe (§§ 854, 929 BGB) handelt es sich um einen Realakt, durch den die Mutter den Besitz erlangt.

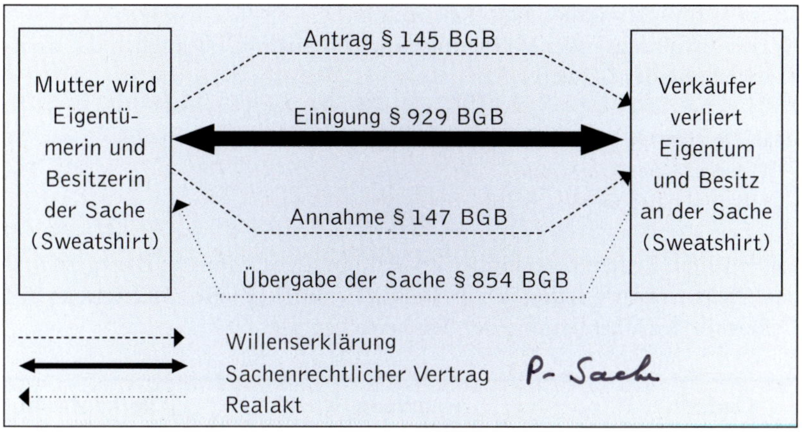

Katjas Mutter zahlt an der Kasse.

Der Verkäufer gibt damit sein Eigentum und seinen Besitz an dem Kleidungsstück auf. Diesen Teil der Kaufhandlung, die Verschaffung des Eigentums und des Besitzes an der Kaufsache, nennt man Erfüllungsgeschäft, weil eine Verpflichtung aus dem Kaufvertrag erfüllt wird. Katjas Mutter ist jetzt aber nicht nur Eigentümerin des Sweatshirts, sie ist auch immer noch Eigentümerin des Geldes. Da sie sich aber mit dem Abschluss des Kaufvertrages verpflichtet hat, den Kaufpreis zu entrichten, muss auch sie ihrer Pflicht nachkommen. Dies geschieht in einem weiteren Erfüllungsgeschäft.

Die Mutter legt den Kaufpreis in Höhe von 39,00 € auf den Ladentisch. Der Verkäufer nimmt das Geld und legt es in die Kasse. Den Kassenzettel als Beleg für die Barzahlung gibt er zu dem Shirt in die Tüte. Rechtlich gesehen handelt es sich um denselben Vorgang wie bei der Übereignung der Kaufsache. Auch zur Übereignung des Geldes benötigt man Einigung und Übergabe (§§ 854, 929 BGB). Dabei kommt der Übereignungsvertrag wiederum durch Antrag und Annahme zustande. Nun wird der Verkäufer (oder besser der Geschäftsinhaber) Eigentümer und Besitzer des Geldes. Die Kaufhandlung ist damit abgeschlossen.

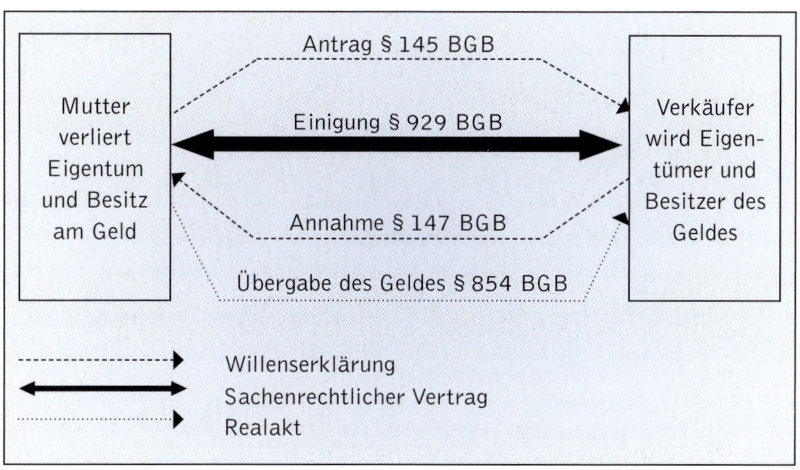

!

1. Der Möbelgroßhändler Holz schreibt am 22. Mai einen Brief an seinen Kunden Kalt, in dem er ihm einen Sonderposten Stühle zum günstigen Preis von 59,50 € je Stuhl anbietet. Der Brief wird am 23. Mai in den Briefkasten am Hauptpostamt eingeworfen. Am 25. Mai wird der Brief dem Kunden in dessen Hausbriefkasten zugestellt. Kalt kommt aber erst am 26. Mai dazu, den Brief zu lesen.
   a) Weshalb handelt es sich hier um einen Antrag?
   b) Wann wird der Antrag rechtswirksam?
   c) Was könnte Holz unternehmen, wenn er sich bei seinem Angebot verrechnet hätte und er den Stuhl nur zum Preis von mindestens 69,50 € verkaufen könnte, ohne Verlust zu machen? Er bemerkt dies jedoch erst eine Stunde nachdem er den Brief abgeschickt hat.
   d) Welche Folgen hätte es, wenn Kalt in einem Brief antwortete, dass er zwar bereit sei, Stühle abzunehmen, aber nur zu einem Preis von 54,50 € je Stuhl?

Eine vollständige **Kaufhandlung** besteht, rechtlich gesehen, jeweils aus drei Rechtsgeschäften und zwei Realakten:

Rechtsgeschäfte sind:
- ein Verpflichtungsgeschäft (Kaufvertrag),
- zwei Erfüllungs- oder Verfügungsgeschäfte, nämlich bezüglich der Kaufsache und des Geldes.

Realakte sind:
- Übergabe der Kaufsache,
- Übergabe des Geldes.

Dabei ist die Reihenfolge der beiden Erfüllungsgeschäfte nicht vorgeschrieben. Es kann also – anders als im Beispiel – durchaus die Übereignung des Geldes vor der Übereignung der Ware erfolgen.

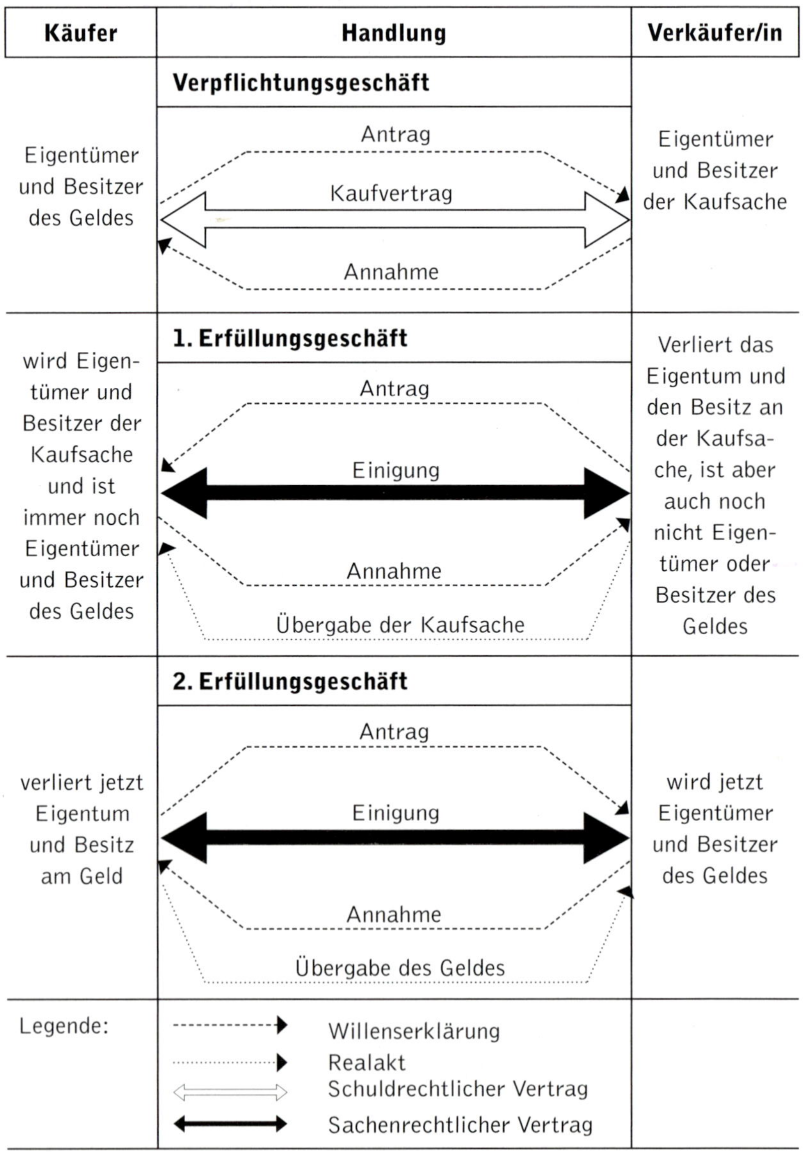

1. Suche weitere Beispiele für Verträge, die durch schlüssiges Handeln zustande kommen.

2. Stelle folgende Vorgänge grafisch dar:
   - einen Tausch
   - eine Schenkung
   - eine Leihe

3. Paul besucht eine Weinversteigerung am Ort. Sein Gehilfe Sascha bringt ihm das vergessene Portemonnaie nach. Paul winkt Sascha zu und der Versteigerer versteht diese Geste als Gebot für eine besonders teure Flasche Wein, die Paul niemals ersteigern wollte. Überprüfe, ob Paul den Wein abnehmen und bezahlen muss.

Erklärungsbewusstsein!

1.4 Eigentum und Besitz

Frank hat sich am Vormittag in der Schule den Taschenrechner eines Mitschülers aus der Parallelklasse ausgeliehen. Welche Rechte hat er dadurch erlangt? In welcher Weise kann er über den Taschenrechner verfügen?

Frank leiht sich einen Taschenrechner.

Frank hat durch die Übergabe Besitz an dem Rechner erlangt. Er kann das Gerät im Rahmen des Leihvertrages nützen und muss es nach Gebrauch unverändert zurückgeben. Dadurch wird der Verleiher wieder unmittelbarer Besitzer. Der Verleiher bleibt die ganze Zeit Eigentümer des Taschenrechners. Die beiden Begriffe Eigentum und Besitz werden in der Umgangssprache häufig synonym gebraucht. Als rechtliche Fachbegriffe muss man sie jedoch streng trennen.

Der Eigentümer einer Sache kann mit Recht sagen, dass sie ihm gehört. Er kann sein Eigentum selbst nutzen. Er kann die Sache auch verleihen, verschenken oder wegwerfen, es sei denn, er verstößt dabei gegen ein Gesetz oder das Recht eines Dritten.

Unter **Eigentum** versteht man die rechtliche Herrschaft über eine Sache.

Unter **Besitz** versteht man die Fähigkeit, die tatsächliche Gewalt über eine Sache auszuüben.

Entscheidend ist dabei jedoch, dass man auch den Besitzwillen haben muss, der darüber hinaus auf Dauer gerichtet sein muss. Frank will den Taschenrechner besitzen, zumindest für den Zeitraum der Schulaufgabe. Deshalb wird er auch Besitzer.

Besitzer —**tatsächliche Herrschaft**→ **Sache** ←**rechtliche Herrschaft**— **Eigentümer**

Für den **Besitzerwerb** ist es gleichgültig, ob dies rechtmäßig geschieht oder nicht. Ein Gast in einem Restaurant wird im Normalfall nicht Besitzer des Bestecks, mit dem er seine Mahlzeit einnimmt, da er es nicht behalten will. Ein Dieb dagegen, der das Besteck in seinen Taschen verschwinden lässt, weil er es behalten möchte, hat eben diesen Besitzwillen und wird aufgrund dessen Besitzer, wenn auch widerrechtlich. Deshalb ist er verpflichtet, das Besteck an den Eigentümer oder an den vorherigen (rechtmäßigen) Besitzer herauszugeben, da er nicht zum Besitz berechtigt ist.

Eigentümer wird man üblicherweise durch ein Rechtsgeschäft. Die Eigentumsübertragung erfolgt dann, wie bei der Kaufhandlung bereits gesehen, durch Einigung (= Vertrag) und Übergabe (= Realakt). Ist der Erwerber bereits Besitzer, so genügt die Einigung. Würde Frank den Taschenrechner, den er sich ausgeliehen hat, seinem Mitschüler abkaufen, so muss er ihm nicht mehr übergeben werden, da er ihn ja bereits in seinem Besitz hat. Man spart sich also die Rückgabe und die dann erneut notwendige Übergabe.

Q

§ 903 BGB
Befugnisse des Eigentümers
Der Eigentümer einer Sache kann, soweit nicht das Gesetz oder Rechte Dritter entgegenstehen, mit der Sache nach Belieben verfahren und andere von jeder Einwirkung ausschließen. Der Eigentümer eines Tieres hat bei der Ausübung seiner Befugnisse die besonderen Vorschriften zum Schutz der Tiere zu beachten.

§ 854 BGB
Erwerb des Besitzes
(1) Der Besitz einer Sache wird durch die Erlangung der tatsächlichen Gewalt über die Sache erworben.
[...]

§ 985 BGB
Herausgabeanspruch
Der Eigentümer kann von dem Besitzer die Herausgabe der Sache verlangen.

Q

Artikel 14 GG
Eigentum und Erbrecht

(1) Das Eigentum und das Erbrecht werden gewährleistet. Inhalt und Schranken werden durch die Gesetze bestimmt.
(2) Eigentum verpflichtet. Sein Gebrauch soll zugleich dem Wohle der Allgemeinheit dienen.
(3) Eine Enteignung ist nur zum Wohle der Allgemeinheit zulässig. Sie darf nur durch Gesetz oder aufgrund eines Gesetzes erfolgen, das Art und Ausmaß der Entschädigung regelt. (...)

!

1. Suche konkrete Beispiele für entsprechende Einschränkungen des Eigentumsrechts durch das Denkmalschutzgesetz, die Gewerbeordnung und das Bundesbaugesetz.
2. Der 19jährige Ernst hat einen Motorroller erworben. Er ist Eigentümer dieses Fahrzeugs geworden. Welche Rechte hat er dadurch erlangt?
3. Dieter stiehlt Ernst den Roller. Wie sind die Eigentums- und Besitzverhältnisse am Roller?

Man kann Eigentum aber auch kraft Gesetz erwerben. Zu diesen Ausnahmen gehört z. B. der Eigentumserwerb des Finders. Der Finder wird Eigentümer der Fundsache, wenn er den ursprünglichen Eigentümer bzw. den „Verlierer“ nicht kennt, bzw. sich dieser nicht innerhalb von sechs Monaten meldet. Er muss den Fund jedoch, wenn er einen Wert von mehr als 10,00 € hat, bei der zuständigen Behörde (Fundamt, Polizei, Gemeindeverwaltung) anzeigen (§ 965 BGB).
Es ist also nicht immer ein Rechtsgeschäft erforderlich, um Eigentum zu erwerben. Manchmal genügt ein Realakt zum Eigentumserwerb, wie das Fundbeispiel zeigt. Andererseits genügen in manchen Fällen das Rechtsgeschäft und der Realakt allein nicht zur Übereignung. Bei der Eigentumsübertragung an Grundstücken ist zusätzlich eine notarielle Beurkundung erforderlich, wie es der Gesetzgeber in § 925 BGB verlangt.

Wer im Besitz einer Sache ist, muss noch lange nicht Eigentümer dieser Sache sein, man kann jedoch im Allgemeinen davon ausgehen. Hegt man daran Zweifel, so sollte man sich die Eigentumsverhältnisse belegen lassen (z. B. Vorlage der Quittung). Ist dieser Nachweis nicht möglich, verzichtet man besser auf den Erwerb.

In § 903 BGB wird dem Eigentümer einer Sache gestattet, mit seinem Eigentum nach Belieben zu verfahren. Aus dem Eigentum sind jedoch nicht nur Rechte abzuleiten. Eigentum verpflichtet auch. Man spricht von der **Sozialpflichtigkeit des Eigentums**. So soll der Gebrauch des Eigentums zugleich dem Wohl der Allgemeinheit dienen. In diesem Zusammenhang ist sogar eine Enteignung zulässig (Artikel 14 GG). Ist der Bau einer Bundesstraße geplant und ein Grundstückseigentümer ist nicht bereit, sein Grundstück zu verkaufen, kann er enteignet werden. Natürlich darf dies nur aufgrund eines Gesetzes und gegen entsprechende Entschädigung geschehen.

Jeder Eigentümer hat

Rechte	Pflichten
z. B. kann er sein Eigentum benutzen, verkaufen, vermieten, verändern u. Ä.	Der Eigentümer darf anderen durch die Ausübung des Eigentumsrechts keinen Schaden zufügen, z. B. durch Lärm oder Gestank.

Nutzungsrechte am Eigentum: gebrauchen ...

... verändern

... vermieten

Verträge sind zwei- oder mehrseitige Rechtsgeschäfte. Das bedeutet, dass ein „Einigsein" zwischen mindestens zwei Personen erforderlich ist und zwar darüber, dass bestimmte Rechtsfolgen eintreten. Ein Vertrag kommt damit durch zwei sich inhaltlich deckende, empfangsbedürftige Willenserklärungen (Antrag und Annahme) der Vertragspartner zustande.

Je nachdem, ob sich aus diesem Vertrag Verpflichtungen oder Rechtsänderungen ergeben, bezeichnet man die Verträge als Verpflichtungs- oder Erfüllungs- (Verfügungs-)geschäfte. Ein **Verpflichtungsgeschäft** (z. B. Kaufvertrag) stellt ein rechtliches Band zwischen zwei Personen, den Vertragspartnern her. Ein **Erfüllungsgeschäft** (Einigung) stellt ein rechtliches Band zwischen einer Person und einer Sache her.

Antrag und **Annahme** sind empfangsbedürftige Willenserklärungen. Sie sind an eine bestimmte Person gerichtet und rechtlich bindend. **Willenserklärungen** werden abgegeben, um einen Rechtserfolg herbeizuführen.

Durch den Kaufvertrag verpflichten sich die Vertragspartner einander Leistungen zu erbringen (Sache – Geld). Durch die Einigung geht (in Verbindung mit der Übergabe) das Eigentum an der Sache vom Verkäufer, auf den Käufer über.

Verträge können grundsätzlich formfrei geschlossen werden.

Formen der Willenserklärungen

- **mündlich**
- **schriftlich**
- **konkludentes Handeln**

Eigentum ist die rechtliche Herrschaft über eine Sache. **Besitz** ist die tatsächliche Gewalt über eine Sache. Besitz erlangt man durch Übergabe. Zum Eigentumserwerb ist darüber hinaus die Einigung erforderlich.

Sozialpflichtigkeit des Eigentums: Das Recht, mit seinem Eigentum nach Belieben zu verfahren, gilt nicht uneingeschränkt. Möchte man mit seinem Auto am Straßenverkehr teilnehmen, sind viele Vorschriften zu beachten. Um sein eigenes Auto umzubauen (tieferlegen, Spur verbreitern, Änderungen am Auspuff), bedarf es einer Betriebserlaubnis.

Wichtige Begriffe:
Annahme
Antrag
Besitz
Eigentum
Erfüllungsgeschäft
konkludentes Handeln
Sozialpflichtigkeit des Eigentums
Verpflichtungsgeschäft
Willenserklärung

Q

Art. 14(2) GG
Eigentum verpflichtet. Sein Gebrauch soll zugleich dem Wohl der Allgemeinheit dienen.

Q

Die Gewerkschaft ver.di argumentiert bei ihrer Forderung nach einem Kündigungsverbot für Unternehmen mit hohen Gewinnen. Viele Manager orientieren sich bei ihren Entscheidungen allein an den Börsenkursen. Eine solche Unternehmenspolitik steht im krassen Widerspruch zur verfassungsgemäßen Sozialpflichtigkeit.
„Manager sind nicht einzig den Aktionären verpflichtet, sondern auch den Arbeitnehmern und der Gesellschaft."
(Quelle: ver.di-Pressemitteilung vom 30.12.2005, www.verdi-bub.de)

1. Aus welchen Gründen schreibt der Gesetzgeber bei der Veräußerung von Grundstücken eine notarielle Beurkundung vor?
2. Erkläre anhand von Beispielen den Begriff der Sozialpflichtigkeit des Eigentums.
3. Was versteht man unter einem Antrag?
4. Aus welchen einzelnen Bestandteilen besteht rechtlich gesehen eine vollständige Kaufhandlung?
5. Wodurch erwirbt man Eigentum an einer Sache?
6. Erkläre den Unterschied zwischen Besitz und Eigentum.
7. Die volljährige Schülerin Karin schließt am 14.6. mit der Inhaberin des Modehauses Mann, einen Kaufvertrag über ein Kleid (Kaufpreis 250,00 €), das sie zum Abi-Ball am 29.6. benötigt.
   Das Kleid ist etwas zu lang und muss deshalb gekürzt werden. Frau Mann sagt zu, dass Karin das Kleid am 20.6. abholen kann. Sie verlangt jedoch eine Anzahlung in Höhe von 100,00 €. Der Restbetrag wird bei Abholung fällig. Karin ist einverstanden und leistet am 15.6. die Anzahlung. Am 20.6. holt sie das Kleid ab und bezahlt die restlichen 150,00 €.
   a) Warum verlangt Frau Mann eine Anzahlung?
   b) Untersuche, wann jeweils welche Rechtsgeschäfte zwischen Karin und Frau Mann geschlossen wurden.
   c) Welche Pflichten haben Karin und Frau Mann mit Abschluss des Kaufvertrages übernommen?
8. Der volljährige Klaus liest am 2.6. in einem Werbeprospekt des Elektronik-Marktes VETI den Werbespruch „Heute kaufen – in drei Monaten bezahlen". Noch am selben Tag ruft Klaus dort an und sagt, dass er das „Angebots-Notebook" zum Sonderpreis von 699,00 € zu den in der Werbung abgedruckten Konditionen kaufen möchte. Er würde das Notebook gerne am nächsten Tag abholen, kann aber erst am 1.9. bezahlen. Der Verkäufer ist einverstanden. Am 3.6. geht Klaus zum Elektronik-Markt, wo man ihm das Notebook aushändigt.
   a) Erkläre, wann welche Rechtsgeschäfte zwischen Klaus und VETI zustande kamen.
   b) Begründe, wer am 4.6. Eigentümer und wer Besitzer des Notebooks ist.
   c) Erkläre, warum es sich bei dem Werbeprospekt des Elektromarktes VETI zum Notebook im rechtlichen Sinn gar nicht um einen Antrag handelt.

Karin kauft sich ein Kleid.

Klaus kauft ein Notebook.

2 Die Rechte des Käufers bei Pflichtverletzungen

2.1 Pflichtverletzungen beim Kauf

Katjas Eltern kaufen beim Möbelhaus Stamm eine Schrankwand für das Wohnzimmer. Da es sich um das Ausstellungsstück handelt, vereinbart man einen günstigen Preis. Das Möbelstück soll am 1.12. geliefert werden und die Zahlung soll 14 Tage nach Lieferung erfolgen. Katjas Vater will den Aufbau der Schrankwand selbst übernehmen. Eine Anleitung wird mitgeliefert.

Meist kommen die Vertragspartner ihren Pflichten aus einem Kaufvertrag ordnungsgemäß nach. Vereinzelt jedoch werden die Vertragsverpflichtungen nicht oder nicht ordentlich erfüllt. Die verschiedenen Möglichkeiten der Pflichtverletzungen ergeben sich aus § 433 BGB. In Abs. 1 sind die Pflichten des Verkäufers geregelt: Er muss die Kaufsache übergeben und übereignen. Diese muss dabei frei von Mängeln sein. Die Kosten der Übergabe hat im Allgemeinen der Verkäufer zu tragen. Demnach können folgende Pflichtverletzungen auftreten:

1. Nichtleistung (Unmöglichkeit):
Der Verkäufer kann die Sache nicht mehr liefern, weil es sie nicht mehr gibt.
Beispiel: Bei einem Brand im Möbelhaus wird die Schrankwand vernichtet.

2. Nicht rechtzeitige Leistung (Verzögerung der Leistung):
Der Verkäufer liefert schuldhaft die Kaufsache trotz Fälligkeit nicht.
Beispiel: Das Möbelhaus Stamm liefert die Schrankwand nicht am 1.12., obwohl dies vereinbart war. Auf die Anfrage, warum denn nicht geliefert werde, erfährt Katjas Vater, dass man momentan etwas Wichtigeres zu tun habe. Eine Mahnung ist immer dann nicht notwendig, wenn ein bestimmter Liefertermin vereinbart war und das ist hier der Fall.

3. Verletzung einer Nebenpflicht:
a) Verletzung einer **leistungsbezogenen** Vertragspflicht:
Der Verkäufer liefert die Kaufsache zwar pünktlich und einwandfrei, es liegt aber ein anderer Fehler vor.
Beispiel: Das Möbelhaus Stamm liefert die Schrankwand rechtzeitig. Das Möbelstück ist unbeschädigt, aber es gibt keine Anleitung zum Aufbau.
b) Verletzung einer **nicht leistungsbezogenen** Vertragspflicht:
Der Schuldner verletzt eine Nebenpflicht, die mit seiner Leistungspflicht als solcher nichts zu tun hat.
Beispiel: Das Möbelhaus Stamm liefert die Schrankwand pünktlich und in einwandfreiem Zustand. Die Möbelpacker tragen die einzelnen Teile des Möbelstücks ins Haus. Dabei geht eine wertvolle Vase zu Bruch.

4. Schlechterfüllung (Sachmangel):
Der Schuldner leistet mangelhaft. Dies stellt die wohl häufigste Pflichtverletzung bei der Erfüllung von Kaufverträgen dar.
Beispiel: Die Fronten der vom Möbelhaus gelieferten neuen Schrankwand sind mit Kratzern übersät.

Kaufgegenstände können sein:
a) bewegliche Sachen (Mobilien)
  - neue Sachen (z. B. ein fabrikneuer DVD-Player)
  - gebrauchte Sachen (z. B. ein gebrauchtes Fahrrad)
  - Einzelstücke (z. B. ein Maßanzug)
  - Massenprodukte (z. B. Streichhölzer)
  - noch herzustellende Sachen (z. B. ein Auto mit mehrmonatiger Lieferzeit)

b) Immobilien (Grundstücke, Gebäude)
c) immaterielle Güter (z. B. Rechte wie Patente oder Lizenzen)

bewegliche Sachen: gebrauchtes Fahrrad

Immobilie

Natürlich kann auch der Käufer seine Pflichten aus dem Kaufvertrag verletzen. Nach § 433 Abs. 2 muss er die Kaufsache annehmen und den vereinbarten Kaufpreis bezahlen. Daraus können sich folgende Pflichtverletzungen ergeben:

5. Annahmeverzug:
Der Gläubiger kommt in Verzug, wenn er die ihm angebotene Leistung nicht annimmt.
Beispiel: Katjas Eltern haben beim Möbelhaus Hündl eine schönere Schrankwand gesehen und weigern sich, die Schrankwand anzunehmen, obwohl sie rechtzeitig und mangelfrei geliefert wurde.

6. Nicht rechtzeitige Leistung (Zahlungsverzug):
Der Käufer zahlt trotz Fälligkeit schuldhaft nicht.
Beispiel: Katjas Eltern haben Ende Dezember noch nicht bezahlt. Die Zahlung sollte innerhalb von 14 Tagen nach Lieferung erfolgen.

1. Erläutere anhand von selbstgewählten Beispielen die verschiedenen Möglichkeiten einer Pflichtverletzung beim Kauf.
2. Werte die nebenstehende Grafik aus.
   a) Was sind die Hauptgründe für einen Zahlungsverzug bei privaten Schuldnern und mit welcher Häufigkeit treten sie auf?
   b) Wie hat sich die Zahlungsmoral der gewerblichen Schuldner im angegebenen Zeitraum geändert?
3. Was können Unternehmen tun, um die Zahlungsmoral der Kunden zu beeinflussen?

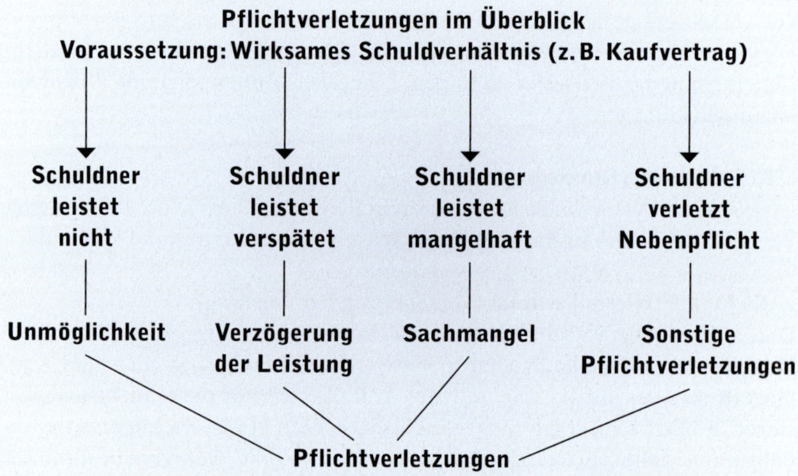

Käufer kann wegen Überschuldung nicht zahlen.

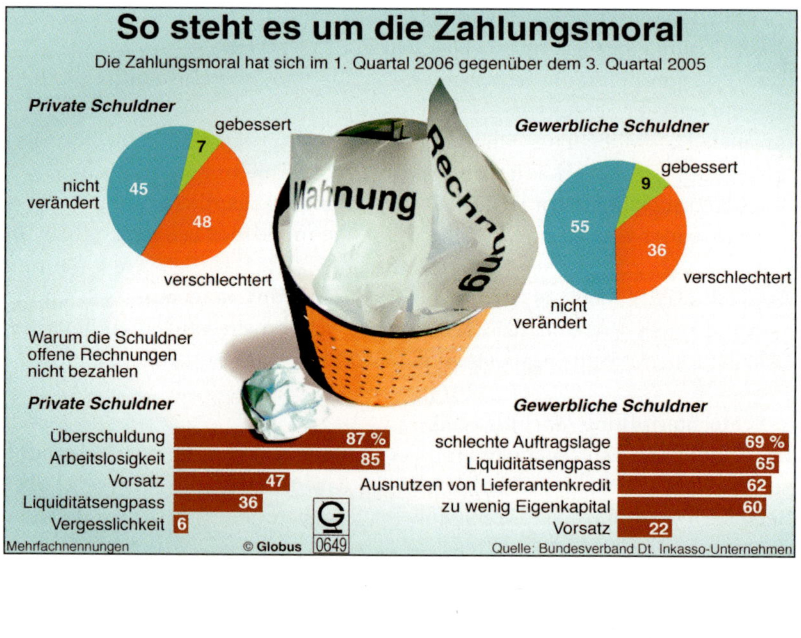

2.2 Der Sachmangel

Noch einmal zurück zum „Schrankwand-Fall“ (vgl. S. 107). Katjas Vater will den Aufbau der Schrankwand selbst übernehmen. Eine Anleitung dazu soll mitgeliefert werden. Aber bereits bei der Anlieferung stellt Katjas Vater im Beisein der Möbelpacker fest, dass die Schrankwand beschädigt ist. Sie weist erhebliche Mängel auf. Neben einigen unübersehbaren Kratzern an der Frontseite ist auch eine der Schranktüren nur schwer zu öffnen.

Mangel: Die Tür lässt sich schwer öffnen.

Die Schrankwand weicht damit von der üblichen Beschaffenheit ab, die man als Käufer erwarten darf. Es scheint uns nicht gerecht, wenn Katjas Eltern dies hinnehmen müssten.

Wer eine mangelhafte Sache erhalten hat, kann nach dem Gesetz Ansprüche gegenüber dem Lieferer geltend machen.
Folgende Voraussetzungen müssen gegeben sein:

- Vorliegen eines Schuldverhältnisses.
  Zwischen Katjas Eltern und dem Möbelhaus besteht ein Schuldverhältnis. Die beiden Parteien haben einen Kaufvertrag geschlossen, der die Vertragspartner verpflichtet, einander Leistungen zu erbringen.
- Verletzung einer Pflicht.
  Die Schrankwand ist beschädigt und die Schuld dafür trifft das Möbelhaus bzw. seine Angestellten.

Welche Möglichkeiten für eine mangelhafte Leistungserfüllung vorstellbar sind, lässt sich aus § 434 BGB ableiten:

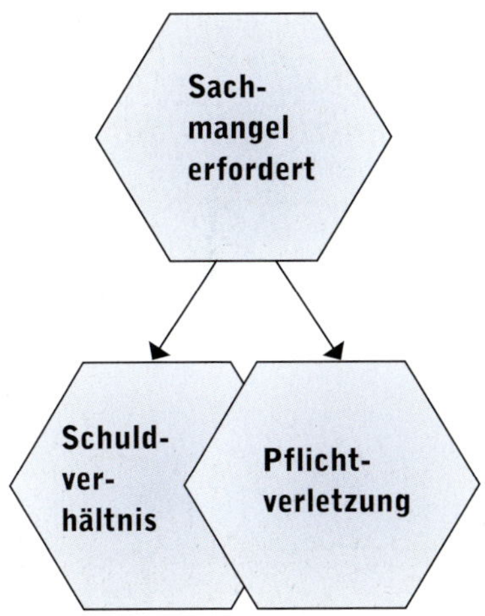

Voraussetzungen für einen Sachmangel

Möglichkeiten der Pflichtverletzung nach § 434 BGB

Abs. 1:
1. Die Sache hat bei Gefahrübergang nicht die vereinbarte Eigenschaft.
2. Die Sache eignet sich nicht für die vereinbarte Verwendung.
3. Die Sache eignet sich nicht für die gewöhnliche Verwendung (auch Äußerungen des Verkäufers, Werbung, Angaben auf der Verpackung).

Abs. 2:
4. Montagefehler des Verkäufers
5. Fehlerhafte Montageanleitung

Abs. 3:
6. Falschlieferung
7. „Zu-wenig“-Lieferung

Dass eine mangelhafte Leistung vorliegt, wenn einzelne Teile der Schrankwand beschädigt sind, ist selbstverständlich. Bereits kleinere Mängel, also z. B. Kratzer oder kleine Schrammen an der Schrankwand, genügen, um die Sache als nicht mangelfrei zu bezeichnen. Diese Beschädigungen müssen bereits bei Anlieferung der Möbelteile vorhanden sein. Der Gesetzgeber bezeichnet den entscheidenden Augenblick der Übergabe der Ware als Gefahrübergang (§ 446 BGB). Das bedeutet, dass ab Übergabe der Ware der neue Besitzer verantwortlich ist für eventuell auftretende Mängel.

!

1. Welche Möglichkeiten einer mangelhaften Leistungserfüllung unterscheidet man?

Reklamation wegen Sachmangels

Ein Sachmangel liegt nur dann vor, wenn bestimmte Voraussetzungen erfüllt sind. Diese Anforderungen, sogenannte Tatbestandsmerkmale, müssen in einer Gesetzesnorm festgehalten sein. Sind alle Tatbestandsmerkmale erfüllt, so tritt die entsprechende Rechtsfolge ein, die ebenfalls in dieser Norm festgelegt ist. Grafisch kann man dies allgemein so darstellen:

Tatbestandsmerkmal 1 →
Tatbestandsmerkmal 2 →
...
NORM
Rechtsfolge →

Der Schrank ist zu groß

Für den Sachmangel in unserem Beispiel sieht das wie folgt aus:

Kaufvertrag über eine Sache →
vereinbarte Beschaffenheit nicht gegeben →
bei Gefahrübergang →
§ 434 BGB
Sachmangel →

Der Lack ist falsch

Das bedeutet:

1. Es liegt ein Kaufvertrag über eine Sache (Schrankwand) zugrunde.
2. Die Sache eignet sich nicht zur gewöhnlichen Verwendung bzw. sie weist nicht die Beschaffenheit auf, die vom Käufer erwartet werden darf (Kratzer an der Frontpartie; Tür lässt sich nur schwer öffnen).
3. Der Mangel besteht bei Gefahrübergang, also bei der Übergabe (Lieferung ins Haus) der Sache.

Nur wenn alle Tatbestandsmerkmale erfüllt sind, liegt ein Sachmangel vor.

Sachmängel liegen auch in den folgenden Fällen vor:

Abweichung der tatsächlichen von der vereinbarten Beschaffenheit:
Beim Kauf der Schrankwand gibt der Kunde die Maße seines Wohnzimmers korrekt an. Es wird ihm zugesichert, dass das besichtigte Möbelstück maßgenau ins Wohnzimmer passt. Bei Lieferung und Aufstellung der Schrankwand stellt sich heraus, dass ihre Abmessungen zu groß sind und sie so keinesfalls in das Wohnzimmer passt.

Keine Eignung zum übereinstimmend vorausgesetzten Gebrauch:
Der gekaufte Lack, mit dem man die Zimmertüren gestrichen hat, blättert bereits wenige Tage nach dem Anstrich ab. Der fachkundige Verkäufer hatte den Lack als für den Verwendungszweck geeignet bezeichnet.

Abweichungen von Angaben in der Werbung, auf der Verpackung oder auf der Kaufsache selbst:
Der von Familie König neu erstandene Kleinwagen „Schnauferl" verbraucht auf 100 km bei Tempo 100 im Durchschnitt wesentlich mehr als die im Prospekt und in zahlreichen Werbespots im Fernsehen angegebenen 5,0 l Superbenzin.

Fehlerhafte Montage durch den Verkäufer:
Herr Mann kauft eine Geschirrspülmaschine und lässt sie vom Verkäufer einbauen. Dieser schließt das Gerät jedoch falsch an, sodass die Küche überschwemmt wird.

Fehlerhafter Zusammenbau aufgrund fehlerhafter Montageanleitung (Ikea-Klausel):
Herr Friedrich kauft eine neue Schrankwand und lässt sie zu sich nach Hause liefern. Den Zusammenbau möchte er selbst übernehmen. Es wird vereinbart, dass der Verkäufer eine entsprechende Montageanleitung mitliefert. Gelingt es dem Kunden nicht, die erworbene Schrankwand zusammenzubauen, weil die Montageanleitung fehlerhaft ist, liegt ein Sachmangel vor. Ob dieser Fehler darin besteht, dass die Montageanleitung nicht vollständig ist, in der falschen Sprache abgefasst ist, missverständlich formuliert ist oder sich auf ein anderes Modell bezieht, ist dabei unerheblich.

Lieferung einer anderen Sache:
Familie Meyer sucht im Möbelhaus eine Schrankwand aus und bestellt sie in der Ausführung Eiche matt. Bei der Anlieferung packen die Monteure eine Schrankwand in Eiche Hochglanz aus.

Lieferung einer zu kleinen Menge:
Die Küche soll im Rahmen von Renovierungsarbeiten neu gefliest werden. Man bestellt dazu 18 m² Fliesen der Marke „Brichnicht" in hellgrün. Da es sich um einen Restposten handelt, werden sie nicht in Paketen zu je einem Quadratmeter geliefert, sondern offen. Der Hausherr beginnt mit dem Fliesen der Küche und stellt nach geraumer Zeit fest, dass die Fliesen nicht reichen. Es fehlen etwa 2 m². Problematisch ist, dass Fliesen aus einem anderen Brand eventuell eine etwas abweichende Färbung haben und deshalb nicht gut zu den anderen Fliesen passen.

„Schnauferl" verbraucht zu viel!

Die Anleitung ist fehlerhaft!

1. Wann liegt ein Sachmangel vor?
2. Was bedeutet die „Ikea-Klausel"?

2.3 Rechte des Käufers bei Sachmangel

Wie bereits festgestellt, liegt in unserem „Schrankwand-Fall" (vgl. Seite 109) ein Sachmangel vor. Daraus lassen sich für den Käufer Ansprüche ableiten. Dazu ist aber erforderlich, dass der Käufer diesen Mangel bei Vertragsabschluss nicht kannte. Darüber hinaus sind die Verjährungsfristen zu beachten. Sind alle diese Voraussetzungen erfüllt, kann sich der Käufer mit seinen Ansprüchen an den Verkäufer wenden.

1. Überlege, worauf man beim Kauf eines Mofas besonders achten sollte.
2. Was versteht man unter einer Nacherfüllung?

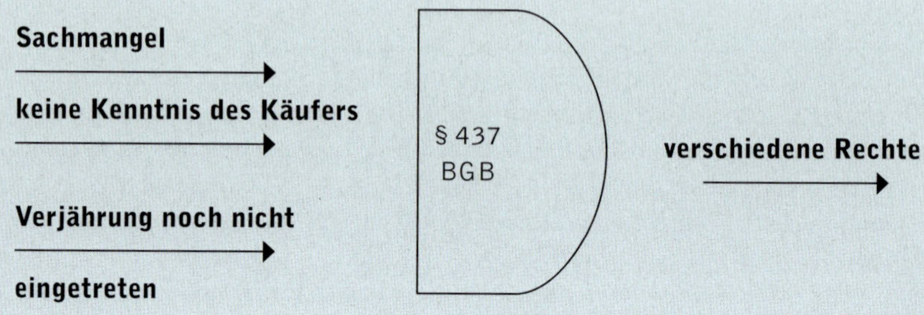

Es stellt sich die Frage, welche Ansprüche Katjas Eltern gegenüber dem Möbelhaus geltend machen können. Katjas Eltern wollten eine neue, unbeschädigte Schrankwand, die ihr Wohnzimmer schmückt. Katjas Familie hat zunächst einen Anspruch auf Nacherfüllung, d.h. entweder auf Nachbesserung oder auf Ersatzlieferung. Sie kann dabei zwischen den beiden Möglichkeiten wählen. Da es kaum möglich sein dürfte, die gelieferte Schrankwand durch eine Reparatur (Nachbesserung) in einen einwandfreien Zustand zu versetzen, werden Katjas Eltern die Lieferung einer neuen Schrankwand (Ersatzlieferung) fordern. Erfolgt eine solche Nacherfüllung nicht, müssen Katjas Eltern eine angemessene Nachfrist setzen. Erst dann haben sie die Möglichkeit, vom Kaufvertrag zurückzutreten bzw. Schadensersatz zu fordern. Ein Recht auf Minderung (= Herabsetzen des Kaufpreises) ist wenig sinnvoll, da die Mängel zu gravierend sind.

Vorrangig hat der Käufer Anspruch auf **Nacherfüllung**. Die Kosten dafür hat der Verkäufer zu tragen. Dem Käufer steht dabei ein Wahlrecht zu zwischen:

a) einer **Nachbesserung**, d. h. in der Regel einer Reparatur der Kaufsache oder

b) einer **Ersatzlieferung** mangelfreier Ware.

Zu beachten ist dabei, dass der Verkäufer die Nacherfüllung verweigern kann, wenn diese nur unter unverhältnismäßig hohen Aufwand möglich oder ganz unmöglich ist (insbesondere bei einem Stückkauf).

Bezieht sich der Kaufvertrag auf ein genau bezeichnetes Einzelstück, wird also eine Sache gekauft, die in dieser Beschaffenheit nur einmal existiert (z. B. alle gebrauchten Gegenstände), so ist der Anspruch auf Nachlieferung mangelfreier Ware natürlich nicht möglich.

Ein Anspruch auf Mangelbeseitigung dagegen ist beim Stückkauf grundsätzlich möglich. Manchmal erscheint er jedoch wenig sinnvoll, z. B. bei der Ausbesserung eines kostbaren Ölgemäldes.

Kauf eines Gebrauchtwagens

Was ist aber, wenn Nachbesserung oder Ersatzlieferung nicht möglich sind oder der Verkäufer die Erfüllung dieser Ansprüche verweigert? Erst in einem solchen Fall kommen weitere Rechte in Betracht.
Diese nachrangigen Rechte können jedoch nur in Anspruch genommen werden, wenn
a) eine Nacherfüllung nicht erfolgt,
b) der Käufer eine angemessene Nachfrist setzt und
c) diese fruchtlos abgelaufen ist.

Das Setzen dieser Nachfrist ist wiederum entbehrlich, wenn der Verkäufer nicht leisten kann (Unmöglichkeit) oder will, bzw. wenn er bereits zweimal vergeblich nachgebessert hat.

Exkurs
Der Anspruch auf Ersatzlieferung mangelfreier Ware darf nicht verwechselt werden mit dem Umtauschrecht.
Beim **Anspruch auf Ersatzlieferung** handelt es sich um einen gesetzlichen Anspruch im Falle einer Leistungsstörung bei der Erfüllung eines Kaufvertrages, unter der Voraussetzung, dass dabei ein Gattungskauf vorliegt.
Beim Kauf von Bekleidung wird dem Kunden häufig ein **Umtauschrecht** eingeräumt. Er kann die Kaufsache bei Nichtgefallen zurückbringen, vorausgesetzt, dass das Kleidungsstück noch nicht getragen wurde. Der Kunde bekommt dann entweder eine Gutschrift oder er erhält den Kaufpreis zurück. Bei diesem Umtauschrecht handelt es sich um eine freiwillige Leistung des Verkäufers (Kulanz).

V

Gattungskauf: Hier wird ein nur der Gattung nach bestimmter Gegenstand geschuldet (z.B.: Anzug „von der Stange")

Stückkauf: Ein originärer Gegenstand wird geschuldet (z.B. Maßanzug)

Vorrangige Rechte:

Nacherfüllung
- Nachbesserung
- Ersatzlieferung

Nachrangige Rechte:

Erhebliche Mängel
- Rücktritt
- Schadensersatz

Unerhebliche Mängel
- Minderung

!

1. Was sind die nachrangigen Rechte bei einem Sachmangel? Unter welchen Voraussetzungen kommen sie in Betracht?
2. Erläutere anhand eines selbst gewählten Beispiels den Unterschied zwischen Stück- und Gattungskauf.

Erst dann kommen **bei erheblichen Mängeln** entweder
1. **Rücktritt vom Vertrag** oder
2. **Schadensersatz** statt der Leistung infrage.

Bei unerheblichen Mängeln kommt zunächst nur die Minderung in Betracht, also die Herabsetzung des Kaufpreises. Wenn der Mangel vom Schuldner zu vertreten ist, kann unter Umständen auch ein Schadensersatzanspruch gegeben sein.
Ein Problem dürfte darin bestehen, dass Verkäufer und Käufer häufig unterschiedlicher Meinung darüber sind, wie hoch der Betrag ist, um den der Kaufpreis herabzusetzen ist. Die Berechnung dieses Betrages ist im BGB festgelegt.

Beim Kaufvertrag zwischen zwei Privatpersonen dagegen kann die Haftung für Sachmängel grundsätzlich ausgeschlossen werden.

Rechte bei Sachmangel

Vorrangig:

Anspruch auf Nacherfüllung

Wahlrecht zwischen

Nachbesserung | **Ersatzlieferung**

Bei Fehlschlagen der Nacherfüllung

↓

Nachrangig:

↓

Weitere Rechte

Rücktritt | **Schadenersatz** | **Minderung**

1. Überprüfe folgende Fälle auf Pflichtverletzungen.
   a) Otto kauft von seinem Klassenkameraden Karl dessen bereits zwei Jahre alten Radiowecker. Bereits am nächsten Morgen stellt er fest, dass dieser nicht mehr richtig funktioniert.
   b) Markus kauft im Schuhhaus „Treter" ein Paar Gummistiefel. Als man sie einpackt, fragt er, ob diese auch wirklich wasserdicht seien. Die Verkäuferin garantiert, dass er sich „darauf absolut verlassen könnte". Als Markus am nächsten Wochenende erstmals diese Stiefel bei der Wagenwäsche trägt, dringt Wasser an einer undichten Stelle zwischen Sohle und Schaft ein.
   c) Erika kauft ein Kilo Erdbeeren. Als sie diese zu Hause auspackt, stellt sie fest, dass die Erdbeeren zum Großteil verdorben sind.

2. Egon erwirbt bei Computer-Schnell einen PC vom Typ Datafix zu einem günstigen Preis. Nach einem Monat kann im Laufwerk keine CD mehr gelesen werden. Es liegt offenbar ein Fehler in der Hardware vor.
   a) Nenne die möglichen Gewährleistungsansprüche und begründe die Antworten knapp.
   b) Welche Ansprüche erscheinen im gegebenen Fall sinnvoll? Begründe.

2.4 Verbraucherschutz

Es ist Freitagabend. Katjas Familie sitzt im Wohnzimmer zusammen, um den Sommerurlaub zu planen. Katja hat ein Hotel in Rimini gefunden. Sie liest aus der Hotelbeschreibung vor: „Traum-Hotel: Es handelt sich um ein Hotel in zentraler Lage, besonders geeignet für junge Leute. Die angebotenen Zimmer haben Meerblick."

Katjas Vater mahnt zur Vorsicht. Die Prospektangaben müssen zwar der Wahrheit entsprechen und verständlich sein. Es ist jedoch durchaus üblich, eventuell vorhandene Nachteile nur indirekt und etwas „geschönt" darzustellen. So ist in einem „Hotel in zentraler Lage" meist mit Verkehrslärm zu rechnen. Ein „Hotel für junge Leute" steht häufig für weit in die Nacht reichende Belästigung durch Diskothekenlärm. Ein Zimmer verfügt bereits über „Meerblick", wenn das Meer seitlich vom Balkon aus zu sehen ist.

„Wir sollten lieber noch etwas weitersuchen", sagt Katjas Vater. Er hebt sein Bierglas. „Da lobe ich mir doch das Bayerische Reinheitsgebot. In diesem Bier ist nichts anderes als Wasser, Hopfen und Malz. Es ist garantiert naturrein." „Woher willst du das wissen?", fragt Katja. Ihr Vater antwortet: „Dafür wird schon gesorgt. Es gibt ja schließlich einen Verbraucherschutz."

Baustelle am Urlaubsort

Der Verbraucherschutz in Deutschland besteht in Gesetzen und Verordnungen, die entweder als Richtlinien für die Unternehmen bei der Leistungserstellung deren Freiheit beschränken oder als Richtlinien den gegenseitigen Umgang zwischen Unternehmern und Verbrauchern als Vertragspartner regeln. Der Verbraucher hat bei Vertragsabschlüssen meist die schwächere Position, da ihm in der Regel die Erfahrenheit im Geschäftsverkehr fehlt. Deshalb wurden auch Organisationen (sowohl staatliche als auch private) gegründet, deren Aufgabe es ist, die Einhaltung von Verbraucherschutzbestimmungen zu überprüfen, Qualitätsvergleiche anzustellen und Empfehlungen und Tipps für Verbraucher auszusprechen. Dadurch sollen die „Machtverhältnisse" etwas ausgeglichen werden.

Einrichtungen zum Verbraucherschutz und Verbraucherschutz-Richtlinien
Verbraucherberatung und Verbraucherschutz werden in Deutschland insbesondere durch die Stiftung Warentest, die Verbraucherverbände und die Verbraucherzentralen gewährleistet. Die Stiftung Warentest in Berlin wurde 1964 von der Bundesregierung geschaffen. Sie lässt durch Institute Waren und Dienstleistungen bundesweit prüfen und veröffentlicht die Ergebnisse der Vergleichstests in der Zeitschrift „test".
Der Bundesverband der Verbraucherzentralen und Verbraucherverbände unterhält Niederlassungen in allen Bundesländern. Er möchte erreichen, dass sich Verbraucher und Unternehmer als gleichrangige Partner im Marktgeschehen gegenüberstehen. Die Schwerpunkte ihrer Arbeit sind Verbraucherbildung und Verbraucherberatung.
Der Verbraucher muss die Folgen seines Verhaltens abschätzen können. Er soll erkennen, welche Rolle er im Wirtschaftsgeschehen spielt und welche Tragweite seine Konsumentscheidungen haben. In ihm sollen sich kritisches Bewusstsein sowie soziale und ökologische Verantwortlichkeit entwickeln. Mittel zur Verbraucherbildung sind Veröffentlichungen und Seminare.

Q

Auszug aus dem Bayerischen Reinheitsgebot:
(...) Wie das Pier Summer vie Winter auf dem Land sol geschenkt und prauen werden. ... Wir wollen auch sonderklichen das füran allenthalben in unseren Stetten, Märckthen un auf dem Lannde zu kainem Pier merer stückh dann allain Gersten, Hopffen un Wasser genommen un verpraucht solle werdn. Welcher aber diese unsere Ordnung wissentlich überfaren unnd nit hallten wurde dem sol von seiner gerichtsobrigkait dasselbig vas Pier zustraf unnachlässlich so oft es geschicht genommen werden.
(Quelle: Bier aus Deutschland – Reinheitsgebot; Internetseiten 1 und 2; www.bier.de/b-020d.html)

Verbraucher-zentrale Bayern e.V.

Verbraucherzentrale
Bayern e.V. 5 39 87-0
Mozartstr. 9
80336 München
Umweltberatung 5 39 87-24
Ernährungsberatg. 5 39 87-26
Rechtsberatung 5 39 87-21

Die Verbraucher können sich mit ihren Fragen und Problemen direkt an die Beratungsstellen wenden, die als nahezu flächendeckendes Netz das Land überziehen. Zum Ortstarif können wöchentlich wechselnde Verbrauchs- und Einkaufstipps abgerufen werden. Auch per Faxabruf und über das Internet sind jederzeit aktuelle Informationen zu erfahren. Schieds- und Schlichtungsstellen helfen bei Rechtsstreitigkeiten.

Das Bayerische Staatsministerium für Gesundheit, Ernährung und Verbraucherschutz unterhält im Internet ein eigenes Verbraucherschutzinformationssystem (VIS, www.vis.bayern.de). Es besteht aus einem Netzwerk von thematischen Websites. Partner im Netzwerk sind staatlich geförderte Institutionen und Verbraucherschutzorganisationen. Es enthält Module zu Medizin und Gesundheit, zur Ernährung, zu Arbeits- und Tierschutz, zu technischer Produktsicherheit und rechtlichem Verbraucherschutz.
Mit diesen Informationen zum Verbraucherschutz ist die Aufgabe des Staates in diesem Bereich nicht erledigt. Den Unternehmern werden durch Gesetze und Verordnungen Auflagen erteilt. Diese sollen insbesondere die Gesundheit des Verbrauchers schützen (siehe Seite 140) und ihm die Orientierung beim Kauf erleichtern. Dazu bedient man sich unter anderem folgender Kriterien:

Normung
Darunter versteht man die Vereinheitlichung von Gegenständen zum Nutzen der Allgemeinheit. Die Hersteller der Produkte unterwerfen sich dabei freiwillig den festgelegten Regeln. Das bekannteste Beispiel für Normung ist der Zusatz DIN (= Deutsches Institut für Normung). So bezeichnet man mit der Norm DIN A4 eine häufig benutzte Papiergröße. Aber auch Batterien, Autoreifen, CDs, Videokassetten und vieles mehr werden einheitlich genormt. Ein über Deutschland hinausgehender Standard (für die EU-Länder) ist der ISO (= Internationale Organisation für Standardisierungen). Beispiel für diese Art der Normung sind die Kfz-Treibstoffe und das Format von Scheckkarten.

Warenkennzeichen
Sie sollen den Verbraucher über das verwendete Material informieren und ihn vor optisch mit dem Original zu verwechselnden Billigimitaten schützen (z. B. „Echtes Leder“).

Gütesiegel
Sie dienen dazu, beim Verbraucher Vertrauen aufzubauen und zu bewahren. Bewertet werden dabei Eigenschaften (Aussehen, Geruch usw.) und Herkunft der Waren (z. B. „Bioland“).

Prüfsiegel
Hierbei geht es insbesondere um technische Sicherheit, die von unabhängigen Prüfstellen (z. B. TÜV) getestet wird, um gesundheitsschädliche Risiken zu minimieren bzw. auszuschließen. Diese Prüfung beinhaltet jedoch keine ökonomische Wertung (z. B. bezüglich Stromverbrauch, Lebensdauer o. Ä.).

Kennzeichnung von Lebensmitteln
Alle Bestandteile von abgepackten Lebensmitteln müssen vom Hersteller auf einer Zutatenliste aufgeführt werden. Die Reihenfolge sagt etwas über die beinhaltete Mengen aus (abnehmende Rangfolge = abnehmende Menge).

Nährstoff- und Energieangaben bei Vollkornspaghetti

Angegeben werden müssen dabei auch sogenannte Zusatzstoffe (E-Nummern) wie z. B. Farbstoffe, Geschmacksverstärker, Konservierungsstoffe, Säuerungsmittel sowie Aromastoffe. Wichtig sind diese Angaben insbesondere für Allergiker, Vegetarier und natürlich alle Leute, die verantwortungs- bzw. gesundheitsbewusst einkaufen wollen. Weitere Kennzeichnungselemente sind die Bezeichnung des Lebensmittels, der Name des Herstellers, Mindesthaltbarkeits- oder Verbrauchsdatum, Mengen- und Preisangabe sowie Los- bzw. Chargennummer.

Inhaltsstoffe von Puddingpulver

Güteklassen
Mit ihrer Hilfe werden landwirtschaftliche Produkte wie Geflügel, Eier, Gemüse und Obst erfasst. Die Erzeugnisse werden nach einheitlichen Qualitätskriterien klassifiziert, die sich ausschließlich auf Größe und Aussehen der Ware beschränken, jedoch nichts über die „inneren Werte“ (wie z. B. Verwendung von Spritzmitteln, Mineralstoff- und Vitamingehalt) aussagen.
Immer wieder muss der Gesetzgeber eingreifen, um der rasanten Entwicklung von Wirtschaft und Technik durch Gesetzesänderungen und neue Gesetzentwürfe Rechnung zu tragen. Dies betrifft nicht nur die Herstellung und Auszeichnung von Gütern, sondern insbesondere auch den Abschluss und die Erfüllung von Rechtsgeschäften.

Allgemeine Geschäftsbedingungen und gesetzliche Regelungen
Bevor man sich vertraglich bindet, sollte man das sogenannte Kleingedruckte aufmerksam lesen, das bei vielen Rechtsgeschäften des täglichen Lebens als Lieferbedingungen, Reisebedingungen oder unter ähnlichen Bezeichnungen Vertragsgegenstand wird. Wird man daraus nicht schlau, ist es sinnvoll, sich beim Vertragspartner nach deren Bedeutung zu erkundigen. Bei größeren Anschaffungen darf man nicht davor zurückscheuen, fachkundigen Rat z. B. bei Verbraucherschutz-Organisationen, Industrie- und Handelskammern oder Handwerkskammern einzuholen.

Die Allgemeinen Geschäftsbedingungen (AGB) enthalten vorformulierte Vertragsbedingungen, die jeweils für eine Vielzahl von Verträgen gültig sind. Die Allgemeinen Geschäftsbedingungen wurden ursprünglich entweder von einzelnen Unternehmen oder von Wirtschaftsverbänden für ganze Geschäftbereiche (z. B. VOB = Verdingungsordnung für Bauleistungen) einheitlich entwickelt. Sie dienen in erster Linie dazu, ständige Wiederholungen gleichlautender Vertragsklauseln zu vermeiden und damit den alltäglichen Geschäftsablauf zu vereinfachen. Die Markttransparenz wurde dadurch erhöht.

AGB genau prüfen!

Leider verführten solche AGB auch dazu, die Interessen des rechtsunkundigen Vertragspartners zu beschneiden. Insbesondere ungeduldige Kunden, die das Kleingedruckte nicht lesen wollten, und unerfahrene Kunden, die geschickt formulierte Klauseln nicht richtig deuten konnten, wurden häufig durch Allgemeine Geschäftsbedingungen benachteiligt.

Die Regelung der Vertragsfreiheit beruht auf der Annahme gleichberechtigter und gleichstarker Partner. Dieses Idealbild trifft für viele Verträge jedoch nicht zu. So werden von vielen großen Unternehmen den Kunden umfangreiche Geschäftsbedingungen auferlegt, gegen die sich der Einzelne kaum wehren kann, wenn er nicht auf die Ware oder Leistung verzichten möchte.

Defekte Waschmaschine wird „auf Garantie" repariert

1977 setzte der Gesetzgeber das „Gesetz zu Regelung des Rechts der Allgemeinen Geschäftsbedingungen" (AGB-Gesetz) in Kraft. Die Bestimmungen dieses Gesetzes wurden zum 1.1.2002 im Wesentlichen in das BGB mit eingebunden (§§ 305 bis 310 BGB).

Der Schutz dieser Paragraphen, der in erster Linie dem Käufer gilt, wird in zweierlei Hinsicht gewährt. Zum einen können AGB nur unter bestimmten Voraussetzungen Bestandteil eines Vertrags werden:
(1) Der Kunde muss auf die Gültigkeit der Bedingungen hingewiesen werden.
(2) Er muss die Möglichkeit haben, vom Inhalt der Bedingungen Kenntnis zu nehmen.
(3) Er muss mit der Geltung der Bedingungen einverstanden sein.

Zum anderen erklärt der Gesetzgeber bestimmte Klauseln in den AGB, auch wenn sie nach obigen Voraussetzungen Vertragsbestandteil wurden, für unzulässig und damit ungültig. Über 40 solcher unangemessener Klauseln werden im Gesetz beschrieben.

Zur Erläuterung einige **Beispiele**:
- Deine Eltern kaufen für 999,00 € ein neues Farbfernsehgerät, das erst in drei Monaten geliefert werden kann. Als sie das Gerät abholen, ist der Preis gestiegen und der Händler verlangt 100,00 € mehr. Er beruft sich auf die von deinen Eltern akzeptierten Geschäftsbedingungen, in denen steht: „Der Kaufpreis wird nach dem am Tag der Lieferung gültigen Listenpreis berechnet".
  Diese Klausel ist unwirksam. Der Verkäufer darf sich in seinen Geschäftsbedingungen keine Preiserhöhung für Waren vorbehalten, die innerhalb von vier Monaten nach Vertragsschluss geliefert werden sollen.
- Die kürzlich gelieferte Waschmaschine ist defekt. Der Kundendienst wechselt „auf Garantie" ein Teil aus, berechnet aber für Anfahrt und Arbeitszeit 30,00 €.
  Auch dies ist unzulässig. Eine Bestimmung in den Geschäftsbedingungen, wonach der Kunde die für Nachbesserungsarbeiten erforderlichen Aufwendungen selbst tragen muss, ist unwirksam.
- Dein volljähriger Bruder bestellt schriftlich eine bisher bezogene Zeitschrift ab. Der Verlag erkennt die Kündigung nicht an und verlangt weitere Abnahme. Die Kündigung sei nicht, wie in den Geschäftbedingungen vorgesehen, mit eingeschriebenem Brief erfolgt.
  Bestimmungen, mit denen besondere Erfordernisse für den Zugang einer Erklärung aufgestellt werden, sind ebenfalls unwirksam.

Der Gesetzgeber geht immer von dem Grundgedanken aus, dass Bestimmungen in Allgemeinen Geschäftsbedingungen unwirksam sind, wenn sie den Vertragspartner der die AGB aufstellenden Partei unangemessen benachteiligen.

Bestimmte Klauseln in Allgemeinen Geschäftsbedingungen können einen Vertragspartner benachteiligen. Diese erklärt der Gesetzgeber im Gesetz für ungültig und schränkt so die Vertragsfreiheit zum Schutze des Benachteilig ten weiter ein. Obwohl der Verbraucher dadurch weitgehend geschützt ist, sollte man trotzdem auf den Abschluss eines Kaufvertrages verzichten, wenn die AGB in irgendeiner Weise merkwürdig erscheinen.

1. Prüfe nach, wo sich die für dich nächste Verbraucherzentrale befindet.
2. Suche weitere Beispiele für Normungen bzw. genormte Artikel.
3. Was bedeutet „Fairer Handel"? Wie sind die Produkte gekennzeichnet? Welche Produkte werden hier vertrieben?
4. Warum haben sich in vielen Branchen Allgemeine Geschäftsbedingungen durchgesetzt?
5. Warum hat der Gesetzgeber §§ 305 bis 359 des BGB entwickelt?
6. Ein Geschäftsmann schließt in seinen AGB sämtliche Gewährleistungsansprüche aus der Sachmängelhaftung aus. Welche Ansprüche hat ein Käufer dann im Falle eines Sachmangels?

Der Brötchenkauf – ein Verbrauchsgüterkauf

Verbrauchsgüterkauf
Der Großteil aller Rechtsgeschäfte spielt sich zwischen sogenannten Verbrauchern und Unternehmern ab. Wenn Katjas Mutter beim Bäcker Torte kauft, liegt ein Verbrauchsgüterkauf vor. Es sind Verträge über bewegliche Sachen zwischen einem Verbraucher und einem Unternehmer.

Alle in den vorherigen Abschnitten angesprochenen Maßnahmen genügen offenbar nicht, um die Verbraucher ausreichend zu schützen. Deshalb mussten weitergehende Verbraucherschutzgesetze geschaffen werden. In ihrem Rahmen musste auch das deutsche Schuldrecht zum 1.1.2002 reformiert werden, um die EU-Richtlinie über den Verbrauchsgüterkauf umzusetzen.

Die Regelungen zum Verbrauchsgüterkauf sind zwingendes Recht, d.h. sie können von den Vertragspartnern nicht abgeändert werden. Der Gesetzgeber will dadurch für den Verbraucher einen Mindestschutz gewährleisten.

Beim Verbrauchsgüterkauf erhalten die Verbraucher folgende zusätzliche Rechte:

1. Beim Versendungskauf geht die Gefahr erst beim Eintreffen der Sache auf den Käufer über. Er muss die Kaufsache also nicht bezahlen, wenn sie auf dem Weg zu ihm zerstört wird.
2. Tritt innerhalb von sechs Monaten nach Übergabe der Ware ein Sachmangel auf, so wird vermutet, dass die Sache bereits bei Gefahrübergang mangelhaft war.
3. Die gesetzlichen Verjährungsfristen dürfen nicht verkürzt oder ganz ausgeschlossen werden. Sie betragen bei neuen Sachen zwei Jahre, bei gebrauchten Sachen ein Jahr.
4. Garantieerklärungen müssen verständlich formuliert sein. Auf Verlangen des Käufers muss ihm die Erklärung schriftlich zur Verfügung gestellt werden. Sie muss in jedem Fall einen Hinweis auf die gesetzlichen Rechte des Verbrauchers enthalten und darauf, dass diese Rechte durch die Garantie nicht eingeschränkt werden dürfen. Zum Inhalt der Garantie gehören auch Angaben, die für die Geltendmachung der Garantie erforderlich sind, insbesondere Dauer, räumlicher Geltungsbereich des Garantieschutzes sowie Name und Anschrift des Garantiegebers.

§ 13 BGB
Verbraucher
Verbraucher ist jede natürliche Person, die ein Rechtsgeschäft zu einem Zweck abschließt, der weder ihrer gewerblichen noch ihrer selbständigen beruflichen Tätigkeit zugerechnet werden kann.

§ 14 BGB
Unternehmer
(1) Unternehmer ist eine natürliche oder juristische Person oder eine rechtsfähige Personengesellschaft, die bei Abschluss eines Rechtsgeschäftes in Ausübung ihrer gewerblichen oder selbständigen beruflichen Tätigkeit handelt. [...]

Ein **Verbrauchsgüterkauf** liegt dann vor, wenn der Verkäufer ein **Unternehmer** und der Käufer oder Verbraucher eine **Privatperson** ist.

Quarz-Wecker
Quartz alarm clock
Réveil à quartz
Despertador de cuarzo
Sveglia a quarzo

Garantie

36 Monate Gewährleistung nach den gesetzlichen Bestimmungen für die einwandfreie Funktion der heute gekauften Jungwirth-Uhr garantiert das nachstehende Uhren-Fachgeschäft. Diese Garantiekarte ist vorzulegen. Batterie, Glasbruch oder Schäden, die durch unsachgemäße Behandlung entstehen, sind von der Garantieleistung ausgeschlossen.

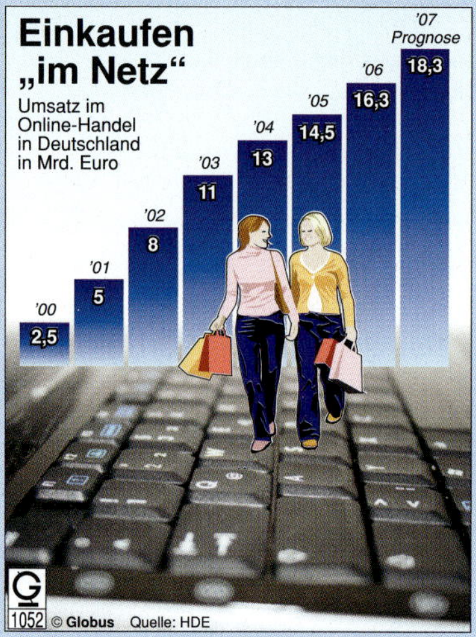

Sonderfälle des Verbrauchsgüterkaufs

1. Das Fernabsatzgeschäft

Ein Fernabsatzgeschäft liegt vor, wenn ein Kunde Güter bestellt, ohne dass er den Betrieb des Unternehmers aufsucht, also ohne dass beide gleichzeitig an demselben Ort körperlich anwesend sind. Dies gilt für die telefonische Bestellung, für die Bestellung per Fax und den Versandhandel.
Die Vorschriften über den Fernabsatz im BGB gelten ausschließlich für Verträge zwischen Unternehmern und Verbrauchern. Unternehmer, die ihre Waren nur ausnahmsweise auf Bestellung versenden, normalerweise aber in einem Ladengeschäft verkaufen, sind davon nicht betroffen.
Der Verbraucher kann bei Fernabsatzgeschäften innerhalb von zwei Wochen ohne Angaben von Gründen widerrufen. Dies kann schriftlich (auch elektronisch) oder durch Rücksendung der Ware erfolgen. Der Unternehmer muss den Verbraucher über sein Widerrufsrecht belehren. Die wesentlichen Merkmale des Produkts, dessen Preis sowie Informationen zum Kundendienst sind anzugeben. Erfüllt der Unternehmer seine Informationspflicht nicht ordnungsgemäß, endet das Widerrufsrecht erst sechs Monate nach Lieferung. Hat der Verbraucher widerrufen, muss er die Ware an den Unternehmer zurücksenden. Die Kosten dafür trägt normalerweise der Unternehmer.

2. Vertragsabschluss über das Internet (E-Commerce)

Beim elektronischen Geschäftsverkehr handelt es sich um einen Sonderfall des Fernabsatzgeschäftes. Insofern gelten natürlich grundsätzlich auch alle Vorschriften für das Fernabsatzgeschäft.
Bei diesem sogenannten E-Commerce liegt das Problem in Vorschriften bezüglich der Schriftform. Eine Unterschrift ist bei elektronischen Erklärungen aber nicht möglich. Deshalb wurde zum 1.8.2001 der §§126 Abs. 3 BGB eingefügt, nach dem die elektronische Form der Schriftform gleichstehen kann. Voraussetzung ist nach wie vor, dass man seinen Namen angibt und die elektronische Bestellung mit einer elektronischen Signatur versieht.

Mausklick und E-Mail genügen somit weder der Schriftform noch der elektronischen Form. Da jedoch viele Verträge (vor allem Werkverträge und Kaufverträge über Mobilien) grundsätzlich keiner bestimmten Form bedürfen, können sie durchaus per E-Mail oder per Mausklick abgeschlossen werden.
Die Umsetzung der E-Commerce-Richtlinie der EU im deutschen Schuldrecht umfasst bisher nur zwei Teilbereiche:

a) Der Unternehmer unterliegt einer Informationspflicht. Folgende Informationen müssen auf der Bildschirmoberfläche erkennbar sein:
   - Klar verständliche Anleitungen müssen über die Vorgehensweise bei einer Bestellung informieren.
   - Der Kunde muss Eingabefehler erkennen und beseitigen können.
   - Der Unternehmer muss den Eingang der Bestellung unverzüglich im Internet bestätigen.
   - Der Kunde muss die Möglichkeit haben, den abgeschlossenen Vertrag mit allen Einzelheiten herunterzuladen und abzuspeichern.

Die elektronische Erklärung gilt als zugegangen, wenn der Empfänger sie unter gewöhnlichen Umständen abrufen kann, also z. B. nicht nachts.

b) Verbraucherschutzverbände sollen verbesserte Möglichkeiten haben, gegen Unternehmer vorzugehen, die den gesetzlichen Anforderungen nicht genügen. Da über das Internet abgeschlossene Verträge trotz eines Verstoßes gegen die Informationspflicht gültig sind, kann der Kunde selbst in vielen Fällen nicht gegen den Unternehmer vorgehen. Der Gesetzgeber gibt den Verbraucherschutzverbänden Anspruchsgrundlagen an die Hand, um gegen Unternehmer auf Unterlassung einer rechtswidrigen Informationspraxis zu klagen. Dadurch soll der Unternehmer zur Einhaltung seiner Informationspflicht gezwungen werden können.

Das Einkaufen im Internet ist nicht ganz gefahrenfrei. Das Risiko, dass Programme mit Viren infiziert werden, steigt mit jeder Internetnutzung ebenso wie die Möglichkeit, dass ein Dritter unerwünscht auf den eigenen Personal Computer (PC) zugreift. Der Internetnutzer hinterlässt Spuren, die zurückverfolgt werden können. Manche Online-Anbieter versuchen, sogenannte Cookies zu setzen. Dadurch kommt es zu einem Zugriff auf die eigene Festplatte, der Anbieter überträgt eigene Daten auf den Rechner des Bestellers. Die Preisgabe persönlicher Daten ermöglicht es den Anbietern, ein Profil des Kunden zu erstellen und ihn mit Werbung zu überschwemmen.

!

1. Erkläre den Begriff E-Commerce.

2. Deine Eltern bestellen Ware im Internet. Dein Vater soll bei der Bestellung seine Kreditkartennummer angeben. Welche Probleme könnten auftreten?

3. Das Haustürgeschäft

Haustürgeschäfte liegen immer dann vor, wenn der Unternehmer einen Verbraucher aufsucht, ohne dass dieser die Vertragsverhandlungen vorher gewünscht hat. Ein Musterfall liegt dann vor, wenn ein Staubsauger-Vertreter unangemeldet an der Haustür der Privatwohnung klingeln.

Gibt ein Verbraucher nun eine Bestellung auf, kann er sie nach den Vorschriften zum Haustürwiderruf rückgängig machen. Diese Vorschriften gelten auch bei Verkaufsveranstaltungen. Dem Verbraucher steht danach eine Widerrufsfrist von zwei Wochen zu. Die Frist beginnt erst, wenn der Verbraucher über sein Widerrufsrecht belehrt wurde. Diese Belehrung muss sich vom restlichen Vertragstext deutlich abheben, vom Verbraucher unterzeichnet und diesem ausgehändigt werden. Wurde der Verbraucher nicht belehrt, beginnt die Frist erst sechs Monate nach der Lieferung.

Haustürgeschäft

Die Vorschriften über den Haustürwiderruf sind aber nicht anzuwenden,
- wenn die Vertragsverhandlungen auf Wunsch des Verbrauchers geführt wurden,
- wenn er sofort zahlt und der Preis der Ware nicht über 40,00 € beträgt,
- bei Versicherungsverträgen.

Dass der Verbraucherschutz Schwächen hat, zeigte die Vergangenheit. Immer wieder nutzten findige Köpfe Lücken im dichten Netz der Verbraucherschutzbestimmungen und fanden sie. Ein Beispiel dafür war der BSE- bzw. Tierfutterskandal zu Beginn des 21. Jahrhunderts. Andererseits belegen aber gerade diese Skandale immer wieder das Funktionieren des Verbraucherschutzsystems, sonst würden diese Fälle erst gar nicht aufgedeckt.

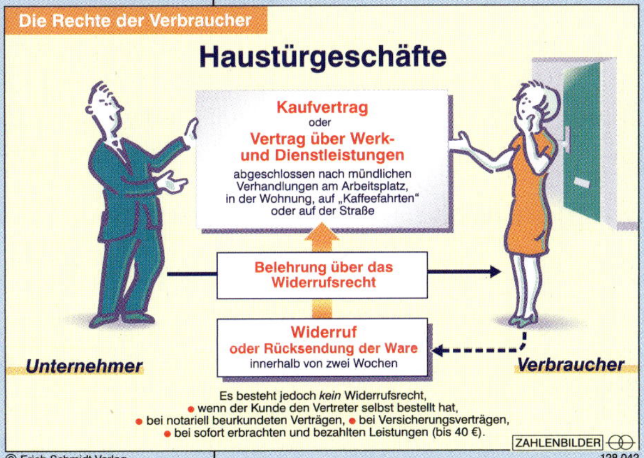

Pflichtverletzungen beim Kauf:
- Unmöglichkeit (Schuldner kann nicht leisten),
- Schuldnerverzug (Verzögerung der Leistung),
- Sachmangel (Schuldner leistet mangelhaft),
- Verletzung einer Nebenpflicht,
- Annahmeverzug (Gläubiger nimmt die Leistung nicht rechtzeitig an).

Sachmangel
Ein Sachmangel liegt vor, wenn zum Zeitpunkt des Gefahrübergangs (bei Übergabe) die gekaufte Sache nicht die vereinbarte, die von den Parteien vorausgesetzte oder die für eine gewöhnliche Verwendung notwendige Beschaffenheit hat. Fehlerhafte Montage und die Lieferung einer fehlerhaften Montageanleitung gelten ebenso als Sachmangel wie die Lieferung der falschen Sache bzw. einer zu geringen Menge.

Rechte bei Sachmängeln

Vorrangige Rechte:

Nacherfüllung
- Nachbesserung
- Ersatzlieferung

Nachrangige Rechte:

- Rücktritt
- Minderung
- Schadensersatz (setzt Verschulden voraus)

Die nachrangigen Rechte kommen nur zum Zug, wenn aus irgendwelchen Gründen die Durchsetzung der vorrangigen Rechte nicht möglich ist.

Verbrauchsgüterkauf:
Ein Verbrauchsgüterkauf liegt vor, wenn ein Verbraucher eine Sache bei einem Unternehmer kauft. Für den Verbraucher gelten in einem solchen zusätzliche Schutzbestimmungen:
- Beim Versendungskauf geht die Gefahr erst beim Eintreffen der Ware auf den Besteller über.
- Im Falle eines Sachmangels liegt die Beweislast beim Verkäufer.
- Garantieerklärungen müssen verständlich formuliert sein.
- Gesetzliche Verjährungsfristen dürfen nicht vertraglich verkürzt werden.

Verbraucherschutz:
Einrichtungen des Verbraucherschutzes sind z. B. die Stiftung Warentest und die Verbraucherzentralen.
Häufig benachteiligen vorformulierte Vertragsbedingungen, die Allgemeinen Geschäftsbedingungen, den Verbraucher. Deshalb hat der Gesetzgeber in das BGB Vorschriften zu deren Schutz aufgenommen.
Dem Verbraucherschutz dienen darüber hinaus Warenkennzeichen (z. B. „Echtes Leder"), Gütesiegel (z. B. „Bioland"), Prüfsiegel (z. B. „TÜV") und die Einteilung von Waren in Güteklassen (z. B. Klasse A bei Eiern). Auch die Normung, d.h. die Vereinheitlichung von Gegenständen zum Nutzen der Allgemeinheit, dient dem Schutz des Verbrauchers (z. B. „DIN").

Wichtige Begriffe:
Ersatzlieferung
Nachbesserung
Nacherfüllung
Pflichtverletzungen beim Kauf
Sachmangel
Verbrauchsgüterkauf

1. Erläutere die einzelnen Arten von Pflichtverletzungen beim Kauf anhand selbstgewählter Beispiele.
2. Unterscheide die einzelnen Möglichkeiten eines Sachmangels.
3. Was ist ein Verbrauchsgüterkauf?
4. Erkläre die Begriffe Normung, Warenkennzeichen, Gütesiegel und Prüfsiegel.
5. Was sind AGB und welchem Zweck dienen sie?
6. Karin hat ein Kleid gekauft (s. Aufgabe 7, S. 106). Als sie ihr Kleid zu Hause anprobiert, stellt sie fest, dass am Rücken, neben dem Reißverschluss, ein größeres Loch entstanden ist.
   a) Welche Leistungsstörung liegt hier vor? Begründe.
   b) Welche Ansprüche kann Karin zunächst geltend machen?
   c) Karin gefällt das Kleid nicht mehr und sie möchte vom Kaufvertrag zurücktreten. Ist dies möglich?
7. Klaus hat am 3.6. ein Notebook gekauft, dass er am 1.9. bezahlen wird (s. Aufgabe 8, S. 106). Am 5.6. stellt Klaus fest, dass der Akku des Notebooks immer nach höchstens 20 Minuten Betrieb leer ist. Das Notebook ist somit nur eingeschränkt zu nutzen. Bereits am 6.6 entdeckt Klaus das gleiche Notebook, im Preis sogar um 50 € günstiger, bei einem anderen Anbieter. Er möchte nun aufgrund des Defekts den Vertrag mit VETI lösen.
   a) Erläutere, warum sich Klaus nicht sofort von dem Vertrag lösen kann.

   Klaus vermutet, dass das Notebook durch den Fehler mindestens 300 € weniger wert ist. Klaus verlangt, dass der Kaufpreis sofort auf 399 € reduziert wird.
   b) Nenne den juristischen Fachbegriff für das Recht, auf das sich Klaus beruft. Erläutere, ob VETI darauf eingehen muss.
8. Computerhändler Viktor (V) bietet am 09.05. in einer Zeitungsanzeige einen Multimedia-PC zum Preis von 999,00 € an. Der volljährige Konrad Kluge (K) ruft am 10.05. bei V an und sagt: „Ich hätte gerne den PC aus ihrer gestrigen Annonce." V antwortet: „Das geht in Ordnung, ich habe noch fünf Geräte auf Lager." Am 13.05. unterschreibt K bei V einen Kaufvertrag. Da V noch einige Einstellungen am Betriebssystem vornehmen muss, kommt K erst am 20.05. wieder in den Laden des V. K bezahlt den Kaufpreis bar und nimmt das Gerät mit.

   Der von K unterschriebene Vertrag enthält in den allgemeinen Geschäftsbedingungen (AGB) unter anderem folgende Klausel: „Die Ware bleibt bis zur vollständigen Bezahlung Eigentum des Verkäufers."
   a) Nenne zwei Gründe für die Verwendung von AGB im Geschäftsleben.
   b) Überprüfe, ob die in den AGB angeführt Klausel im vorliegenden Fall sinnvoll ist.

   Am 22.05. muss K bei der ersten Benutzung feststellen, dass die Festplatte große Schäden aufweist, Daten lassen sich nur lückenhaft abspeichern.
   c) Welche Ansprüche kann K geltend machen?
   d) Ordne den hier vorliegenden Mangel einer Möglichkeit der Pflichtverletzung nach § 434 BGB zu (vgl. S. 109).
   e) Zeige auf, welche Rechte K geltend machen kann, wenn V nach zwei Wochen die Ansprüche des K (vgl. 8. c) nicht erfüllt hat.

3 Die rechtliche Stellung Minderjähriger

3.1 Die Rechtsfähigkeit

Katja entdeckt zu Hause auf dem Dachboden einen Stapel alter Zeitschriften. Beim Schmökern findet sie in einen Artikel, wonach der Spitz „Master Teddy" in den USA ein Haus geerbt hat. „Das hört sich ja komisch an! Ich dachte bislang, dass nur Menschen etwas erben können. Wie ist das bei uns? Können in Deutschland Tiere als Erben in einem Testament eingesetzt werden?", fragt sich Katja.

Antwort auf diese Frage gibt § 1922 BGB. Danach können nur Personen erben. Das Gesetz unterscheidet zwischen Personen, Tieren und Sachen.

§ 1922 BGB
Gesamtrechtsnachfolge
(1) Mit dem Tode einer Person (Erbfall) geht deren Vermögen (Erbschaft) als Ganzes auf eine oder mehrere andere Personen (Erben) über.

§ 90 BGB
Begriff der Sache
Sachen im Sinne des Gesetzes sind nur körperliche Gegenstände.

§ 90a BGB
Tiere
Tiere sind keine Sachen. Sie werden durch besondere Gesetze geschützt. Auf sie sind die für Sachen geltenden Vorschriften entsprechend anzuwenden, soweit nicht etwas anderes bestimmt ist.

Alle Menschen sind **natürliche Personen.**

§ 1 BGB
Beginn der Rechtsfähigkeit
Die Rechtsfähigkeit des Menschen beginnt mit der Vollendung der Geburt.

Tiere sind nach § 90a BGB zwar keine Sachen (vgl. § 90 BGB), für sie sind aber die für die Sachen geltenden Vorschriften anzuwenden. Sie sind demnach keine Personen und können somit in Deutschland nicht erben. Eine Erbschaft anzutreten ist also ein besonderes Recht, das Menschen zusteht, das Tiere aber nicht haben. Wo werden uns Menschen überhaupt Rechte zugesichert? Bei der Beantwortung dieser Frage hilft die Lektüre des BGB weiter. Dort heißt es:

Beispiel: Der dreijährige Daniel erbt von seiner gerade verstorbenen Großmutter. Gemäß § 1923 BGB wird Daniel trotz seiner jungen Jahre Erbe des Vermögens seiner Großmutter. Kurze Zeit später erhält Daniel einen Brief vom Finanzamt. Er soll Erbschaftssteuer bezahlen. Muss er denn dieser Verpflichtung nachkommen? Er kann weder schreiben noch lesen, somit wird er Schwierigkeiten haben von diesem Brief überhaupt Kenntnis zu nehmen, bzw. ein Überweisungsformular auszufüllen. Trotzdem muss Daniel dieser Verpflichtung nachkommen, da er rechtsfähig ist.

Dies muss auch so sein, denn wenn jemandem irgendwelche Rechte zustehen, bedeutet das automatisch für jeden anderen, dass er die Pflicht hat diese Rechte zu respektieren. Bei der Erfüllung seiner Pflichten bzw. bei der Wahrnehmung seiner Rechte muss der Minderjährige unterstützt werden. Dies ist zunächst natürlich die Aufgabe der Erziehungsberechtigten, also im Normalfall der Eltern. Kann das Kind oder der Jugendliche aus irgendwelchen Gründen nicht bei seinen Eltern aufwachsen, so wird ein Vormund bestimmt, der diese Aufgaben zu erfüllen hat.
Die Rechtsfähigkeit erwirbt der Mensch mit seiner Geburt. Sie erlischt mit seinem Tod.

Unter **Rechtsfähigkeit** versteht man die Fähigkeit, Träger von Rechten und Pflichten zu sein.

Beispiele für solche Rechte bzw. Pflichten sind:

Rechte:	Pflichten:
– Recht auf Leben	– Steuerpflicht
– Recht auf einen Namen	– Schulpflicht
– Recht auf eine Staatsangehörigkeit	– Wehrpflicht

1. Finde weitere Rechte und Pflichten des Menschen.
2. Kann ein noch nicht geborenes, aber bereits gezeugtes Kind jemanden beerben?

Andere Länder – andere Sitten

Alte Dame vermacht Kater 500.000 Dollar
Seattle (ap). Der reichste Kater der Welt nennt ein Vermögen von 500.000 Dollar sein eigen. „Tinker" [...] wurde im Testament seines im Mai verstorbenen Frauchens Ann Morgan als Alleinerbe eingesetzt, wie eine Freundin der alten Dame jetzt mitteilte.

Die 74jährige bestimmte einen Monat vor ihrem Tod, dass für ihre Wohnung eine Verwalterin eingestellt wird, die sich um die weiße Siamkatze, „meinen besten Freund und Gesellschafter", kümmern soll. Aus dem Vermögen soll künftig die Wohnungsmiete von monatlich 385 Dollar, das Gehalt der Verwalterin, der Unterhalt für den Kater einschließlich anfallender Tierarztrechnungen und schließlich auch einmal die Beerdigung auf einem Tierfriedhof beglichen werden. Wenn dann noch etwas übrig ist, geht das Erbe an eine Wohltätigkeitsorganisation über. „Diese Katze war Anns Leben", sagte ihre Freundin Ruth Ward. Als sie „Tinker" vor zehn Jahren bekommen habe, sei sie depressiv gewesen. „Das Kätzchen gab ihr wieder einen Lebensinhalt. In ihr Gesicht kehrte ein Lächeln zurück, als sie es nach Hause brachte."
Quelle: Neumarkter Tagblatt, Dezember 1990

In Japan können auch Tiere ein Konto haben
Tokio (ap). Einer der führenden japanischen Banken genügen offenbar gewöhnliche Zweibeiner der Art Homo sapiens nicht mehr als Kundschaft. Die darf künftig auch Fell, Flügel, Schuppen oder Flossen haben. Die Sanwa Bank in Tokio kündigte an, dass jetzt sämtliche Haustiere in Begleitung ihres Herrchens oder Frauchens ein Konto eröffnen können. Die Hunde, Katzen, Fische oder Echsen erhalten dann ein Sparbuch komplett mit Namen und Lebensdaten sowie eine Karte für den Geldautomaten.
Quelle: Neumarkter Tagblatt (ap), 1992-09-10

3.2 Die Geschäftsfähigkeit

Der Mensch bekommt bereits mit seiner Geburt Rechte, aber auch Pflichten in die Wiege gelegt. Ein Zwölfjähriger als Soldat bei der Bundeswehr oder eine Dreijährige an der Wahlurne sind jedoch kaum vorstellbar.
Zumindest ein Teil der Rechte und Pflichten kann erst ab einem bestimmten Alter vom Menschen ausgeübt werden, weil er nicht bereits ab der Geburt über die erforderlichen Eigenschaften oder Fähigkeiten (körperlicher oder geistiger Art) verfügt. Bis zur Erreichung der einzelnen Altersgrenzen werden die Rechte und Pflichten der Minderjährigen durch seine gesetzlichen Vertreter (Eltern, Vormund) wahrgenommen. Der Minderjährige ist noch nicht geschäftsfähig.

Q

§ 104 BGB
Geschäftsunfähigkeit
Geschäftsunfähig ist:
1. wer nicht das siebente Lebensjahr vollendet hat;
2. wer sich in einem die freie Willensbestimmung ausschließenden Zustand krankhafter Störung der Geistestätigkeit befindet, sofern nicht der Zustand seiner Natur nach ein vorübergehender ist.

§ 105 BGB
Nichtigkeit der Willenserklärung
(1) Die Willenserklärung eines Geschäftsunfähigen ist nichtig.
(2) Nichtig ist auch eine Willenserklärung, die im Zustande der Bewusstlosigkeit oder vorübergehender Störung der Geistestätigkeit abgegeben wird.

Geschäftsfähigkeit ist die Fähigkeit, rechtlich wirksame Willenserklärungen abgeben zu können.

Dabei sind verschiedene Stufen dieser Geschäftsfähigkeit zu unterscheiden:

Geschäftsunfähigkeit
Beispiel: Franks sechsjähriger Bruder Oliver will sich am nahe gelegenen Kiosk für 50 Cents Süßigkeiten kaufen. Die Eltern wissen davon nichts. Liegt ein gültiger Kaufvertrag vor?

Oliver kauft Süßigkeiten

Oliver mit Tüte

Da Oliver noch nicht sieben Jahre alt ist, ist er nach § 104 BGB geschäftsunfähig. Das hat gemäß § 105 BGB zur Folge, dass alle Willenserklärungen, die er abgibt, nichtig sind.
Damit ein Kaufvertrag zustande kommen kann, müssen zwei sich inhaltlich deckende Willenserklärungen vorliegen. Die Willenserklärungen der beiden Vertragspartner mögen nun zwar inhaltlich übereinstimmen, die Willenserklärungen des sechsjährigen Kindes ist jedoch nichtig. Es existiert also nur eine gültige Willenserklärung, nämlich die des Verkäufers. Unter diesen Voraussetzungen kann kein gültiger Vertrag zustande kommen.

Ergebnis:
Geschäftsunfähig ist, wer noch nicht das siebente Lebensjahr vollendet hat. Die Willenserklärungen von Geschäftsunfähigen sind nichtig. Deshalb ist man unter sieben Jahren im rechtsgeschäftlichen Sinne nicht handlungsfähig. Die gesetzlichen Vertreter müssen für einen handeln.

Beschränkte Geschäftsfähigkeit

Beispiel: Dürfte sich die 15-jährige Katja die Kaugummis kaufen?
Minderjährige zwischen vollendetem 7. und 18. Lebensjahr sind gemäß den Paragraphen 2 und 106 BGB beschränkt geschäftsfähig. Sie können zwar Willenerklärungen abgeben, aber diese Willenserklärungen sind auch nicht automatisch wirksam. Die Wirksamkeit ihrer Willenserklärungen hängt von der Zustimmung der gesetzlichen Vertreter – in den meisten Fällen der Eltern – ab.

Zustimmung:
(vorher) Einwilligung — (nachher) Genehmigung

Beispiel: Frank möchte in die Innenstadt gehen, um neue Jeans zu kaufen. Seine Eltern sind mit dem Kauf der Jeans einverstanden.

Der Kaufvertrag wäre wirksam, weil die Eltern eingewilligt haben, d.h. ihre Zustimmung zum Abschluss dieses Kaufvertrages vorher erteilt haben.

Beispiel: Wie wäre der Fall zu beurteilen, wenn Frank das Geld nicht, wie von den Eltern bewilligt, zum Kauf von Jeans verwenden würde? Vielmehr sticht ihm die neueste CD seiner Lieblingsband ins Auge und ohne auch nur einen Moment zu zögern gibt er das Geld dafür aus.

Wie §108 BGB zeigt, hängt nun die Wirksamkeit des Kaufvertrages von der Erteilung bzw. der Verweigerung der Genehmigung ab. Das bedeutet, der Vertrag wird wirksam, wenn die Eltern die Genehmigung – die nachträgliche Zustimmung – erteilen. Er wird ungültig, wenn die Eltern diese Genehmigung verweigern. Bis zu dieser Entscheidung der gesetzlichen Vertreter befindet sich der Vertrag in einem Schwebezustand, er ist „schwebend unwirksam".

Ergebnis:
1. Zwischen 7 und 18 Jahren ist der Mensch beschränkt geschäftsfähig.
2. Die Wirksamkeit einer Willenserklärung eines Geschäftsunfähigen ist abhängig von der Zustimmung (Einwilligung oder Genehmigung) der gesetzlichen Vertreter.

Ein beschränkt Geschäftsfähiger braucht aber nicht zu jedem Vertrag, den er eingeht, die Zustimmung seiner Erziehungsberechtigten. Es gibt einen sogenannten „zustimmungsfreien Raum".

Jeans ...

... oder CD?

§ 2 BGB
Eintritt der Volljährigkeit
Die Volljährigkeit tritt mit der Vollendung des 18. Lebensjahres ein.

§ 106 BGB
Beschränkte Geschäftsfähigkeit Minderjähriger
Ein Minderjähriger, der das siebente Lebensjahr vollendet hat, ist nach Maßgabe der §§107 bis 113 in der Geschäftsfähigkeit beschränkt.

§ 107 BGB
Einwilligung des gesetzlichen Vertreters
Der Minderjährige bedarf zu einer Willenserklärung, durch die er nicht lediglich einen rechtlichen Vorteil erlangt, der Einwilligung seines gesetzlichen Vertreters.

§ 108 BGB
Vertragsschluss ohne Einwilligung
(1) Schließt der Minderjährige einen Vertrag ohne die erforderliche Einwilligung des gesetzlichen Vertreters, so hängt die Wirksamkeit des Vertrags von der Genehmigung des Vertreters ab.
[...]

Beispiel: Großmutter schenkt Katja zum Geburtstag 50,00 €.
Im Unterschied zum Kaufvertrag muss von Katja hier keine Gegenleistung erbracht werden. Solche Verträge, bei denen nur ein Vertragspartner etwas zu leisten verpflichtet ist, bezeichnet man als einseitig verpflichtende Verträge. Kauft ein Minderjähriger eine Sache, so verpflichtet er sich den Kaufpreis zu bezahlen. Auch wenn dieser noch so günstig erscheint (z. B. symbolischer Kaufpreis von 10 Cents) und der Jugendliche einen riesigen wirtschaftlichen Vorteil hat, stellt diese Verpflichtung zur Gegenleistung einen rechtlichen Nachteil dar.
Bei einem einseitig verpflichtenden Vertrag, wie der Schenkung, hat der Minderjährige lediglich einen rechtlichen Vorteil und braucht somit nicht die Einwilligung seines gesetzlichen Vertreters. Schließt ein beschränkt Geschäftsfähiger demnach einen solchen Vertrag, so ist seine Willenserklärung gültig. Die Eltern können ihm die Annahme der Schenkung nicht verwehren. Damit ist jedoch nicht gleichzeitig der Verwendung des Geldes zugestimmt.

Q

§ 110 BGB
Bewirken der Leistung mit eigenen Mitteln
(„Taschengeldparagraf“)
Ein von dem Minderjährigen ohne Zustimmung des gesetzlichen Vertreters geschlossener Vertrag gilt als von Anfang an wirksam, wenn der Minderjährige die vertragsmäßige Leistung mit Mitteln bewirkt, die ihm zu diesem Zwecke oder zu freier Verfügung von dem Vertreter oder mit dessen Zustimmung von einem Dritten überlassen worden sind.

Beispiel: Katja erhält monatlich von ihren Eltern 20,00 € Taschengeld zu ihrer freien Verfügung. Davon kauft sie sich einen Comic-Band.
Der Kaufvertrag ist in diesem Fall gültig, obwohl sie sich ja zu einer Gegenleistung verpflichtet (Zahlung des Kaufpreises). Nicht gültig wäre er nur, wenn die Eltern die Verwendung des Taschengeldes zum Kauf von Comics ausdrücklich untersagt hätten.

Unter folgenden Voraussetzungen sind „Taschengeldgeschäfte“ beschränkt Geschäftsfähiger gültig:
- Die vertragsmäßige Leistung (z. B. Bezahlung des Kaufpreises) muss „bewirkt“ sein, d. h. vollständig erbracht sein.
- Das Geld muss
  - vom gesetzlichen Vertreter für diesen Zweck zur Verfügung gestellt worden sein, oder
  - vom gesetzlichen Vertreter dem Minderjährigen zur freien Verfügung überlassen worden sein, oder
  - wenn es von einem Dritten stammt, die Zustimmung des gesetzlichen Vertreters finden.

i

Ausdrücklich zu betonen ist noch einmal, dass dieser „Taschengeldparagraf“ nur auf beschränkt Geschäftsfähige anzuwenden ist, nicht jedoch auf Geschäftsunfähige. Für sie gilt nach wie vor, dass ihre Willenserklärungen nichtig sind. Falls ein Geschäftsunfähiger als Bote handelt, ist nicht seine, sondern die Willenserklärung seines Auftraggebers gültig.

Taschengeld – Tipps

Kinder und Jugendliche haben keinen Rechtsanspruch auf Taschengeld. Die Entscheidung, ob die Eltern Taschengeld geben und wie viel dem jeweiligen Alter angemessen ist, hängt natürlich von den wirtschaftlichen Verhältnissen der einzelnen Familie ab.

Tipps dazu hat die Stiftung Warentest zusammengestellt:

- Mit der Zahlung sollte begonnen werden, sobald das Kind die Bedeutung von Zahlen verstanden hat, spätestens ab Schulbeginn.
- Über die Höhe des Taschengeldes sollten die Eltern mit dem Kind sprechen, sie können auch mit anderen Eltern diskutieren.
- Die Ausgaben sollte das Kind in einem kleinen Haushaltsplan festlegen.
- Für das Ausgeben oder Sparen ihres Taschengeldes sollte das Kind selbst verantwortlich sein. So lernt es am besten, mit Geld umzugehen.
- Die Eltern sollten das Taschengeld nicht als Lohn für alltägliche Hausarbeiten oder Leistungsprämie einsetzen oder es zur Strafe kürzen.

Orientierungshilfen für die Höhe des Taschengeldes:

Alter	Betrag
bis 6 Jahre	bis 50 Cents/Woche
6 – 7 Jahre	1,50 €/Woche
8 – 9 Jahre	2,00 €/Woche
10 – 11 Jahre	10,00 €/Monat
12 – 13 Jahre	13,00 €/Monat
14 – 15 Jahre	15,00 – 20,00 €/Monat
16 – 17 Jahre	25,00 – 40,00 €/Monat

Der von einem beschränkt Geschäftsfähigen abgeschlossene Vertrag ist

gültig, wenn	nicht gültig, wenn
– die Einwilligung des gesetzlichen Vertreters vorliegt	– keine Einwilligung des gesetzlichen Vertreters vorliegt,
– dieser Vertrag dem Minderjährigen jedoch lediglich einen rechtlichen Vorteil bringt.	– er dem Minderjährigen auch einen rechtlichen Nachteil bringt,
– aber die Genehmigung durch die gesetzlichen Vertreter erfolgt.	– keine Genehmigung erteilt wird,
– aber die Kaufpreiszahlung durch den Minderjährigen von seinem Taschengeld bewirkt wird.	– der Kaufpreis das Taschengeld übersteigt.
– dann nur in den Ausnahmefällen der §§ 112 und 113 BGB.	

Warum Taschengeld?

Das Kind bzw. der Jugendliche soll durch eigene Erfahrung lernen, sinnvoll mit Geld umzugehen. Dazu ist die vorausschauende Planung erforderlich, das Bewahren eines Überblicks und die maßvolle Einteilung des Geldes. Bei entsprechender Planung lassen sich dann auch über größere Zeiträume hinweg etwas größere Wünsche erfüllen.

Wofür Taschengeld?

Es soll nicht für notwendige Anschaffungen (Schulsachen, Bekleidung) verwendet werden müssen, sondern für die eigenen Bedürfnisse.

Wie geht man mit Taschengeld sinnvoll um?

Der richtige Umgang hängt von der jeweiligen Situation und dem Ziel, das der Jugendliche anstrebt, ab. Umfragen haben ergeben, dass der Großteil des Taschengeldes für persönliche Wünsche wie Süßigkeiten, Getränke, Taschenbücher, CDs und Spielwaren spontan ausgegeben wird. Will man sich einen größeren Wunsch erfüllen, wird man zumindest teilweise Konsumverzicht üben müssen.

(volle) Geschäftsfähigkeit
Uneingeschränkt geschäftsfähig sind alle Personen, die das 18. Lebensjahr vollendet haben und damit volljährig sind. Sie können Rechtsgeschäfte selbstständig ausüben, haben dann aber auch alle sich daraus ergebenden Konsequenzen, also alle Rechte und Pflichten, zu tragen. Ausgenommen sind davon nur alle Volljährigen, die dauernd geisteskrank sind (§ 104, Nr. 2 BGB).

Geschäftsfähigkeit

geschäftsunfähig	**beschränkt geschäftsfähig**	**geschäftsfähig**
0 bis 6 Jahre	7 bis 17 Jahre	ab 18 Jahre
Willenserklärungen sind ungültig	**Willenserklärungen erfordern die Zustimmung der gesetzlichen Vertreter**	**Willenserklärungen sind gültig**
	Ausnahmen z. B.: – Taschengeldverwendung – Eigentumserwerb – Schenkung	

1. Muss Sarah das Gerät von Händler H nehmen und bezahlen?

Sarah hat Geburtstag. Sie wird sechzehn. Michael schenkt ihr 100 Euro mit den Worten: „Da kennst du dich besser aus, kauf dir einen MP3-Player, der dir am besten gefällt." Sarah geht zum Händler H, der das gewünschte Gerät nicht vorrätig hat. Er gibt eine Bestellung auf, die er sich von Sarah schriftlich bestätigen lässt. Als Sarah weiterbummelt, sieht sie im Geschäft eines anderen Händlers genau den MP3-Player, den sie haben wollte. Glücklich geht sie hinein, bezahlt das Gerät in bar und vergisst ihre Bestellung beim Händler H. Ein wenig später hat Händler H den MP3-Player besorgt. Er verlangt von Sarah nun Abnahme und Zahlung des Geräts.

Die Lösung von Rechtsfällen gestaltet sich bisweilen recht schwierig und komplex. Deshalb geht man dabei am besten systematisch vor. Kernstück dieser Systematik ist die sogenannte **Subsumtionstechnik**. Sie legt zugrunde, dass ein gegebener Fall bzw. Sachverhalt einer bestimmten Norm (= Paragraph) logisch untergeordnet (subsumiert) werden kann. Nur wenn der Tatbestand der Norm erfüllt ist, tritt auch die Rechtsfolge ein. Dabei besteht der Tatbestand einer Norm meistens aus mehreren Tatbestandsmerkmalen. Ist auch nur ein einziges dieser Tatbestandsmerkmale nicht erfüllt, tritt die Rechtsfolge nicht ein.

Sachverhalt → **Tatbestandsmerkmale einer Rechtsnorm** → **Rechtsfolge dieser Norm**

Wie man bei einer Falllösung vorgehen sollte, zeigt folgendes Beispiel.

Fall:
Frank ist 15 Jahre alt. Er bekommt von seinen Eltern 30,00 €, um sich ein Fachbuch zu kaufen. Als er am Sportgeschäft „Not lazy – but fit" vorbeikommt, sieht er einen Basketball für 29,90 €. Nicht ganz ohne Gewissensbisse „schlägt er zu" und kauft sich statt des Fachbuches den Basketball. Als seine Eltern davon erfahren, erklären sie ihm ausdrücklich, dass sie mit seiner Handlungsweise nicht einverstanden sind und er den Ball zurückzugeben habe.

Sachverhalt erfassen

Lösung:
1. In einem ersten Schritt ist der **Sachverhalt** zu erfassen (Was ist geschehen?). Der Sachverhalt ist vom rechtlichen Standpunkt aus zu durchleuchten. Dabei können Lösungsschablonen (siehe nächste Seite) hilfreiche Dienste leisten. Es stellen sich folgende Fragen:
   - Wie war die Ausgangslage?
   - Was war gewollt?
   - Was geschah tatsächlich?
   - Was ist unbestritten?

Streitpunkt festlegen

Ergebnis: Frank ist 15 Jahre alt und damit ist er noch minderjährig. Seine Eltern wollten, dass er sich ein Fachbuch kauft. Dafür gaben sie ihm 30,00 €. Er verwendete das Geld jedoch zum Kauf eines Basketballs. Dies geschah gegen den Willen seiner Eltern.

2. Danach sind die **Streitpunkte** festzustellen (Wer will was von wem?).

Ergebnis: Die Eltern wollen, dass der Kauf mit seinen Folgen (Übereignung des Basketballs und des Geldes) rückgängig gemacht wird. Frank dagegen möchte den Ball behalten.

Normen suchen

3. Es sind entsprechende **Normen** (Rechtsvorschriften) zu suchen, welche die gegebenen Streitpunkte lösen können. Dabei könnt ihr das Inhalts- und das Stichwörterverzeichnis des Gesetzestextes zu Hilfe nehmen. (Wer will was von wem?)

Ergebnis:

- Die Suche im BGB führt zunächst zu Paragrafen, die für Minderjährige anzuwenden sind: §§ 2, 106 bis 113 BGB.
- Da es sich um einen Kauf handelt, sind natürlich alle dafür geltenden Vorschriften heranzuziehen: §§ 145, 147, 433, 929, 854 BGB.
- Die Eltern möchten eine Rückabwicklung der aus dem Kauf resultierenden Eigentums- und Besitzübertragungen erreichen: §§ 985 und 812 BGB.

4. Die einzelnen **Tatbestandsmerkmale** der gefundenen Normen müssen herausgearbeitet werden (welche Voraussetzungen müssen erfüllt sein?).

5. Nun müssen die **Tatbestandsmerkmale** am vorliegenden Sachverhalt **überprüft** werden. Sie sind einzeln mit dem Tatbestand laut Text bzw. Lösungsschablone zu vergleichen (sind die Tatbestandsmerkmale erfüllt?).

6. Daraus lassen sich die **Rechtsfolgen** feststellen, die uns dann das Ergebnis anzeigen (wer kann was von wem woraus verlangen?).

Lösungsschablonen

T(atbestand)	**N**(orm)	**R**(echtsfolge)	**Subsumtion**
Eintritt des 18. Lebensjahres	§ 2 BGB	**volljährig**	1) Frank ist 15 Jahre alt, also noch nicht volljährig und somit minderjährig.
Minderjähriger über 7 Jahre	§ 106 BGB	**beschränkt geschäftsfähig**	2) Frank ist mit 15 Jahren ein Minderjähriger über 7 Jahre und ist deshalb beschränkt geschäftsfähig.
Minderjähriger nicht nur rechtlicher Vorteil **Einwilligung des gesetzlichen Vertreters**	§ 107 BGB	**gültige Willenserklärung**	3) Frank hat als Minderjähriger auch einen rechtlichen Nachteil (Verpflichtung zur Kaufpreiszahlung – vgl. § 433 BGB). Die Einwilligung des gesetzlichen Vertreters (Eltern) für den Kauf eines Basketballs ist nicht vorhanden. Die Willenserklärung ist deshalb nicht gültig.

Lösungsschablonen

T(atbestand)	**N**(orm)	**R**(echtsfolge)	**Subsumtion**
Minderjähriger → **Vertragsabschluss** **ohne Einwilligung** → **der gesetzlichen Vertreters**	§ 108 BGB	**abhängig** → **von der Genehmigung**	4) Ihre Gültigkeit ist deshalb abhängig von der Erteilung bzw. Verweigerung der Genehmigung (bis dahin ist sie „schwebend unwirksam").
Antrag § 145 BGB → **Annahme § 147 BGB** →	§ 433 BGB	**V muss mangelfrei** → **übergeben und übereignen** **K muss Kaufpreis** → **bezahlen und abnehmen**	5) Der Antrag von Frank zum Abschluss des Kaufvertrages ist aus den genannten Gründen nicht gültig. Da für einen Vertrag aber immer zwei übereinstimmende Willenserklärungen nötig sind, ist der Kaufvertrag nicht wirksam zustande gekommen.
Antrag § 145 BGB → **Annahme § 147 BGB** → **Erlangung der** → **tatsächlichen Gewalt**	§ 929 BGB § 854 BGB	**Eigentumsübertragung** → **Besitzübergabe** →	6) a) Die Übergabe stellt nur einen sogenannten Realakt dar, wozu keine Willenserklärungen notwendig sind. Frank wird Besitzer des Basketballs. Die Einigung ist wiederum ein Vertrag. Frank bräuchte also die Einwilligung bzw. Genehmigung der Eltern. Da ihm die Übereignung des Balls aber nur einen rechtlichen Vorteil bringt, ist die elterliche Zustimmung nicht erforderlich. Frank wird also auch Eigentümer des Basketballs. b) Bei der Übereignung des Geldes erleidet Frank einen rechtlichen Nachteil. Er benötigt die Zustimmung der gesetzlichen Vertreter. Da er sie nicht hat, ist seine Willenserklärung (Antrag) ungültig und der Verkäufer wird nur Besitzer des Geldes. Eigentümer bleibt Frank.

Das Ergebnis mutet etwas befremdend an. Frank ist nun Eigentümer des Balls, aber auch des Geldes. Er besitzt jedoch nur den Ball, Besitzer des Geldes ist der Verkäufer. Die Eltern wollen nun auch noch Rückgabe des Geldes. Der Verkäufer ginge dann leer aus. Es gibt jedoch die Möglichkeit eines Interessenausgleiches.

Übungsaufgaben:
Löse folgende Aufgaben mit Hilfe der Subsumtionstechnik.

1. Frau Kern schickt ihre sechsjährige Tochter Nina am Samstagmorgen zum Bäcker nebenan, um Frühstücksbrötchen zu holen.
   Kommt ein gültiger Kaufvertrag zustande?

2. Die Nachbarin schenkt der Sechsjährigen einen Euro.
   Ist die Schenkung gültig?

3. Ein Freund von dir hat eine wertvolle und seltene Comic-Sammlung, die du schon lange toll findest. Diese bietet er dir zum Spottpreis von 20,00 € zum Kauf an, geschätzt wird der Wert auf ca. 500 €.
   Brauchst du zum Kauf der Sammlung die Zustimmung der gesetzlichen Vertreter?

4. Du hast aus deinem Taschengeld bereits 40,00 € gespart. Im Schaufenster eines Elektrogeschäfts siehst du einen Discman für 89,00 €. Der Händler ist damit einverstanden, dass du 39,00 € anzahlst und den Rest in fünf monatlichen Raten aus deinem Taschengeld zu je 10,00 € begleichst. Ihr schließt einen Kaufvertrag, du gibst dem Händler die 39,00 € und darfst dafür den Discman mit nach Hause nehmen.
   a) Ist der Kaufvertrag gültig?
   (Hinweis: Lies § 110 BGB noch einmal genau durch!)
   b) Warum hat der Gesetzgeber diesen „Taschengeldparagrafen" in das BGB aufgenommen?

5. Der 16-jährige Winfried hat gerade die Realschule erfolgreich beendet. Er hat einen Ausbildungsvertrag zum Elektroniker abgeschlossen. Seine Eltern waren damit einverstanden und unterschrieben den Ausbildungsvertrag. Im ersten Ausbildungsjahr erhält Winfried eine monatliche Ausbildungsvergütung von 370,00 €. Seine Eltern bestimmen, dass er davon 170,00 € als Taschengeld zur freien Verfügung behalten darf, den Rest soll er zu Hause abliefern.
   a) Muss sich Winfried dieser Bestimmung fügen?
   b) Winfried muss für seine Ausbildung Berufskleidung und Arbeitsmaterial besorgen. Der Kaufpreis dafür übersteigt bei Weitem sein monatliches Taschengeld. Winfried bestellt an seiner Arbeitsstätte aus einem Katalog eines Versandhauses für Berufskleidung die entsprechenden Artikel im Gesamtwert von 403,00 €.
   Ist seine Bestellung gültig?

6. Der 18-jährige Gymnasiast Günter kauft gegen den Willen seiner Eltern ein neues Textverarbeitungsprogramm für seinen Computer. Noch bevor er allerdings das Programm zu Hause auspackt, reut ihn der Kauf. Er geht sofort zurück zum Händler und sagt, dass seine Eltern dem Kauf nicht zustimmen würden und er deshalb die Software zurückgeben möchte.
   Ist der Händler verpflichtet, die Ware zurückzunehmen?

7. Die 5-jährige Susi und der 6-jährige Bernd tauschen im Kindergarten ihre Hausschuhe.
   a) Ist der Tauschvertrag gültig?
   b) Wer ist Eigentümer der jeweiligen Hausschuhe?

3.3 Deliktsfähigkeit und Strafmündigkeit

Deliktsfähigkeit

Ludwig, ein Klassenkamerad von Katja und Frank, prahlt im Pausenhof damit, dass er die neuesten Computerspiele besitzt. Er habe sie sich von seinem Cousin ausgeliehen und ohne dessen Wissen kopiert. Ein Mitschüler fragt erstaunt, ob man denn überhaupt Kopien von Originalprogrammen anfertigen dürfe. „Das macht doch heutzutage jeder", entgegnet Ludwig.

Wie ist die Rechtslage?
Die CD mit dem Computerspiel gehört zwar Ludwigs Cousin. Computerprogramme werden jedoch unter dem Vorbehalt verkauft, dass das alleinige Nutzungsrecht beim Käufer liegt und Kopien nur als Sicherungs- bzw. Arbeitskopien vom Käufer angefertigt werden dürfen. Der Hersteller macht sein Urheberrecht geltend. Ludwig hat das Urheberrecht (vgl. §§ 97 und 106 UrhG) widerrechtlich verletzt. Auch wenn ihm Vorsatz nicht nachgewiesen werden kann, so hat er zumindest fahrlässig gehandelt. Dadurch ist dem Software-Hersteller ein Schaden entstanden. Damit ist eine Verpflichtung zur Schadensersatzleistung gegeben.

Raubkopien sind widerrechtlich!

Jetzt stellt sich die Frage, ob ein Jugendlicher wie Ludwig für den Schaden, den er verursacht hat, zur Verantwortung gezogen werden kann.
Ist er deliktsfähig?

Unter **Deliktsfähigkeit** versteht man die zivilrechtliche Verantwortlichkeit für eine unerlaubte Handlung.

Q

§ 97 UrhG
Anspruch auf Unterlassung und Schadenersatz

(1) Wer das Urheberrecht oder ein anderes nach diesem Gesetz geschütztes Recht widerrechtlich verletzt, kann vom Verletzten auf Beseitigung der Beeinträchtigung, bei Wiederholungsgefahr auf Unterlassung und, wenn dem Verletzer Vorsatz oder Fahrlässigkeit zur Last fällt, auch auf Schadenersatz in Anspruch genommen werden. An Stelle des Schadenersatzes kann der Verletzte die Herausgabe des Gewinns, den der Verletzer durch die Verletzung des Rechts erzielt hat, und Rechnungslegung über diesen Gewinn verlangen.

§ 106 UrhG
Unerlaubte Verwertung urheberrechtlich geschützter Werke

(1) Wer in anderen als den gesetzlich zugelassenen Fällen ohne Einwilligung des Berechtigten ein Werk oder eine Bearbeitung oder Umgestaltung eines Werkes vervielfältigt, verbreitet oder öffentlich wiedergibt, wird mit Freiheitsstrafe bis zu drei Jahren oder mit Geldstrafe bestraft.
(2) Der Versuch ist strafbar.

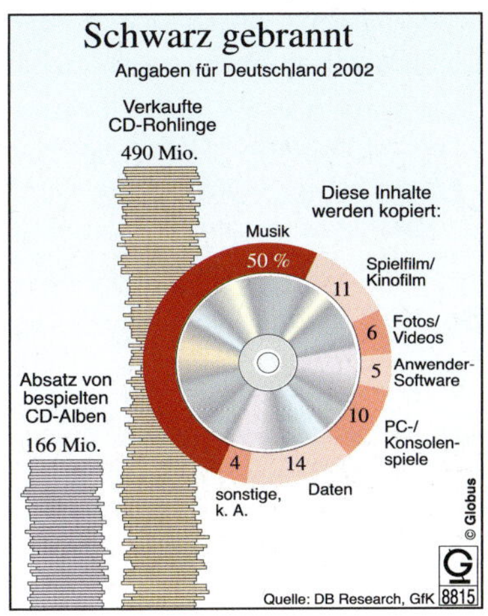

In § 828 Absatz 3 BGB heißt es, dass ausschlaggebend für die Deliktsfähigkeit das Einsichtsvermögen des Jugendlichen sei. Das Gericht wird aller Wahrscheinlichkeit nach einem 15-jährigen Gymnasiasten die geistige Reife zusprechen, die schädigende Wirkung seiner Handlung (Anfertigen von Raubkopien) zu erkennen. Somit wäre Ludwig für den Schaden verantwortlich und müsste Schadensersatz leisten.

- Kinder unter sieben Jahren sind deliktsunfähig (§ 828 Absatz 1 BGB), d.h., sie sind für einen Schaden, den sie verursachen, im zivilrechtlichen Sinne nicht verantwortlich;
- Minderjährige zwischen dem siebenten und achtzehnten Lebensjahr sind beschränkt deliktsfähig (§ 828 Absatz 3 BGB). Bei ihnen entscheidet die geistige Reife. Sie haften, wenn erwartet werden kann, dass sie die Einsicht haben, die Folgen ihrer schädigenden Handlungen abschätzen zu können;
- Volljährige sind deliktsfähig, müssen also für ihre unerlaubten Handlungen in jedem Falle haften.

Ausgeschlossen ist die Haftung in allen Fällen der Geistesstörung und der Bewusstlosigkeit (§ 827 BGB).

Eltern oder auch Lehrer haben für die schädigenden Handlungen der Kinder bzw. der zu beaufsichtigenden Schüler nur zu haften, wenn sie ihre Aufsichtspflicht verletzen.

Ein beschränkt Deliktsfähiger haftet grundsätzlich selbst für den von ihm angerichteten Schaden. Es spielt dabei keine Rolle, ob der Jugendliche finanziell überhaupt in der Lage ist, Schadensersatz zu leisten. Häufig wird er erst als Erwachsener dazu in der Lage sein. Deshalb ist es wichtig, den Schadensersatzanspruch nicht verjähren zu lassen.
Falls der Geschädigte weder vom Schädiger, weil dieser deliktsunfähig ist, noch von einem aufsichtspflichtigen Dritten Schadensersatz fordern kann, ist es in Ausnahmefällen möglich, dass der Deliktsfähige trotzdem „zur Kasse gebeten wird“. Der sogenannte „Millionärsparagraf“ (§ 829 BGB) sagt, dass es „recht und billig“ ist, einem sehr reichen Schädiger einem armen Geschädigten den zugefügten Schaden ersetzen zu lassen.

Q

§ 828 BGB
Minderjährige; Taubstumme

(1) Wer nicht das siebente Lebensjahr vollendet hat, ist für einen Schaden, den er einem anderen zufügt, nicht verantwortlich.
(2) [...]
(3) Wer das 18. Lebensjahr noch nicht vollendet hat, ist, sofern seine Verantwortlichkeit nicht nach Absatz 1 oder 2 ausgeschlossen ist, für den Schaden, den er einem anderen zufügt, nicht verantwortlich, wenn er bei der Begehung der schädigenden Handlung nicht die zur Erkenntnis der Verantwortlichkeit erforderliche Einsicht hat.

§ 832 BGB
Haftung des Aufsichtspflichtigen

(1) Wer kraft Gesetzes zur Führung der Aufsicht über eine Person verpflichtet ist, die wegen Minderjährigkeit oder wegen ihres geistigen oder körperlichen Zustands der Beaufsichtigung bedarf, ist zum Ersatz des Schadens verpflichtet, den diese Person einem Dritten widerrechtlich zufügt. Die Ersatzpflicht tritt nicht ein, wenn er seiner Aufsichtspflicht genügt oder wenn der Schaden auch bei gehöriger Aufsichtsführung entstanden sein würde.
(2) Die gleiche Verantwortlichkeit trifft denjenigen, welcher die Führung der Aufsicht durch Vertrag übernimmt.

Eltern haften für ihre Kinder

Ladendiebstahl

Strafmündigkeit (Schuldfähigkeit)

Ludwig muss für seine unerlaubte Handlung Schadensersatz leisten. Kann ihm aus seiner Handlungsweise darüber hinaus noch ein weiterer Nachteil erwachsen? Hat er sich vielleicht sogar strafbar gemacht?
Zu überprüfen ist demnach, ob Ludwig bereits strafmündig ist.

Bei der Strafmündigkeit findet man ebenso wie bei der Geschäfts- und der Deliktsfähigkeit eine Abstufung entsprechend der geistigen Reife bzw. der altersmäßigen Entwicklung.

- Strafunmündig sind nach § 19 StGB Kinder, die bei der Begehung der Tat noch nicht 14 Jahre alt sind.
- Für Jugendliche (zur Zeit der Tat 14, aber noch nicht 18 Jahre alt) gilt das Jugendgerichtsgesetz (JGG). Danach ist ein Jugendlicher strafrechtlich verantwortlich, wenn er zur Zeit der Tat nach der sittlichen und geistigen Entwicklung reif genug ist, das Unrecht der Tat einzusehen und nach dieser Einsicht zu handeln.
- Zwischen 18 und 21 Jahren gilt man im strafrechtlichen Sinne als Heranwachsender. In diesem Falle kann ein Richter entscheiden, ob den Umständen entsprechend Jugendstrafrecht oder das allgemeine Strafrecht Anwendung findet.
- Ist der Täter bei der Begehung der Tat älter als 21 Jahre, so ist er strafmündig, d.h., es ist allgemeines Strafrecht anzuwenden.

Strafmündigkeit ist ein Begriff aus dem Strafrecht und bezeichnet die strafrechtliche Verantwortlichkeit für eine unerlaubte Handlung.

Schuldunfähig ist, wer aufgrund krankhafter seelischer Störungen, wegen Schwachsinns oder wegen tief greifender Bewusstseinsstörungen unfähig ist das Unrecht seiner Tat einzusehen (§ 20 StGB).

Das Anfertigen von Raubkopien ist sowohl Gegenstand des Zivil- als auch des Strafrechts. Der Richter im Strafprozess dürfte bezüglich Ludwigs geistiger Reife zu demselben Ergebnis kommen. Ein 15-jähriger Gymnasiast sollte in der Lage sein, das Unrecht der Tat zu erkennen und auch entsprechend dieser Einsicht zu handeln. Demzufolge ist Ludwig für das Anfertigen von Raubkopien auch mit einer Strafe zu belegen.

Lebensalter und Gesetz

0	7	14	18	21 Jahre →
Strafmündigkeit				
strafunmündig		bedingt strafmündig		strafmündig
		Jugendlicher	Heranwachsender	
Deliktsfähigkeit				
deliktunfähig	beschränkt deliktsfähig		deliktsfähig	
Geschäftsfähigkeit				
geschäftsunfähig	beschränkt geschäftsfähig		geschäftsfähig	
Rechtsfähigkeit				
rechtsfähig (von der Geburt bis zum Tod)				

!

1. Wie sieht die Lösung des Beispielfalles aus, wenn Ludwig nicht 15, sondern erst sechs Jahre alt ist? Muss Ludwig Schadensersatz leisten? Müssen seine Eltern zahlen? Kann Ludwig bestraft werden? (Hinweis: Vertiefe dich noch einmal in die §§ 828 und 832 BGB).

2. Bei einem Unfall nachts auf einer wenig befahrenen Landstraße wird der Fahrer eines Pkw schwer verletzt. Die Beifahrerin, seine Ehefrau, wird nur leicht verletzt, steht am Straßenrand und winkt einem sich nahenden Auto. Dieses verlangsamt daraufhin zwar das Tempo, fährt aber ohne anzuhalten an der Unfallstelle vorbei. Der nächste Wagen kommt erst sehr viel später an der Unfallstelle vorbei. Leider zu spät für den schwerstverletzten Fahrer. Dieser erliegt auf der Fahrt ins Klinikum seinen Verletzungen. Nach Auskunft der Ärzte wäre das Leben des Fahrers zu retten gewesen, wenn er zu einem früheren Zeitpunkt in ihre Obhut gelangt wäre. Die Ehefrau, die sich das Autokennzeichen notiert hatte, klagt nun vor Gericht auf Schadensersatz wegen unerlaubter Handlung.
Wird sie mit ihrer Klage Erfolg haben?

Lebensalter und Gesetz

Rechte (Auswahl)	Jahre	Pflichten (Auswahl)
– Altersruhegeld in der Rentenversicherung	65	
	60	– Ende der Wehrpflicht für Unteroffiziere und Offiziere
	45	– Ende der Wehrpflicht für Mannschaften
– Mindestalter für Bundespräsidenten	40	
– Mindestalter für Schöffen – volle Adoptionsfähigkeit	25	
– Berechtigung, in Handwerksbetrieben auszubilden	24	
– passives Wahlrecht zum Landtag in Bayern	21	
– Fahrerlaubnis Kl. B, BE, A beschränkt, C1, C1E, C, CE – Prozessfähigkeit – aktives Wahlrecht zum Bundestag und einigen Landtagen	18	– Beginn der Wehrpflicht – Ende der Schulpflicht
– Begleitetes Fahren	17	
– Ehefähigkeit – Eidesfähigkeit – Fahrerlaubnis Kl. M, A1, S u. L	16	– Pflicht zum Besitz eines Personalausweises
– Ende des allgemeinen arbeitsrechtlichen Beschäftigungsverbots – Fahrerlaubnis Mofa	15	
– Religionsmündigkeit	14	
	06	– Beginn der Schulpflicht

Bestimmungen zum Begleiteten Fahren

- Bei jeder Fahrt muss eine mindestens 30-jährige Begleitperson mitfahren. Wer dafür infrage kommt, wird bereits bei der Erteilung der Prüfbescheinigung namentlich festgelegt und eingetragen. Es kann also nicht einfach jemand spontan als Begleitperson mitfahren.
- Die Begleitperson muss seit mindestens fünf Jahren im Besitz der Fahrerlaubnisklasse B (bzw. Klasse 3) sein und darf bei Erteilung der Prüfbescheinigung höchstens drei Punkte in Flensburg besitzen.
- Für beide, Fahrer und Beifahrer, gelten die 0,5-Promille-Grenze und die anderen einschlägigen Vorschriften über berauschende Mittel.
- Die Begleitperson ist nicht Fahrzeugführer! Sie darf also nicht in die Fahrzeugbedienung eingreifen, sondern soll nur als Berater mitfahren.

3.4 Aufgaben des Rechts

Frank spricht nach dem Unterricht mit Katja. „Hast du Ludwig heute in der Pause gehört, wie er mit seinen Raubkopien geprahlt hat?" „Ja", entgegnet Katja, „ich dachte dabei an diese Geschichte, die uns kürzlich der Lateinlehrer erzählte. Du weißt doch noch, die Geschichte von diesem Thestorides."

Q

Urheberrecht galt schon im Altertum
In der Stadt Phokaea lebte ein gewisser Thestorides, der die Gedichte Homers nachzuahmen versuchte, aber er war ein schlechter Mensch. Als dieser gehört hatte, dass Homer in die Stadt Phokaea gekommen sei, sagte er, als er den Dichter sah: „Ich werde nicht zögern, dich einzuladen und dir ein Essen zu bereiten, wenn du erlaubst, alle Gedichte, die du gemacht hast, aufzuschreiben. Auch die Gedichte, die du noch schreiben willst, musst du mir vermachen."
Später besuchte Thestorides die Insel Chios. Dort las er die Gedichte Homers als die eigenen vor und rühmte sich ein großer Dichter zu sein.
Homer, der in der Stadt Phokaea weilte, wurde dort von allen Einwohnern verehrt. Einmal kamen Kaufleute von Chios in diese Stadt. Da sie Homer die gleichen Gedichte vortragen hörten, die sie schon von Thestorides kannten, waren sie sehr ungehalten. Sie vermuteten, dass Homer die Gedichte des Thestorides nachahmte. Daher beschloss Homer, zur Insel Chios zu segeln, um sich von diesem Vorwurf zu reinigen. Die Einwohner von Chios aber erkannten nach der Ankunft Homers, dass Thestorides der falsche Dichter sei. Daher verachteten sie ihn und forderten ihn auf, die Insel zu verlassen. Die Gedichte Homers bewundern heute noch alle, an Thestorides aber erinnert sich keiner mehr.

Obwohl es in der Antike noch kein formales Urheberrecht gab, wurde Thestorides bestraft. Die Strafe, die ihm damals widerfuhr, war Verachtung. Wie ist die Rechtslage heute, wenn das Urheberrecht verletzt wird, wenn also z. B. Raubkopien von Computerprogrammen angefertigt werden? Dieses Vergehen, häufig nicht als solches erkannt oder nur als Kavaliersdelikt betrachtet, kann strafrechtlich verfolgt und mit Geld- und in schweren Fällen mit Freiheitsstrafe geahndet werden. Daneben hat der Geschädigte einen zivilrechtlichen Anspruch auf Ersatz des ihm entstandenen Schadens (vgl. Seite 135).

Strafvollzug im Mittelalter

Schandmantel

Jugendliche in der Disko

Das Recht hat Straffunktion.
Diese Straffunktion dient u.a. der Abschreckung. Potenzielle Täter sollen durch die Androhung von Strafen davon abgehalten werden, Straftaten zu begehen. Dadurch werden gleichzeitig die Mitmenschen geschützt.

Das Recht hat Schutzfunktion.
Diese Schutzfunktion zeigt sich u.a. im Jugendstrafrecht, wo Verfehlungen Jugendlicher ein milderes Strafmaß finden als solche Erwachsenen, die für dasselbe Vergehen nach dem allgemeinen Strafrecht härter bestraft werden. Der Grund dafür ist sicherlich der, dass man einem Minderjährigen ein gewisses Maß an Unwissenheit und Unerfahrenheit zugesteht.

Sie wird weiterhin deutlich in den Paragrafen des BGB zur Beschränkung der Geschäftsfähigkeit Minderjähriger. Diese dient eben nicht, wie die Jugendlichen häufig meinen, dazu, ihre Rechte zu beschneiden. Der Grund für die Beschränkungen liegt darin, die Jugendlichen vor unüberlegten und voreiligen Entschlüssen und deren eventuell nachteiligen Folgen (Erfüllen von Vertragsbedingungen) zu schützen.

Freitag, 13.00 Uhr. Der Schulgong ertönt. Die 15-jährige Katja geht ins Wochenende. „Geschafft! Nichts wie raus aus der Schule und ab nach Hause. Endlich ist wieder Wochenende. Vielleicht lassen mich meine Eltern heute Abend in die Disco gehen? Mein 17-jähriger Bruder darf das doch auch. Warum darf er das, und ich nicht? Papa sagt immer, das sei nur zu meinem Schutz. Wir wären doch eine ganze Gruppe, die gemeinsam nach Hause ginge. Was soll mir da schon passieren? Aber ich denke, ich kann mir den Discobesuch auch dieses Mal wieder „abschminken". Mutter hat gesagt, ich sei noch zu jung, um Tanzen zugehen. Das wäre sogar gesetzlich festgeschrieben. Sie wollte mir dies auch heute belegen. Dann soll sie mir aber bitte auch belegen, warum meine Freundin Nina jeden Freitagabend in ihrem Rock-and-Roll-Club tanzen darf. Nina ist sogar drei Monate jünger als ich."

Mutter erklärt Katja anhand § 5 des „Jugendschutzgesetzes" (= JuSchG; eigentlich „Gesetz zum Schutz der Jugend in der Öffentlichkeit), der öffentliche Tanzveranstaltungen betrifft, dass sie nicht alleine in die Disco darf:

1. Öffentliche Tanzveranstaltungen sind für Kinder und Jugendliche bis 16 Jahre grundsätzlich verboten, es sei denn, sie sind in Begleitung eines Erziehungsberechtigten.
2. Jugendliche von 16 bis 18 Jahren dürfen bis 24 Uhr an öffentlichen Tanzveranstaltungen teilnehmen, später nur in Begleitung eines Erziehungsberechtigten.
3. Wenn es sich um eine Veranstaltung eines anerkannten Trägers der Jugendhilfe handelt oder die Veranstaltung der künstlerischen Betätigung oder dem Brauchtum dient, dann dürfen Kinder ohne Begleitung von Erziehungsberechtigten bis 22 Uhr und Jugendliche bis 16 Jahre bis 24 Uhr bleiben.
4. Tanzpartys in Vereinsheimen oder im privaten Rahmen fallen nicht unter das JuSchG, da das Merkmal der Öffentlichkeit fehlt, was bei Vereinsheimen fraglich sein kann. Wenn der Zutritt nur Vereinsmitgliedern gewährt wird, ist die Veranstaltung nicht öffentlich, wenn jedermann freien Zugang hat, ist sie öffentlich.

!

1. Diskutiere mit deinen Klassenkameraden über Gefahren, die der Besuch einer Diskothek für einen Minderjährigen mit sich bringen kann.
2. Informiere dich über weitere Bestimmungen des Jugendschutzgesetzes z. B. zum Besuch von Gaststätten, zum Rauchen in der Öffentlichkeit, zum Erwerb und Genuss von Alkohol. Benutze dazu auch die Übersicht auf S. 146.

Das Recht hat Erziehungsfunktion.
Welchen Sinn hat es, die Rechte Jugendlicher einzuschränken? Ist dies nicht nur Gängelei?
Wie bereits angesprochen, dient dies in erster Linie deren Schutz vor übereilten Entschlüssen. Die Rechte (aber auch die Pflichten) Jugendlicher nehmen mit steigendem Alter zu. Der Minderjährige wächst langsam in seine Rechte und Pflichten hinein. Er wird behutsam Schritt für Schritt zur vollen Verantwortlichkeit hingeführt (vgl. Seite 128 ff.).

Das Recht hat Ordnungsfunktion.
Der Mensch braucht das Gesetz, wenn er in der Gemeinschaft lebt. Ein Gestrandeter auf eine Südseeinsel, der dort alleine und einsam seine Tage verbringt, braucht weder Recht noch Gesetz. Das Zusammenleben in der Gemeinschaft bedarf der Regelungen, geordneter Verhaltensweisen, die jedoch durchaus von Kulturkreis zu Kulturkreis verschieden sein können. Wenn man z. B. mit seinem Fahrrad an eine Kreuzung kommt, erwartet man, dass dort die Vorfahrt geregelt ist. Das kann durch eine Ampelanlage oder durch Verkehrszeichen geschehen. Sind an der Kreuzung weder Ampelanlage noch Verkehrszeichen vorhanden, darf dort nicht das Chaos ausbrechen. Die Verkehrsteilnehmer müssen wissen, wie sie sich zu verhalten haben. Dies wird durch Vorschriften der Straßenverkehrsordnung geregelt (z. B. §§ 1 und 8 StVO).

All diese Funktionen erfüllt das Recht durch Verordnungen und Gesetze mit einzelnen Geboten und Verboten. Oberstes Ziel und Maßstab ist dabei die Gerechtigkeit.

Ziel: Gerechtigkeit

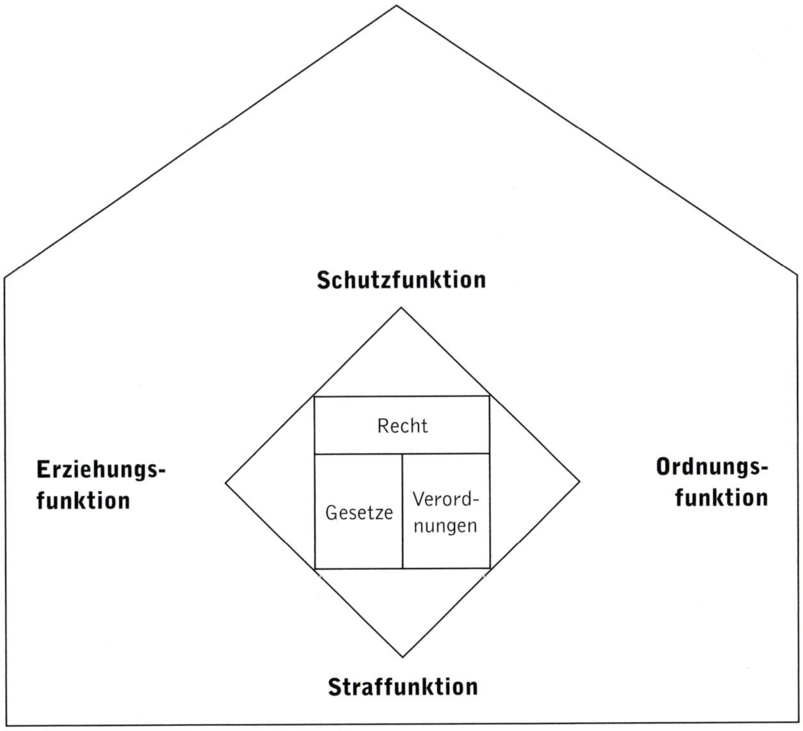

1. Suche weitere Beispiele für die Erziehungsfunktion des Rechts.

Justitia. Die Augenbinde der Göttin der Gerechtigkeit soll zeigen, dass ohne Ansehen der Personen geurteilt wird.

Gerechtigkeit wird nur erreicht, wenn alle gleich behandelt werden. Das bedeutet, es darf zu keiner unterschiedlichen Behandlung religiöser, rassischer, nationaler oder sonstiger Minderheiten kommen. Eine unterschiedliche Behandlung erscheint nur dort angebracht, wo unterschiedliche Voraussetzungen gegeben sind (z. B. Gewährung von Beihilfen, Belegung mit Steuern durch den Staat bei unterschiedlichem Einkommen).

„Gleichheit im Unrecht gibt es nicht!"
Auf einem Teilstück der Bundesautobahn Nürnberg-Regensburg steht ein Verkehrsschild mit einer Geschwindigkeitsbeschränkung auf 100 km/h. Eine Autokolonne bewegt sich mit überhöhter Geschwindigkeit (etwa 140 km/h) Richtung Regensburg. Die „Radarfalle" schnappt zu. Das Radargerät am Fahrbahnrand „blitzt" nur ein Fahrzeug der Kolonne. Der Fahrzeugführer erhält eine Anzeige und hat die fällige Strafe zu bezahlen. Die anderen Fahrer gehen straffrei aus, obwohl sie genauso gegen die Straßenverkehrsordnung verstoßen haben. Der ertappte Verkehrssünder wird dies ungerecht finden, aber damit wird er sich abfinden müssen.

Dies zeigt, dass Gerechtigkeit wohl ein subjektiver Begriff ist.
Sicher hast du dich selbst auch schon ungerecht behandelt gefühlt. Die ganze Zeit plappert der Banknachbar auf dich ein. Der Lehrer scheint davon nichts zu bemerken. Als du deinem Nachbarn eine einzige Frage stellst, ertappt dich die Lehrkraft und du wirst sofort gerügt.

Dass Recht und Gerechtigkeit nicht immer in Einklang zu bringen sind, zeigt sehr eindringlich ein Beispiel aus der deutschen Geschichte. Die Gesetze (geltendes Recht) zur Judenverfolgung im Dritten Reich (1933 – 1945) widersprachen den höherrangigen Menschenrechten, den Gesetzen der Moral und können wohl von niemandem als gerecht bezeichnet werden.

1. Diskutiere mit deinen Mitschülern über das Begriffspaar Recht und Gerechtigkeit.

Reichsgesetzblatt, Jahrgang 1935, Teil I

Gesetz zum Schutze des deutschen Blutes und der deutschen Ehre.
Vom 15. September 1935.

[...]

§ 1

(1) Eheschließungen zwischen Juden und Staatsangehörigen deutschen oder artverwandten Blutes sind verboten. Trotzdem geschlossene Ehen sind nichtig, auch wenn sie zur Umgehung dieses Gesetzes im Ausland geschlossen sind.

(2) Die Richtigkeitslage kann nur der Staatsanwalt erheben.

[...]

3.5 Der Jugendschutz

Artikel 3 Absatz 1 des Grundgesetzes lautet:
„Alle Menschen sind vor dem Gesetz gleich." Das kann dort nicht gelten, wo von Natur aus ungleiche Voraussetzungen vorhanden sind. Grenzen sind durch die Natur insbesondere dort gesetzt, wo die geistig-seelische Reife eine Rolle spielt. Diese ist wiederum durch Geisteskrankheiten oder durch das Lebensalter beeinflusst. So ist die wichtigste Altersschwelle die Grenze zwischen der Minder- und der Volljährigkeit. Erst der Volljährige ist uneingeschränkt handlungsfähig und verantwortlich, mündig und frei.
(Quelle: Einführung zum Jugendrecht von Senatspräsident a. D. Dr. A. Deisenhofer u.a.; JugR, S.XI)

Das BGB schützt in vielen Normen den Minderjährigen in besonderer Weise.

Alle Rechtsnormen, die Kinder und Jugendliche vor Gefahren bewahren sollen, fasst man unter dem Begriff „Jugendschutz" zusammen.

Nach dem Gesetz ist man bis zum 14. Lebensjahr Kind. Zwischen 14 und 18 Jahren ist man Jugendlicher. Das Strafrecht kennt darüber hinaus den Begriff des Heranwachsenden (zwischen 18 und 21 Jahren), für den je nach geistiger Reife das Jugend- oder dem Erwachsenenstrafrecht angewendet werden kann.

Regelungen zum Jugendschutz findet man in mehreren Gesetzen:

Gesetze:	Normen:	Beispiele:
StGB	§ 174	Schutz vor sexuellem Missbrauch
JGG	§§ 9, 10	Erziehungsmaßregeln durch Weisungen als mildere Strafform bei Verfehlungen von Jugendlichen gegenüber dem Erwachsenen-Strafrecht.
JArbSchG	§§ 7, 8	Beschäftigung Jugendlicher; Mindestalter; Dauer der Arbeitszeit; Vermeidung von körperlichen und psychischen Schäden durch zu frühe Beschäftigung bzw. durch zu lange Arbeitszeit
JuSchG	§§ 1, 3, 4, 5, 6	Jugendliche werden durch Gebote und Verbote besonders geschützt, was z.B. den Aufenthalt an jugendgefährdenden Orten (z.B. Nachtbars) oder bei Tanzveranstaltungen sowie den Konsum von Alkohol betrifft.

Schutz vor Nikotin

Verbot von Alkoholkonsum

StGB: Strafgesetzbuch
JGG: Jugendgerichtsgesetz
JArbSchG: Jugendarbeitsschutzgesetz
JuSchG: Jugendschutzgesetz

1. Beurteile folgende Fälle:
   a) Frank (16 Jahre) möchte mit seiner Schwester (14 Jahre) eine öffentliche Tanzveranstaltung bis 24 Uhr besuchen.
   b) Christina, 15 Jahre alt, bestellt in der Eisdiele „Bonzo" einen Bananensplit mit Eierlikör.
   c) Die Schülerin Betty, 9. Jahrgangsstufe und 15 Jahre alt, wird, eine Zigarette rauchend, auf dem Weg nach Hause von ihrem Lateinlehrer angesprochen. Er weist sie darauf hin, dass ihr das Rauchen noch nicht gestattet sei. Sie entgegnet, dass dies wohl ihre Sache sei, außerdem würde ihr Rauchen von ihrer Mutter zuhause toleriert. Da sie sich nicht mehr auf dem Schulgelände befinde, habe ihr Verhalten ihre Lehrkräfte nicht zu interessieren.
   d) Katrin (17 Jahre) tanzt mit ihrem Freund Benny (19 Jahre) in einer Disco. Eine Zivilstreife der Polizei greift sie auf und will sie nach Hause fahren. Benny verweist darauf, dass er als Begleitperson volljährig sei und die Aufsicht übernommen habe.
   e) Der 16jährige Paul möchte im Supermarkt drei Flaschen „Alkopops" kaufen.

2. Diskutiere mit deinen Eltern über einzelne Bestimmungen des Jugendschutzes und über deren Sinn.

Jugendschutzgesetz

■ nicht erlaubt □ erlaubt

		Kinder		Jugendliche			
		unter 14 Jahre		unter 16 Jahre		unter 18 Jahre	
		ohne Personensorgeberechtigten oder Erziehungsbeauftragten	mit Personensorgeberechtigten oder Erziehungsbeauftragten	ohne Personensorgeberechtigten oder Erziehungsbeauftragten	mit Personensorgeberechtigten oder Erziehungsbeauftragten	ohne Personensorgeberechtigten oder Erziehungsbeauftragten	mit Personensorgeberechtigten oder Erziehungsbeauftragten
§ 4	Aufenthalt in Gaststätten (Ausnahmen möglich)	■		■		bis 24 Uhr	
	Aufenthalt in Nachtbars, Nachtclubs oder vergleichbaren Vergnügungsbetrieben	■	■	■	■	■	■
§ 5	Anwesenheit bei öffentlichen Tanzveranstaltungen, u. a. Disco (Ausnahmen möglich)	■		■		bis 24 Uhr	
	Tanzveranstaltung. anerk. Träger der Jugendhilfe, zur Brauchtumspflege o. Ä.	bis 22 Uhr		bis 24 Uhr		bis 24 Uhr	
§ 6	Anwesenheit in öffentlichen Spielhallen	■	■	■	■	■	■
	Teilnahme an Spielen mit Gewinnmöglichkeiten von geringem Wert (z. B. Volksfesten)						
§ 9	Abgabe/Verzehr von Branntwein, branntweinhaltigen Getränken und Lebensmitteln	■	■	■	■	■	■
	Abgabe/Verzehr anderer alkoholischer Getränke; z. B. Wein, Bier o. Ä.	■	■	■	●		
§ 10	Rauchen in der Öffentlichkeit	■	■	■	■		
§ 11	Besuch öffentlicher Filmveranstaltungen	bis 20 Uhr		bis 22 Uhr		bis 24 Uhr	
§ 12	Abgabe von Videokassetten und Bildträgern nur entsprechend der Freigabekennzeichnung der Alterssufe						

● Erlaubt nur in Begleitung der Eltern oder des Sorgeberechtigten
Eltern, Personensorgeberechtigter oder Erziehungsbeauftragter sind nicht verpflichtet, alles zu erlauben, was das Gesetz erstattet. Sie tragen bis zur Volljährigkeit die Verantwortung.

Unter **Rechtsfähigkeit** versteht man die Fähigkeit, Träger von Rechten (z. B. Tragen eines Namens) und Pflichten (z. B. Steuern zahlen) zu sein. Sie beginnt beim Menschen mit der Geburt und endet mit dem Tod.

Die **Geschäftsfähigkeit** ist die Fähigkeit von Personen, selbst rechtlich wirksam handeln zu können, z. B. Verträge zu schließen, Testamente zu errichten und Eigentum zu übertragen. Die „volle" Geschäftsfähigkeit des Menschen beginnt mit Vollendung des 18. Lebensjahres. Der Gesetzgeber setzt das Recht erzieherisch ein und führt das Kind bzw. den Jugendlichen langsam an die volle Verantwortlichkeit heran. Man unterscheidet die einzelnen Stufen der Geschäftsfähigkeit:

- **geschäftsunfähig** (bis 6 Jahre)
  Eltern müssen für ihre Kinder handeln.
- **beschränkt geschäftsfähig** (7 bis 17 Jahre)
  Eltern müssen grundsätzlich zustimmen.
- **geschäftsfähig** (ab 18 Jahren)
  Man hat die volle Verantwortlichkeit für Rechtsgeschäfte.

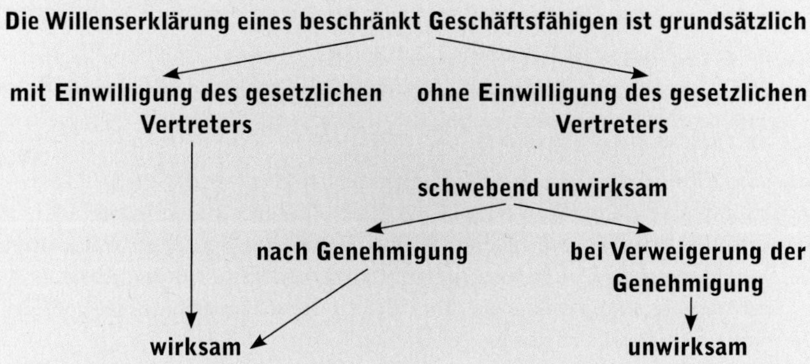

Ausnahmen:

- bei Vorliegen eines rein rechtlichen Vorteils (z.B. Schenkung),
- im Rahmen des Taschengeldes („Barzahlung"),
- im Rahmen von Dienst- und Arbeitsverhältnissen.

Deliktsfähigkeit ist die zivilrechtliche Verantwortlichkeit für eine unerlaubte Handlung.

Straffähigkeit bzw. Strafmündigkeit dagegen ist die strafrechtliche Verantwortlichkeit für die unerlaubte Handlung.

Funktionen des Rechts

- **Schutzfunktion:** Die Rechtsgüter (Leben, Körper, Gesundheit) sollen geschützt werden.
- **Friedensfunktion:** Der gesellschaftliche Frieden soll erhalten bleiben.
- **Ordnungsfunktion:** Konflikte sollen vermieden oder gelöst werden.
- **Erziehungsfunktion:** Das Recht soll zu bestimmten Verhaltensweisen anleiten.

Wichtige Begriffe:
Deliktsfähigkeit
Erziehungsfunktion
Geschäftsfähigkeit
Ordnungsfunktion
Rechtsfähigkeit
Schutzfunktion
Straffunktion

Q

§ 2 Jugendarbeitsschutzgesetz
Kind, Jugendlicher

(1) Kind im Sinne dieses Gesetzes ist, wer noch nicht 15 Jahre alt ist.
(2) Jugendlicher im Sinne dieses Gesetzes ist, wer 15, aber noch nicht 18 Jahre alt ist.
(3) Auf Jugendliche, die der Vollschulzeitpflicht unterliegen, finden die für Kinder geltenden Vorschriften Anwendung.

§ 14 JArbSchG
Nachtruhe

(1) Jugendliche dürfen nur in der Zeit von 6 bis 20 Uhr beschäftigt werden.
(2) Jugendliche über 16 Jahre dürfen
   1. Im Gaststätten- und Schaustellergewerbe bis 22 Uhr [...] beschäftigt werden. [...]
(7) Jugendliche dürfen bei Musikaufführungen, Theatervorstellungen [...] bis 23 Uhr gestaltend mitwirken.

§ 15 JArbSchG
Fünf-Tage-Woche

Jugendliche dürfen nur an fünf Tagen in der Woche beschäftigt werden. Die beiden wöchentlichen Ruhetage sollen nach Möglichkeit aufeinander erfolgen.

§ 16 JArbSchG
Samstagsruhe.

(1) An Samstagen dürfen Jugendliche nicht beschäftigt werden.
(2) Zulässig ist die Beschäftigung Jugendlicher an Samstagen nur

1. In Krankenanstalten, sowie in Alten-, Pflege- und Kinderheimen, [...]
6. im Gaststätten- und Schaustellergewerbe, [...]

Richter

1. Unterscheide folgende Begriffe: Rechts-, Geschäfts- und Deliktsfähigkeit sowie Strafmündigkeit.
2. Erläutere knapp die Stufen der Geschäftsfähigkeit.
3. Warum beschränkt der Gesetzgeber die Geschäftfähigkeit Minderjähriger und unterscheidet dabei zwei Stufen?
4. Welche Tatbestandsmerkmale müssen gegeben sein, um von einer unerlaubten Handlung zu sprechen?
5. Erläutere knapp die Funktionen des Rechts.
6. Wie wird das Zusammenleben in euerer Klasse geregelt? Was könnte noch verbessert werden?
7. Was bedeutet die Abkürzung JuSchG?
8. Lies aufmerksam den Auszug zum Jugendschutzgesetz (S. 144) und diskutiere über deren Sinn mit deinen Eltern und mit Klassenkameraden.
9. Die 15jährige Vanessa bekommt zum Geburtstag von ihrer Patentante 100,00 € geschenkt. Sie möchte sich davon ein Kleid für den Abschlussball des Tanzkurses kaufen. Ihre Eltern sind dagegen. Kann Vanessa einen gültigen Kaufvertrag abschließen?
10. Friedrich (16 Jahre) möchte nach Abschluss der Realschule eine Ausbildung zum Bankkaufmann beginnen. Seine Eltern wollen jedoch, dass er eine Ausbildung zum Landschaftsgärtner anstrebt, da sie eine Gärtnerei besitzen und er ihre Nachfolge antreten soll.
    Braucht er die Zustimmung der Erziehungsberechtigten oder kann er auch gegen deren Willen eine Ausbildung zum Bankkaufmann beginnen?
11. Der 6jährige Felix „schlachtet" heimlich sein Sparschwein und kauft sich in der Eisdiele zwei Kugeln Eis. Seine Eltern möchten vom Inhaber des Eiscafes den Kaufpreis zurück haben. Muss er zahlen? Begründe.
12. Der 5jährige Stefan spielt täglich auf der Straße vor seinem Elternhaus Fußball. Er trifft das Fenster im Nachbarhaus. Die Scheibe zerbricht. Der Sachschaden beträgt 160,00 €. Wer bezahlt den Schaden? Begründe.
13. Unter welchen Bedingungen können Minderjährige wirksame Verträge eingehen? Erläutere die Möglichkeiten jeweils an einem Beispiel.
14. Bei einer Musical-Aufführung wirkt das Geschwisterpaar Julia (12 Jahre) und Hanna (15 Jahre), beide Schülerinnen am musischen Zweig des O.-Gymnasiums, mit. Das Musical wird viermal wöchentlich aufgeführt, am Montag, Mittwoch, Freitag und Samstag. Es beginnt jeweils um 20.00 Uhr und endet um 22.30 Uhr. Ist diese Beschäftigung erlaubt? Ziehe dazu die nebenstehenden §§ des JArbSchG heran.

III Wirtschaftliches und rechtliches Handeln im Unternehmen

1 Entscheidungen bei der Gründung eines Unternehmens

2 Typische Geschäftsprozesse im Unternehmen

3 Rechnungswesen als Grundlage unternehmerischen Handelns

1 Entscheidungen bei der Gründung eines Unternehmens

1.1 Gründungsmotive

Lena und Lukas, beide 25 Jahre alt, arbeiten nach Abschluss ihrer Ausbildung in einem großen Restaurant des berühmten Kochs „Maitre Cuisbon“. Nachdem Lena wieder einmal drei Stunden Spargel geschält hat, trifft sie Lukas, der den ganzen Vormittag damit beschäftigt war, Muscheln zu säubern.
„Ich habe mir meine Arbeit als Köchin anders vorgestellt“, meint Lena. „Maitre Cuisbon kreiert alle neuen Gerichte, wir bereiten nur die Zutaten vor und kochen dann nach seinen Rezepten – er erntet die Lorbeeren! Dabei hätte ich selber genug Ideen für neue Gerichte.“ „Da hast du Recht! Mir geht es genauso, sagt Lukas, schließlich haben wir in unserer Ausbildung auch etwas gelernt. Außerdem könnte uns der Chef die zahlreichen Überstunden, die wir hier machen, ruhig besser bezahlen. Ich überlege schon seit einiger Zeit, ob ich nicht mein eigenes Restaurant aufmache. Wenn ich nur genug Geld für die Pacht und Einrichtung einer Gaststätte hätte!“ Lena, die etwas Geld geerbt hat, überlegt kurz. „Was hältst du davon, wenn wir zusammen ein Restaurant betreiben? Treffen wir uns doch nach der Arbeit und überlegen alles in Ruhe.“
Die anfängliche Idee eines gemeinsamen Restaurants nimmt schnell konkrete Formen an. Da beide ausgezeichnet vegetarisch kochen können, beschließen sie, ein vegetarisches Schnellrestaurant mit dem Namen „WOK* and GO“ zu gründen. Lena und Lukas glauben, mit gesundem Essen, auf das man nicht lange warten muss, in eine **Marktlücke** zu stoßen. Sie beobachten nämlich schon länger, dass der Trend zu mehr Gesundheitsbewusstsein sich zunehmend auch in der Gastronomie bemerkbar macht. Sie sind deshalb davon überzeugt, dass ihr Restaurant Erfolg haben wird.

* WOK = asiatische Bratpfanne mit gerundetem Boden und hochgezogenen Seitenwänden

Die folgende Grafik gibt einen Überblick über die Anzahl der Neugründungen von Betrieben in Deutschland.

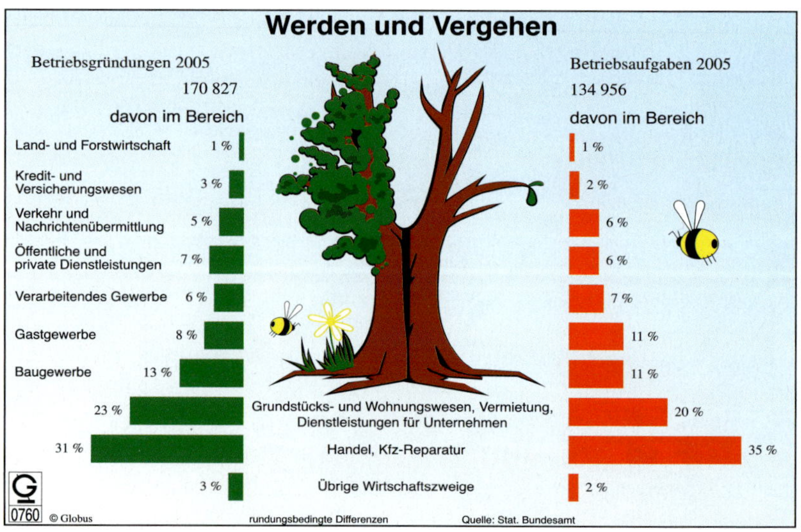

1. Welche Gründungsmotive sind im Text angesprochen?
2. Welche weiteren Motive könnte ein Unternehmensgründer haben?
3. Welche positiven Auswirkungen ergeben sich für Autobesitzer durch die Zunahme an Kfz-Reparaturwerkstätten?

Voraussetzungen für eine Unternehmensgründung

Auf Artikel 12 des Grundgesetzes der Bundesrepublik Deutschland beruht der in unserer Wirtschaftsordnung geltende **Grundsatz der Gewerbefreiheit**. Die Freiheit ist jedoch nicht schrankenlos; durch Gesetze können Grenzen festgelegt werden, wenn dies im Sinne des Allgemeinwohls notwendig erscheint.

Neben den **rechtlichen** sind auch eine Reihe **persönlicher** und **sachlicher** Voraussetzungen zu beachten.

Voraussetzungen der Unternehmensgründung

persönlich	sachlich	rechtlich
Geschäftsfähigkeit	Branche	Anmeldung
Qualifikation	Standort	– Gewerbeamt
– fachlich	Rechtsform	– Handelsregister
– wirtschaftlich	Finanzierung	Befähigungsnachweis
– menschlich		

Die wichtigste **persönliche** Voraussetzung ist die **Geschäftsfähigkeit**, das heißt die Fähigkeit, rechtswirksame Willenserklärungen abgeben zu können (vgl. Seite 126). Diese erwirbt man normalerweise mit Vollendung des 18. Lebensjahres.

Um aber wirklich erfolgreich tätig sein zu können, sind besondere Qualifikationen erforderlich, die durch eine umfassende Schul- und Berufsbildung erworben werden können. Unentbehrlich ist die **fachliche** Qualifikation. Der Unternehmer muss sein Handwerk beherrschen, ob er nun ein Sachgut produziert oder eine Dienstleistung ausübt. Er muss daneben aber auch grundlegende Kenntnisse über **wirtschaftliche Zusammenhänge** haben: über Kostenrechnung und Kalkulation Bescheid wissen, eine Bilanz lesen oder die Entwicklung der allgemeinen konjunkturellen Situation beurteilen können. Schließlich sind auch **menschliche** Qualifikationen gefordert, wenn es um die Führung oder Neueinstellung von Mitarbeitern geht.

Bei den sachlichen Voraussetzungen ist zunächst die **Branche** zu nennen. Welches Gut soll produziert werden? Reelle Chancen bestehen nur, wenn ein neues Produkt auf den Markt gebracht wird, für das bereits eine ausreichende Nachfrage besteht (Marktnische), oder wenn ein bereits vorhandenes Produkt besonders kostengünstig hergestellt werden kann.

Ein Beispiel für eine Marktnische ist der Schnellimbiss WOK and GO von Lena und Lukas. Auch der sog. Cityroller, der heute in jeder Stadt tausendfach benutzt wird, war ein neuartiges, handliches Transportmittel, das zum richtigen Zeitpunkt genau den Bedarf des Marktes getroffen hat.

Die kostengünstige Herstellung bereits vorhandener Produkte kann man bei japanischen Autos, chinesischen Textilien und Werkzeugen, oder bei Schiffen aus Taiwan beobachten. Sie erobern den Markt durch den günstigen Preis. Von großer Bedeutung für den Erfolg sind der **Standort**, an dem produziert (siehe S. 152 ff.), und die **Rechtsform**, in der das Unternehmen geführt wird (siehe Seite 160 ff.). Im engen Zusammenhang mit der Rechtsform steht die Finanzierung.

Q

Art. 12 GG
Alle Deutschen haben das Recht, Beruf, Arbeitsplatz und Ausbildungsstätte frei zu wählen. Die Berufsausübung kann durch Gesetz oder auf Grund eines Gesetzes geregelt werden.

William Henry Bill Gates, geboren am 28.10.1955 in Seattle, gründete sein erfolgreiches Unternehmen „Microsoft" bereits mit 20 Jahren. Schon mit 16 verkaufte er selbst geschriebene Computersprachen, die er zusammen mit seinem Freund Paul Allen in einer Garage entwickelte.

!

1. Welche Voraussetzungen erfüllen Lena und Lukas laut Text?
2. Versuche, mit Hilfe des Internet herauszufinden, mit welchem Trick es Bill Gates gelang, Verträge bereits mit 16 Jahren abzuschließen.

Annuität

Viele Unternehmen scheitern daran, dass sie zu viel Fremdkapital benötigen und irgendwann Zins- und Tilgungszahlungen nicht mehr erbringen können.

Probleme bei der Vorbereitung auf die Selbstständigkeit (in Prozent)

Finanzierung	34,4
Konzept	11,5
Marketing, Marktanalyse	8,2
Aus- und Weiterbildung	6,6
Fehlen geeigneter Gewerberäume	4,9
Genehmigungen	3,3
Information/Beratung	3,3

Quelle: Institut für Mittelstandsforschung Bonn, 1998

Um zu vermeiden, dass die Finanzierung Probleme bereitet, sollte man vorher einen **Kapitalbedarfsplan** aufstellen, in dem alle zu erwartenden Ausgaben erfasst werden.

1. Erkundige dich bei einer Bank nach dem aktuellen Zins für Fremdkapital.
2. Überschlage grob, wie viel ein Unternehmer zurückzahlen muss, wenn er einen Kredit in Höhe von 100.000 € für zehn Jahre aufnimmt. Vergleiche dein Ergebnis mit der Berechnung der Bank (Ergebnis dort erfragen).
3. Warum sind gesetzliche Beschränkungen der Gewerbefreiheit sinnvoll?
4. Welchen Betrieben würdest du Beschränkungen auferlegen?

Was gehört in den Kapitalbedarfsplan?
- Grundstück/Gebäude
- Umbaumaßnahmen
- Maschinen/Geräte
- Geschäfts-/Ladeneinrichtung
- Fahrzeug
- Werbung
- Reserve für Unvorhergesehenes
- Roh-, Hilfs-, Betriebsstoffe
- unfertige Erzeugnisse
- fertige Erzeugnisse
- Forderungen
- Reserve für besondere Belastungen
- Gründungsberatung
- Anmeldungen/Genehmigungen
- Eintrag ins Handelsregister
- Notar
- Zins- und Tilgungskosten
- Privatentnahmen

Erste **rechtliche** Voraussetzung ist die Anmeldung des Unternehmens beim **Gewerbeamt** (Gemeinde). Dieses leitet die Anmeldung an das **Finanzamt** und die **Handwerkskammer** oder die **Industrie- und Handelskammer** weiter. Falls es sich nicht um ein kleines Unternehmen handelt, muss auch die Eintragung in das **Handelsregister** erfolgen. Bei bestimmten Tätigkeiten wird auch ein **Befähigungsnachweis** verlangt: Nur wer die notwendigen Examina erfolgreich abgelegt hat, kann z. B. eine Anwaltskanzlei eröffnen.

Chancen und Risiken der Unternehmensgründung

Nicht immer läuft bei neu gegründeten Unternehmen alles nach Plan. Manchmal müssen Unternehmen oft kurze Zeit nach der Gründung Insolvenz anmelden. Unter Insolvenz versteht man die Zahlungsunfähigkeit wegen Überschuldung. Damit verbunden sind hohe Verluste, die der Unternehmer tragen muss. Weitere Risiken betreffen die Absicherung gegen Krankheit und Unfall sowie die Altersvorsorge. Ein Unternehmer muss sich um die soziale Sicherung selbst kümmern, während ein Angestellter gesetzlich versichert ist.

Den zahlreichen Risiken stehen natürlich auch Chancen gegenüber, wie z. B. einen Arbeitsplatz zu bekommen, ein gutes Einkommen zu erzielen und seine eigenen Ideen zu verwirklichen. Darüber hinaus erlangt man Unabhängigkeit und eventuell einen höheren gesellschaftlichen Status.

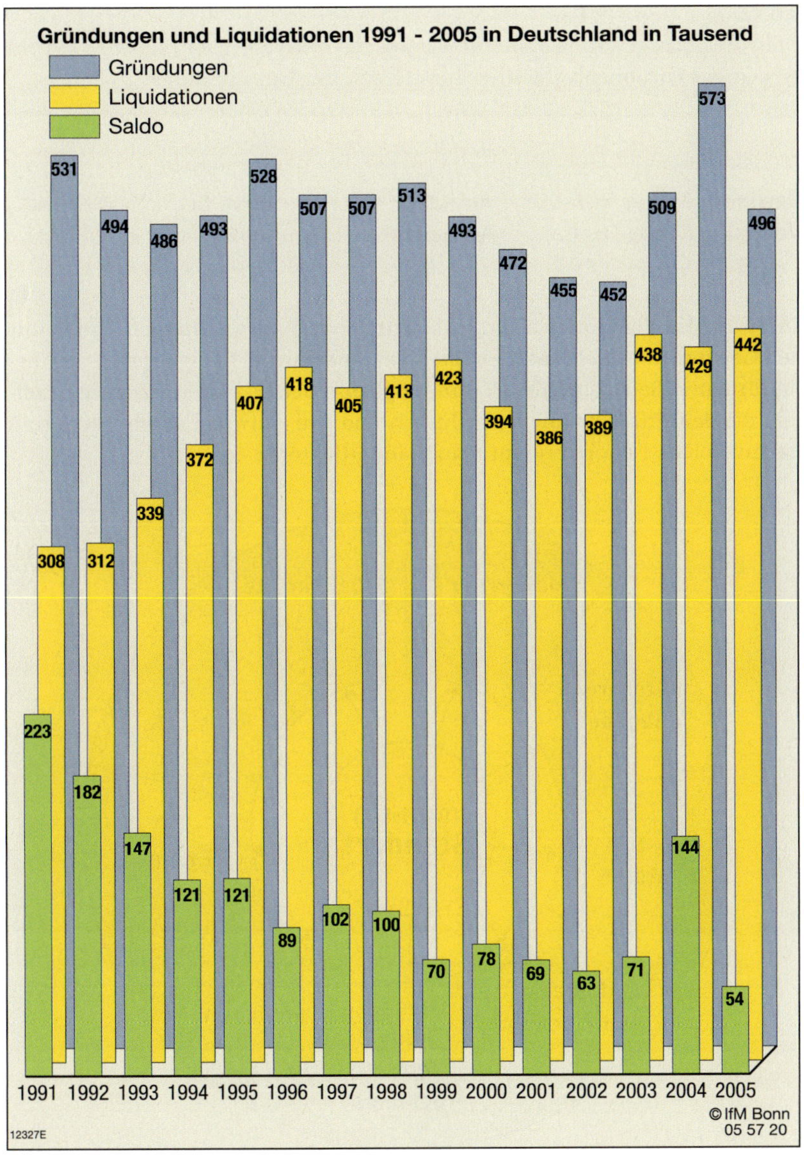

Quelle: Institut für Mittelstandsforschung, Bonn

1. Warum kann man die folgende Aussage anhand der Grafik **nicht** treffen?
   Im Jahr 2001 mussten 15 % der neu gegründeten Unternehmen wieder schließen.
2. Suche nach weiteren Chancen und Risiken einer Neugründung und stelle diese in einer Tabelle gegenüber.
3. Überlege, ob du den Mut aufbringen würdest, selbst ein Unternehmen zu gründen.

1.2 Die Wahl des Standortes

Als Standort für ihr Restaurant „WOK and GO" haben Lena und Lukas eine Straße in einem Geschäftsviertel gewählt, die vom Stadtzentrum aus zu Fuß oder mit dem Rad leicht zu erreichen ist. Nach einem halben Jahr läuft das Restaurant so gut, dass sie ihren Betrieb ausweiten möchten. Dazu eröffnen sie zwei weitere Verkaufsstellen in Form eines Steh-Imbisses und stellen zusätzliche Hilfskräfte ein. Lena mietet einen kleinen Raum am Hauptbahnhof, Lukas eröffnet sein Mini-Restaurant in einer wenig belebten Straße am Rande eines Wohngebietes. Lena meint auf jeden Fall den besseren Standort gewählt zu haben, weil am Hauptbahnhof einfach mehr los ist.
Lena macht in den ersten sechs Monaten tatsächlich doppelt so viel **Umsatz** wie Lukas. Dennoch muss Lena ihren WOK-Imbissstand nach weiteren sechs Monaten wieder schließen, während Lukas einen satten **Gewinn** erzielen kann.
Der von Lukas gewählte Standort war anscheinend doch der bessere. Obwohl er weniger Portionen verkaufen konnte, war der Gewinn höher.

Umsatz = Anzahl der verkauften Einheiten mal Verkaufspreis

Beispiele für Aufwendungen und Erträge:

Aufwendungen	**Erträge**
Personalkosten	Zinserträge
Reinigungskosten	Mieterträge
Werbungskosten	Verkaufserlöse

Gewinn = Ertrag (Umsatz) – Aufwand (Kosten) → wenn Ertrag > Aufwand
Verlust = Ertrag (Umsatz) – Aufwand (Kosten) → wenn Ertrag < Aufwand

Die Wahl des Standortes beeinflusst **Erträge** und **Aufwendungen** und damit den **Gewinn** eines Betriebes. Ein Standort ist demnach dann besonders günstig für einen Betrieb, wenn an ihm möglichst viele Faktoren zusammentreffen, die den Ertrag positiv beeinflussen und den Aufwand möglichst gering halten. Solche Faktoren nennt man **Standortfaktoren**.

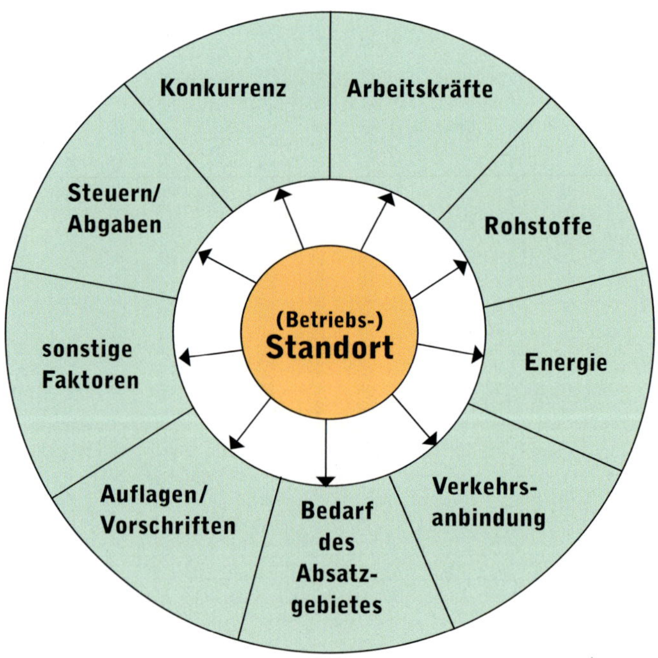

Standortfaktoren

weiche!
Ubiquität

1. Welche hohen Aufwendungen (Kosten) könnten Lena dazu veranlasst haben, ihren Steh-Imbiss wieder zu schließen?
2. Überlege, welche der Standortfaktoren für das Restaurant „WOK and GO" am wichtigsten sind.

Je nach Art des Betriebes ergeben sich unterschiedliche Anforderungen an den Standort. Arbeitsintensive Betriebe werden ihre Produktion möglichst in Länder verlegen, in denen die Lohnkosten niedrig sind (z. B. Textilindustrie). Die folgende Grafik zeigt die Höhe der Lohnkosten im internationalen Vergleich:

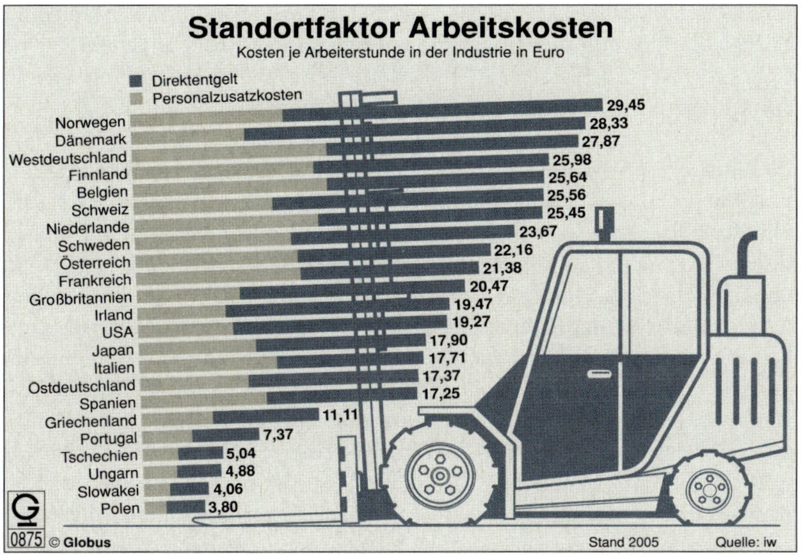

Salzgewinnung in Portugal

Betriebe, die hoch qualifiziertes Fachpersonal benötigen, müssen sich einen Standort aussuchen, an dem dieser hohe Bedarf an Fachkräften gedeckt werden kann (z. B. High-Tech Standort München „Isar Valley"). Orientiert sich ein Betrieb bei seiner Standortwahl hauptsächlich am Faktor **„Arbeitskräfte"**, so spricht man von einem **„arbeitsorientierten"** Betrieb.

Wichtige **Rohstoffe** findet man nicht gleichmäßig über die Erde verteilt, sie stehen nur an bestimmten Lagerstätten zur Verfügung. Je näher ein Betrieb an der Lagerstätte produziert, umso geringer sind die Transportkosten. Ein Betrieb, der Salz durch Verdunsten von Meerwasser gewinnt, wird seinen Standort sicher am Meer wählen, da der Transport des Salzwassers über große Strecken einen hohen Aufwand bedeuten würde **(Rohstofforientierung)**. Das Endprodukt Salz ist wegen des geringeren Gewichts mit weniger Aufwand zu transportieren.

Benötigt ein Betrieb mehrere Rohstoffe, die an verschiedenen Orten lagern, ist das Problem schon nicht mehr so einfach zu lösen, wie das Beispiel der eisenschaffenden Industrie zeigt. Zur Eisenerzeugung sind hauptsächlich Eisenerz und Kohle erforderlich. Lange Zeit war zur Verhüttung wesentlich mehr Kohle als Eisenerz notwendig. Also war es billiger, das Eisenerz zur Kohle zu transportieren. Es entstanden die großen Industriezentren „auf der Kohle"; das Ruhrgebiet, das mittelenglische Industriegebiet, das Industrierevier um Pittsburgh (USA) oder das Donezbecken (Russland). Durch neue Produktionsverfahren konnte die benötigte Kohlemenge wesentlich reduziert werden und es wurde kostengünstiger, Kohle zum Eisenerz zu transportieren. Es entstanden Standorte beim Eisenerz: Sulzbach-Rosenberg (Oberpfalz), Duluth (USA) oder Swerdlowsk (Rußland). Heute befinden sich eisenerzeugende Betriebe wegen der günstigeren Transportkosten an der Küste.

1. München gilt als High-Tech-Zentrum Deutschlands. Stelle dar, welche Standortvorteile München aufweisen kann.

2. Ein Engpass bei den IT-Fachkräften verursachte einen weltweiten Wettbewerb um die besten Programmierer. Deutschland versuchte indische Fachkräfte mit der „Greencard" und hohen Löhnen nach Deutschland zu locken. Wie könnte man solche Engpässe in Zukunft vermeiden?

3. Ein Teil des in Deutschland verbrauchten Zuckers wird aus Zuckerrüben hergestellt. Informiere dich über die Standorte der Zuckerfabriken und erkläre, warum genau diese Standorte gewählt wurden.

4. Die stahlverarbeitenden Betriebe suchten früher den tonnenkilometrischen Minimalplatz als günstigsten Standort. Was versteht man darunter?

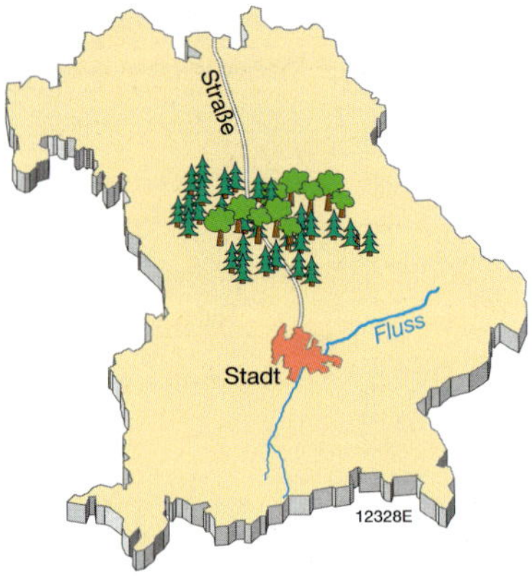

1. Suche für jeden Betrieb den passenden Standort:
   a) Sägewerk,
   b) Weberei,
   c) Köhlerei.

2. Früher konnte man leicht verderbliche Waren (Milchprodukte, Frischgemüse, Fisch) nur in der Nähe der Produktionsstätten erwerben. Durch eine nahtlose Kühlkette ist es heute kein Problem mehr, griechischen Joghurt, Fisch aus Norwegen oder exotische Früchte aus der ganzen Welt im Supermarkt einzukaufen. Überlege, welche Vor- und Nachteile die jederzeitige Verfügbarkeit verderblicher Waren dem Verbraucher bringt.

Die **Energie** spielte früher bei der Standortwahl eine wesentlich größere Rolle. Sägewerke, Hammerschmieden und Getreidemühlen fand man fast ausschließlich am Ufer gefällreicher Flüsse (z. B. Pegnitz, Vils, Saale). Seit der Erfindung der Dampfmaschine im Jahr 1764 sind Betriebe nicht mehr auf das Vorhandensein von Wasserkraft angewiesen. Nachdem heute vorwiegend elektrische Energie verwendet wird, die über Leitungen bequem transportiert werden kann und daher überall zur Verfügung steht, spielt die **Energieorientierung** nur mehr eine untergeordnete Rolle. Trotzdem hat ein Sägewerk, das mit Wasserkraft betrieben wird, weniger Energieaufwand als ein mit Dieselmotor ausgestattetes Unternehmen.

Zu einer guten **Verkehrsanbindung** zählen Straßen, Bahnlinien, Häfen und Flugplätze. Umschlagplätze oder Verkehrsknotenpunkte bilden bevorzugte Standorte für **verkehrsorientierte** Betriebe. Kaffeeröstereien und Raffinerien finden sich häufig in Hafennähe. Der Vorteil liegt darin, dass zusätzliche Umladekosten am Brechpunkt zwischen See- und Binnenverkehr entfallen. Factory Outlet Center (Fabrikverkauf) wählen ihren Standort häufig an Autobahnkreuzen und an Ausfallstraßen von Großstädten, wo sie mit dem Pkw gut erreichbar sind. Weltweit tätige Dienstleistungsunternehmen suchen die Nähe von bedeutenden Flughäfen, um möglichst viele Direktverbindungen zu den Weltwirtschaftszentren nutzen zu können.

Der **Bedarf des Absatzgebietes** ist für Betriebe entscheidend, die ihr Produkt nur im näheren Umkreis verkaufen können, da ein weiter Transport mit zu hohen Kosten verbunden oder nicht realisierbar wäre (z. B. Zementwerk, Gaststätte). Im Zuge der Globalisierung haben große, weltweit agierende Industrieunternehmen den unmittelbaren Kontakt zum Abnehmer verloren. Wenn Güter nach China, Russland oder Südafrika geliefert werden, spielt es keine Rolle, ob sie in Deutschland oder Frankreich produziert werden.

Im Allgemeinen meiden Unternehmen Standorte, an denen bereits viel **Konkurrenz** vorhanden ist, da sich die vorhandene Nachfrage auf alle verteilt und der Einzelne somit weniger Umsatz macht (z. B. Gaststätten, Apotheken ...). In Einkaufszentren sieht man dennoch häufig konkurrierende Geschäfte nebeneinander. Durch die Ballung von Geschäften werden Kunden aus weitem Umkreis angelockt (große Auswahl, kurze Wege zu verschiedenen Geschäften, Parkmöglichkeiten), sodass die Nachfrage an diesem Standort trotz Konkurrenz höher ist als an einem anderen Standort.

Einkaufszentrum

Vor allem Betriebe, die durch Lärm, Abgas- oder Abwasseremissionen eine Belastung für Mensch und Natur darstellen, wählen Deutschland wegen der dort herrschenden relativ strengen **Auflagen** und **Vorschriften** nicht als Standort. Solche Betriebe versuchen in Länder auszuweichen, in denen die Umweltvorschriften weniger streng sind, um den hohen Aufwand für Luftfilter, Kläranlagen oder Lärmschutz zu vermeiden.

1. Sind die relativ strengen Auflagen und Vorschriften in Deutschland für die Betriebe ein Vor- oder ein Nachteil?

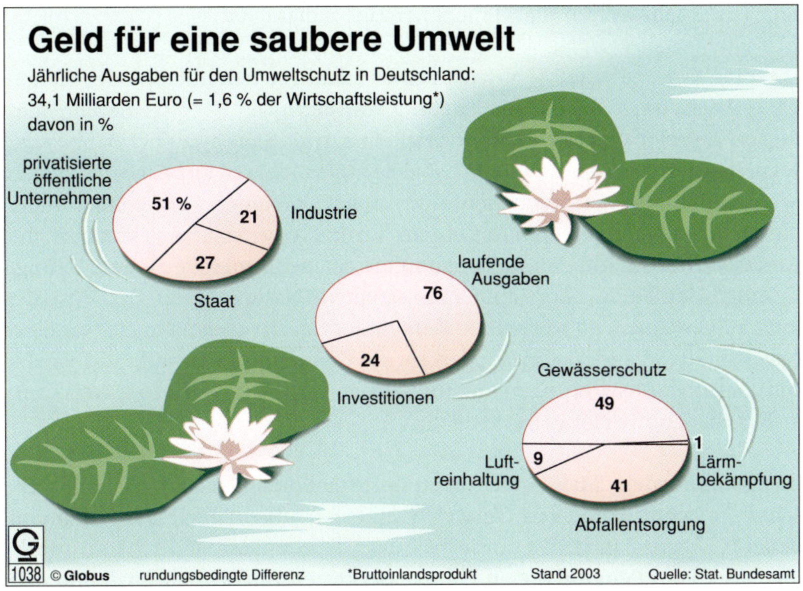

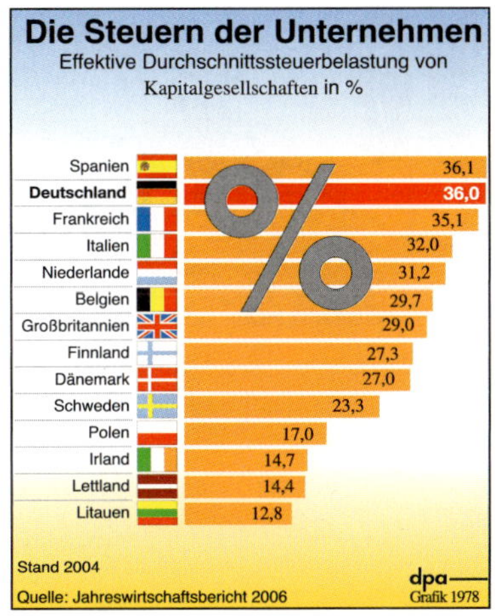

Die Steuerbelastung eines Betriebes kann regional sehr unterschiedlich sein. So wird etwa die Gewerbesteuer von den Gemeinden festgelegt und kann unterschiedlich hoch sein. Um bestimmte Gebiete zu fördern, kann der Staat Steuererleichterungen gewähren. Aber auch international kann die Steuerbelastung, insbesondere die Einkommensteuer, stark differieren. In Deutschland sind z. B. hohe Steuern zu bezahlen. Betriebe, die sich in ihrer Standortwahl danach richten, sind **abgabenorientiert**.

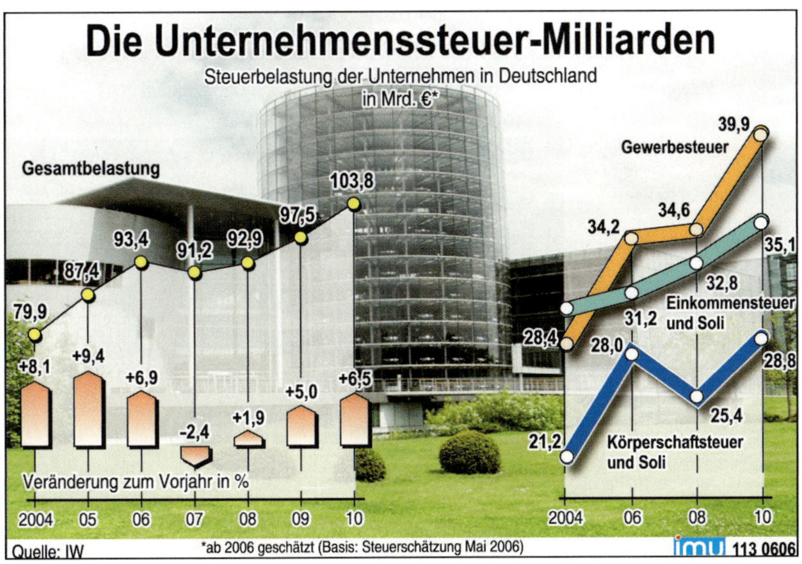

Die bisher erwähnten Standortfaktoren beeinflussen in starkem Maße **Aufwand** und **Ertrag** und damit letztendlich den **Gewinn** eines Betriebes. Die **„weichen Standortfaktoren"** berücksichtigen auch andere standortspezifische Gegebenheiten, wie zum Beispiel die Freizeit- und Erholungsmöglichkeiten oder die Nähe zu Freunden und Verwandten, die keinen direkten Einfluss auf den Gewinn haben. Ein Unternehmer, der sich bei der Wahl des Standortes jedoch zu sehr an den weichen Standortfaktoren orientiert, läuft Gefahr, dass sein Unternehmen am Markt nicht konkurrenzfähig ist.

Der Wettbewerb der Standorte

Einzelne Regionen und Gemeinden eines Landes stehen miteinander im heftigen Wettbewerb um die Ansiedelung von Betrieben. Jede Gemeinde oder Region betreibt deshalb **Standortmarketing** (vgl. Seite 192 ff.). Dabei wird versucht, durch Werbung möglichst viele Unternehmen zur Ansiedelung zu gewinnen. Die Unternehmen bringen den Gemeinden Steuereinnahmen, die sie dringend benötigen. Außerdem werden Arbeitsplätze geschaffen, die Arbeitskräfte aus anderen Regionen in die eigene Gemeinde ziehen. Gelingt es einer Gemeinde über Jahre hinweg, neue Unternehmen zur Ansiedelung zu gewinnen, so wächst die Gemeinde. Gelingt dies nicht, so wandern Arbeitskräfte in andere Gemeinden ab, die Gemeinde schrumpft, was wiederum negative Auswirkungen auf dort bereits ansässige Betriebe haben kann (z. B. Lebensmittelladen, Bäckerei ...).

In zunehmendem Maße spielt auch der Standort einer ganzen Volkswirtschaft im internationalen Vergleich eine wichtige Rolle. Die Erhaltung unseres Lebensstandards erfordert es, dass der Standort Deutschland attraktiv bleibt. Vor allem die hohen Lohnzusatzkosten zählen aber zu den Standorthandicaps in Deutschland. Die Betriebe müssen im Schnitt etwa 80% des eigentlichen Stundenlohns für soziale Extras zusätzlich zahlen. Dabei geht es um Arbeitgeberbeiträge zur Sozialversicherung, Lohnfortzahlung im Krankheitsfall, Urlaubsgeld, vermögenswirksame Leistungen und andere betriebliche Sozialleistungen. Niedrige Strompreise für industrielle Verbraucher, relativ geringe Telekommunikationskosten, niedrige Körperschaftsteuern und wenig Arbeitskämpfe sind dagegen Pluspunkte, die den Standort Deutschland für Unternehmen attraktiv machen.

1. Für welche Arten von Unternehmen ist deine Heimatgemeinde besonders geeignet? Sammle Argumente und stelle diese mit Hilfe eines Präsentationsprogrammes möglichst attraktiv dar, um viele neue Unternehmen anzuziehen.

2. Überlege, wo man die Präsentation vorführen sollte, um viele potenzielle „Kunden" anzusprechen.

3. Suche weitere Standortfaktoren, die Deutschland für Unternehmen interessant macht.

Audi-Werk in Ingolstadt

1. Welche Standortfaktoren kannst du auf dem Foto erkennen?
2. Informiere dich in einer Kleinbrauerei über deren Bedarf an Arbeitskräften und Rohstoffen.
3. Ordne die Standortfaktoren den Spalten „+" (Vorteil) und „-" (Nachteil) zu.
4. Entscheide, welcher der beiden Standorte für die Brauerei günstiger ist.
5. Übertrage die vereinfachte Standortanalyse in ein Tabellenkalkulationsprogramm und versuche mit sinnvollen Gewichtungen der einzelnen Faktoren zum richtigen Ergebnis zu kommen.

Das folgende Beispiel beschreibt eine stark vereinfachte Standortanalyse. Normalerweise werden wesentlich mehr Variablen berücksichtigt – die Entscheidungsfindung wird mit steigender Komplexität schwieriger!

Der Sohn eines fränkischen Braumeisters, der eine Amerikanerin geheiratet hat, möchte in den USA eine kleine Brauerei gründen. Die Nachfrage nach deutschem Bier, so glaubt er, ist dort bestimmt groß. Als Standort bieten sich zwei Alternativen an, da seine Frau an beiden Orten einen Job bekommen könnte. Um sich die Entscheidung zu erleichtern, stellt er die Vor- und Nachteile der beiden Standorte gegenüber.

Standort A			**Standort B**		
	+	-		+	-
hohe Lohnkosten	?	?	niedrige Lohnkosten	?	?
wenig qualifizierte Arbeitskräfte	?	?	qualifizierte Arbeitskräfte	?	?
geringe Steuerbelastung	?	?	geringe Steuerbelastung	?	?
Rohstoff „gutes Wasser"	?	?	Rohstoff „gutes Wasser"	?	?
kein Hopfenanbau in der Nähe	?	?	Rohstoff Hopfen	?	?
wenig Konkurrenz	?	?	viel Konkurrenz	?	?
viele Gaststätten	?	?	wenige Gaststätten	?	?

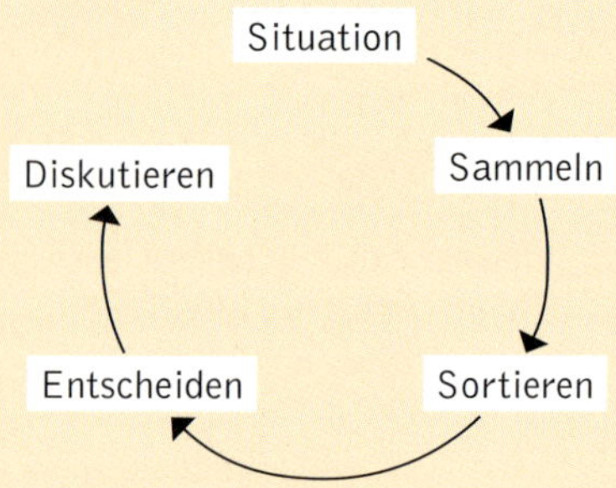

Ablauf einer Fallstudie

Die Firma Hiltl & Co., eine industrielle Unternehmung zur Herstellung von Herrenhosen, möchte ihren Betrieb erweitern und dazu ein neues Zweigwerk errichten. Die Planungen dafür sind bis zu dem Punkt vorangeschritten, wo eine Entscheidung über den künftigen Standort des Zweigwerkes getroffen werden muss. Der Leiter der Abteilung „Standortanalyse" hat sich folgende Informationen beschafft, die er zur Vorbereitung dieser wichtigen Entscheidung benötigt:

- Die Kostenstruktur des Betriebes während der letzten Jahre; von den Gesamtkosten entfielen auf
  - Rohmaterialien 35 %
  - Löhne und Gehälter 47 %
  - Abschreibungen 5 %
  - Steuern 3 %
  - Sonstige Kosten 10 %
- Die Produkte des Zweigwerkes (Hosen) werden weder an die Verbraucher direkt, noch an Einzelhändler geliefert, sondern an mehrere, über das ganze Bundesgebiet verstreut liegende Großhandelsunternehmen.
- Um keine Aufträge an die Konkurrenz zu verlieren, muss rasch geliefert werden können. Schnelle Verkehrsverbindungen sind daher wichtig.
- Das neue Zweigwerk gibt kaum Schadstoffe an die Umwelt ab, besondere Auflagen von Seiten der Behörden sind nicht zu erwarten.
- Der Flächenbedarf für die gesamte Werksanlage beträgt ca. 12.500 qm (Vergleich: Stammwerk: 50.000 qm).

Drei mögliche Standorte wurden bereits in die engere Wahl gezogen. Aus ihnen soll nun der optimale ausgewählt werden.

1. Alternative Ottobrunn bei München

Beschreibung: Infolge starken Zugangs von Industriebetrieben in das Münchner Umland sind Gewerbeflächen rar und teuer; mehrere Autobahn- und Eisenbahnstrecken verlaufen in unmittelbarer Nähe; der Flughafen „Franz Josef Strauß" ist ebenfalls leicht zu erreichen. Lohnkosten liegen etwa 5 % über dem Bundesdurchschnitt, Arbeitskräfte mit entsprechender Qualifikation sind relativ knapp; Führungskräfte bevorzugen diesen Raum wegen des hohen Freizeitwertes; mit München liegt einer der größten Absatzmärkte in der Nähe; Steuererleichterungen o. Ä. sind kaum zu erwarten.

Konfrontation

Information

2. Alternative: Neustadt / Waldnaab

Beschreibung: Die Verkehrslage hat sich in den vergangenen Jahren etwas gebessert, da ein Anschluss an die A9 (München-Berlin) besteht; problematisch bleibt jedoch die große Entfernung zu den meisten wichtigen Wirtschafts- und Absatzgebieten Deutschlands; die Beschaffung von Rohmaterialien würde sich dadurch gegenüber Ottobrunn kaum verteuern, dass gemeinsame Bestellungen mit anderen Textil- und Bekleidungsbetrieben der nördlichen Oberpfalz möglich wären; Finanzierungshilfen und Steuererleichterungen sind nach der Grenzöffnung zu Tschechien ebenfalls entfallen; billige Bebauungsflächen für ansiedlungswillige Betriebe sind ausreichend vorhanden; infolge hoher Arbeitslosigkeit herrscht ein Überschuss an Arbeitskräften, eventuell können auch Arbeitskräfte aus dem benachbarten Tschechien zu günstigen Bedingungen eingesetzt werden.

3. Alternative: Brunsbüttel an der Elbe (bei Hamburg)

Beschreibung: Der Standort bietet einen billigen Antransport der Rohmaterialien per Schiff (Lage an der Unterelbe) vor allem aus Übersee; jedoch besteht kein Autobahnanschluss; der Hamburger Raum mit ca. 2 Mio Einwohnern ist 80 km entfernt; Investitionshilfen für ansiedlungswillige Betriebe gibt es nicht, es sind größere Industrieflächen ausgewiesen, die günstig erworben werden können; wegen hoher Arbeitslosigkeit sind Arbeitskräfte in ausreichendem Umfang vorhanden; das Lohnniveau entspricht etwa dem Bundesdurchschnitt.

1. Aufgabe: Stelle fest, welche Standortfaktoren bei der Wahl des neuen Betriebsstandortes berücksichtigt werden müssen.
2. Aufgabe: Übertrage die unten stehende Entscheidungstabelle in dein Heft. Beurteile die Standortfaktoren, die zu berücksichtigen sind, bei jeder der drei Alternativen. Dazu stehen dir folgende „Noten“ zur Verfügung:

++ sehr gut
+ gut
o durchschnittlich
– schlecht
– – ganz schlecht

Entscheidungstabelle:

Kriterien	Gewicht	Alternativen		
		?	?	?
?	?	?	?	?
?	?	?	?	?
?	?	?	?	?
?	?	?	?	?
?	?	?	?	?

(Quelle: Schiller, G.: Seminarveranstaltung Wirtschaftsdidaktik, Sommersemester 2002, Universität Bayreuth)

Exploration

Resolution

Disputation

1.3 Die Wahl der Rechtsform

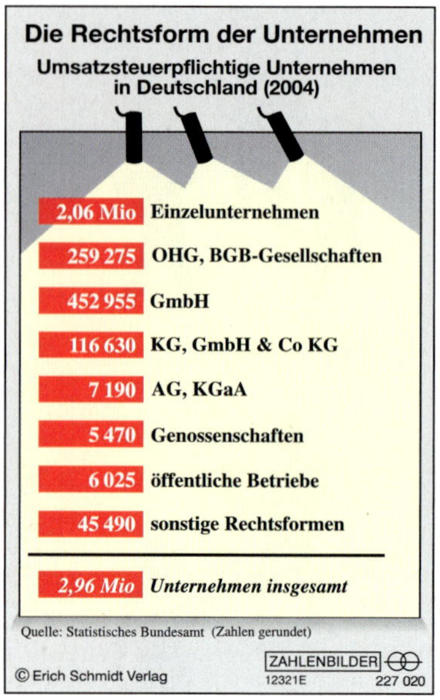

Lena und Lukas sind beide gemeinsam für die Leitung der Gaststätte „WOK and GO" zuständig. Sie sind ihre eigenen Chefs und treffen alle wichtigen Entscheidungen gemeinsam. Den Gewinn teilen sie gleichmäßig untereinander auf. Lukas würde gerne noch weitere Stehimbiss-Läden eröffnen, während Lena nach ihren schlechten Erfahrungen gegen neue Stehimbiss-Buden ist. Deshalb beschließen sie, die Stehimbiss-Kette vom bisherigen Unternehmensbereich zu trennen und unabhängig voneinander zu führen. Das Restaurant „WOK and GO" soll weiterhin gemeinsam geleitet werden.
Lukas will mit seinem neuen Unternehmen kein hohes Risiko eingehen und lässt sich deshalb von einem Steuerberater über die verschiedenen Gestaltungsmöglichkeiten der Rechtsform beraten. Lena kommt auch mit zu diesem Gespräch, bei dem sie recht interessante Dinge erfahren. So wussten sie zum Beispiel nicht, dass ihr Restaurant bisher rechtlich eine OHG war. Nach eingehender Beratung beschließen die beiden, sowohl die Stehimbiss-Kette als auch das Hauptrestaurant in Form einer GmbH weiter zu führen.

Unter Rechtsform versteht man die **wirtschaftlich-rechtliche Ausgestaltung** eines Unternehmens. Folgende Aspekte spielen dabei eine Rolle:

- **Eigentumsverhältnisse**
  Wer ist in welcher Form Eigentümer des Unternehmens?
- **Leitungsbefugnisse**
  Wer trifft die unternehmerischen Entscheidungen und wer vertritt das Unternehmen nach außen?
- **Erfolgsbeteiligung**
  Wie wird der Gewinn verteilt, wer trägt den Verlust?
- **Fragen der Haftung**
  Wer trägt die Verantwortung den Gläubigern gegenüber?
- **Möglichkeiten der Finanzierung**
  Welche Möglichkeiten der Kapitalbeschaffung hat das Unternehmen?

Die Wahl der richtigen Rechtsform kann maßgebend für Erfolg oder Misserfolg einer Firma sein. Die Entscheidung ist bei der Gründung zu treffen und laufend zu überprüfen. Die Firma ist im rechtlichen Sinne der Name, unter dem ein Unternehmen tätig wird und in der Öffentlichkeit bekannt ist. Solch ein Firmenname hat eine große wirtschaftliche Bedeutung, da man sich damit von anderen Unternehmen unterscheiden kann. Nach dem Handelsrecht (steht im HGB = Handelsgesetzbuch) haben alle im Handelsregister eingetragene Firmen die freie Wahl, sich einen werbewirksamen und einprägsamen Firmennamen zu geben. Sie müssen dabei nur auf eine deutliche Unterscheidungsmöglichkeit zu anderen Firmen achten und dürfen nicht irreführend sein. Viele Unternehmen beanspruchen den Firmennamen auch als Domain für ihre Internetauftritte, was manchmal zu Streitigkeiten mit Privatpersonen führen kann, die den gleichen Namen haben. Außerdem muss aus dem Firmennamen hervorgehen, wer im Unternehmen das Sagen hat und wer im Falle einer Insolvenz (= Zahlungsunfähigkeit) für die Schulden eintritt (= haftet). Diese Information enthält das Kürzel, das jedem Firmennamen angehängt werden muss **(Rechtsformzusatz)**. Der korrekte Firmenname für die Stehimbissbuden von Lukas müsste folglich „WOK and GO GmbH" lauten.

1. Informiere dich im Internet über die Mischform GmbH & Co KG.
2. Berechne, wie viel Prozent der Unternehmen die Rechtsform der Einzelunternehmung und wie viele die der GmbH haben.
3. Erstelle anhand der gegebenen Daten mit einem Tabellenkalkulationsprogramm ein geeignetes Diagramm.
4. Der Name (Namenszusatz) einer Firma verrät die Rechtsform. Suche in den Gelben Seiten nach Firmen in deiner Nähe. Welche Rechtsform wird am häufigsten verwendet?

Einzelunternehmung

Gründung:
- ein Eigentümer
- kein Mindestkapital

Gewinn/Verlust:
Beides betrifft allein den Eigentümer.

Haftung:
Der Eigentümer haftet uneingeschränkt mit gesamtem Betriebs- und Privatvermögen.

Leitungsbefugnis:
Der Eigentümer trifft alle Entscheidungen und trägt die Verantwortung.

Finanzierungspotenzial:
Banken sind zurückhaltend mit Krediten (eine Person = hohes Ausfallrisiko), eigene Gewinne müssen über längeren Zeitraum gespart werden; also beschränkte Möglichkeiten.

Besteuerung:
Der Eigentümer ist einkommensteuerpflichtig, sobald ein Gewinn entsteht.

Neben den bereits genannten Finanzierungsmöglichkeiten besteht für eine Einzelunternehmung noch eine weitere Möglichkeit zur Beschaffung von Kapital, die Aufnahme eines **stillen Gesellschafters**.

Wer nicht als Einzelunternehmer tätig werden will, weil sein Unternehmen aus mehreren Personen aufgebaut werden soll, der muss sich für eine Rechtsform innerhalb der Gesellschaften entscheiden.

Personengesellschaften
Gesellschaften haben mehrere Eigentümer. Bei Personengesellschaften spielt die Persönlichkeit des Miteigentümers (Gesellschafters) eine große Rolle, da dieser normalerweise Leitungsbefugnisse hat und deshalb großen Einfluss auf die Entwicklung des Unternehmens nehmen kann.

Offene Handelsgesellschaft (OHG)

Gründung:
- mindestens zwei Gesellschafter
- kein Mindestkapital

Gewinn/Verlust:
Jeder erhält zunächst 4 % seines Kapitals als Gewinnanteil, der Rest wird nach Köpfen aufgeteilt (oder abweichende vertragliche Regelung). Ein Verlust wird nach Köpfen verteilt.

Haftung:
Die Gesellschafter haften
- unbeschränkt (mit gesamtem Vermögen)
- unmittelbar und
- solidarisch (jeder für alle).

Leitungsbefugnis:
Alle Gesellschafter sind zur Leitung berechtigt und verpflichtet, Einzelheiten werden im Vertrag geregelt.

Finanzierungspotenzial:
zusätzliches Eigenkapital durch Aufnahme neuer Gesellschafter; Banken gewähren eher Kredite, da mehrere Personen haften.

Besteuerung:
Die Gesellschafter sind einkommensteuerpflichtig, sobald ein Gewinn entsteht.

Der **stille Gesellschafter** bringt nur Kapital in das Unternehmen (Einzelunternehmung oder Personengesellschaft) ein und erhält dafür einen vereinbarten Gewinnanteil. „Still" nennt man ihn deshalb, weil er nach außen nicht sichtbar wird und kein Mitspracherecht hat.

Trifft ein Gesellschafter eine Entscheidung (z. B. den Verkauf einer Maschine), zu der er laut Gesellschaftsvertrag nicht allein berechtigt wäre (Innenverhältnis), so ist der Kaufvertrag gegenüber dem Käufer dennoch gültig (Außenverhältnis).
Diese Regelung ist deshalb sinnvoll, weil ein Außenstehender dann nicht extra den Gesellschaftsvertrag lesen muss, um entscheiden zu können, ob ein mit dieser Person geschlossener Vertrag auch gültig ist.

Verursacht ein Gesellschafter einer OHG im Dienst betrunken einen Unfall mit hohem Sachschaden, so haftet der andere Gesellschafter uneingeschränkt für diesen Schaden mit.

1. Welchen Rechtsformzusatz muss eine Einzelfirma haben?
2. Welche Probleme könnten für einen Einzelunternehmer bei der Suche nach einem stillen Gesellschafter auftreten?

GbR (Gesellschaft des bürgerlichen Rechts): Ein Zusammenschluss mindestens zweier Personen zur Verfolgung eines gemeinschaftlichen Zweckes ist bereits ausreichend, um eine GbR zu begründen.

Kommanditgesellschaft (KG)

Gründung:
- mindestens zwei Gesellschafter
- kein Mindestkapital

Gewinn/Verlust:
Jeder erhält zunächst 4% seiner Kapitaleinlage als Gewinnanteil, der Rest wird nach Köpfen aufgeteilt (oder abweichende vertragliche Regelung).

Haftung:
- Komplementäre (Vollhafter) haften unbeschränkt, unmittelbar, solidarisch.
- Kommanditisten (Teilhafter) haften nur mit ihrer Kapitaleinlage.

Leitungsbefugnis:
Nur Komplementäre sind zur Leitung berechtigt und verpflichtet.

Finanzierungspotenzial:
- Aufnahme neuer Kommanditisten
- je mehr Eigenkapital, desto eher geben Banken Kredite

Besteuerung:
Die Gesellschafter sind einkommensteuerpflichtig, sobald ein Gewinn entsteht.

Notar
Ein Notar ist eine unabhängige Person, die Rechtsvorgänge (z. B. Grundstücksverträge, Testamente) beurkundet (Urkundsbeamter). Er informiert und betreut die Ratsuchenden in Rechtsfragen. Notare müssen die Befähigung zum Richteramt haben.

Kapitalgesellschaften sind juristische Personen, d.h., sie sind eigenständig Träger von Rechten und Pflichten und nicht an die Person der Gesellschafter gebunden.

Gesellschaft mit beschränkter Haftung (GmbH)

Gründung:
- einer oder mehrere Gesellschafter
- 25.000 € Stammkapital
- notariell beurkundeter Gesellschaftsvertrag

Gewinn/Verlust:
Über die Gewinnausschüttung entscheidet die Gesellschafterversammlung. Der ausgeschüttete Gewinn wird je nach Gesellschaftsanteilen verteilt.

Haftung:
Die Gesellschafter haften nur in Höhe ihrer Einlage (beschränkte Haftung).

Leitungsbefugnis:
Ein oder mehrere Geschäftsführer, die nicht Gesellschafter sein müssen.

Finanzierungspotenzial:
- Aufnahme neuer Gesellschafter (Mindesteinlage 100 €)
- Erhöhung der Einlagen

Besteuerung:
Der Gewinn unterliegt der Körperschaftsteuer.

1. Informiere dich im Internet genauer über die Rechtsform der GbR.
2. Informiere dich im Internet (Suchbegriffe: GmbH, Gründung, Kosten), wie viel die Gründung einer GmbH in Deutschland kostet.
   Zum Vergleich: In Irland kostet die Gründung einer GmbH einen Euro und dauert nur sieben Tage.

Als juristische Person handelt die GmbH nicht automatisch durch ihre Gesellschafter, sondern benötigt Handlungsorgane. Die Geschäftsführer werden von der Gesellschafterversammlung bestellt und können auch wieder abberufen werden. Die Gesellschafterversammlung kontrolliert die Geschäftsführer und entscheidet über die Gewinnverteilung (Bei mehr als 500 Arbeitnehmern muss zusätzlich ein Aufsichtsrat eingerichtet werden). Das Stimmrecht der Gesellschafter bemisst sich nach der Höhe der Kapitaleinlage.

Mit der Industrialisierung in der zweiten Hälfte des 19. Jahrhunderts entstanden in Deutschland die ersten Aktiengesellschaften. Das zur Gründung eines großen Industriebetriebes notwendige Kapital kann in der Regel nicht von einer oder wenigen Personen aufgebracht werden. Ein großer Betrag kann aber auch durch kleine Beträge vieler Geldgeber zustande kommen.

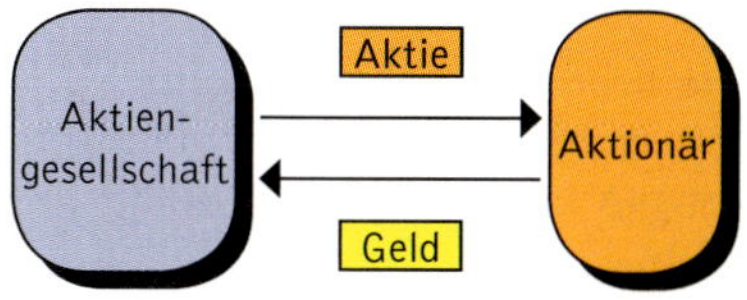

Eine Aktiengesellschaft verkauft Anteilscheine **(Aktien)** und erhält Geld, mit dem sie Investitionen finanzieren kann. Der Käufer wird Miteigentümer **(Aktionär)** des Unternehmens in Höhe des **Nennwertes** seiner Aktien. Der Mindestnennwert einer Aktie beträgt 1 €, höhere Aktiennennbeträge müssen auf volle Euro lauten. Wer also zehn Aktien zum Nennwert von 50 € kauft, ist mit 500 € an der Aktiengesellschaft beteiligt. Die Summe der Nennwerte aller Aktien bezeichnet man als **gezeichnetes Kapital**.

Der **Aufsichtsrat** besteht zum einen Teil aus Aktionären, die von der Hauptversammlung gewählt werden, zum anderen Teil aus Vertretern der Arbeitnehmer (Vertretung der Kapitaleigner und Arbeitnehmer).

Aktiengesellschaft (AG)

Gründung:
- ein oder mehrere Gründer
- mindestens 50.000 € gezeichnetes Kapital

Gewinn/Verlust:
Über die Gewinnverwendung entscheidet der Vorstand (bis 50 % können einbehalten werden). Der auszuschüttende Betrag wird durch die Anzahl der Aktien geteilt und entsprechend an die Aktionäre ausgezahlt (Dividende).

Haftung:
beschränkt auf Eigenkapital = gezeichnetes Kapital + einbehaltener Gewinn (Gewinnrücklagen).

Leitungsbefugnis:
es gibt drei Organe:
Vorstand, Aufsichtsrat und Hauptversammlung

Finanzierungspotenzial:
- Kapitalerhöhung durch den Verkauf neuer Aktien
- Kreditvergabe durch Banken unproblematisch

Besteuerung:
Der Gewinn unterliegt der Körperschaftsteuer.

Aktien: Dem Aktionär gehört ein Teil des Unternehmens.

Organe der AG:
Vorstand als Leitungsorgan
- eigenverantwortliche Leitung
- eine oder mehrere Personen
- Berichterstattung an den Aufsichtsrat
- Einberufung der Hauptversammlung

Aufsichtsrat als Überwachungs- und Bestellorgan
- Wahl und Überwachung des Vorstandes
- Berichterstattung an Hauptversammlung

Hauptversammlung als Beschlussorgan
- Aktionärsvertretung
- Abstimmung über Gewinnverwendung
- kommt einmal im Jahr zusammen
- Wahl der Aktionäre in den Aufsichtsrat
- Entlastung des Aufsichtsrats und des Vorstands

Christian verfolgt den Aktienkurs.

Die größten deutschen AG:
Adidas AG
Allianz AG
Altana AG
BASF AG
Bayer AG
BMW AG
Commerzbank AG
Continental AG
DaimlerChrysler AG
Deutsche Bank AG
Deutsche Börse AG
Deutsche Lufthansa AG
Deutsche Post AG
Deutsche Telekom AG
E.ON AG
Fresenius Medical Care AG & Co. KGaA St
Henkel KGaA
Hypo Real Estate Holding AG
Infineon Technologies AG
Linde AG
MAN AG
Metro AG
Münchener Rück AG
RWE AG
SAP AG
Schering AG
Siemens AG
ThyssenKrupp AG
TUI AG
Volkswagen AG

Sind die Aktien einer AG zum Börsenhandel zugelassen, werden sie über eine Wertpapierbörse gehandelt. Möchte ein Aktionär nicht mehr Miteigentümer einer AG sein, kann er seine Anteile an der Börse besonders einfach und schnell wieder verkaufen. Als **Kurswert** wird der Preis bezeichnet, zu dem die Aktie an der Börse gehandelt wird. Geht es einer AG wirtschaftlich sehr gut, sind ihre Aktien begehrt und der Kurswert wird weit über dem Nennwert liegen. Gelingt es einem Aktionär, seine Aktien zu einem höheren Kurs zu verkaufen, erzielt er einen Gewinn. Dieser **Spekulationsgewinn** ist neben dem Anreiz, Dividende zu erhalten, für viele der Grund, Aktien zu erwerben.

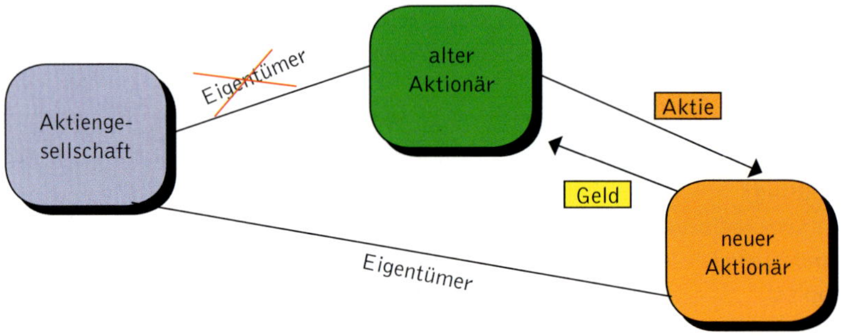

Eingetragene Genossenschaft (eG)

Gründung:
- mindestens sieben Mitglieder
- notarieller Gesellschaftsvertrag
- Eintragung ins Genossenschaftsregister beim zuständigen Amtsgericht

Gewinn/Verlust:
Der auszuschüttende Gewinn wird nach dem Verhältnis der Geschäftsanteile auf die Genossen verteilt. Über die Verwendung des Gewinns (Einbehaltung, Ausschüttung) entscheidet die Generalversammlung.

Finanzierungspotenzial:
- Übernahme weiterer Geschäftsanteile durch die Mitglieder
- Aufnahme weiterer Mitglieder
  Ein Genosse kann seine Mitgliedschaft auch kündigen (Kündigungsfrist je nach Satzung meist 12 Monate), weshalb das Eigenkapital einer eG schwanken kann. Die Möglichkeiten zur Fremdkapitalbeschaffung hängen von den Sicherheiten ab, über die das Unternehmen verfügt.

Leitungsbefugnis:
Die Leitung erfolgt durch die Organe Vorstand, Aufsichtsrat und Generalversammlung. Der Vorstand (mindestens zwei Personen) wird von der Generalversammlung gewählt. Er führt die laufenden Geschäfte und wird vom Aufsichtsrat unterstützt bzw. kontrolliert. Der Aufsichtsrat wird ebenfalls von der Vertreterversammlung gewählt. In der Generalversammlung hat jedes Mitglied eine Stimme, unabhängig von der Höhe seiner Beteiligung.

Haftung:
- beschränkt auf das Genossenschaftsvermögen
- in der Satzung kann aber auch eine beschränkte oder sogar unbeschränkte Nachschusspflicht zur Konkursmasse vorgesehen werden. Dann haften die Genossen auch mit ihrem Privatvermögen.

Besteuerung:
Der Gewinn unterliegt der Körperschaftsteuer.

Schon die alten Germanen kannten den Begriff „Genossenschaft". Man verstand darunter eine Vereinigung um gemeinsam bestimmte wirtschaftliche Interessen wahrzunehmen (Weidegenossenschaft, Deichgenossenschaft).

Die Idee der Genossenschaft basiert auf einem uralten Prinzip: „Was einer allein nicht schafft, das erreichen viele gemeinsam." Dazu ist Zusammenarbeit und solidarisches Handeln nötig. Sind gemeinsame Interessen vorhanden, deren Verfolgung jedem Beteiligten einen Vorteil verschafft, so kann eine große Gemeinschaft organisiert werden – in Form einer Genossenschaft.

In größerem Stil sind Genossenschaften als Selbsthilfeeinrichtungen im 19. Jahrhundert aufgrund der schlechten wirtschaftlichen und sozialen Bedingungen zu Beginn der Industrialisierung entstanden. Die Genossenschaftsbewegung ist in Deutschland eng mit den Namen Friedrich Wilhelm Raiffeisen (1818 – 1888) und Hermann Schulze-Delitsch (1808 – 1883) verbunden. Sie sollte durch den Zusammenschluss „kleiner Leute" diesen ähnliche Vorteile sichern wie Großunternehmen.

Das Genossenschaftswesen steht unter dem Schutz des Staates, weil es den Gemeinsinn fördert. Das erste deutsche Genossenschaftsgesetz wurde am 5. Mai 1889 unter Bismarck verabschiedet. Heute gibt es Genossenschaften in allen Bereichen der Wirtschaft, zum Beispiel in der Landwirtschaft, im Weinbau (Winzergenossenschaften), beim Handwerk (Schreiner-Einkaufsgenossenschaften), beim Handel (Edeka), oder im Dienstleistungsgewerbe (Taxizentralen). Daneben gibt es genossenschaftliche Kreditinstitute (Volksbanken und Raiffeisenbanken).

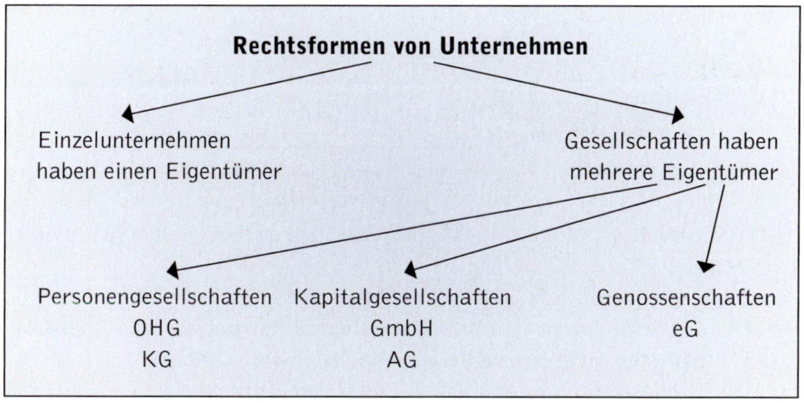

In der folgenden Annonce im Internet wird für eine neue Rechtsform geworben. Ob der Start für eine Neugründung dadurch wirklich leichter wird?

Schützen Sie sich vor den Folgen Ihrer Arbeit in der „ICH-AG".
Als Quasi-Selbstständiger haften Sie in nicht geringem Maß für Ihre Tätigkeit.
Schützen Sie sich und gründen für nur 2.500 Euro (zzgl. MwSt) eine GmbH & Co KG. Dazu brauchen Sie noch nicht einmal die teure GmbH, denn Sie können als „haftende" Komplementärgesellschaft auch eine englische GmbH (LTD) nehmen. Kein Stammkapital, nur einmal im Jahr eine Steuererklärung, viel weniger Kosten etc. machen den Start so leicht!
Wir bieten Ihnen einen Top-Service und eine seriöse schnelle Abwicklung.

Friedrich W. Raiffeisen, Gründer der Raiffeisen-Bank

1. Warum haben Lena und Lukas für alle Unternehmen die Rechtsform der GmbH gewählt?
2. Vergleiche die Limited (LTD) und die GmbH hinsichtlich Dauer und Kosten bei der Gründung. Die erforderlichen Daten findest du im Internet.
3. Was kostet die im Beispiel beschriebene Gründung einer GmbH & Co KG insgesamt?

1. Zur Kontrolle:
Multipliziere die Zahlen in der Reihenfolge der Fragen. Die Quersumme ergibt 27, die Zahl ist durch sieben teilbar (gleiche Zahlen können auch mehrmals vorkommen).

Hinweis: Bei den folgenden Aufgaben musst du zuerst eine Fotokopie anfertigen und auf dieser die Aufgabe beantworten.

Um aus dem folgenden Irrgarten herauszufinden, musst du das Kapitel „Wahl der Rechtsform“ (S. 160 ff.) aufmerksam durchgelesen haben. Beginne beim Eingang mit der Aussage 1 und entscheide, ob diese richtig oder falsch ist. Folge dem durchgezogenen Pfeil, wenn sie richtig ist, oder dem gestrichelten, wenn die Aussage falsch ist. Nach richtiger Beantwortung gelangst Du mit der letzten Frage genau zum Ausgang.

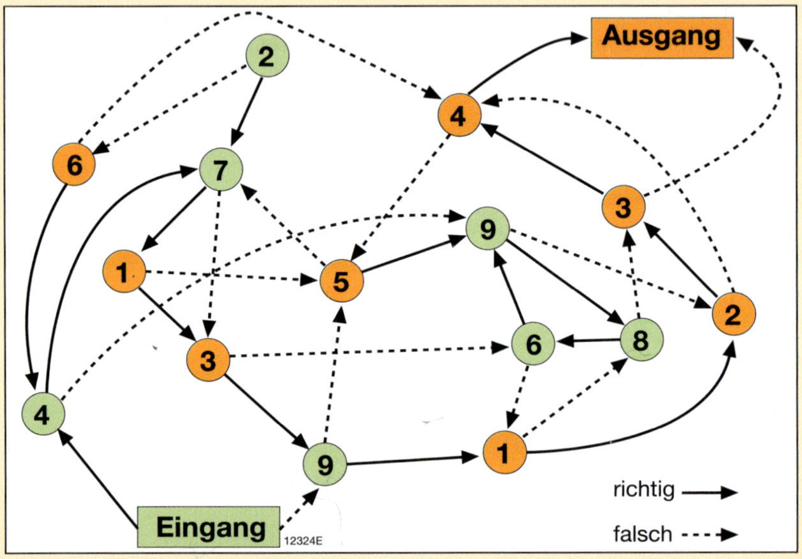

Lernirrgarten

1. Das Restaurant „WOK and GO“ könnte auch in Form einer KG geführt werden.
2. Ohne Notar kann man keine GmbH gründen.
3. Wenn du mit einem Freund nach Italien fährst und ihr beschließt die Benzinkosten zu teilen, seid ihr automatisch eine GbR.
4. Das Mindestgründungskapital einer KG beträgt 25.000 €.
5. Schließt ein Gesellschafter einer OHG gegen den Willen des anderen Gesellschafters einen Vertrag ab, so gilt dieser Vertrag nicht.
6. Dividende erhält jeder Aktionär, der Aktien im Nennwert von mindestens 2,50 € besitzt.
7. Der Gewinn einer AG und einer GmbH unterliegt der Körperschaftsteuer.
8. Ein Vorstand, der nicht zur Zufriedenheit der Aktionäre arbeitet, kann sofort fristlos entlassen werden.
9. Im Gesellschaftsvertrag kann es einem Gesellschafter untersagt werden, die Gesellschaft nach außen zu vertreten.
10. Die Gesellschafter haften nur im Verhältnis ihrer Kapitalanteile für die Schulden der OHG.
11. Beim Verkauf von Aktien erzielt man einen Spekulationsgewinn.
12. Der Kurswert einer Aktie ergibt sich durch Angebot und Nachfrage an der Wertpapierbörse und kann sich täglich ändern.

1.4 Die Bedeutung des Unternehmers für die Gesellschaft

Lena und Lukas haben den Mut aufgebracht, sich selbstständig zu machen und ein neues Unternehmen zu gründen. Nicht jeder kann sich zu einem solchen Schritt entschließen, schließlich kann man dabei viel Geld verlieren und eventuell vergeblich Zeit und Arbeit investieren. Was wäre aber, wenn niemand das wirtschaftliche Risiko auf sich nehmen würde, um einen Betrieb zu gründen?

Wer soll dann die Dinge produzieren, die wir zum täglichen Leben brauchen? Nach dem Krieg wurde deutlich, was für uns heute selbstverständliche Aufgabe der Betriebe ist: Die **Produktion** und der Verkauf **von Sachgütern** (Kleidung, Nahrung ...) und **Dienstleistungen** (Friseur, Müllabfuhr ...). Damals war vieles zerstört und es gab nicht genug Betriebe, die das produzierten, was die Bevölkerung dringend brauchte. Man konnte sich Eier, Fleisch, Brot und Mehl nicht einfach im nächsten Geschäft um die Ecke kaufen – die Regale waren leer. Wer dringend Nahrungsmittel brauchte, fuhr zum „hamstern" aufs Land. Dort bestand zumindest noch eine Chance, Gebrauchsgegenstände (z. B. Geschirr) gegen Nahrung einzutauschen.

Besonders den kleineren und mittleren Unternehmen (weniger als 500 Beschäftigte) kommt eine besondere Bedeutung zu. Rund 3,6 Millionen Frauen und Männer sind in Deutschland selbstständig. Die meisten von ihnen führen ein mittelständisches Unternehmen. Mehr als zwei Drittel aller Erwerbstätigen in Deutschland sind in diesen mittelständischen Betrieben beschäftigt. Spitzenreiter bei der **Schaffung neuer Arbeitsplätze** sind die Dienstleister, z. B. Rechts- und Steuerberater, Wirtschaftsprüfer, Gebäudereiniger, sowie die Branchen Kultur und Unterhaltung.

Im Rahmen des dualen Systems erbringen mittelständische Unternehmen rund 80 % der **Ausbildungsleistung** in rund 380 Ausbildungsberufen. Jährlich werden weit über eine Million Jugendliche in kleinen und mittleren Betrieben ausgebildet.

Große Unternehmen reagieren häufig sehr träge auf Nachfrageänderungen. Ändern sich die Wünsche der Kunden, so dauert es oft sehr lange, bis entsprechende Produkte tatsächlich produziert werden. Mittelständische Unternehmen reagieren meistens wesentlich **flexibler** und können **individuelle Kundenwünsche** besser **berücksichtigen**. Wer einen Kleiderschrank mit einem besonders unüblichen Maß (z. B. wegen einer Dachschräge) benötigt, wird diesen bei einem großen Möbelhaus sicher vergeblich suchen – er geht besser gleich zum Schreiner und lässt ihn passgenau anfertigen.

Der Wettbewerb zwischen vielen Unternehmern sorgt dafür, dass die Produkte ständig verbessert und die **Produktionsverfahren optimiert** werden. Dies bedeutet für den Verbraucher letztendlich hohe Produktqualität, schnelle Erhältlichkeit der Produkte und eine gesunde Umwelt durch saubere und **Ressourcen schonende Fertigungsverfahren**. Neben der sparsamen Verwendung nicht regenerierbarer Rohstoffe nimmt die Rücknahme und Wiederverwertung ausgedienter Produkte (Recycling) einen immer größeren Stellenwert bei den ökologischen Aufgaben des Unternehmers ein.

Überfüllter Hamsterzug

Als **Selbstständige** bezeichnet man Unternehmer (Fabrikanten, Handwerksmeister, Landwirte) und freiberuflich Tätige (Ärzte, Rechtsanwälte, Steuerberater).

Warum nennt man kleine und mittlere Unternehmen **Mittelstand**?
Kleine und mittlere Betriebe waren im Mittelalter vor allem Handwerksbetriebe, die in Zünften organisiert waren. Im Vergleich zum Adel und Klerus auf der einen und Tagelöhnern und anderen armen Bevölkerungsgruppen auf der anderen Seite befanden sich Handwerksbetriebe, Gastwirte und Ladenbesitzer mit ihrem Einkommen und gesellschaftlichen Einflussmöglichkeiten in „der Mitte" der Gesellschaft.

1. Schaue im Internet nach, wie viele Menschen im Moment arbeitslos sind: www.arbeitsagentur.de.

1. Bist du ein Unternehmertyp? Entscheide, ob die Merkmale eines Unternehmers auf dich zutreffen.

Der Unternehmer

Es gibt Leute,
die halten den Unternehmer
für einen räudigen Wolf,
den man totschlagen müsse.

Andere meinen,
der Unternehmer sei eine Kuh,
die man ununterbrochen
melken könne.

Nur wenige
sehen in ihm das Pferd,
das den Karren zieht.

(Winston Churchill)

Das Zitat von Winston Churchill (britischer Staatsmann, 1874–1965) hat auch heute noch seine Gültigkeit.
In der öffentlichen Wertschätzung findet sich der Unternehmer gegenüber vergleichbaren Berufen lediglich im Mittelfeld. Die wenigsten sehen im Unternehmer tatsächlich „das Pferd, das den Karren zieht".

Der Wettbewerb zwischen den Unternehmern sorgt für **angemessene Preise**. Würden einige wenige Großbetriebe überwiegen, könnten diese sich zu einem Konzern zusammenschließen (Monopolisierung) und damit die Marktbedingungen bestimmen (z. B. Sachgüter und Dienstleistungen zu überhöhten Preisen anbieten).

Bei vielen wissenschaftlichen und kulturellen Einrichtungen sowie bei Sportvereinen und anderen Institutionen treten Unternehmen als **Sponsoren** auf. Häufig wird die Förderung durch Anbringung von Werbung (z. B. Bandenwerbung am Fußballplatz) deutlich.

Weiterhin trägt der Unternehmer auch eine **soziale Verantwortung** gegenüber seinen Arbeitskräften. Viele Dinge, die den Schutz der Arbeitskräfte betreffen, sind bereits gesetzlich vorgeschrieben (Lärmschutz, Arbeitszeit, Pausen, Sicherheitsbestimmungen, Lohnfortzahlung bei Krankheit ...), sie können aber auf freiwilliger Basis weiter verbessert werden.

Der Unternehmer kann auch noch auf andere Art und Weise zum Wohl seiner Arbeitskräfte beitragen. So beeinflusst z. B. die Art seines **Führungsstils** das **Betriebsklima**. Individuelle Sonderregelungen, die der Chef flexibel trifft, helfen manches Problem schnell und unbürokratisch zu lösen (z. B. ein Tag Sonderurlaub bei familiären Schwierigkeiten, Familienfesten o. Ä.). Außerdem können Kantinen, Werkswohnungen und Erholungsheime sowie eine Altersvorsorge durch Betriebspensionen geschaffen werden. Ein positiver Nebeneffekt dieser Vergünstigungen sind motivierte Mitarbeiter, die seltener krank sind und sich engagierter für das Unternehmen einsetzen.

Die Unternehmerpersönlichkeit
Untersuchungen haben ergeben, dass Führungspersönlichkeiten bei allen Unterschieden im Einzelnen gemeinsame Charakterzüge aufweisen. Demnach sind bei Unternehmern folgende Merkmale besonders häufig anzutreffen:

- Verantwortungsbewusstsein
- Optimismus
- Organisationsgeschick
- Fleiß
- Energie
- Risikofreude
- Durchsetzungsvermögen
- Menschenkenntnis
- Flexibilität
- Zuverlässigkeit

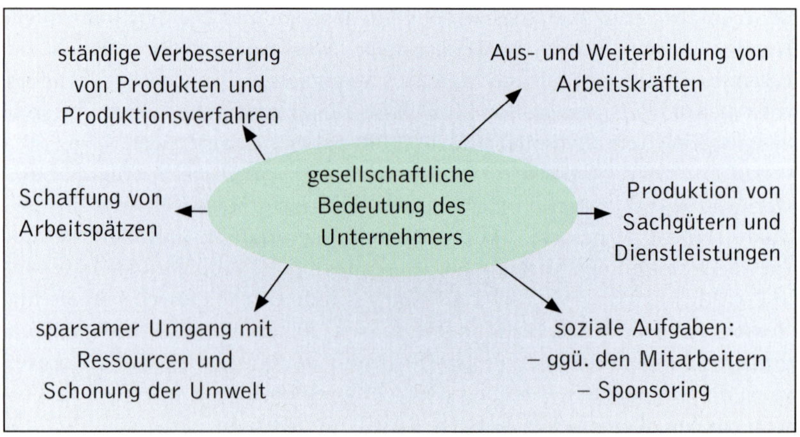

Um einen Betrieb zu gründen, müssen verschiedene persönliche, rechtliche und sachliche Voraussetzungen gegeben sein.

Langfristig kann ein Betrieb am Markt nur überleben, wenn der Ertrag (Umsatz) größer ist als der Aufwand. Sind die Aufwendungen höher als die Erträge, macht der Betrieb Verlust. Ein Betrieb, der keinen Gewinn erwirtschaften kann, ist nicht rentabel und kann nicht lange existieren.

Da die Wahl des richtigen Standortes den Gewinn oder Verlust eines Betriebes ganz erheblich beeinflusst, ist die Standortwahl für den Betrieb eine immens wichtige Entscheidung. Sie wird mittels Standortanalysen durchgeführt, in der die Standortfaktoren an den verschiedenen möglichen Orten in entsprechender Gewichtung gegeneinander abgewogen werden.

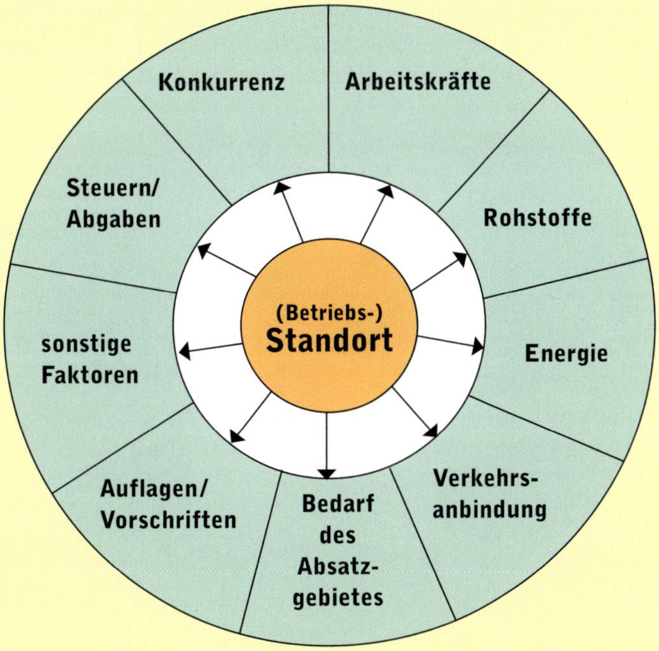

Standortfaktoren

Die Wahl der Rechtsform regelt die wirtschaftlich-rechtliche Ausgestaltung eines Unternehmens und kann Erfolg oder Misserfolg eines Unternehmens maßgeblich beeinflussen. Im Falle eines Misserfolges kann die Haftungsfrage für den Unternehmer je nach gewählter Rechtsform erheblich unterschiedlich geregelt sein.

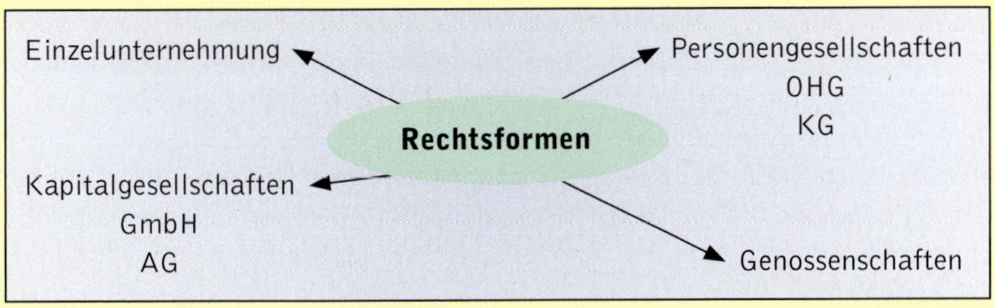

Wichtige Begriffe:
Aktie
Aufwand
Einzelunternehmung
Ertrag (Umsatz)
Gewinn
Kapitalgesellschaft
Personengesellschaft
Rechtsform
Standortanalyse
Standortfaktor
Verlust

Internationale Textilindustrie

1. Warum ist die Entscheidung für die Wahl des Standortes bei einer Betriebsgründung schwerwiegender als die Entscheidung für eine Rechtsform?
2. Warum wurde Dresden von AMD als Standort für die Produktion von Computerchips ausgewählt? Überlege dir mindestens drei Standortfaktoren, die zu dieser Entscheidung geführt haben.
3. Arbeitsintensive Betriebe werden vermehrt in Länder verlagert, in denen billige Arbeitskräfte in großer Menge vorhanden sind. Suche in einem Atlas die Länder, in denen der Großteil der weltweiten Textilindustrie angesiedelt ist.
4. Stefan möchte einen Frisörsalon eröffnen. Welche Standortfaktoren sind für ihn wichtig?
5. Worin liegt die gesellschaftliche Bedeutung eines Unternehmers?
6. Was bedeutet es häufig für viele Arbeitskräfte, wenn ausländische Anleger deutsche Unternehmen aufkaufen und diese sanieren?
7. Informiere dich im Internet, ob die Höhe der ausländischen Direktinvestitionen in Deutschland seit 1995 zu- oder abgenommen haben.

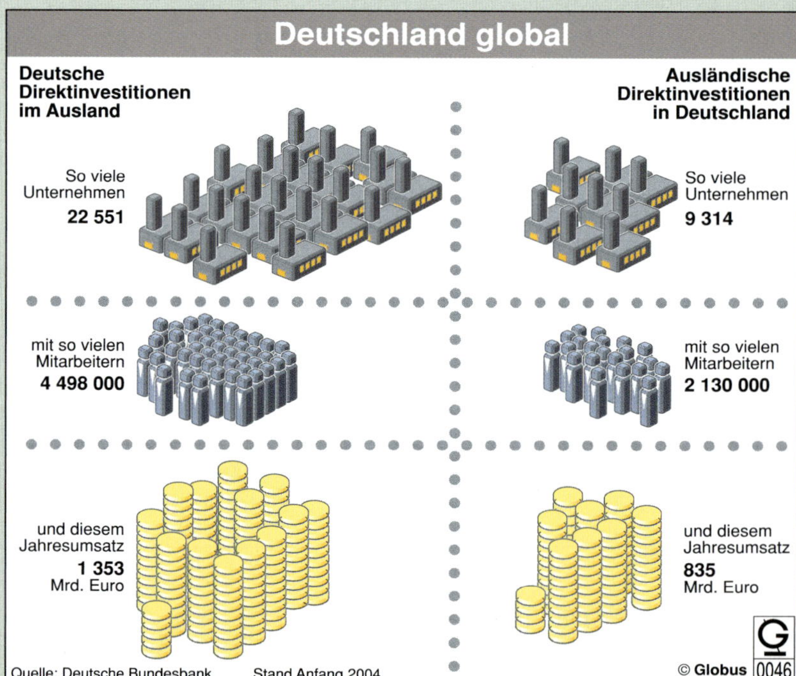

Direktinvestition
bezeichnet eine Auslandsinvestition mit dem Ziel, im Ausland unternehmerisch tätig zu sein oder einen entscheidenden Einfluss auf die unternehmerische Tätigkeit auszuüben.

8. Die Opel AG baut einige ihrer Modelle in Polen. Was könnten die Gründe für die Verlagerung des Produktionsstandortes sein?
9. General Electric, der weltweit größte Elektrokonzern aus den USA, eröffnete im Sommer 2006 ein Forschungszentrum bei München. Welche Gründe können für diese Standortentscheidung wichtig gewesen sein?
10. Im Land A kostet eine Arbeitskraft 500 Euro pro Monat, im Land B dagegen 1.500 Euro. Die anderen Standortfaktoren in beiden Ländern sind völlig identisch. Welche Überlegungen müssen neben den reinen Lohnkosten angestellt werden, um den geeigneten Standort herauszufinden? Begründe.

Standortfaktor Verkehrsanbindung

2 Typische Geschäftsprozesse im Unternehmen

2.1 Wesen der Produktion

Diese vereinfachte Anleitung aus einem Kochbuch beschreibt die nötigen Arbeitsschritte, die man immer wieder durchführen muss, wenn man Pfannkuchenteig herstellen will. Das Beispiel spiegelt sehr gut das Wesen der Produktion wider. Zunächst muss man sich die Zutaten besorgen. Danach verrührt man diese in der richtigen Reihenfolge, indem entweder nach einer Anleitung (Kochbuch) vorgegangen wird, oder man besitzt bereits das nötige Wissen und kann auch ohne Buch mit der Produktion beginnen. Die nötigen Rohstoffe (Milch usw.) liefert die **Natur**. Ohne die **Arbeit** des Kochs und ohne sein **Wissen** könnten keine fertigen Pfannkuchen entstehen. Darüber hinaus braucht man noch eine Pfanne und einen Herd, um aus dem Teig tatsächlich goldgelbe Pfannkuchen zu backen. Eine Pfanne und ein Herd müssen allerdings selbst erst produziert werden, um dann andere Güter (die Pfannkuchen) damit herstellen zu können. Solche Güter nennt man **Kapitalgüter**.

In jedem Betrieb folgt die Produktion von Gütern den gleichen Prinzipien. Zunächst müssen die „Zutaten" beschafft werden, die dann in sinnvoller Weise miteinander verbunden werden, um letztendlich ein fertiges Produkt daraus herzustellen.

2.1.1 Beschaffung von Produktionsfaktoren

Güter sind das Ergebnis eines Zusammenspiels verschiedener Faktoren, sogenannter **Produktionsfaktoren**: Natur, Arbeit, Kapital und Wissen.

Der Faktor Natur
Ursprünglich war die Natur der wichtigste Produktionsfaktor. Erträge in der Landwirtschaft waren in erster Linie von klimatischen Gegebenheiten und der Bodengüte abhängig. Auch für Handwerk und Industrie spielte die Natur als Lieferant von Rohstoffen und Energie eine besondere Rolle. So entstanden viele Betriebe zunächst in den waldreichen Mittelgebirgen oder an Flussläufen, wo es Holzkohle oder Wasserkraft als Energielieferanten gab.

Der technische Fortschritt machte es möglich, den Faktor Natur in immer stärkerem Maße zu ersetzen. Synthetische (durch die Chemieindustrie hergestellte Rohstoffe) ersetzten z. B. in immer stärkerem Maße die natürlich vorkommenden Rohstoffe (Hanf wurde früher zur Herstellung von Seilen verwendet, bis moderne Kunstfasern ihn fast gänzlich verdrängten).

Beinahe schien es, als könnte der Mensch die Natur völlig beherrschen. In den letzten Jahren mussten wir erkennen, dass uns Grenzen gesetzt sind. Spektakuläre Umweltkatastrophen, wie die negativen Folgen des Assuanstaudamms, der Super-GAU in Tschernobyl, Muren- und Lawinenabgänge in den Alpen, Überschwemmungen an der Elbe, haben einen Umdenkungsprozess ausgelöst. Der vermehrte Einsatz nachwachsender Rohstoffe ist ein Anzeichen dafür. Autositze und Innenverkleidungen werden z.B. nicht mehr aus synthetischen Materialien hergestellt, sondern aus Kokosfasern (BMW), viele Plastikverpackungen werden durch Papierverpackungen ersetzt.

Unter **Geschäftsprozess** versteht man eine Folge von Arbeitsschritten oder Tätigkeiten, die sich regelmäßig wiederholen, um ein bestimmtes Ergebnis zu erzielen.

Man nehme Mehl, Eier, Milch und Salz und verrühre alles zu einem dünnen glatten Teig ...

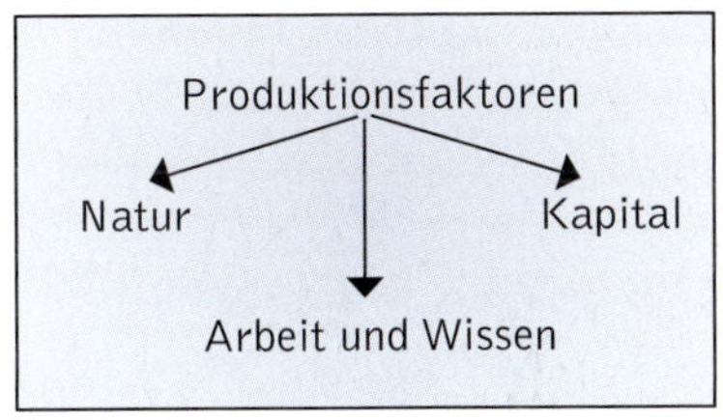

Die in immer kürzeren Zeitabständen wiederkehrenden Naturkatastrophen sind zumindest zum Teil „hausgemacht". Der hohe CO_2 Ausstoß wird häufig als ein Grund für die Überschwemmungen und Wirbelstürme angeführt.

Hochwasser in Eschenlohe

„Unsere Devise: Rationalisierung – aber nicht auf Kosten der Arbeitsplätze."

Um weitere produktionsbedingte Schäden an der Natur zu vermeiden, müssen Vorkehrungen zum Schutz der Umwelt getroffen werden. Abgase sind zu reinigen, Abwässer zu klären, wieder verwertbare (recyclingfähige) Bestandteile müssen aus dem Müll ausgesondert werden, der Anteil nachwachsender Rohstoffe muss weiter erhöht werden. Diese Anstrengungen zum Erhalt unserer Umwelt sind ein wesentlicher Bestandteil des Faktors Natur geworden.

Der Faktor Arbeit
Trotz einer umfangreichen Automatisierung der Produktion kann auf die Tätigkeit des Menschen nicht ganz verzichtet werden. Allerdings hat sich die Art der Arbeit geändert. Die unmittelbare Beteiligung am technischen Ablauf der Produktion durch körperliche Arbeit ist geringer geworden, die Überwachungs- und Verwaltungsaufgaben haben zugenommen.

Man unterscheidet **ausführende** Arbeit und **dispositive** Arbeit. Aufgabe der dispositiven Arbeit ist die Leitung, Planung und Organisation des Betriebsprozesses, die ausführende Arbeit setzt die Anweisungen unmittelbar im Produktionsprozess um.

Je nachdem, ob man seine Arbeitskraft einem fremden oder dem eigenen Betrieb zur Verfügung stellt, spricht man von **unselbstständiger** oder **selbstständiger** Arbeit.

Die Beschaffung von zusätzlichen Kapitalgütern nennt man **Neuinvestition.**
Ersetzt man bereits vorhandene Kapitalgüter, weil sie verbraucht sind, spricht man von einer **Ersatzinvestition.**

Der Faktor Kapital
Bereits auf der Stufe der Jäger und Sammler war der Mensch weit erfolgreicher als jeder seiner Konkurrenten aus dem Tierreich. Obwohl er nicht so stark war wie ein Bär und nicht so schnell und ausdauernd laufen konnte wie eine Raubkatze, bestand der Mensch im täglichen Kampf um die Nahrung. Er hatte den Tieren seine Intelligenz voraus. Deshalb war er in der Lage, sich Hilfsmittel auszudenken und herzustellen. Der Speer ersetzte mangelnde Schnelligkeit, die Axt fehlende Kraft. Speer, Axt, Messer, Schlingen waren die ersten **Kapitalgüter** der Menschheit.

Unter **Kapital** versteht man Güter, die dazu dienen, andere Güter herzustellen.

Kapital ist ein Produktionsfaktor, der selbst erst produziert werden muss und der auch den Einsatz anderer Produktionsfaktoren erfordert. Der Faktor Kapital wird deshalb auch als **abgeleiteter Produktionsfaktor** bezeichnet. Produktionsfaktoren, mit deren Hilfe Kapitalgüter erzeugt werden, stehen nicht für die Produktion von Konsumgütern zur Verfügung. Geht man davon aus, dass in einer Volkswirtschaft nur eine bestimmte Menge an Produktionsfaktoren vorhanden ist, so ist leicht einzusehen, dass die Produktion von Kapitalgütern, also die **Kapitalbildung**, den Verzicht auf Konsumgüter voraussetzt.

In einer Volkswirtschaft kann nur dann Kapital gebildet werden, wenn ihre Mitglieder sparen und demzufolge auf Konsum verzichten.Das gesamte Kapital in einer Volkswirtschaft bezeichnet man als deren **Kapitalstock**. Wird der Kapitalstock kleiner, so bedeutet dies, dass zum Beispiel kaputte Maschinen nicht wieder durch neue ersetzt wurden.

!

1. Unter welchen Umständen ist der Kauf eines neuen Krans eine **Rationalisierungsinvestition**?

Das Pflücken von Schwarzbeeren mit der Hand geht mühsam. Baut man sich einen Pflückkamm, kann man während dieser Zeit keine Beeren pflücken (man verzichtet auf die Beeren). Für diesen Konsumverzicht wird man allerdings später wieder entschädigt, da man dann wesentlich mehr Beeren in kürzerer Zeit pflücken kann. Mit Hilfe der Kapitalgüter ist es möglich, mehr Konsumgüter zu produzieren.
Der Faktor Kapital hat zunächst die menschliche Arbeitskraft im technischen Bereich ersetzt. Heute dringt er auch stark in die Bereiche der betrieblichen Verwaltung ein. Ohne Computer wären z. B. Banken nicht mehr in der Lage, den Geschäftsbetrieb aufrecht zu erhalten.

Kamm zum Beerenpflücken

Der Faktor Wissen
Wissen, wie etwas geht, das Know-how, spielt für die Wirtschaft der Bundesrepublik Deutschland eine große Rolle, da sie über relativ wenig Rohstoffe verfügt. Durch Forschung und Entwicklung in Betrieben und öffentlichen Einrichtungen (z. B. Universitäten) wird ständig versucht, dieses Wissen zu erweitern.

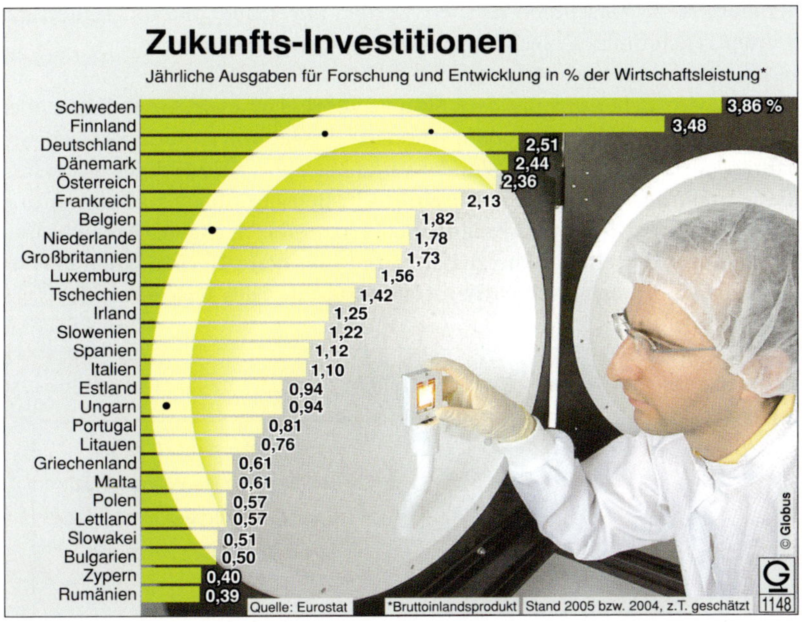

1. „Eine Investition in Wissen bringt noch immer die besten Zinsen."
(Benjamin Franklin)
Erläutere dieses Zitat am Beispiel des Softwareherstellers „Microsoft"!

Große Anstrengungen werden derzeit im Sektor der modernen Informations- und Kommunikationstechniken unternommen, um Informationen schnell verfügbar zu machen. In weltweit vernetzten Datenbanken (Internet) sind Informationen gespeichert und über Datenleitungen (Datenfernübertragung) abzurufen. Es gibt auch Betriebe, die sich darauf spezialisiert haben, Informationen zur Verfügung zu stellen. Sog. Informationsbroker durchsuchen Datenbanken nach Informationen, Headhunter suchen nach Personen, die über ein bestimmtes Wissen verfügen.

Wissen kann durch **Patente** geschützt und als **Lizenz** anderen zur Verfügung gestellt werden.

Die Bedeutung des Faktors Wissen zeigt sich auch in Versuchen, das Wissen anderer illegal zu nutzen: Hacker dringen in fremde Datenbanken ein, Industriespione geben das Know-how eines Betriebes an die Konkurrenz weiter. Auch die Verwendung von Raubkopien auf dem Softwaresektor ist illegale Nutzung fremden Wissens (vgl. Seite 135).

Die Versiegelung großer Flächen (durch Häuser, Parkplätze usw.) wird mitverantwortlich für schwere Überschwemmungen gemacht. Häufig werden deshalb versiegelte Flächen wieder aufgerissen, damit Regenwasser besser im Boden versickern kann. In den meisten Gemeinden zahlen Betriebe für jeden Quadratmeter versiegelter Fläche. Die Abgaben pro m^2 belaufen sich dabei auf ca. 70 Cent!

Alte und neue Handys

Auch Schulwissen veraltet!
Früher lernte man die Logarithmen mit Hilfe eines Rechenschiebers zu berechnen. Dieses Wissen braucht heute niemand mehr – schließlich gibt es jetzt Taschenrechner.
Die Schule vermittelt euch deshalb das notwendige Grundwissen, damit ihr später mit wechselnden Anforderungen zurecht kommt.

1. Die Halbwertszeit des Wissens wird immer kürzer. Welche Bedeutung hat das für ein Unternehmen in der Software-Branche?

2.1.2 Kombination und Verzehr von Produktionsfaktoren

Bei der Produktion werden die Produktionsfaktoren miteinander **kombiniert** und dabei aufgebraucht, also **verzehrt**.

Dass Arbeitskraft verbraucht wird, merkt jeder, der während der Arbeit hungrig, durstig oder müde wird. Gesundheitliche Folgeschäden nach jahrelanger schwerer körperlicher Arbeit waren früher häufig anzutreffen – man hat sich regelrecht „kaputt gearbeitet".

Auch der Faktor Natur wird verbraucht: Bodenschätze wie Eisenerz oder Erdöl werden abgebaut, große Flächen durch Fabrikgebäude und Verkehrswege versiegelt. Die Schädigung der Umwelt durch Abgase, Abwässer und Abfälle ist ebenfalls ein Verbrauch des Faktors Natur.

Kapitalgüter (z. B. Maschinen) verschleißen durch die Nutzung bei der Produktion und müssen ersetzt werden. Sie gehen allmählich in die neuen Produkte ein. Daneben führt der technische Fortschritt zu einem laufenden Kapitalverzehr. Maschinen veralten, werden unrentabel und müssen ersetzt werden, auch wenn sie technisch noch brauchbar sind.

Wissen wird sicher nicht in dem Sinn verzehrt, dass es verloren ginge. Aber das Wissen von heute ist morgen schon das Wissen von gestern. Vor wenigen Jahren noch als technische Wunderwerke bestaunt, sind Handys der ersten Generation heute schon fast museumsreif. Betriebe, die allzu lange an traditionellen Produkten und Produktionsverfahren festgehalten haben, waren plötzlich nicht mehr konkurrenzfähig und mussten aufgeben. Die folgende Übersicht zeigt die verschiedenen Halbwertszeiten des Wissen.

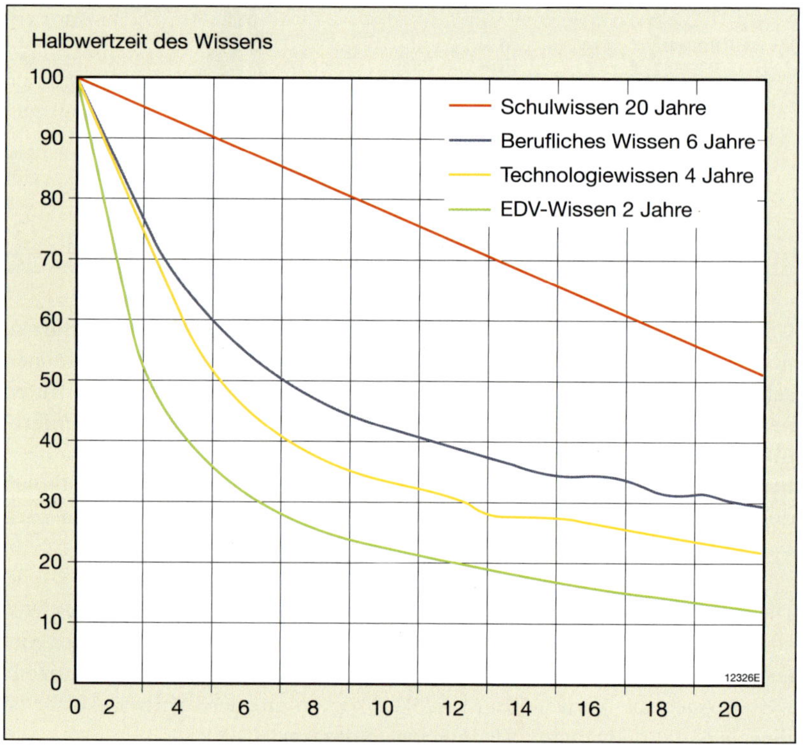

2.1.3 Erstellung von Leistungen

Im gleichen Maße, wie Produktionsfaktoren verzehrt werden, entstehen aber neue Güter, auch als betriebliche **Leistungen** bezeichnet. Wie auf Seite 8 beschrieben wird, sind zwei Arten von Gütern zu unterscheiden:

- **Konsumgüter** werden von Haushalten gekauft und dienen der Bedürfnisbefriedigung (Konsum).
- **Investitionsgüter** werden von anderen Betrieben gekauft und dienen der Produktion neuer Güter (Investition).

Betriebliche Leistungen sind das Ergebnis der Produktion, wobei Konsum- und Investitionsgüter erstellt werden.

Ob ein Computer ein Konsum- oder Investitionsgut ist, hängt davon ab, was der Käufer damit macht. Für jemanden, der den Computer beruflich nutzt, (z. B. Programmierer, Werbegrafiker), ist er ein Investitionsgut, wird er lediglich zum Spielen benutzt, ist der Computer ein Konsumgut.

2.1.4 Die Verwertung von Leistungen

Ihren eigentlichen Sinn erhält die Produktion durch den **Absatz** der Güter an Haushalte oder andere Betriebe. Gelingt es, die Güter zu verkaufen, fließen die finanziellen Mittel, die vorher für die Beschaffung der Produktionsfaktoren aufgewendet werden mussten, wieder in den Betrieb zurück. Soll die Produktion aufrechterhalten werden, wird der größte Teil dieser Mittel benötigt, um die verbrauchten Produktionsfaktoren zu ersetzen.

Lassen sich Güter nicht verkaufen, müssen sie auf **Lager** genommen werden. Für den Betrieb ergibt sich in diesem Fall das große Problem, dass er keine Verkaufserlöse erhält und die in die Produktion investierten Mittel nicht zurückfließen und somit im Betrieb fehlen.
Soll der Betrieb vergrößert und die **Produktionskapazität** ausgeweitet werden, müssen zusätzliche Produktionsfaktoren beschafft werden. Diesen Vorgang bezeichnet man als **Neuinvestition**. Der Produzent trägt dabei aber fortwährend das Risiko, die zusätzlich produzierten Güter nicht absetzen zu können. Die Investition würde sich in diesem Fall als Fehlinvestition erweisen.
Ziel der Produktion ist der Absatz der Leistungen. Dieser führt zu einem Rückfluss finanzieller Mittel, mit denen die verbrauchten Produktionsfaktoren wieder beschafft werden können.

1. Welche Möglichkeiten hat ein Betrieb, sein Produktionsrisiko zu verringern?
2. Zeige am Beispiel einer Arztpraxis, dass die beschriebenen Zusammenhänge auch für die Produktion von Dienstleistungen gelten.

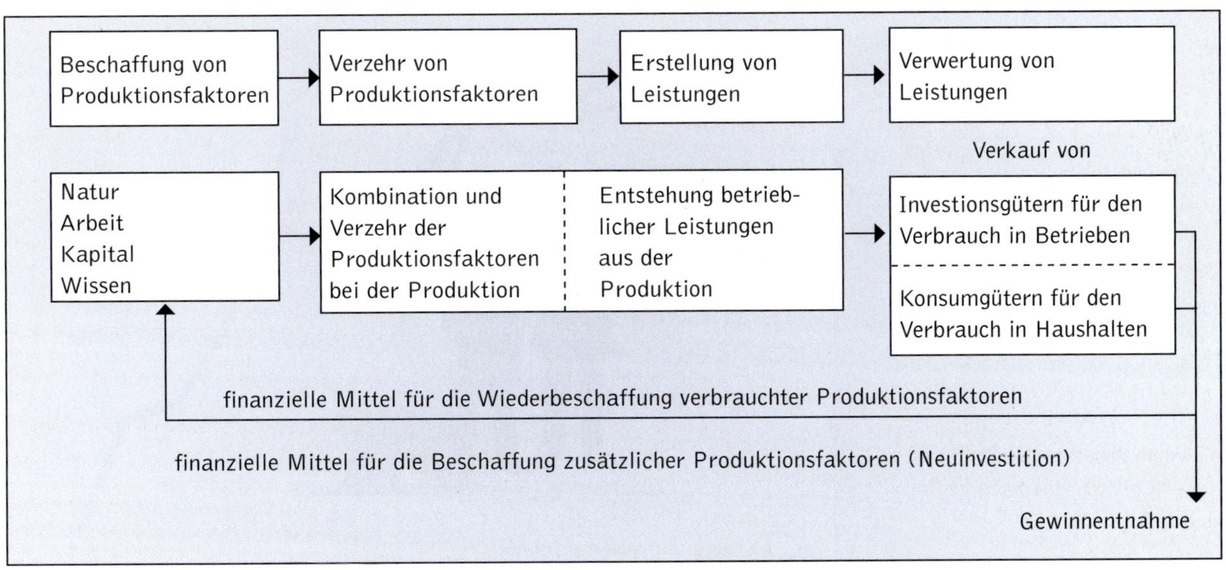

Verbrauch von Produktionsfaktoren bei der Produktion

Aufwendungen für den Faktor Wissen:
Dazu gehören Aufwendungen für Forschungs- und Entwicklungsausgaben. Für die Nutzung fremden Wissen fallen Lizenzgebühren und Beratungskosten (z. B. Steuerberater) an.

Aufwendungen für den Faktor Natur:
Aufwendungen für Grundstückskäufe, Rohstoffe und Energie sind nur ein Teil der Aufwendungen. Über Umweltauflagen werden Betriebe zu diesen Maßnahmen gezwungen. Über Umweltabgaben werden sicher noch in größerem Maße Aufwendungen für den Faktor Natur anfallen.

Aufwendungen für den Faktor Kapital:
Wer einem Unternehmen Geld (als Kredit) zur Verfügung stellt, erwartet als Gegenleistung einen Anteil von dem mit diesen Kapitalgütern erwirtschafteten Ertrag. Man bezeichnet diesen Ertragsanteil als Zins.

Aufwendungen für den Faktor Arbeit:
Arbeitnehmer erhalten dafür, dass sie ihre Arbeitskraft zur Verfügung stellen, Lohn. Der Stundenlohn eines Arbeiters setzt sich aus dem Grundlohn und Lohnzusatzkosten zusammen.

Nach Berechnungen des Instituts der deutschen Wirtschaft in Köln fällt in Deutschland die Hälfte aller Produktionskosten auf den Faktor Arbeit.

1. Ein Maler bekommt den Auftrag, eine Hausfassade neu zu streichen. Er kauft daraufhin die Farbe, streicht das Haus und bekommt sein Geld. Wo genau entsteht in diesem Beispiel der Aufwand?

2. In welcher Weise wird die Arbeitslosigkeit durch die Höhe der Lohnzusatzkosten beeinflusst?

Die Darstellung zeigt die verschiedenen Aufwendungen, die beim Produktionsprozess durch den Verbrauch von Produktionsfaktoren anfallen.

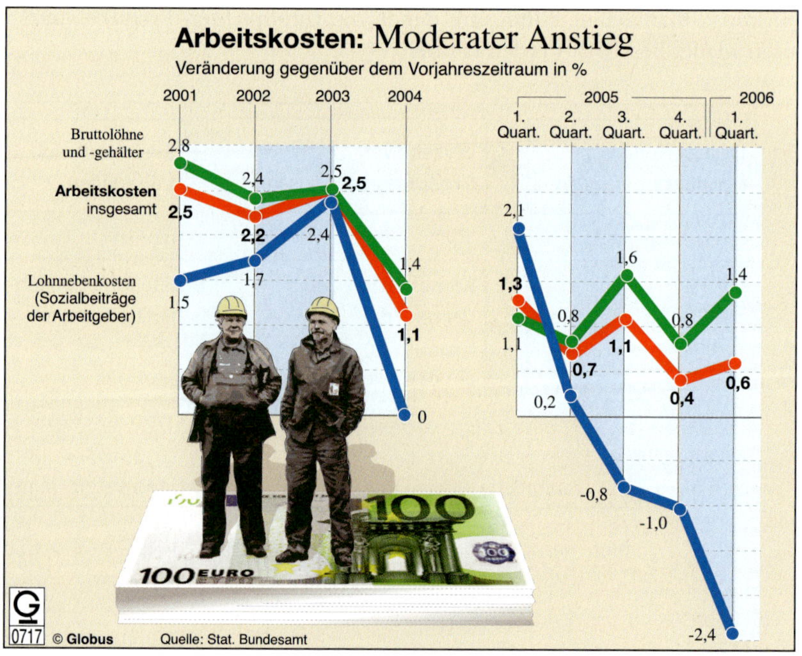

2.2 Das Wirtschaftlichkeitsprinzip

Ungerecht?
Zwei Betriebe werden von angestellten Geschäftsführern (Managern) geleitet. Beide teilen am Jahresende den Eigentümern mit, dass ihr Betrieb 1.000.000 € Gewinn erzielt hat. Während der Geschäftsführer von Betrieb B daraufhin eine Gehaltserhöhung bekommt, drohen die Eigentümer des Betriebes A ihrem Geschäftsführer mit Entlassung.

Warum könnten die Eigentümer der beiden Betriebe so unterschiedlich reagiert haben, obwohl beide Geschäftsführer den gleichen Gewinn vorweisen konnten? Es mag verschiedene Gründe geben, den wichtigsten zeigt folgendes Zahlenbeispiel:

	Betrieb A	Betrieb B
Erträge	11.000.000 €	2.000.000 €
Aufwendungen	10.000.000 €	1.000.000 €
Gewinn	1.000.000 €	1.000.000 €

Gewinn = Ertrag – Aufwand

Obwohl beide Betriebe den gleichen Gewinn erzielt haben, hat man das Gefühl, dass Betrieb B besser gearbeitet hat, aber warum?

Betrachtet man die Zahlen genauer, kommt man schnell dahinter. Aus 1 € Aufwand hat Betrieb A 1,10 € Ertrag gemacht. Für jeden Euro aber, den Betrieb B aufgewendet hat, sind 2 € zurückgeflossen. Betrieb B ist es also gelungen, ein besseres Verhältnis aus Mitteleinsatz (Aufwand) und Ertrag zu erzielen. Er hat **wirtschaftlicher** gearbeitet. Das Verhältnis von Ertrag zu Aufwand heißt **Wirtschaftlichkeit** oder **Produktivität**. Die Wirtschaftlichkeit des Betriebes A beträgt nur 1,1, die von Betrieb B dagegen 2.

$$\textbf{Wirtschaftlichkeit} = \frac{\text{Ertrag}}{\text{Aufwand}}$$

Die Wirtschaftlichkeit erhöht sich nur, wenn es gelingt, bei gleichem Aufwand einen höheren Ertrag zu erzielen, oder den gleichen Ertrag mit weniger Aufwand zu erreichen. Beides sind nur zwei verschiedene Sichtweisen des gleichen Zusammenhangs: Es muss versucht werden, solche Produktionsverfahren zu entwickeln, bei denen sich der Verbrauch an Produktionsfaktoren für die Erzeugung einer Gütereinheit verringert. Das Wirtschaftlichkeitsprinzip gilt gleichermaßen für Haushalt (vgl. Seite 9) und Unternehmen.

Beim Haushalt äußert sich wirtschaftliches Handeln darin, dass ein größtmöglicher Nutzen (Bedürfnisbefriedigung) durch einen gegebenen Mitteleinsatz (Maximal-/ Ergiebigkeitsprinzip) erreicht werden soll, oder dass ein bestimmtes Ergebnis mit möglichst geringem Mitteleinsatz angestrebt wird (Minimal-, Sparsamkeitsprinzip).

Die unmittelbare Folge größerer Wirtschaftlichkeit für den Betrieb ist ein höherer Gewinn. Aus diesem Grund muss jeder Betrieb bestrebt sein, wirtschaftlich zu arbeiten.

!

1. Mache Vorschläge, wie eine Bäckerei ihre Wirtschaftlichkeit erhöhen könnte.

1. Aus welchen Gründen unterstützt der Staat manchmal unwirtschaftliche Betriebe?

2. Erläutere, welche Probleme für die gesamte Wirtschaft entstehen, wenn der Staat unwirtschaftlich arbeitende Betriebe unterstützt.

3. „Wirtschaftlich handeln im Unternehmen heißt, mit möglichst wenig Aufwand einen möglichst hohen Ertrag zu erzielen!“
Zeige, dass diese Formulierung des Wirtschaftlichkeitsprinzips falsch ist.

Hinter den Aufwendungen steht der Verbrauch an Produktionsfaktoren. Arbeitet ein Betrieb unwirtschaftlich, so vergeudet er Produktionsfaktoren. Produktionsfaktoren sind aber knapp (nicht im Überfluss vorhanden). Es wäre deshalb besser, wenn der unwirtschaftliche Betrieb seine Produktion einstellen und die Produktionsfaktoren einem Betrieb überlassen würde, der wirtschaftlich arbeitet, also sparsam mit den Produktionsfaktoren umgeht. Es ist daher in unser aller Interesse, wenn Betriebe wirtschaftlich arbeiten.

Das **Wirtschaftlichkeitsprinzip** oder **ökonomische Prinzip** im Betrieb formuliert die Forderung nach sparsamem Einsatz der Produktionsfaktoren in folgender Weise:

Maximalprinzip:
Ein Unternehmen erzielt mit einem bestimmten Aufwand einen möglichst hohen Ertrag.
(z. B.: Aus 1 m^2 Edelstahlblech möglichst viele Plätzchenformen stanzen)
Durch den Einsatz moderner Computersysteme wird die Materialausnutzung in der Blech-, Leder- oder Stoffbearbeitung so optimiert, dass der Verschnitt (d. h. nicht ausgenutzte Reste) minimiert wird.

Minimalprinzip:
Ein Unternehmen erzielt einen bestimmten Ertrag mit möglichst geringem Aufwand.
(z. B.: 1.000 Plätzchenformen aus möglichst wenig Blech stanzen, 10 Fische mit möglichst wenig Holzkohle grillen)

Ein Unternehmen handelt wirtschaftlich, wenn es knappe Mittel so einsetzt, dass sie den größtmöglichen Nutzen bringen.

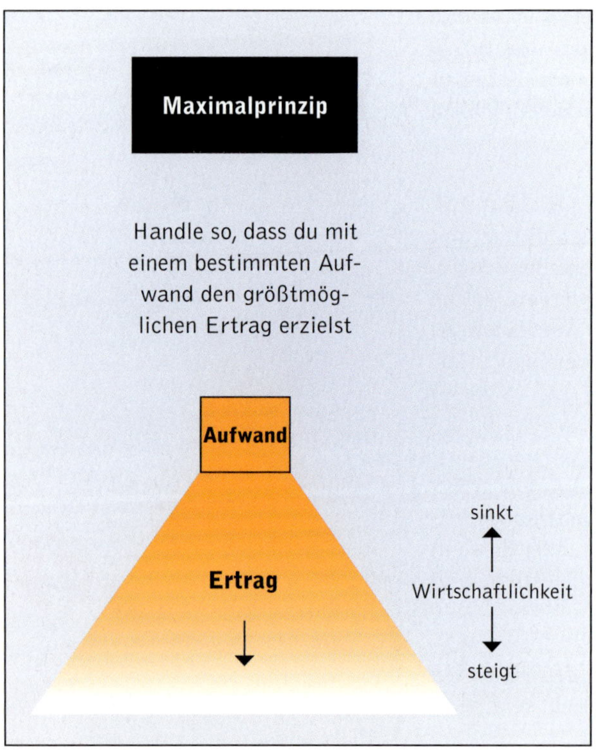

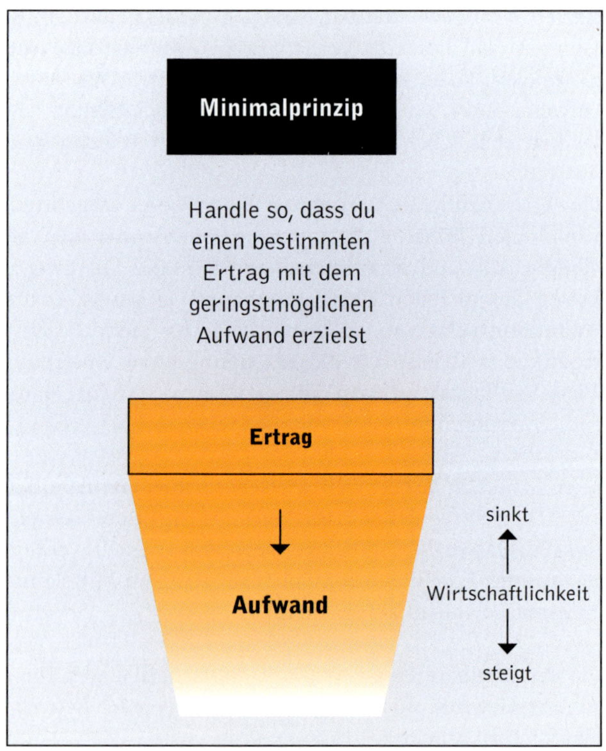

2.3 Die Arbeitsteilung

Anna backt Zwetschgenkuchen

Die Zwetschgen sind herrlich reif, deshalb geht Anna in den Garten und pflückt sie vom Baum, um Zwetschgenkuchen zu backen. Das Getreidefeld hat Anna schon gestern mit der Sense abgemäht und dann die Ähren ausgedroschen. Jetzt mahlt sie die Körner in einer selbst gebauten Handmühle zu frischem Vollkornmehl. Danach geht sie in ihren Stall und melkt die Kuh, um die nötige Milch für den Kuchen zu bekommen. Anna sucht Eier im Hühnerstall und schleudert etwas Honig aus den Waben ihres Bienenstocks, um den Kuchenteig zu süßen. Auf dem Küchenblock aus massiver Buche knetet sie den Teig und presst ihn dann in eine selbst getöpferte Form. Den selbst gemauerten Ofen hat Anna schon vor einigen Stunden mit Holz aus ihrem Wald angeheizt, das sie natürlich vorher in handgerechte Scheite gehackt hat.

Die Herstellung von Kuchen auf diese Art und Weise würde sehr viel Zeit kosten. Die meisten Menschen kaufen deshalb heute ihren Kuchen beim Bäcker oder pflücken allenfalls noch die Zwetschgen selbst. Getreide anbauen, ernten, ausdreschen, die Kuh melken und Honig schleudern sind Tätigkeiten, die von den wenigsten selbst durchgeführt werden. Warum sollten sie auch? Ein Bauer hat doch dafür genau die richtigen Maschinen, er erntet mit dem Mähdrescher das Getreide viel schneller und in der Mühle mahlt der Müller einen ganzen Sack voll Mehl, bevor man die Handmühle überhaupt erst in Betrieb gesetzt hat. An diesem simplen Beispiel kann man bereits erkennen, dass es wesentlich **wirtschaftlicher** ist, die Produktion verschiedener Güter auch auf verschiedene dafür **spezialisierte** Betriebe zu verteilen. Was heutzutage undenkbar wäre, war jedoch früher durchaus üblich.

Die geschlossene Hauswirtschaft

Auf der Stufe der Hauswirtschaft befinden sich Produktion und Konsum in einer Hand. Jede Familie stellt die benötigten Güter selbst her und verbraucht auch alle produzierten Güter selbst. Man bezeichnet diese Wirtschaftsform auch als Selbstversorgungs- oder **Subsistenzwirtschaft** (Subsistenz bedeutet Lebensunterhalt). Einen Güteraustausch mit anderen Gruppen gibt es nicht. Untersuchen wir die Zusammenhänge an einem kleinen Beispiel: Eine Volkswirtschaft, bestehend aus drei Familien; Meyer, Müller und Schulze, leistet neun Arbeitseinheiten täglich, um drei Güter – Nahrung, Kleidung, Werkzeug – herzustellen. Für die Herstellung einer Gütereinheit sind drei Arbeitseinheiten notwendig. Jede Familie ist somit in der Lage, jeweils eine Einheit Nahrung, Kleidung und Werkzeug pro Tag zu produzieren. Der Faktor Kapital spielt noch keine nennenswerte Rolle.

1. Welche verschiedenen Einzelberufe tauchen beim Zwetschgenkuchenbeispiel auf?
2. Ordne die jeweiligen Textpassagen den entsprechenden Berufen zu.

Arbeitsteilung: Getreideernte, Mühle, Mehlgroßhandel, Bäckerei

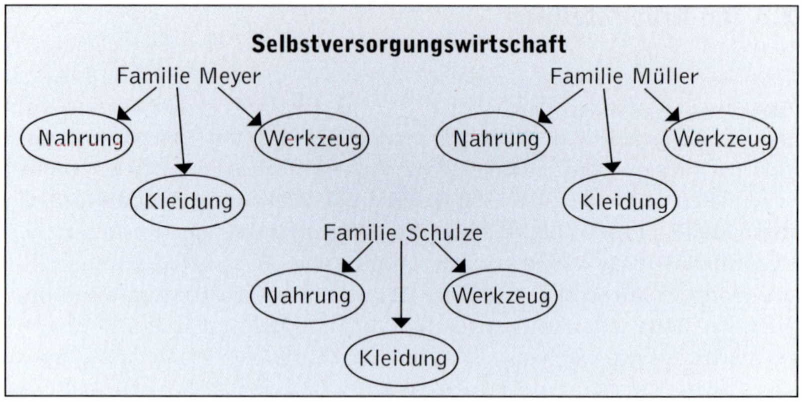

Die Wirtschaftlichkeit in dieser Volkswirtschaft wird wie folgt berechnet:

$$\textbf{Wirtschaftlichkeit} = \frac{\text{Ertrag}}{\text{Aufwand}} = \frac{\text{9 Gütereinheiten}}{\text{27 Arbeitseinheiten}} = \frac{9}{27} = \frac{1}{3}$$

1. Welche Schwierigkeiten könnten auftreten, sobald eine Familie nicht mehr alles für sich selbst produziert?

Man kann sich nun leicht vorstellen, dass Familie Meyer z. B. Nahrungsmittel recht gern produziert, die Herstellung von Kleidung aber als notwendiges Übel betrachtet. Familie Müller mag sich vielleicht mit der Herstellung von Werkzeugen besonders angefreundet haben und Familie Schulze schließlich mit der Erzeugung von Kleidung.

Die arbeitsteilige Wirtschaft

Es liegt nahe, dass man irgendwann auf den Gedanken gekommen ist, die Güterproduktion anders zu organisieren: Jede Gruppe spezialisiert sich auf die Produktion eines Gutes und produziert davon wesentlich mehr, als sie selbst verbraucht. Die **Überschussproduktion** wird dann gegen Güter eingetauscht, die man ebenfalls benötigt, aber eben nicht mehr selbst herstellt.

Familie Meyer produziert nun ausschließlich Nahrung, die Müllers Werkzeug und Familie Schulze Kleidung. Würden nun weiterhin mit 27 Arbeitseinheiten neun Gütereinheiten produziert, worin läge dann der Vorteil? Die Wirtschaftlichkeit hätte sich nicht verändert.

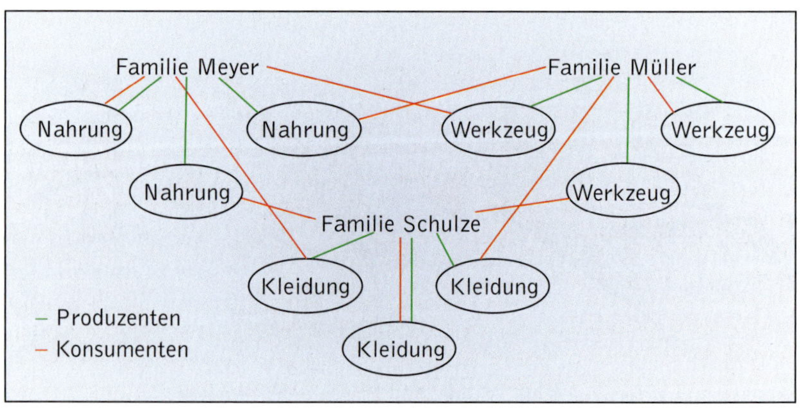

Familie Schulze hat sich auf die Herstellung von Kleidung spezialisiert, weil den Familienmitgliedern das Schneidern Spaß gemacht hat. Sie gehen gerne mit Nadel und Faden um, weil sie geschickt und flink sind. Schwere Arbeit mit dem Spaten dagegen liegt ihnen weniger. Wenn man aber Spaß bei der Arbeit hat, geht sie leichter von der Hand. Es ist sehr wahrscheinlich, dass es Familie Schulze gelungen ist, mit dem gleichen Arbeitsaufwand höhere Erträge als die anderen Familien zu erzielen. Wenn eine Familie sich jetzt intensiver mit der Produktion eines Gutes auseinandersetzt, gewinnt sie darin besondere **Routine**, was wiederum zu einer Ertragssteigerung bei gleichem Arbeitsaufwand führen kann.

Jeder Wechsel der Tätigkeiten erfordert **Umrüstzeiten**. Sachen müssen weggeräumt, andere geholt werden, die von der Feldarbeit schmutzigen Hände müssen gewaschen werden, bevor man daran gehen kann ein Kleid zu nähen. Außerdem benötigt der Mensch einige Zeit, sich mental auf die neue Tätigkeit einzustellen. Nach schwerer Feldarbeit, bei der vorwiegend Kraft und Ausdauer gefragt sind, werden beim Nähen völlig andere Fähigkeiten benötigt (Feinmotorik, z. B. beim Einfädeln des Fadens, Geschicklichkeit), auf die man sich wiederum erst einstellen muss. Diese Umrüstzeiten entfallen mit der **Spezialisierung**, eine Steigerung des Ertrags bei gleichem Aufwand ist die Folge.

Da es allen Produzenten so geht, kann man annehmen, dass alle in der Lage sind, mit dem gleichen Arbeitsaufwand mehr zu produzieren, also den Ertrag zu steigern. Nehmen wir an, jede Familie sei nun in der Lage, mit gleichem Arbeitseinsatz fünfzehn Gütereinheiten zu erzeugen. Die Berechnung sieht dann folgendermaßen aus:

$$\textbf{Wirtschaftlichkeit} = \frac{\text{Ertrag}}{\text{Aufwand}} = \frac{\text{15 Gütereinheiten}}{\text{27 Arbeitseinheiten}} = \frac{15}{27} = \frac{5}{9}$$

Die Wirtschaftlichkeit ist gestiegen. Nun könnte es weiter sein, dass eine Familie auf den Gedanken kommt, sich Arbeitsvorgänge durch den Einsatz technischer Hilfsmittel zu erleichtern. Da die Güterversorgung verbessert ist, besteht die Möglichkeit, einen Teil der Arbeitszeit für die Verbesserung der Produktionsbedingungen aufzuwenden, z. B. die Entwicklung besserer Nähnadeln, neuer Erntemethoden oder widerstandsfähiger Werkzeuge, wodurch die Wirtschaftlichkeit erneut steigt.

Irgendwann ist der Punkt erreicht, wo man in der Lage ist, mehr von diesen drei Gütern zu erzeugen als überhaupt gebraucht werden. Entweder wird jetzt die Arbeitszeit verringert und es gibt mehr Freizeit oder man kann andere, neue Güter produzieren. Die tatsächliche wirtschaftsgeschichtliche Entwicklung zeigt, dass einerseits die wöchentliche Arbeitszeit stark gesunken, andererseits aber auch das Angebot an Gütern (insbesondere Dienstleistungen) äußerst vielfältig geworden ist.

Mit der Arbeitsteilung entstanden Berufe. Die Konzentration auf die Herstellung eines Gutes ermöglicht die Steigerung des Ertrags bei gleichem Aufwand und führt deshalb zu einer Erhöhung der Wirtschaftlichkeit.

i

Umrüstzeiten gibt es auch bei Maschinen. Will man anstelle des Bohrmaschinengehäuses auf der Maschine jetzt Gehäuse für einen Haarföhn produzieren, muss logischerweise eine andere Spritzgussform in die Maschine eingebaut werden. Eventuell muss auch noch Kunststoffgranulat anderer Farbe und Eigenschaften eingefüllt werden und dann alles wieder aufeinander abgestimmt und optimiert werden. In dieser Zeit kann die Maschine nichts produzieren. Deshalb versucht man, mit möglichst wenig Umrüstungen auszukommen bzw. nötige Umrüstungen in möglichst kurzer Zeit durchzuführen.

Die Minimierung bzw. das Vermeiden von Umrüstzeiten ist nur ein kleiner Teilbereich des gesamten Geschäftsprozesses, der ständig optimiert werden muss. Nur wer regelmäßig alle Arbeitsschritte und Tätigkeiten von der Produktion bis zum Verkauf des Produktes verbessert, wird am Markt erfolgreich bestehen können.

Produktion in einer Textilfabrik

Als Folge der Arbeitsteilung entstanden die **Berufe**. Dahinter steckt der Begriff „Berufung“: jeder soll die Tätigkeit ausüben, für die er geeignet, berufen ist. Dieser Phase der **Berufsbildung** schloss sich eine Phase der **Berufsspaltung** an. Aus einem einzelnen Beruf bildeten sich eine Reihe weiterer Berufe heraus. Nach einer Handwerksordnung von 1629 gab es beispielsweise im Bereich der Eisenverarbeitung 16 verschiedene Berufe (vgl. Seite 70).

Hufschmied

Messerschmied

1. Erläutere, warum sich die Arbeitszerlegung negativ auf die Arbeitsfreude auswirken kann.
2. Warum steigt die Wirtschaftlichkeit durch Arbeitszerlegung erneut?

Die Arbeitszerlegung

Der nächste Entwicklungsschritt war die Arbeitszerlegung. Die Produktion eines Gutes wird dabei in mehrere Arbeitsschritte aufgeteilt, die von verschiedenen Arbeitskräften ausgeführt werden (z. B. Produktion von Schuhen: ein Arbeiter macht nur Sohlen, ein anderer schneidet das Leder zu, ein Dritter fügt Sohlen und Leder zusammen).
Arbeitsteilung bedeutet, dass eine Arbeitskraft nur mehr ein Gut erzeugt, Arbeitszerlegung heißt, dass eine Arbeitskraft nur mehr einen Teil eines Gutes herstellt.

Internationale Arbeitsteilung

Grundlage modernen Wirtschaftens ist die Arbeitsteilung, die den Tausch von Gütern erfordert und in einer Geldwirtschaft zu umfangreichem Handel führt.

„Moderne Zeiten“

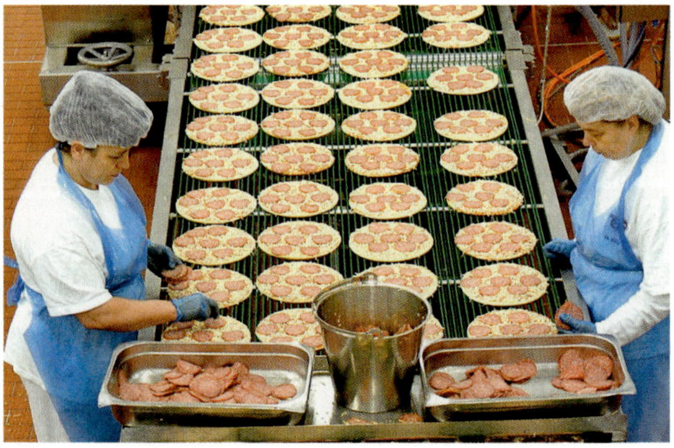

Arbeit am Fließband

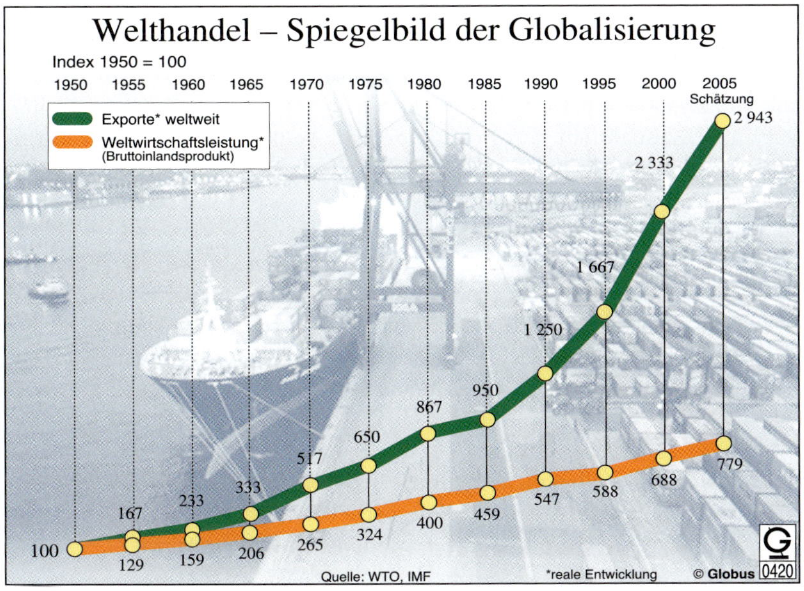

Die Länder der Dritten Welt liefern vorwiegend Rohstoffe, die in den Industrieländern weiterverarbeitet werden. Aber auch zwischen den Industrieländern ist eine Arbeitsteilung zu erkennen. Japan ist führend in der Unterhaltungselektronik, die meisten Neuerungen der Computertechnik kommen aus den USA, Italien beliefert die Welt mit modernem Schuhwerk und Deutschland exportiert z. B. Automobile und Maschinen.

Der Güterstrom vom Inland ins Ausland wird als **Ausfuhr** oder **Export**, der Strom vom Ausland ins Inland als **Einfuhr** oder **Import** bezeichnet.

Internationale Arbeitsteilung führt zu vielfältigen Handelsbeziehungen zwischen den einzelnen Ländern. Dabei können Produktionsvorteile verschiedener Länder, bedingt z. B. durch besonders günstige natürliche Bedingungen, ausgenutzt werden.

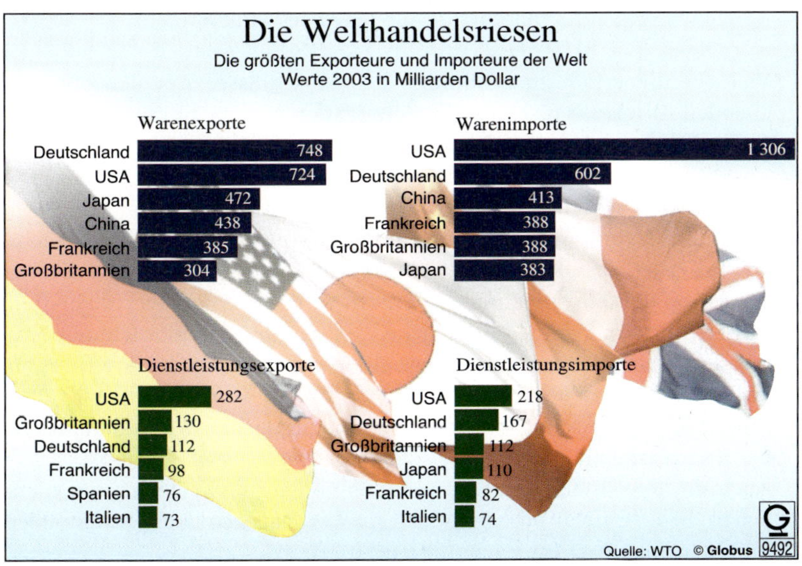

Im 17. und 18. Jahrhundert setzten die merkantilistischen Länder – vor allem England, Frankreich, Preußen und Spanien – alles daran, Gold und Geld im Lande zu mehren, indem sie möglichst viel selbst herstellten und exportierten, aber möglichst wenig Güter importierten. Doch die Ausgaben des einen Landes sind die Einnahmen des anderen. Die fehlenden Einnahmen hinderten die meisten anderen Länder daran, Güter zu importieren. Insgesamt konnte sich der internationale Handel nicht entfalten; Gold und Geld flossen spärlicher, als die Merkantilisten es sich gedacht hatten.

Merkantilismus: Sammelbegriff für die wirtschaftspolitischen Lenkungsmaßnahmen der Staaten des 16. bis 18. Jahrhunderts zur Steigerung der nationalen Wirtschafts- und Handelskraft; lat. „mercator" = Kaufmann

1. Der Tschad exportiert vorwiegend Baumwolle (60–70 %), Viehzuchtprodukte und Erdnüsse. Saudi-Arabiens Export besteht dagegen zu 90 % aus Erdöl und Erdölprodukten.
   Informiere dich anhand des Atlasses über die wirtschaftliche Situation der beiden Länder.
   Erläutere in diesem Zusammenhang die Probleme der internationalen Arbeitsteilung.

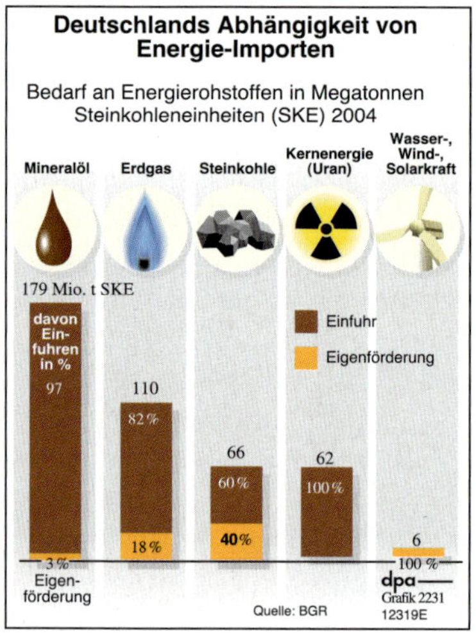

Ein moderner CAD-Arbeitsplatz

Viel Verpackung – wenig Parfüm

Probleme der Arbeitsteilung und Arbeitszerlegung

Ohne Arbeitsteilung und Arbeitszerlegung wäre unser heutiger Wohlstand nicht denkbar. Arbeitsteilung und Arbeitszerlegung bringen aber auch Nachteile mit sich. Sie schaffen Abhängigkeiten, erfordern eine überlegte Berufswahl und Maßnahmen, um Produktion und Konsum in Einklang zu bringen.

- **Schaffung von Abhängigkeiten**
  Wer sich nicht mehr selbst versorgen kann, ist von anderen abhängig. Ein Haushalt muss heute fast alle Güter, die er benötigt, kaufen. Dazu braucht er Geld. Wer die Möglichkeit hat viel Geld zu verdienen, kann sich viele Güter leisten, wer eine schlecht bezahlte Arbeit hat oder gar arbeitslos ist, kann sich nur wenige Güter leisten oder ist auf die Hilfe anderer angewiesen.

  Viele Betriebe stellen nicht mehr alle Teile für ein Produkt selbst her, sondern beziehen Bauteile von Zulieferbetrieben. Entstehen Lieferschwierigkeiten, z.B. durch Streik, ist die gesamte Produktion gefährdet.

  Ein Land wie die Bundesrepublik Deutschland muss den größten Teil der benötigten Rohstoffe importieren. Werden die Lieferungen aus einem Land etwa aus politischen Gründen gestoppt, kann schnell eine Versorgungslücke auftreten.

- **Problem der Berufswahl**
  In der Berufsausbildung steht heute die Vermittlung von Spezialkenntnissen im Vordergrund. Schnell können sich jedoch die Anforderungen an ein Berufsbild ändern, was zu Anpassungsschwierigkeiten führt. Wer vor einigen Jahren den Beruf eines technischen Zeichners erlernt hat, musste mittlerweile Tusche und Reißbrett gegen Computer und CAD-Programmen tauschen.

  Nicht alle Berufe sind bezüglich der Verdienstmöglichkeiten gleichwertig. Die Statistik zeigt, dass Ärzte wesentlich mehr verdienen als etwa Polizeibeamte. So ist heute nicht allein die persönliche Neigung für die Berufswahl entscheidend, sondern auch die Frage des Einkommens.

  Viele Berufe erfordern bestimmte Schulabschlüsse. Wer den entsprechenden Abschluss nicht schafft, dem ist der Zugang zu manchen Berufen versperrt.

- **Koordination zwischen Produktion und Konsum**
  Durch die Trennung von Produzenten und Konsumenten ist nicht mehr gewährleistet, dass die Produzenten die Güter in der Menge produzieren, wie es von den Konsumenten gewünscht wird. Bei einer Überproduktion müssen die Produzenten erhebliche Anstrengungen unternehmen, um ihre Produkte absetzen zu können. Eine zu geringe Produktion führt zu einer starken Verteuerung der Güter. Manchmal werden auch erst Güter produziert und anschließend wird mit umfangreichen Werbekampagnen der Bedarf erzeugt.
  Auch im Bereich der Verpackungsindustrie wird bisweilen an den wirklichen Bedürfnissen vorbeiproduziert. Wer hat sich nicht schon über umfangreiche Plastikverpackungen geärgert?

2.4 Formen der Arbeitsorganisation

Es war einmal vor langer Zeit ein blühender Konzern in einem kleinen Land inmitten von Europa. Um seine Leistungsfähigkeit unter Beweis zu stellen, verabredeten die Konzernmanager mit einer Konkurrenzfirma, dass jedes Jahr ein Wettrudern stattfinden sollte. Dafür wurden Mannschaften aus den besten Ruderern zusammengestellt. Beide Mannschaften trainierten lange und hart, um Bestleistungen zu erreichen. Als der Tag des Wettkampfes gekommen war, fühlten sich beide Mannschaften topfit. Doch nach dem Startschuss lag die Konkurrenz bald weit vorn und gewann schließlich mit einer Meile Vorsprung.

Nach dieser schmerzlichen Niederlage war das Verliererteam sehr niedergeschlagen, und die Moral war auf dem Tiefpunkt. Die Manager der Firma entschieden, dass der Grund für dieses vernichtende Debakel unbedingt herausgefunden werden müsse. Ein Untersuchungsausschuss wurde eingesetzt, um das Problem zu erkennen und geeignete Maßnahmen zu empfehlen.

Nur fünf Monate später lag das Ergebnis vor. Das Problem war, dass bei der Konkurrenz acht Leute ruderten und ein Mann steuerte. Im Team der Verlierer dagegen ruderte nur ein Mann und acht Leute steuerten. Das Management engagierte sofort eine Beratungsfirma, um eine Studie über die Struktur ihres Teams anfertigen zu lassen. Nach Kosten in Millionenhöhe und weiteren drei Monaten kamen die Berater zu dem Ergebnis, dass zu wenige Leute ruderten und zu viele steuerten.

Um einer weiteren Niederlage im nächsten Jahr vorzubeugen, beschloss man, die Teamstruktur umzustellen. Die Organisation der Arbeit musste grundlegend geändert werden. Es gab jetzt vier Steuerleute, drei Obersteuerleute und einen Steuerungskoordinator. Ein Leistungsbewertungssystem wurde eingeführt, um dem Mann, der das Boot rudern sollte, noch mehr Ansporn zu geben, sich noch mehr anzustrengen. Die Parole lautete: „Wir müssen seinen Aufgabenbereich erweitern und ihm mehr Verantwortung geben! Damit sollte es gelingen!“

Im nächsten Jahr gewann die Konkurrenz mit zwei Meilen Vorsprung. Der Ruderer wurde vom Konzern wegen schlechter Leistungen entlassen, das Ruderboot mitsamt der Ruder wurde verkauft. Investitionen zum Bau neuerer, schnellerer Ruderboote wurden umgehend gestoppt. Der Beratungsfirma wurde eine lobende Anerkennung ausgesprochen und eine Zusage für weitere Beratungsaufträge erteilt.

Quelle: nach Süddeutsche Zeitung, 25 Januar 1994

Rudermannschaft

Dieselbe Arbeit kann durch unterschiedliche Organisation der Arbeit effektiv oder weniger effektiv gestaltet werden. Die Verbesserung der Arbeitsorganisation soll einerseits dazu beitragen, die Abläufe bei der Produktion effektiver zu gestalten (**Prozessorientierung**), zielt andererseits aber auch darauf ab, den Betroffenen die Arbeit möglichst zu erleichtern (**Personenorientierung**). Um dieses Ziel zu erreichen, bedarf es zunächst einer genauen Analyse der bisherigen Arbeitsorganisation (**Diagnose**), mögliche Verbesserungen müssen sorgfältig durchdacht werden, damit sie im komplexen Produktionsgefüge nicht auf anderem Gebiet wieder Einschränkungen verursachen (**Planung**). Nach der **Durchführung** der Maßnahmen ist eine **Auswertung** erforderlich, um zu überprüfen, ob die Änderungen tatsächlich zum erwünschten Ziel beigetragen haben.

1. Auch die Hausaufgaben gehen schneller von der Hand, wenn die Arbeit gut organisiert ist. Überlege dir, was du verbessern kannst, um schneller und effektiver arbeiten zu können.

2. Realitätsfremde Fehlentscheidungen, wie in der einleitenden Satire beschrieben, gibt es zum Glück nur sehr selten. In weniger krasser Form kommen sie jedoch immer wieder vor. Überlege, welche Umstände in einem Unternehmen die Entstehung von Fehlentscheidungen begünstigen.

Schlechte Arbeitsorganisation: Zum Streichen eines Brückengeländers engagiert ein Maler einen neuen Hilfsarbeiter. Am ersten Arbeitstag schafft er es, 25 m Geländer zu streichen.
Der Maler ist begeistert. Am nächsten Tag sind es nur noch 10 m, am dritten Tag nur noch 2 m. Als der Maler den Grund für den rapiden Leistungsabfall wissen möchte entgegnet der Hilfsarbeiter: „Ist doch kein Wunder – der Farbeimer steht immer weiter weg!"

Durch die Bemühungen, den Produktionsprozess möglichst reibungslos zu gestalten, haben sich unterschiedliche Organisationsformen entwickelt.

Fließfertigung:
Bei der Fließfertigung ist jedem Produkt eine **eigene Fertigungsstraße** zugeordnet. Dabei sind die Maschinen und Arbeitskräfte **in produktionsgünstigster** Reihenfolge angeordnet, z. B.: Drehen – Bohren – Fräsen – Schleifen. Verwendung findet die Fließfertigung unter anderem in der Fahrzeugindustrie, dem Verlags- oder Druckgewerbe, oder der Süßwarenindustrie.

Eine wesentliche Folge der Fließfertigung ist die Senkung der Produktionskosten. Nur so ist es möglich, dass sich heute fast jeder Haushalt z. B. die Anschaffung eines Kraftfahrzeugs leisten kann.

Eine Unterart der Fließfertigung ist die **Fließbandfertigung**: Der Transport des Werkstücks wird mittels Fließband bzw. fahrerloser Transporteinrichtung vorgenommen. Bei modernen Fließbändern fahren die dort Tätigen mit („wandernde Fußboden"). Henry Ford (amerikanischer Automobilhersteller) war einer der Vorreiter dieses Produktionsverfahrens. Der Pkw „Tin Lizzy" wurde bereits 1913 in einer Auflage von 15 Millionen Exemplaren auf einer Fließbandfertigungsstraße hergestellt.

Lange beschäftigte man sich in den Unternehmen ausschließlich mit der Gestaltung der Produktionsabläufe. Dies führte zwar zu einer deutlich schnelleren und kostengünstigeren Produktion, brachte aber auch Nachteile mit sich: Man konnte den langfristig geplanten Produktionsablauf nicht flexibel ändern, weil sonst alles durcheinander geraten wäre. Dies führte dazu, dass ein Kunde beispielsweise die Farbe seines Autos drei Monate vor Produktionsbeginn festlegen musste. Eine Änderung war dann nicht mehr möglich.
Heute werden Geschäftsprozesse auch auf die Kundenfreundlichkeit hin optimiert. Das bedeutet, dass Farbwünsche von Kunden sogar noch wenige Tage vor Produktionsbeginn berücksichtigt werden können.

Semmeln am Fließband

Die Tin Lizzy: Vier Zylinder, 2884 ccm Hubraum, 20 PS, zwei Vorwärtsgänge, ein Rückwärtsgang, Höchstgeschwindigkeit 65 bis 70 km/h

Werkstattfertigung
Die notwendigen Produktionsanlagen zur Fertigstellung eines Produkts sind nicht in einer für den Produktionsablauf erforderlichen Reihe angeordnet wie bei der Fließfertigung. Die Produktionsfaktoren sind in Werkstätten nach unterschiedlichen Arbeitsschritten aufgegliedert (z. B. Bohren, Drehen, Fräsen, Verzinken, Lackieren). Die Produkte werden zu den einzelnen Werkstätten gebracht und dort bearbeitet.
Ein Zahnrad durchläuft z. B. die folgenden Stationen:
1) Drehen eines maßgenauen oberflächenglatten Zylinders
2) Verzahnen (Herausfräsen der Zähne des Zahnrades)
3) Bohren der mittleren Bohrung
4) Fräsen, um die Nut zu erhalten

Die Reihenfolge der Bearbeitungsschritte muss nicht immer eingehalten werden. Es wäre genauso möglich, erst zu drehen, dann zu bohren, zu fräsen und zu verzahnen. Verwendung findet die Werkstattfertigung vor allem im Bereich Maschinenbau, der optischen und elektronischen Industrie. Eine Sonderform ist die Baustellenfertigung. Hier wird die „Werkstatt" um das Produktionsobjekt herum angeordnet (Schiffsbau, Brückenbau).

Zahnrad

Baustellenfertigung: Brückenbau

Inselfertigung
Heute gibt es Werkzeugmaschinen, die so aufgebaut sind, dass sie die Arbeit mehrerer verschiedener Werkstätten auf einmal ausführen können. Eine CNC-Maschine (computer numerical control) bearbeitet den eingespannten Rohstahl bei automatischem Werkzeugwechsel bis hin zum fertigen Zahnrad. So kann an einem einzigen Ort, praktisch wie auf einer Insel, ein Zahnrad oder ein anderes beliebiges Bauteil komplett hergestellt werden.

Jedes dieser Fertigungsverfahren hat Vor- und Nachteile bei der Anwendung. Entscheidend bei der Auswahl eines Verfahrens ist, welche Mengen hergestellt werden sollen. So wird bei Kleinserien und Einzelproduktion die Werkstattfertigung bevorzugt, während bei Massenfertigung das Verfahren der Fließfertigung angewandt wird. Die Inselfertigung nimmt eine Mittelstellung zwischen beiden Fertigungsverfahren ein. Ihr Einsatzbereich geht von der Einzelproduktion bis zur Großserienfertigung.

!

1. Ein Betrieb möchte einerseits die vorhandenen Produktionsfaktoren optimal ausnutzen (hohe Kapazitätsauslastung), andererseits auch minimale Durchlaufzeiten (Zeitspanne von Produktionsbeginn bis Fertigstellung eines Produkts) für die Produkte erreichen.
   a) Welche Vorteile hat ein Betrieb durch:
      – optimale Auslastung seiner Kapazität?
      – kurze Durchlaufzeit seiner Produkte?
   b) Erkläre, warum die Verfolgung beider Ziele bei der Werkstattfertigung Schwierigkeiten bereitet.

2. Die prozessorientierte Arbeitsorganisation ist nicht nur im Betrieb, sondern auch in unserem Alltag wichtig.
   a) Überlege dir, wie der Arbeitsplatz „Küche" bei der Produktion von Plätzchen oder Spätzle organisiert werden sollte, um hohe Kapazitätsauslastung und geringe Durchlaufzeiten zu erreichen.
   b) Überprüfe, ob deine Überlegungen auch dazu beitragen, die Qualität der Plätzchen (Aussehen und Geschmack) zu verbessern.

2.5 Funktionsbereiche eines Betriebes

Waren einkaufen

Speisen zubereiten

Speisen anrichten und servieren

Das vegetarische Restaurant von Lena und Lukas läuft nach wie vor gut. Auch die neuen Stehimbissbuden von Lukas werfen beträchtlichen Gewinn ab. Durch die gute Geschäftssituation bestärkt, möchte Lena etwas Neues ausprobieren. Sie will eine Alternative zum üblichen „kalten Büffet" anbieten. Sie glaubt, dass ein Partyservice mit vor Ort zubereiteten WOK-Spezialitäten für viele eine willkommene Alternative wäre.

Zunächst muss sie dafür aber wieder einiges investieren. Dafür nimmt sie einen Kredit bei einer Bank auf und „plündert" ihr Privatkonto. Lena besorgt einen großen WOK, der auf einer Gasflamme erhitzt wird, um vom Strom unabhängig zu sein. Außerdem kauft sie einen gebrauchten Lieferwagen, den sie mit den notwendigen Küchenutensilien (Tische, Teller und Besteck) ausstattet. In einem Geschäft für Werbegrafik lässt sie sich den Schriftzug „MOVINGWOK-Partyservice" aus bunter Klebefolie schneiden und bringt diesen auf ihrem Lieferwagen an. Sie verteilt Flugblätter und gibt einige Annoncen in Lokalzeitungen auf, um auf ihre neue Dienstleistung aufmerksam zu machen. Der erste Auftrag lässt nicht lange auf sich warten. Der Golfclub im Nachbarort will die Einweihung der neuen 18-Loch-Anlage feiern und bestellt bei Lena die exklusive Verköstigung der Gäste.

Um größere Aufträge bewältigen zu können, hat sie schon vor einigen Wochen einen Koch und eine Studentin angeworben, die auch kurzfristig aushelfen können. Die Bezahlung erfolgt nach geleisteten Arbeitsstunden. Der Koch hilft bei der Zubereitung der Speisen, die Studentin kümmert sich ausschließlich um das Wohl der Gäste, liefert die Getränke und bringt verschmutztes Geschirr zurück.

Lena besorgt am Samstag Gemüse vom Markt und lagert es im kühlen Keller des Restaurants ein, damit es auch frisch bleibt. Einige Ersatzflaschen mit Gas sowie die Getränke werden bereits in den Lieferwagen geladen. Noch bevor die Gäste kommen, baut Lena mit ihren Helfern die Tische auf dem Golfplatz auf und stellt Geschirr, Besteck und Getränke bereit. Am Anfang müssen einige Gäste kurze Wartezeiten in Kauf nehmen, weil Lena nur höchstens 15 Portionen auf einmal zubereiten kann. Den Gästen schmeckt es so gut, dass viele sogar zwei oder drei Portionen essen.

Der Vorsitzende des Golfclubs bedankt sich nach der Feier bei Lena für die ausgezeichnete Bewirtung. Er bescheinigt ihr, dass sie die Attraktion der Feier war und ganz entscheidend zum guten Gelingen beigetragen habe, was Lena besonders freut.

Betriebe gibt es in vielfältigen Erscheinungsformen (z. B. Töpferei, Flugzeughersteller, Friseur, Metzgerei, Recyclinghof...). Sie produzieren völlig verschiedene Güter, benötigen dabei unterschiedliche Produktionsmittel und verkaufen ihre Produkte auf andere Art und Weise. So unterschiedlich die einzelnen Produktionsstätten aber auch sind, lassen sich dennoch Gemeinsamkeiten feststellen, die für fast alle Betriebe gelten. Im folgenden Modell werden die Funktionsbereiche dargestellt, die in den meisten Betrieben anzutreffen sind.

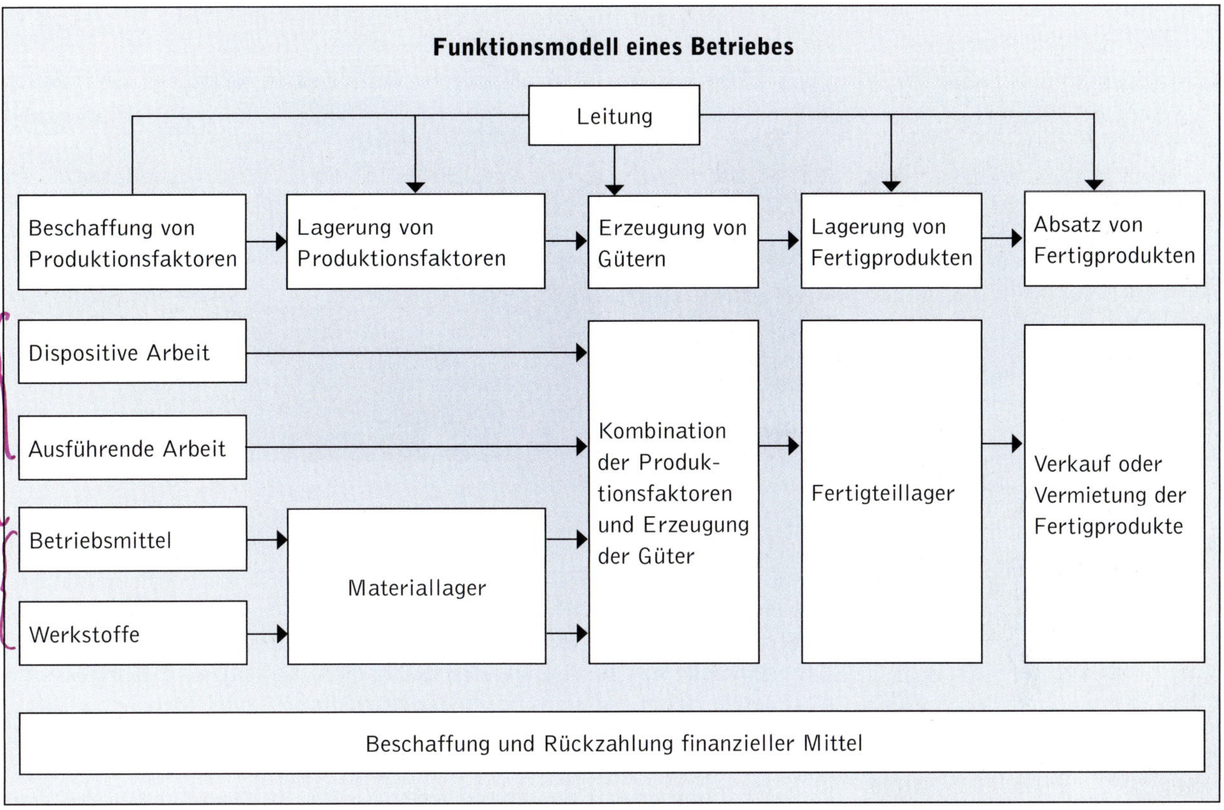

Beschaffung

Der Bereich Beschaffung sorgt dafür, dass stets die notwendigen Produktionsfaktoren vorhanden sind. Unter **dispositiver Arbeit** versteht man planerisch-organisatorische Aufgaben, die vor allem von der Betriebsleitung („Management") wahrgenommen werden. Um geeignete Personen hierfür zu finden, wenden sich heute viele Betriebe an Personalberatungsunternehmen. Die Ideen der Geschäftsführung werden durch die **ausführende Arbeit** in die Tat umgesetzt. Arbeitskräfte hierfür werden über Stellenanzeigen oder über die Arbeitsagenturen gefunden. Seit 1994 dürfen auch private Unternehmen Arbeitsplätze vermitteln. Unter dem Begriff **Betriebsmittel** versteht man alle technischen Apparate, deren sich der Betrieb beim Produktionsprozess bedient: Maschinen, Werkzeuge, Verkehrsmittel, Büroeinrichtungen sowie Grundstücke und Gebäude. Die Beschaffung dieser Betriebsmittel wird als **Investition** bezeichnet. Betriebsmittel werden über längere Zeit im Betrieb genutzt und erleiden i. d. R. durch die Nutzung einen Wertverlust, der als **Abschreibung** erfasst wird. Die Menge der Betriebsmittel bestimmt die **Produktionskapazität**, also die Gütermenge, die der Betrieb in einer Periode herstellen kann. **Überkapazitäten** entstehen, wenn der Betrieb aufgrund zu geringer Nachfrage weniger produziert als er könnte. Ein **Kapazitätsengpass** liegt dann vor, wenn der Betrieb mehr absetzen könnte als er produziert. Beides verursacht Kosten, die es durch eine optimale Planung zu vermeiden gilt.

Betriebe, die langfristig unter geringer Nachfrage leiden, müssen entweder Kapazitäten abbauen, oder sie werden aufgrund der hohen Kosten irgendwann schließen müssen.

1. Ordne die passenden Informationen aus dem Textbeispiel den Funktionsbereichen zu (pro Funktionsbereich sind mehrere Textstellen möglich).
2. Welcher Funktionsbereich ist bei Lenas Partyservice nicht so ausgeprägt, wie z. B. bei einer Töpferei?
3. Worin besteht der Unterschied zwischen Lenas Arbeit und der Arbeit ihrer Mitarbeiter?
4. Wie sieht es mit der Kapazitätsauslastung von Lenas Betrieb beim Eintreffen der 30 Gäste aus?

Beschaffung in der Abteilung Einkauf

Produktion

Absatz: Messen sind wichtige Verkaufsveranstaltungen

1. Der Leiter der Beschaffungsabteilung eines kupferverarbeitenden Betriebes bestellte einmal versehentlich die fünffache Kupfermenge, worauf ihm der Vorstand die Entlassung androhte. Kurze Zeit später wurde dies jedoch zurückgenommen – der Preis für Kupfer war drastisch gestiegen. Zeige daran die Problematik der Beschaffung von Werkstoffen.

Neben Arbeitskräften und Betriebsmitteln müssen noch **Werkstoffe** beschafft werden. Zu den Werkstoffen zählen alle Güter, die in das Fertigprodukt eingehen. Man unterscheidet **Rohstoffe**, sie bilden die Hauptbestandteile des Fertigungsproduktes (Bleche für Karosserien), **Hilfsstoffe**, sie bilden Nebenbestandteile des Fertigproduktes (Schrauben, Farben), und **Betriebsstoffe** (Energie, Schmiermittel). Durch die Beschaffung großer Mengen an Werkstoffen lassen sich die Beschaffungskosten senken (Mengenrabatte, geringere Versandkosten). Auch wird das Risiko, dass der Produktionsprozess durch Beschaffungsengpässe, z. B. infolge von Streiks, ins Stocken gerät, geringer. Andererseits verursachen ungenutzte Werkstoffe auch hohe Kosten. Es gilt daher, stets die optimale Bestellmenge für Werkstoffe zu finden.

Erzeugung

Hierunter versteht man alle Arbeiten, die direkt an der Herstellung des Produktes beteiligt sind: bohren, drehen, fräsen, stanzen und vieles mehr. Diesen Bereich könnte man auch als Produktion im technischen Sinn bezeichnen. Die Art des gewählten Produktionsverfahrens ist maßgebend für die entstehenden Produktionskosten und insbesondere für die Umweltbelastung durch die Produktion. Nur Betriebe, die kostengünstig produzieren, können sich langfristig auf dem Markt gegenüber der Konkurrenz durchsetzen. Leider herrscht momentan noch nicht der nötige Druck zu umweltfreundlichen Produktionsverfahren. Viele neue Herstellungsmethoden senken einerseits die Kosten, schonen aber andererseits auch noch die Umwelt. Ein Beispiel wäre die Herstellung von Glasfaserkabeln. Die herkömmliche Methode war durch enorm hohen Wasserverbrauch gekennzeichnet. Neue Verfahren kommen gänzlich ohne Wasser aus.

Absatz

Alle erzeugten Güter müssen ihren Weg zum Abnehmer finden. Nur so fließen die Produktionskosten wieder in den Betrieb zurück. Um den Absatz zu sichern, bedarf es zumeist großer Anstrengungen. Dies beginnt mit der Beobachtung des Marktes, um vor der Produktion eines Gutes herauszufinden, welche Absatzchancen der Markt bietet. Durch Werbung wird versucht, Einfluss auf den Markt zu nehmen, um den Absatz zu fördern. Zunehmend erlangt neben dem Verkauf von Erzeugnissen auch die Vermietung an Bedeutung (Konsumgüter-Leasing).

Finanzierung
Um Produktionsfaktoren beschaffen zu können, benötigt ein Betrieb Geld. Die Beschaffung dieses Geldes bezeichnet man als **Finanzierung**. Dabei gibt es drei wichtige Quellen der Finanzierung. Durch den Absatz der Fertigungserzeugnisse fließt Geld in den Betrieb, mit dem die **Wiederbeschaffung** der verbrauchten Produktionsfaktoren finanziert werden kann. Hat der Betrieb gut gewirtschaftet, bleibt darüber hinaus noch etwas übrig – der **Gewinn**. Wird dieser nicht entnommen, kann damit die Beschaffung **zusätzlicher** Produktionsfaktoren finanziert werden. Am Beginn der betrieblichen Tätigkeit stehen jedoch noch keine Umsatzerlöse zur Verfügung. Die Betriebseigner müssen deshalb zunächst Geld aus der „eigenen Tasche" vorstrecken (**Eigenkapital**) oder einen Kredit aufnehmen (**Fremdkapital**). Auch größere Investitionen müssen in der Regel mit Geld von **außen** finanziert werden. Diese Geldbeschaffung verursacht Kosten: Für Fremdkapital müssen Zinsen gezahlt werden, und wer Eigenkapital zur Verfügung stellt, dem entgehen **Zinsen**, weil er eben dieses Geld nicht zinsbringend anlegen kann. Bei Fremdkapital ist die termingerechte Rückzahlung (**Tilgung**) sicherzustellen.

Lagerung
Es ist in den seltensten Fällen möglich, Beschaffung, Erzeugung und Absatz zeitlich genau aufeinander abzustimmen. Normalerweise unterliegt insbesondere der Absatz zeitlichen Schwankungen. Deshalb ist es notwendig, **Puffer** in den Produktionsprozess einzubauen. Dies geschieht durch die **Lagerung** der Werkstoffe (zwischen Beschaffung und Erzeugung) und der Fertigprodukte (zwischen Erzeugung und Absatz). Ausreichend große Lagerbestände sichern die **Lieferbereitschaft** auch bei unvorhergesehenen Ereignissen, wie etwa einem Streik bei einem Lieferanten oder einem Schneechaos auf der Autobahn. Lagerhaltung verursacht aber hohe Kosten. In den Lagerbeständen ist Kapital gebunden, das dem Betrieb nicht kostenlos zur Verfügung steht. Lagerkosten sind demnach hauptsächlich **Zinskosten**. Es ist allgemein ein starker Rückgang der Lagerhaltung zu beobachten, bis hin zur JIT-Produktion (JIT = just in time), bei der Werkstoffe nicht mehr gelagert, sondern erst unmittelbar vor ihrer Verarbeitung angeliefert werden.

Leitung/Verwaltung
Jeder Funktionsbereich birgt Risiken. Um diese zu umgehen, sind Planungs-, Führungs- und Kontrollentscheidungen notwendig. Auch ist das Zusammenspiel der Bereiche zu planen und zu organisieren. Diese Entscheidungen sind Aufgabe der Unternehmensleitung. Untersuchungen über die Ursachen von Insolvenzen, dem Ende eines Unternehmens wegen Zahlungsunfähigkeit oder zu hohen Schulden, führen oft zu dem Ergebnis, dass falsche Entscheidungen der Betriebsleitung Schuld am Misserfolg sind.

Die Entscheidung der Leitung der BMW-AG, den britischen Automobilhersteller Rover zu übernehmen, stellte sich als sehr teure Fehlentscheidung heraus. Nachdem für die Firma Kosten in Milliardenhöhe entstanden sind, musste Rover nach kurzer Zeit wieder verkauft werden.

Eine Kette von Fehlentscheidungen führte 1921 dazu, dass eine ganze Fabrik zusammen mit der Ortschaft Opphausen zerstört wurde.

1. Viele Betriebe haben die „Just-in-time"- Produktion wieder verworfen und unterhalten jetzt zumindest wieder kleinere Lager. Warum haben viele Betriebe ihre Produktion wieder umgestellt?

2. Ist in naher Zukunft eine reibungslos funktionierende JIT Produktion denkbar? Überlege, welche Voraussetzungen dazu nötig sind.

3. Ein Betrieb hat im Durchschnitt Werkstoffe im Wert von 250.000 Euro im Lager. Für langfristige Kredite zahlt er 8 % Zinsen an die Bank. Wie hoch sind die durch Zinsaufwendungen verursachten Lagerkosten? Wie hoch ist die Ersparnis bei einer Halbierung des Lagerbestandes?

Verwaltung

2.6 Marketing

Um im harten Wettbewerb gegenüber den zahlreichen Konkurrenten bestehen zu können, müssen Betriebe fortlaufend versuchen, den gesamten Prozess von der Beschaffung bis zum Absatz der Produkte zu optimieren. Tun sie dies nicht, so verlieren sie unter Umständen Kunden an Betriebe, die mittlerweile schneller, billiger und (oder) besser produzieren. Verlorene Marktanteile lassen sich nur schwer wieder zurückholen. Um es erst gar nicht so weit kommen zu lassen, betreiben viele Unternehmen **Marketing**.

Unter **Marketing** versteht man alle Maßnahmen, die darauf ausgerichtet sind, den Absatz zu fördern. Die Entscheidungen des Unternehmens orientieren sich dabei stark am Bedarf der Kunden.

Die folgende Übersicht zeigt die **Marketinginstrumente**, die dem Unternehmer dabei zur Verfügung stehen.

Marketing-instrumente

Produktpolitik
Neuentwicklung, Änderung, Form, Design, Farbe, Material, Sortiment, Verpackungsgestaltung, Namensgebung, Zusatzleistung, Garantie, Kundendienst

Verteilung der Güter
(Distributionspolitik)
Erhältlichkeit, Platzierung im Regal, Schaufenstergestaltung (Placement), Absatzkanäle (Einzel-, Großhändler), Marketinglogistik: Produkt zum richtigen Zeitpunkt in der richtigen Menge am richtigen Ort zu möglichst geringen Kosten

Kommunikationspolitik
Werbung, Verkaufsförderung (Sales Promotion), Öffentlichkeitsarbeit (Public Relations)

Preise und Konditionen
(Kontrahierungspolitik)
Preis- und Rabattpolitik, Zahlungsziele, Lieferbedingungen, Fracht- und Versicherungskosten, Lieferfristen

Um die Bedürfnisse der Kunden herauszufinden, betreiben viele Unternehmen **Marktforschung** oder beziehen die Daten von **Marktforschungsinstituten** (z. B. GFK – Gesellschaft für Konsumforschung in Nürnberg, Infratest, Emnid). Die Daten werden durch **Umfragen** direkt bei den Kunden gewonnen. Andere Quellen können eigene Zahlenunterlagen (z. B. **Absatzstatistik**) oder Gespräche mit den Kunden sein. Ziel der Marktforschung ist die Gewinnung möglichst genauer Daten über den Absatzmarkt.

1. Das Sprichwort „die Großen (Unternehmen) fressen die Kleinen" ist nicht mehr aktuell. Es müsste besser heißen „die Schnellen fressen die Langsamen".
   Erkläre diese Aussage.
2. „Lieber ein Genie im Absatz und ein Idiot in der Produktion als umgekehrt."
   „Was ist ein Verkaufsgenie? Wer einem Landwirt eine Melkmaschine verkauft und die letzte Kuh in Zahlung nimmt."
   Warum könnte das Absatzgenie langfristig doch Schiffbruch erleiden?
3. „Die letzte Instanz unternehmerischer Entscheidungen ist der Kunde".
   Welche Konsequenzen drohen Unternehmen, die sich bei der Gestaltung des Geschäftsprozesses zu wenig an den Wünschen der Kunden orientieren?

Produktpolitik
Hauptaufgabe der Produktpolitik ist es, zunächst darüber zu entscheiden, **welche Produkte** überhaupt hergestellt werden sollen. Das beinhaltet die Entscheidung über Entwicklung und Einführung neuer Produkte. Weiterhin muss festgelegt werden, welche **Varianten** (z. B. Auto mit zwei oder vier Türen, Limousine oder Kombi ...) es geben soll und welche Produkte aus dem Programm (**Sortiment**) genommen werden (**Eliminierung**). Die notwendigen Daten werden durch Marktforschung gewonnen.

Zur geschickten Gestaltung des Produktäußeren zählen einerseits das **Design** der Produkte selbst und andererseits ihre **Verpackung**. Weiterhin können gute **Nebenleistungen** (Garantie, verständliche Gebrauchsanweisungen, freundlicher Kundendienst ...) ausschlaggebend für die Kaufentscheidung der Konsumenten sein.

Eine weitere Entscheidung der Produktpolitik betrifft die **Qualität des Produktes**. Es wäre heutzutage technisch durchaus machbar, ein Auto zu bauen, das nicht rostet und dessen Motor auch nach 25 Jahren noch einwandfrei funktioniert. Fraglich ist, ob sich tatsächlich jemand so ein Auto kaufen würde. Die meisten würden sicher lieber ein billigeres Auto kaufen, das nicht so langlebig ist. Nach Ablauf der Nutzungsdauer hätten sie dafür wieder ein neues Auto nach aktuellem technischen Stand (ABS, Kopfstützen, Abgasnormen ...).
Zudem würde das Unternehmen sein Ziel, den Absatz zu fördern mit einem Produkt, das zu lange hält, wahrscheinlich negativ beeinflussen. Andererseits verhilft eine konstant hohe Produktqualität einem Produkt zu einem guten „Ruf“, wodurch der Absatz gesteigert wird. Die Bemühungen um einen guten „Ruf“ der Produkte erkennt man auch im Hervorheben der Umweltfreundlichkeit bei Produktion und Abfallrecycling.

Verteilung der Güter (Distributionspolitik)
Zunächst kann ein Betrieb grundsätzlich zwischen zwei Möglichkeiten wählen: Der **Direktabsatz** bietet sich für kleinere Betriebe an, die ihre Produkte in der Nähe der Produktionsstätte verkaufen können (z. B. Bäcker, Metzger). Der **indirekte Absatz** (Einschaltung des Handels) eignet sich für größere Betriebe, deren Waren überregional verkauft werden (z. B. Großbäckerei, Automobilhersteller, Sportartikelhersteller...). Der indirekte Absatz schränkt zwar den Einfluss des Produzenten auf den Güterabsatz etwas ein, dafür braucht er aber auch keine Einrichtungen zum Verkauf der Güter selbst zu beschaffen (geringere Kosten).

Zur Distributionspolitik gehören auch die Gestaltung der **Betriebsöffnungszeiten** (z. B. Ladenöffnungszeiten, Öffnungszeiten von Banken), die **Anordnung der Güter** im Regal (z. B. in Augen-, Griffhöhe) oder die **Präsentation der Waren** im Schaufenster (Beleuchtung, Dekoration ...). Viele Produzenten verhandeln mit den Ladenbesitzern, um eine möglichst vorteilhafte Anordnung und Präsentation ihrer Waren zu erreichen.

Grundsätzlich soll die Verteilung der Güter so erfolgen, dass die richtigen Güter stets in der richtigen Menge, zum richtigen Zeitpunkt, am richtigen Ort in der richtigen Art und Weise angeboten werden, um einen möglichst hohen Absatz zu gewährleisten. Die anfallenden Kosten sind dabei möglichst gering zu halten.

Das Design und die Verpackung sind auch in der Gastronomie wichtig. Lena und Lukas versuchen deshalb immer ihre Speisen ansprechend auf die Teller zu drapieren. „Das Auge isst mit“.

Angerichteter Teller

1. Der Absatz im Einzelhandel ist durch die seit 1.11.1996 geltenden längeren Ladenöffnungszeiten kaum gestiegen. Welche Gründe könnten dafür verantwortlich sein?
2. Eine weitere Liberalisierung der Ladenschlusszeiten würde für viele kleinere Läden das Aus bedeuten. Welche Gründe sind dafür verantwortlich?
3. Informiere dich, ob auch in deiner Nähe die Anzahl der Einzelhändler zurückgegangen ist.

Dumping
(engl. to dump) = verschleudern, unterbieten

Skonto: (ital. sconto = Abzug) Preisnachlass durch den Lieferanten, wenn der Kunde innerhalb einer bestimmten Frist zahlt.

699,–*

*** oder 32,09 € Monatsrate bei 24 Monaten Laufzeit.**

Angebot über einen PC

1. Warum verzichten manche Händler auf 3 % der Verkaufssumme, wenn der Kunde sofort zahlt?
2. Berechne, wie viel der PC mehr kostet, wenn man ihn in Raten zahlt.

Preise und Konditionen (Kontrahierungspolitik)

Zögert ein Kunde beim Kauf eines Produktes, so kann man häufig folgende Situation beobachten: Der Verkäufer zieht einen Taschenrechner aus der Schublade und rechnet. Das Ergebnis ist meist ein Preis, der etwas günstiger ist als vorher. Viele Kunden entschließen sich daraufhin, das Produkt zu kaufen.

Seit dem Wegfall des Rabattgesetzes können die Verkäufer den Kunden theoretisch mehr Rabatte und Sonderkonditionen anbieten, wobei nach wie vor eine **Untergrenze** für die **Preishöhe** existiert. Will der Unternehmer Gewinn erzielen, so muss er seine Produkte zu Preisen verkaufen, die höher sind als seine Kosten (Ladenmiete, Löhne für Verkäufer, Einkaufspreis für das Produkt usw.). Nur in Einzelfällen kann ein Produkt zum Einkaufspreis oder sogar darunter verkauft werden. Viele Händler zeichnen ihre Produkte allerdings von vornherein teurer aus und können so Kundenwünsche nach einem Preisnachlass leichter erfüllen.

Um den Absatz ihrer Produkte zu fördern, staffeln viele Anbieter ihre Preise nach der Jahres- oder Uhrzeit (**zeitliche Preisdifferenzierung**). Dazu gehören z. B. die Vor-, Haupt- und Nachsaisonpreise der Touristikbranche (Last-Minute-Angebote) und die Tarifpolitik von Versorgungsunternehmen (z. B. Nachttarif für Strom, Telefongebühren). Auch der Preis für Obst und Gemüse ist in der Hauptsaison günstiger als in der Vor- und Nachsaison (z. B. bei Erdbeeren). Die Happy Hour in Diskotheken und Kneipen an bestimmten Tagen und zu bestimmten Uhrzeiten zählt auch zur zeitlichen Preisdifferenzierung.

Räumliche Preisdifferenzierung findet man beispielsweise in Regionen mit unterschiedlicher Kaufkraft. So kosten Konsumgüter im Ballungsraum München im Durchschnitt mehr als in ländlichen Regionen. Auch zwischen Inland und Ausland liegen häufig beträchtliche Preisunterschiede. (Der Kauf eines deutschen Autos als sogenannter „Reimport" kann zum Beispiel bis zu 25 % günstiger sein, als das Auto im Inland zu kaufen.) Bei der Sonderform des **Dumping** werden die Güter im Ausland zu besonders niedrigen Preisen verkauft, um die dortige Konkurrenz zu verdrängen (z. B. unterschiedliche Preise für Medikamente).

Sonderkonditionen in Form von **Mengenrabatten** sind weitere Gestaltungsmöglichkeiten der Preispolitik. Bei Abnahme größerer Mengen wird der Preis entsprechend günstiger. Eine Sonderform des Mengenrabattes heißt **Bonus**. Der Kunde bekommt nachträglich einen bestimmten Betrag erstattet, wenn er innerhalb eines Zeitraumes bestimmte Mengen abnimmt.

Eine weitere Möglichkeit der Preispolitik ist die **Gestaltung der Zahlungsziele**. Schnelle Bezahlung honorieren viele Geschäfte mit einem Abzug von **Skonto**. Bei manchen Waren (z. B. Computer) muss oft nicht der gesamte Kaufpreis auf einmal, sondern kann auch in **Raten** bezahlt werden. Bei Ratenzahlung oder Angeboten wie „jetzt kaufen, in einem Jahr zahlen" muss man unbedingt die **Effektivverzinsung** beachten.

Günstige **Versand- oder Lieferbedingungen** (z. B. „Lieferung frei Haus") und kurze **Lieferfristen** können ebenfalls dazu beitragen, Kunden zu gewinnen und somit den Absatz zu steigern.

Die Kommunikationspolitik
Zur Kommunikationspolitik gehören die drei Hauptinstrumente **Öffentlichkeitsarbeit** („Public Relations, PR"), **Werbung** und die **Verkaufsförderung** (Sales Promotion).

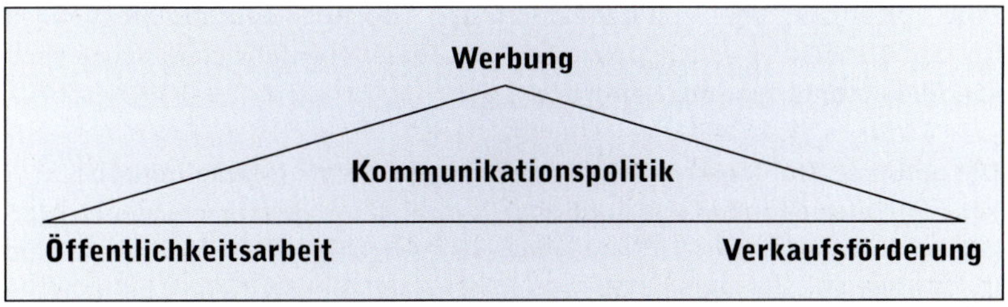

Die PR-Abteilung eines Unternehmens soll das Ansehen des Betriebes und seiner Produkte in der Öffentlichkeit stärken. Informationen und Berichte über die Tätigkeiten des Betriebes tragen dazu bei, das Image und den Ruf zu verbessern und zu pflegen. Die **Öffentlichkeitsarbeit** wendet sich dabei an das gesamte Umfeld eines Betriebes und soll nicht nur mögliche oder potenzielle Kunden ansprechen. Viele Schulklassen werden im Unterricht einmal einen Betrieb erkunden. Solche Maßnahmen werden von der PR-Abteilung durchgeführt und sollen den Besuchern einen möglichst positiven Eindruck vom Betrieb vermitteln.
Die **Werbung** ist eins der wichtigsten Marketinginstrumente, sie spricht aktuelle und potenzielle Kunden an. Werbung dient dazu, das Produkt bekannt zu machen und die Kaufwünsche der Kunden zu wecken (vgl. Seite 24). Die Grafik zeigt, wie viel deutsche Betriebe in Werbemaßnahmen investieren:

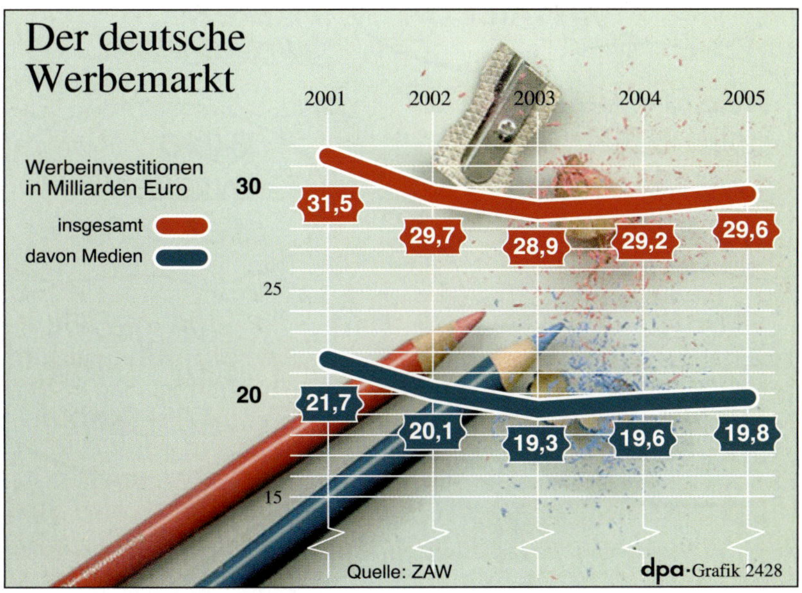

Da die Ausgaben für die Werbung auf den Preis des Produktes aufgeschlagen werden, trägt letztendlich der Verbraucher die Kosten für die Werbemaßnahmen. Viele kritisieren Werbung deshalb als unnötigen „Preistreiber". Eine preisgünstige Massenproduktion wird allerdings erst durch hohe Absatzzahlen möglich, die ohne Werbemaßnahmen kaum zu erreichen wäre.

„Wer aufhört
zu werben um Geld zu sparen,
kann ebenso seine Uhr anhalten
um Zeit zu sparen."
(Henry Ford)

Verschiedene Gesetze stecken den rechtlichen Rahmen ab, innerhalb dessen sich Werbung bewegen muss.

- Gesetz gegen unlauteren Wettbewerb (UWG)
  z. B. Verbot, unwahre oder irreführende Angaben zu machen (§ 3, § 4 UWG)
- Markengesetz (MarkenG):
  z. B. Verbot, die eingetragene Marke eines anderen zu missbrauchen (§ 14 MarkenG)
- Zugabeverordnung (ZugabeVO):
  z. B. Verbot, mit Zugaben zu werben (§ 1 ZugabeVO)

1. Skizziere mögliche Folgen für ein Unternehmen, das alle Werbemaßnahmen aus Kostengründen sofort einstellt.
2. Der Anteil der Kosten für Werbung am Automobilpreis beträgt ca. 3 %.
   Wie hoch ist der Anteil der Werbungskosten bei einem Auto, das insgesamt 25.000 € kostet?

Die **Verkaufsförderung** richtet sich persönlich an Kunden, die bereits Interesse am Produkt gezeigt haben. Sie gibt den „letzten Tick", der zum unmittelbaren Abschluss eines Kaufvertrages führt. Die Förderung des Absatzes wird beispielsweise durch Schulung des Verkaufs- und Außendienstpersonals erreicht, die ihr Produkt so geschickt anpreisen, dass der Kunde „anbeißt". Eine Vorführung des Produktes durch den Verkäufer oder die Möglichkeit für den Kunden, es selbst auszuprobieren, kann ebenfalls ausschlaggebend für die Kaufentscheidung sein.

Die optimale Kombination der Marketinginstrumente (Marketing-Mix)
Für ein Unternehmen ist die optimale Kombination der verschiedenen Marketinginstrumente eine äußerst schwierige Angelegenheit. Zum einen sind die Adressaten alle individuell verschieden, sodass ergriffene Maßnahmen bei einem Teil tatsächlich die gewünschte Absatzförderung bewirken, bei einem anderen Teil aber auch genau das Gegenteil verursachen können. Zum anderen ergeben die vier Marketinginstrumente mit ihren unterschiedlichen Variationen eine Vielzahl von Kombinationsmöglichkeiten, die in einem komplexen Gefüge miteinander verwoben sind und sich gegenseitig beeinflussen. Die wirksamste Kombination lässt sich auch durch die Marktforschung nicht genau prognostizieren.
Die Marketinginstrumente sind Teilprozesse des gesamten Geschäftsprozesses. Sie müssen ebenso wie die Produktion laufend verbessert und z. B. auf Kosten und Nutzen (Wirksamkeit) überprüft werden müssen.

Eine Marketing-Managerin macht sich Gedanken über den Einsatz verschiedener Marketingpolitiken.

1. Manche Produkte gelten als sehr exklusiv und teuer.
   Diskutiere, wie sich eine Preissenkung auf das Image und damit den Absatz des Produktes auswirken könnte.

2. Finde aktuelle Beispiele für Werbemaßnahmen, die bei den Verbrauchern schlecht ankamen.

3. Die Marketinginstrumente tragen entscheidend zum Erfolg oder Misserfolg eines Unternehmens am Markt bei. Ordne die unten genannten Begriffe auf einem Zettel in der Reihenfolge danach, ob sie für dich als Konsument wichtig oder eher weniger wichtig sind. Vergleiche die Reihenfolge dann mit der deines Banknachbarn.

   Design, freundlicher Verkäufer, Garantier, Image, Mengenrabatt, Preis, Qualität, Versandkosten, Werbung.

Um überhaupt etwas produzieren zu können, muss ein Betrieb über genügend **Produktionsfaktoren** verfügen. Ohne Natur, Arbeit und Wissen sowie Kapital kann man nichts produzieren. Es ist demnach wichtig, dass immer genügend Produktionsfaktoren zum richtigen Zeitpunkt in der richtigen Menge am richtigen Ort zur Verfügung stehen, wenn man nicht einen teuren Stillstand der Produktion riskieren will.

Die **Wirtschaftlichkeit** ist das Verhältnis von Ertrag zum Aufwand. Versucht man aus vorgegebenen Mitteln (Aufwand) das Beste (Ertrag) zu machen, so handelt man nach dem Maximalprinzip. Versucht man ein vorgegebenes Ergebnis (Ertrag) mit möglichst geringem Mitteleinsatz (Aufwand) zu erreichen, so orientiert man sich am Minimalprinzip.

$$\textbf{Wirtschaftlichkeit} = \frac{\text{Ertrag}}{\text{Aufwand}}$$

Durch **Arbeitsteilung** und die **Arbeitszerlegung** steigt die Wirtschaftlichkeit. Für den Arbeitnehmer wird die Arbeit dadurch jedoch häufig eintönig und langweilig. Unterschiedliche Arbeitsorganisation kann durch verschiedene Maßnahmen dazu beitragen, die Monotonie an manchen Arbeitsplätzen wieder zu verringern. Ergonomisch gestaltete Arbeitsplätze können andererseits auch wieder die Wirtschaftlichkeit steigern. Zudem haben verschiedene Organisationsformen der Arbeit auch noch Auswirkungen auf die Motivation und Zufriedenheit der Mitarbeiter, was wiederum zu einer Erhöhung der Wirtschaftlichkeit und letztendlich zu einem größeren Gewinn führen kann.

Bei einem **Kapazitätsengpass** kann der Betrieb trotz erheblicher Anstrengungen nicht genügend Güter produzieren. Er kann die hohe Nachfrage nach seinen Gütern nicht befriedigen. Will er an diesem Zustand etwas ändern, so muss er mehr Produktionsfaktoren zur Verfügung stellen. Eine Möglichkeit wäre der Kauf einer neuen leistungsfähigeren Maschine (Neuinvestition), die Einstellung neuer Arbeitskräfte oder die Erweiterung des vorhandenen Gebäudes.

Unter **Marketing** versteht man alle Maßnahmen, die eine Förderung des Absatzes herbeiführen können. Die wichtigsten Instrumente sind die Produktpolitik, die Distributionspolitik (Verteilung der Güter), die Kommunikationspolitik und die Kontrahierungspolitik (Preispolitik). Die verschiedenen Marketinginstrumente müssen möglichst so optimal aufeinander abgestimmt und eingesetzt werden (Marketing-Mix), dass der Gewinn des Unternehmens maximiert werden kann. Besonders teure Werbeaktionen (hoher Aufwand) können auch zu hohen Verlusten führen, wenn die dadurch erhofften Ertragssteigerungen nicht eintreffen.

Der Betrieb ist ein fortwährender **Prozess**, dessen ununterbrochene Leistungskette letztendlich darauf abzielt, Gewinn zu erwirtschaften. Ein Geschäftsprozess ist die Folge von sich regelmäßig wiederholenden Arbeitsschritten und Tätigkeiten mit dem Ziel, ein bestimmtes Ergebnis zu erreichen. Er muss laufend auf seine Effektivität hin überprüft werden, um den Erfolg des Unternehmens am Markt zu gewährleisten. Orientierte sich der optimal gestaltete Geschäftsprozess früher hauptsächlich an der schnellen und kostengünstigen Produktion, so stehen heute an erster Stelle Kundennähe, Flexibilität und Schlagkraft am Markt.

Wichtige Begriffe:
Arbeitsorganisation
Arbeitsteilung
Beschaffung
Export
Geschäftsprozess
Import
Kapazitätsengpass
Kapital
Marketing
Maximalprinzip
Minimalprinzip
Neuinvestition
Produktionsfaktoren
Teamarbeit
Wirtschaftlichkeit (Produktivität)

1. a) Berechne den Gewinn von Betrieb A und Betrieb B im Jahr 2006!
   b) Welcher Betrieb hat im Jahr 2006 wirtschaftlicher gearbeitet?
   c) In welchem Jahr machte Betrieb A den größten Verlust?
   d) Erstelle mit dem Tabellenkalkulationsprogramm Excel ein Diagramm, das die Wirtschaftlichkeit von Betrieb A in den Jahren 2001 bis 2006 möglichst übersichtlich darstellt.

		2001	2002	2003	2004	2005	2006
Betrieb A	Aufwand:	2.400.000 €	2.300.000 €	1.802.568 €	1.548.793 €	1.478.231 €	1.678.478 €
	Ertrag:	1.800.000 €	1.737.000 €	1.948.698 €	2.001.546 €	1.987.456 €	1.879.456 €
Betrieb B	Aufwand:	58.945 €	32.465 €	62.456 €	47.561 €	32.899 €	50.789 €
	Ertrag:	120.456 €	78.456 €	116.789 €	123.789 €	52.366 €	56.870 €

2. Die nachfolgenden Diagramme zeigen die Gewinnentwicklung bei der Blöff AG und der Dr. Sauber GmbH. Welcher Betrieb war erfolgreicher?

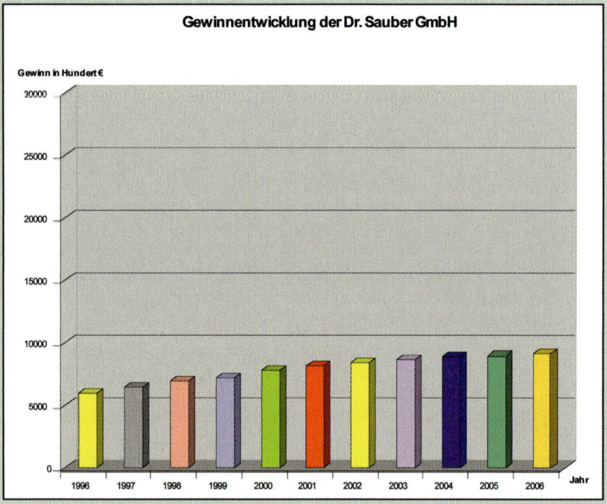

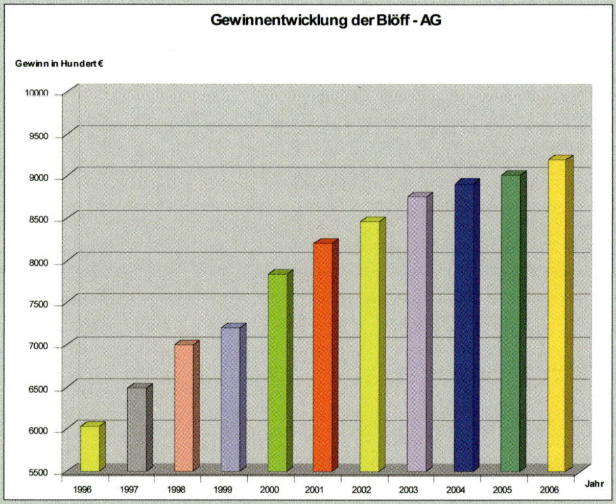

3. Inwieweit beeinflusst die Konjunktur (Gesamtsituation in einer Volkswirtschaft) die Anzahl der Neuinvestitionen?
4. Die weltweiten Erdölreserven gehen irgendwann zur Neige. Da Erdöl als Rohstoff für viele Produkte verwendet wird, müssen die Betriebe langfristig Strategien entwickeln, wie sie mit diesem Problem fertig werden wollen. Erstelle zunächst einen Maßnahmenkatalog, der den Verbrauch des „Produktionsfaktors Erdöl" sinnvoll einschränkt. Überlege dann, welche Maßnahmen langfristig getroffen werden müssen, um vielleicht zukünftig ganz ohne Erdöl auskommen zu können.
5. Der Verkauf von Kaffee und Kuchen muss organisiert und optimiert werden. Zum nächsten allgemeinen Elternsprechtag kommen viele potenzielle Kunden an eure Schule. Überlegt euch im Team, wie der gesamte Geschäftsprozess in allen Teilbereichen möglichst effektiv gestaltet werden kann, um letztendlich einen möglichst hohen Gewinn bei maximaler Kundenzufriedenheit zu erzielen.

3 Rechnungswesen als Grundlage unternehmerischen Handelns

3.1 Die Bilanz

„Bilanz ziehen" sagt man, wenn man auf eine vollendete Tätigkeit, z. B. am Ende eines Schuljahres zurückblickt und sich fragt: „Was hätte ich besser machen können? Hat sich der Einsatz gelohnt?" Entlehnt ist diese Redewendung dem kaufmännischen Bereich. Jeder Unternehmer muss einmal im Jahr „Bilanz ziehen".

§ 238 HGB
Buchführungspflicht
(1) Jeder Kaufmann ist verpflichtet, Bücher zu führen und in diesen seine Handelsgeschäfte und die Lage seines Vermögens nach den Grundsätzen ordnungsgemäßer Buchführung ersichtlich zu machen. [...]

Was der Gesetzgeber unter den Grundsätzen ordnungsgemäßer Buchführung versteht, lässt sich aus verschiedenen Paragrafen des Handelsgesetzbuches herauslesen. Eine ordnungsgemäße Buchführung muss
- in einer lebenden Sprache abgefasst sein, (1)
- vollständig und zeitlich in der richtigen Reihenfolge geordnet werden, (2)
- klar und übersichtlich gestaltet sein, 243
- urkundensicher sein. ~(3)

Früher wurde die Buchführung tatsächlich in Büchern erfasst. Heute ist das eher unüblich, die meisten Unternehmen verwenden moderne Computerprogramme und Datenträger.

Betrachten wir Lenas „MOVING-WOK-Partyservice" aus dem vorherigen Kapitel. Um den Partyservice zu eröffnen, benötigte Lena eine bestimmte Grundausstattung:
- einen Lieferwagen für 12.000,– €
- einen Gaskocher für 400,– €
- Geschirr, Besteck, Gläser für 4.000,– €.
- einen Wok für 450,– €
- eine Gasflasche für 150,– €

Diese Grundausstattung benötigt Lena längerfristig in ihrem Partyservice. Ausstattungsgegenstände, die längerfristig in einem Unternehmen verwendet werden, nennt man **Anlagevermögen (AV)**. Um das Anlagevermögen knapp und übersichtlich zu gestalten, werden gleichartige Positionen zusammengefasst. Alle Fahrzeuge eines Unternehmens erscheinen unter dem Begriff **Fuhrpark**, Ausstattungsgegenstände, wie in Lenas Unternehmen Gaskocher, Geschirr, Besteck und Ähnliches werden unter dem Begriff **Betriebs- und Geschäftsausstattung** zusammengefasst. Lenas **Anlagevermögen** hat demnach folgendes Bild:

Fuhrpark	12.000,– €
Betriebs- und Geschäftsausstattung	5.000,– €

HGB = Handelsgesetzbuch

§ 239 HGB
Führung der Handelsbücher
(1) Bei der Führung der Handelsbücher und bei den sonst erforderlichen Aufzeichnungen hat sich der Kaufmann einer lebenden Sprache zu bedienen. Werden Abkürzungen, Ziffern, Buchstaben oder Symbole verwendet, muss im Einzelfall deren Bedeutung eindeutig festliegen.
(2) Die Eintragungen in Büchern und die sonst erforderlichen Aufzeichnungen müssen vollständig, richtig, zeitgerecht und geordnet vorgenommen werden.
(3) Eine Eintragung oder eine Aufzeichnung darf nicht in einer Weise verändert werden, dass der ursprüngliche Inhalt nicht mehr feststellbar ist. [...]

§ 243 HGB
Aufstellungsgrundsatz
(1) Der Jahresabschluss ist nach den Grundsätzen ordnungsmäßiger Buchführung aufzustellen.
(2) Er muss klar und übersichtlich sein.
(3) Der Jahresabschluss ist innerhalb der einem ordnungsmäßigen Geschäftsgang entsprechenden Zeit aufzustellen.

1. Überlege dir, wer Interesse an einer ordungsgemäßen Buchführung haben könnte.
2. Begründe, warum Veränderungen in der Buchführung verboten sind.

Vorräte sind Umlaufvermögen.

Geschirr ist Anlagevermögen.

Um den Partyservice aktiv betreiben zu können, benötigt Lena Dinge wie z. B. Gemüse, Getränke und Papierservietten. Wenn Lena einen Auftrag erledigt hat und die Party beendet ist, sind die Vorräte wie Getränke und Gemüse verzehrt, die Papierservietten sind im Müll gelandet. Vorräte sollen möglichst schnell zu Geld gemacht werden, das Geld wird zur Bank gebracht, z. T. werden davon neue Vorräte angeschafft.

Solche Posten, die für den Geschäftsbetrieb notwendig sind, jedoch nur kurze Zeit im Betrieb verbleiben oder ständigen Änderungen unterworfen sind, nennt man **Umlaufvermögen (UV)**. Dazu gehören z. B. auch der Bargeldbestand (= **Kasse**) oder das Guthaben auf dem Bankkonto (= **Bank**). Lenas Partyservice verfügt über 1.500,– € Bargeld, auf dem Geschäftskonto befinden sich derzeit 3.500,– €. Sie hat ferner einige Vorräte (z. B. Getränke, Servietten) auf Lager. Diese haben einen Gesamtwert von 2.000,– €. Damit hat das **Umlaufvermögen** des Partyservice zu Beginn des Geschäftsbetriebes folgendes Bild:

Vorräte	2.000,– €
Kasse	1.500,– €
Bank	3.500,– €

Das gesamte Vermögen einer Unternehmung, auch Aktiva genannt, setzt sich aus Anlage- und Umlaufvermögen zusammen: AV + UV = Aktiva

Lenas Aktiva haben einen Gesamtwert von
AV 17.000,– € + UV 7.000,– € = 24.000,– €

Um das Anlage- und Umlaufvermögen anschaffen zu können, benötigt Lena Kapital. Einen Teil des benötigten Kapitals beschafft sie sich, indem sie ihr Sparbuch „plündert". Auf diesem Weg kann sie 10.000,– € beschaffen. Dieser Teil des Kapitals gehört der Unternehmerin persönlich. Der Teil des Kapitals, den ein Unternehmer aus eigenen Mitteln beschafft, heißt **Eigenkapital (EK)**. Lenas Eigenkapital reicht für die notwendigen Anschaffungen nicht aus, darum muss sie bei der Bank ein Darlehen in Höhe von 14.000,– € aufnehmen. Da dieses Geld aus einer unternehmensfremden Quelle stammt – und an diese auch zurückgezahlt werden muss – nennt man diesen Teil des Kapitals **Fremdkapital (FK)**.

!

1. Ordne die folgenden Begriffe den entsprechenden Bilanzpositionen (AV, UV, EK, FK) zu und begründe jeweils deine Entscheidung: Abfüllmaschine, Bargeld, Beteiligung eines Onkels, Kraftfahrzeug, Darlehen von der Bank, Maschine, Grundstück, eine unbezahlte Rechnung eines Kunden (Forderung).
2. Zur Gründung eines Unternehmens sind ein AV von 400.000,– €, und ein UV von 300.000,– € erforderlich. Aus eigenen Mitteln können 380.000,– € aufgebracht werden.
   a) Wie viel Fremdkapital wird benötigt?
   b) Nenne drei Möglichkeiten zur Fremdkapitalbeschaffung.
   c) Erstelle die Bilanz des Unternehmens.

Zur besseren Übersichtlichkeit erfasst man das Anlage- und Umlaufvermögen sowie das Eigen- und Fremdkapital in einer Gegenüberstellung. Auf der rechten Seite, der Passivseite oder **Passiva**, wird erfasst, woher das Kapital stammt, auf der linken Seite, der Aktivseite oder **Aktiva**, wird erfasst, wofür das Kapital verwendet wurde.

Aktiva		**Bilanz zum 1.1.20..**	**Passiva**
Anlagevermögen		**Eigenkapital**	10.000,– €
Fuhrpark	12.000,– €		
Betriebs- und Geschäftsausstattung	5.000,– €		
Umlaufvermögen		**Fremdkapital**	
Vorräte	2.000,– €	Darlehen	14.000,– €
Kasse	1.500,– €		
Bank	3.500,– €		
Bilanzsumme	**24.000,– €**	**Bilanzsumme**	**24.000,– €**

Die linke Seite der Gegenüberstellung zeigt die einzelnen **Vermögenswerte**, über die Lenas Partyservice verfügt, d. h. was sie mit den Geldmitteln gemacht hat.

= Mittelverwendung

Die rechte Seite der Gegenüberstellung zeigt, wie Lena die Vermögenswerte finanziert hat, die **Kapitalquellen**, d. h. woher die Geldmittel stammen.

= Mittelherkunft

Da man nicht mehr Mittel verwenden kann als man zur Verfügung hat und auch alle Mittel, die man zur Verfügung hat, in irgendeiner Weise verwendet, sind die Mittelherkunfts- und Mittelverwendungsseite immer im Gleichgewicht. Das erinnert an das Bild einer Waage. Waage heißt auf italienisch bilancia. Daraus wurde der Begriff für diese Gegenüberstellung abgeleitet: **Bilanz**.

Eine Bilanz ist also die Gegenüberstellung von Mittelherkunft (= **Passiva**) und Mittelverwendung (= **Aktiva**) eines Unternehmens an einem bestimmten Tag. Der Gesamtwert der Aktiva bzw. der Passiva heißt **Bilanzsumme**. Da Aktiva und Passiva immer gleich groß sind, gilt:

AV + UV = EK + FK

Zieht man vom Vermögen das Fremdkapital ab, erhält man das Eigenkapital, auch **Reinvermögen** genannt.

EK = AV + UV – FK

Die **T-Konten-Form** hat den Vorteil, dass bestimmte Größen nicht untereinander aufgelistet werden, sondern wie in einem T gegenübergestellt werden können. Dies erhöht die Übersichtlichkeit und die Aussagekraft entscheidend.

Aktiva	Bilanz Passiva
AV	EK
UV	FK

Waage, ital. bilancia

1. Erkläre, warum die Summe der Aktivseite und der Passivseite immer gleich groß sind.
2. Begründe, warum der Gesetzgeber für die Erstellung einer Bilanz eine bestimmte Reihenfolge der Positionen vorgeschrieben hat.

3.2 Die Bilanz verändert sich

Lenas erster Auftrag anlässlich der Einweihung der 18-Loch-Anlage eines Golfclubs steht an. 30 Personen müssen vor Ort verköstigt werden. Lena besorgt Getränke für 500,– €. Mit dem Getränkehändler vereinbart sie die Bezahlung **auf Ziel**. Inzwischen wird die erste Darlehensrate in Höhe von 600,– € fällig. Nun besorgt sie noch Gemüse für 200,– €, das sie bar bezahlt.

Getränkekauf auf Ziel

Betrachten wir die Geschäftsvorgänge im Einzelnen:
Wenn Lena Getränke im Wert von 500,– € besorgt, steigt der Wert ihrer Vorräte um 500,– € an und die **Verbindlichkeiten** beim Getränkehändler steigen um 500,– €. In ihrer Bilanz verändern sich folglich zwei Positionen:

Eine **Verbindlichkeit** ist die Verpflichtung, z. B. an einen Lieferanten, eine Zahlung zu leisten. Verkauft ein Unternehmen Waren an einen Geschäftspartner und gewährt diesem ein Zahlungsziel (z. B. Zahlung 14 Tage nach Erhalt der Rechnung), so hat der Käufer gegenüber dem Verkäufer eine Verbindlichkeit.

Aktiva	**Bilanz zum ...**		**Passiva**
Anlagevermögen		**Eigenkapital**	10.000,– €
Fuhrpark	12.000,– €		
Betriebs- und Geschäftsausstattung	5.000,– €		
Umlaufvermögen		**Fremdkapital**	
Vorräte	**2.500,– €**	Darlehen	14.000,– €
Kasse	1.500,– €	**Verbindlichkeiten**	**500,– €**
Bank	3.500,– €		
Bilanzsumme	**24.500,– €**	**Bilanzsumme**	**24.500,– €**

Bezahlung **auf Ziel** beschreibt einen Geschäftsfall, bei dem vereinbart wird, dass eine Rechnung erst zu einem späteren Zeitpunkt beglichen wird.

Da sowohl auf der **Aktivseite** als auch auf der **Passivseite** je 500,– € **hinzu gekommen** sind, erhöht sich auch die **Bilanzsumme** um 500,– €. Bilanzveränderungen, bei denen sich sowohl die Aktiv- als auch die Passivseite vergrößert, nennt man **Aktiv-Passiv-Mehrung**.
Nun zahlt Lena ihre Darlehensrate per Banküberweisung. Damit schrumpft ihr Bankguthaben um 600,– €, während auch die Darlehensschulden um 600,– € schrumpfen. Da „Bank" eine Position auf der Aktivseite der Bilanz ist, „Darlehen" eine Passivposition, wirkt sich auch dieser Geschäftsfall auf die Bilanzsumme aus. Die Bilanzsumme schrumpft um 600,– €. Das nennt man **Aktiv-Passiv-Minderung**.

Ein **Geschäftsfall** beschreibt einen wirtschaftlichen Vorgang, der zu Werteveränderungen im Betrieb führt.

Aktiva	**Bilanz zum ...**		**Passiva**
Anlagevermögen		**Eigenkapital**	10.000,– €
Fuhrpark	12.000,– €		
Betriebs- und Geschäftsausstattung	5.000,– €		
Umlaufvermögen		**Fremdkapital**	
Vorräte	2.500,– €	**Darlehen**	**13.400,– €**
Kasse	1.500,– €	Verbindlichkeiten	500,– €
Bank	**2.900,– €**		
Bilanzsumme	**23.900,– €**	**Bilanzsumme**	**23.900,– €**

Im dritten Geschäftsfall besorgt Lena das notwendige Gemüse, welches sie bar bezahlt. Durch den Gemüsekauf steigt der Wert ihrer Vorräte um 200,– €. Gleichzeitig nimmt ihr Bargeldbestand um 200,– € ab. In diesem Fall stehen beide Bilanzpositionen, die betroffen sind, auf der Aktivseite der Bilanz.

Aktiva		**Bilanz zum ...**	**Passiva**
Anlagevermögen		**Eigenkapital**	10.000,– €
Fuhrpark	12.000,– €		
Betriebs- und Geschäftsausstattung	5.000,– €		
Umlaufvermögen		**Fremdkapital**	
Vorräte	**2.700,– €**	Darlehen	13.400,– €
Kasse	**1.300,– €**	Verbindlichkeiten	500,– €
Bank	2.900,– €		
Bilanzsumme	**23.900,– €**	**Bilanzsumme**	**23.900,– €**

Da beide Bilanzpositionen auf der Aktivseite der Bilanz stehen, und sich die eine Position um den gleichen Wert erhöht, wie sich die andere verringert, ändert sich an der Bilanzsumme nichts. Eine Bilanzveränderung, bei der sich nur Werte auf der Aktivseite verschieben, nennt man **Aktivtausch**.

Wenn Lena jetzt ihr Darlehen aufstockt, um die Verbindlichkeiten beim Getränkehändler zu bezahlen, schrumpfen die Verbindlichkeiten um 500,– €, während die Darlehensschuld um 500,– € steigt. An Lenas Schuldenmenge ändert sich dadurch nichts, die Schulden sind nur anders verteilt.

Aktiva		**Bilanz zum ...**	**Passiva**
Anlagevermögen		**Eigenkapital**	10.000,– €
Fuhrpark	12.000,– €		
Betriebs- und Geschäftsausstattung	5.000,– €		
Umlaufvermögen		**Fremdkapital**	
Vorräte	2.700,– €	**Darlehen**	**13.900,– €**
Kasse	1.300,– €	**Verbindlichkeiten**	**0,– €**
Bank	2.900,– €		
Bilanzsumme	**23.900,– €**	**Bilanzsumme**	**23.900,– €**

An der Bilanzsumme ändert sich nichts. Bilanzveränderungen, die nur die Passivseite betreffen, nennt man **Passivtausch**.

Ganz gleich, welche Aktivitäten Lena mit ihrem Party-Service unternimmt, es bringt Veränderungen in der Bilanz mit sich. **Jeder Geschäftsfall** eines Unternehmens verändert eine Bilanz also in **zweifacher Weise**. Da es zu aufwendig ist, nach jedem Geschäftsfall eine neue Bilanz aufzustellen, hat der Gesetzgeber die Unternehmen verpflichtet, einmal im Jahr eine Bilanz zu erstellen. Die Bilanz, die am Ende eines Geschäftsjahres erstellt wird, heißt **Schlussbilanz**.

!

1. Nenne die vier Arten der Bilanzveränderung und finde jeweils ein Beispiel dazu.

2. Welche Art der Bilanzveränderung liegt in den folgenden Fällen vor?
   - Kauf eines Computers gegen Banküberweisung für 1.000,– €
   - Einzahlung der Tageseinnahmen auf das Bankkonto 400,– €
   - Verkauf von Vorräten gegen Barzahlung 500,– €
   - Aufnahme eines Bankkredits in Höhe von 5.000,– €; das Geld wird dem Bankkonto gutgeschrieben
   - 10.000,– € aus einer Erbschaft, wird in das Unternehmen eingebracht

3. In der Eröffnungsbilanz finden sich folgende Werte: Betriebs- und Geschäftsausstattung 9.000,– €, Fuhrpark 15.000,– €, Kasse 2.000,– €, Verbindlichkeiten 10.000,– €, Bank 5.000,– €, Darlehen 15.000,– €, Vorräte 4.000,– €.
   a) Ermittle das Eigenkapital des Unternehmens.
   b) Wie ändert sich die Bilanz durch die in Aufgabe 2 beschriebenen Geschäftsfälle? Erstelle die Schlussbilanz.

Q

§ 242 HGB
Pflicht zur Aufstellung
(1) Jeder Kaufmann hat zu Beginn seines Handelsgewerbes und für den Schluss eines jeden Geschäftsjahres einen das Verhältnis seines Vermögens und seiner Schulden darstellenden Abschluss (Eröffnungsbilanz, Bilanz) aufzustellen. [...]

§ 242 HGB
Pflicht zur Aufstellung
[...]
(2) Er [der Kaufmann] hat für den Schluss eines jeden Geschäftsjahres eine Gegenüberstellung der Aufwendungen und Erträge des Geschäftsjahres (Gewinn- und Verlustrechnung) aufzustellen.
[...]

3.3 Grundlagen der Erfolgsrechnung

Lena hat die Vorbereitungen für das Fest getroffen. Sie hat eine Studentin als Aushilfskraft engagiert. Es ist ein Lohn von 6,– € pro Stunde vereinbart. Auf dem Weg zum Golfclub im Nachbarort verfährt Lena Benzin. Die Handzettel, die sie verteilt hat und auch die Werbeanzeigen in der Zeitung, mit denen Lena den Partyservice bekannt machen wollte, haben Geld gekostet. Ebenso muss sie Zinsen für das aufgenommene Darlehen zahlen. All diese Posten schmälern das Guthaben auf Lenas Bankkonto oder in ihrer Kasse.

Im letzten Kapitel wurde erklärt, dass sich jeder Geschäftsvorfall in der Bilanz doppelt bemerkbar macht. Die oben beschriebenen Geschäftsfälle bewirken zwar eine Verminderung des Guthabens auf Lenas Konto, gleichzeitig erhöht sich aber ihr Vermögen nicht und auch ihr Fremdkapital sinkt durch diese Aktivitäten nicht. Da weder das Vermögen steigt noch das Fremdkapital sinkt, können sich diese Geschäftsvorfälle nur im Eigenkapital bemerkbar machen. Zahlt Lena der Studentin den Lohn aus, verringert sich zusätzlich zur Aktivposition „Kasse" auch das Eigenkapital um den gleichen Betrag. Diese **Verringerung des Eigenkapitals** bezeichnet man als **Aufwand**.

Aufwand = gesamter Werteverzehr in einem Unternehmen (z. B. durch Verbrauch von Rohstoffen, Ausgaben für Miete und Steuern)

Für den Auftrag im Golfclub erhält Lena eine Bezahlung, die das Guthaben auf dem Bankkonto steigen lässt. Damit steigt auch das Eigenkapital um den gleichen Betrag. Eine **Erhöhung des Eigenkapitals** bezeichnet man als **Ertrag**. Jede **Veränderung des Eigenkapitals** bezeichnet man als **Erfolg**. Doch **Vorsicht**! Erfolg ist in der Betriebswirtschaft ein **neutrales** Wort. Er kann positiv sein, was eine Erhöhung des Eigenkapitals bewirkt, oder negativ sein, was zu einer Verringerung des Eigenkapitals führt.

Ertrag = gesamter Wertezuwachs in einem Unternehmen (z. B. durch Verkaufserlöse, Zinseinnahmen)

Erfolg	
= **Veränderung** des Eigenkapitals	
Aufwand	**Ertrag**
= **Verminderung** des Eigenkapitals	= **Vermehrung** des Eigenkapitals

Um die Übersichtlichkeit in der Buchführung zu gewährleisten, werden Veränderungen des Eigenkapitals erst am Ende eines Geschäftsjahres in der Bilanz erfasst. Während des Geschäftsjahres werden die Aufwendungen und Erträge in der Erfolgsrechnung geführt. In der Erfolgsrechnung werden alle Aufwendungen und Erträge eines Geschäftsjahres gegenübergestellt.

1. Bei der Bilanz handelt es sich um eine **Zeitpunktrechnung**, bei der Erfolgsrechnung um eine **Zeitraumrechnung**. Erkläre die beiden Begriffe.

Schema der Erfolgsrechnung

Aufwendungen	Erfolgsrechnung Erträge
Auflistung aller Aufwendungen eines Geschäftsjahres	Auflistung aller Erträge eines Geschäftsjahres

Lenas Erfolgsrechnung sieht nach dem Auftrag im Golfclub folgendermaßen aus:

Aufwendungen	**Erfolgsrechnung**		**Erträge**
Löhne	24,00 €	Umsatzerlöse	800,00 €
Benzin	3,03 €	...	...
Werbung	180,00 €		
verzehrte Vorräte	650,00 €		
Darlehenszinsen	1.000,– €		
...	...		

Am Ende eines Geschäftsjahres **subtrahiert** man **die Summe aller Aufwendungen** von **der Summe aller Erträge**. Erhält man ein **positives Ergebnis**, bedeutet dies, dass das Unternehmen **Gewinn** erzielt hat, da die Erträge größer als die zuvor geleisteten Aufwendungen sind. Ist das **Ergebnis negativ**, hat das Unternehmen mehr aufgewendet, als es Erträge erzielt hat. Das Unternehmen hat einen Verlust zu verzeichnen.

Aufwendungen	Erträge
Gewinn	

Aufwendungen	Erträge
	Verlust

Erzielt das Unternehmen Gewinn, wird dieser am Jahresende zum Eigenkapital hinzugezählt. Wird ein Verlust erreicht, wird dieser vom Eigenkapital abgezogen. Am Jahresende kann man folglich durch den Vergleich des Eigenkapitals mit dem Eigenkapital am Jahresanfang feststellen, ob ein Unternehmen Gewinn oder Verlust gemacht hat.

Lena hat nach Beendigung des Auftrags im Golfclub Aufwendungen in Höhe von 1.857,03 €. Dem gegenüber stehen Erträge in Höhe von 800,– €. Wenn das Geschäftsjahr jetzt beendet wäre, hätte sie einen Verlust in Höhe von 1.057,03 € erzielt.

Ertrag	–	**Aufwendungen**	=	**Erfolg**
800,– €	–	**1.857,03 €**	=	**– 1.057,03 €**

Da der Erfolg negativ ist, handelt es sich um einen Verlust. Zu Lenas Glück ist das Geschäftsjahr noch nicht beendet, sodass sie noch die Gelegenheit hat, mit weiteren Aufträgen die Verlustzone zu verlassen und insgesamt einen Gewinn zu erzielen.

Der Einkauf von Waren erscheint zunächst in der Bilanz. Werden die Waren aber eingesetzt und verbraucht – wie in Lenas Fall der Verzehr von Gemüse und Getränken – werden sie zu Aufwand.

1. Vergleiche den Begriff „Erfolg" in der Betriebswirtschaftslehre mit seiner Bedeutung im allgemeinen Sprachgebrauch.

2. Begründe, warum Aufwendungen und Erträge in einer eigenen Rechnung festgehalten werden.

3. a) Entscheide, wie folgende Geschäftsfälle gebucht werden:
   - Mietzahlung für Geschäftsräume per Banküberweisung (800,– €),
   - Erhalt von Zinsen für Bankguthaben (100,– €),
   - Verkauf von Rohstoffen zum Einkaufspreis gegen bar (400,– €),
   - Zahlung von Löhnen durch Banküberweisung (1.500,– €),
   - Barkauf eines Computers (1.200,– €),
   - Kauf von Rohstoffen, Bezahlung per Banküberweisung (2.000,– €).

   b) Erstelle die Erfolgsrechnung, nachdem die in Aufgabe 3. a) genannten Geschäftsfälle stattgefunden haben und stelle fest, ob ein Gewinn oder ein Verlust erzielt wurde.

Der Begriff Tabellenkalkulation setzt sich aus den Begriffen „Tabelle“ und „Kalkulation“ zusammen. Eine **Tabelle** ist ein Schema, bestehend aus Zeilen und Spalten. Eine **Kalkulation** ist eine Berechnung. Mit Hilfe der Tabellenkalkulation kann man Daten übersichtlich darstellen, Berechnungen durchführen und Zahlenmaterial grafisch darstellen.

Nach dem Laden des Tabellenkalkulationsprogramms zeigt der Bildschirm ein **Arbeitsblatt** (Tabelle), das in **Zeilen** und **Spalten** unterteilt ist. Den Schnittpunkt einer Zeile mit einer Spalte bezeichnet man als **Feld** oder **Zelle**. Jedes Feld wird durch genau eine Zeilennummer und eine Spaltennummer gekennzeichnet. Diese Kennzeichnung wird auch als **Adressierung** bezeichnet. Das oberste linke Feld des Arbeitsblattes hat die Adresse A (= Zeile) und 1 (= Spalte). In jedes Feld können
- Texte, als Erläuterung für den Benutzer (z. B. Eigenkapital),
- Zahlen, die als Eingabedaten bekannt sind (z. B. 10.000,– €) und
- Formeln, die gesuchte Werte berechnen (z. B. = A2 + A3)

eingegeben werden.

Zur Eingabe ist es notwendig, den Cursor (Feldzeiger, Pointer) zum gewünschten Feld, z. B. C3, zu bewegen. Damit wird das Feld aktiviert, sodass Informationen eingegeben werden können.

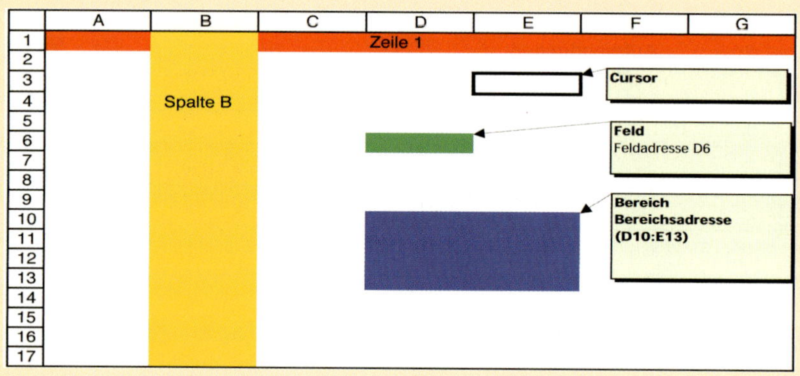

Erstellen eines Rechenblattes

Du bist für Lenas Unternehmen als Buchhalter beschäftigt. Deine erste Aufgabe ist es, mit Hilfe der Tabellenkalkulation eine Bilanz zu erstellen. Als Eingabewerte sind dir die Werte des Anlagevermögens, Umlaufvermögens und Fremdkapitals bekannt. Das Eigenkapital und die Bilanzsumme sollen errechnet werden.

Vorüberlegungen:

Zunächst musst du überlegen, welche Daten vorgegeben sind, d. h. welche **Eingabedaten** dir bekannt sind. Nun überlegst du dir einen übersichtlichen Aufbau der Tabelle. In Spalte A stehen die Texte der Vermögensteile (Anlage- und Umlaufvermögen), in Spalte B die dazu gehörigen Werte. Spalte C enthält die Texte zum Kapital (Eigenkapital und Fremdkapital), Spalte D die dazugehörigen Werte. Im dritten Schritt musst du klären, welche Daten berechnet werden müssen (in diesem Beispiel sind es das Eigenkapital und die Bilanzsumme).

Erstellen einer Tabelle

Bei der Anlage einer Tabelle beginnst du mit der Eingabe der Texte und der bekannten Eingabedaten. Wenn du Formeln verwenden möchtest, gibst du diese in die passende Zelle ein.

Schritte für die Eingabe einer Formel sind:
- Aktivieren eines bestimmten Feldes mit dem Cursor,
- Eingabe des Formelsymbols (=),
- Eingabe der Feldadresse und der Rechenart,
- Drücken der Eingabetaste, damit das Ergebnis im aktiven Feld erscheint.

	A	B	C	D	E	F
1	Aktiva	Bilanz zum 31.12...		Passiva		
2	AV		EK	12.857,14 €		
3	Fuhrpark	12.000,00 €				
4	BGA	5.000,00 €	FK			
5	Umlaufvermögen		Darlehen	14.000,00 €		
6	Vorräte	7.000,00 €	Verbindl.	5.000,00 €		
7	Kasse	4.571,43 €	Bilanzsumme	31.857,14 €		
8	Bank	3.285,71 €				
9	Bilanzsumme	31.857,14 €				
10						
11						
12						
13						
14						
15						
16	Eingabedaten					
17						
18	Ausgabedaten					

Formel
=D7-(Summe(D5:D6))

Formel
=B9

Formel
=Summe (B2:B8)

Folgende mathematische Zeichen können in den Formeln verwendet werden:

=	Beginn einer Formel
+	Addition
-	Subtraktion
*	Multiplikation
/	Division
:	„bis" Bereich (E7:F9)

Möchtest du mehrere Werte aus Feldern einer Spalte oder Zeile addieren (z. B. = C1 + C2 + C3 + ... + C10) kannst du eine Funktion verwenden (=Summe(C1:C10)).

Um eine Tabelle anschaulich zu gestalten, kannst du sie auch formatieren (z. B. alle Werte in einer Spalte als Wert mit zwei Nachkommastellen und einer Währungseinheit versehen). Hier hat jedes Tabellenkalkulationsprogramm seine Eigenheiten, die du aus der Programmbeschreibung erfährst. Natürlich kannst du dich auch an deinen Lehrer wenden. Zur Veranschaulichung eignen sich oft auch Diagramme, die mit Hilfe von Diagrammassistenten erzeugt werden können. Welche Diagrammart für welche Art von Daten geeignet ist sowie das Handwerkszeug zum Erstellen eines Diagramms erfährst du auf der nächsten Seite.
Tabellen können wiederverwendet, verändert oder ergänzt werden. Daher solltest du die angelegten Tabellenblätter speichern.

BIP = Bruttoinlandsprodukt:
Wert aller Güter und Dienstleistungen, die im Laufe eines Jahres innerhalb einer Volkswirtschaft erwirtschaftet wird.

Diagrammarten

Die Zahlen, die du in einer Tabelle erfasst hast, kannst du auch in einem Diagramm darstellen. Diagramme erhöhen die Anschaulichkeit von Zahlenmaterial. Häufig verwendete Diagrammarten sind das Säulendiagramm, das Liniendiagramm und das Kreisdiagramm.

Welche Diagrammart jeweils geeignet ist, entscheidet sich nach der Aussageabsicht deines Zahlenmaterials. **Säulendiagramme** eignen sich besonders, wenn Werte miteinander verglichen werden sollen. Das Säulendiagramm links zeigt, wie viele Erwerbstätige im Jahr 2006 in den verschiedenen Wirtschaftsbereichen beschäftigt waren.

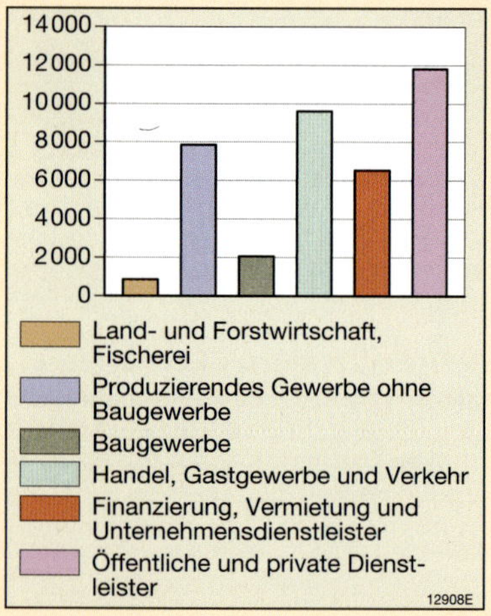

Säulendiagramm

Erwerbstätige nach Wirtschaftsbereichen (in 1.000)

Land- und Forstwirtschaft, Fischerei	782
Produzierendes Gewerbe ohne Baugewerbe	7.766
Baugewerbe	1.982
Handel, Gastgewerbe und Verkehr	9.598
Finanzierung, Vermietung und Unternehmensdienstleister	6.434
Öffentliche und private Dienstleister	11.781

Das **Liniendiagramm** zeigt die Veränderung von Werten in einem bestimmten Zeitraum. Im dargestellten Liniendiagramm siehst du die Entwicklung des Bruttinlandsprodukt in der Bundesrepublik Deutschland im Zeitraum von 1990 bis 2005.

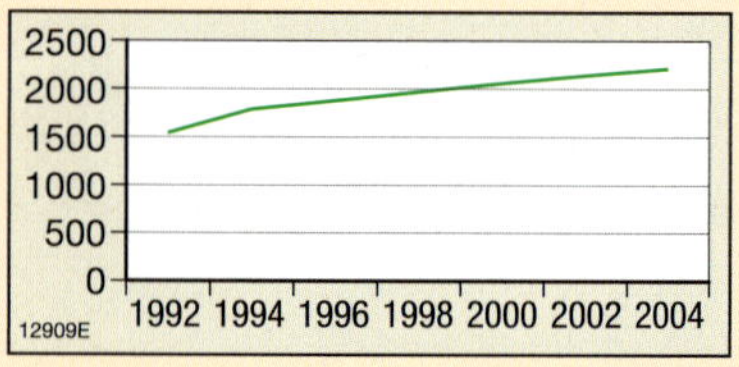

Liniendiagramm

Bruttoinlandsprodukt (in Mrd. €), Werte gerundet

1992	1994	1996	1998	2000	2002	2004
1.534,60	1.780,78	1.876,18	1.965,38	2.062,50	2.145,02	2.215,65

Quelle: Statistisches Bundesamt

Mit Hilfe des **Kreisdiagramms** lassen sich Anteile von einem Ganzen, z. B. die Verteilung der Schulabschlüsse auf die Schulabgänger, anschaulich darstellen. Von je 100 Schulabgängern, die im Jahr 2000 eine allgemeinbildende Schule verließen, hatten:

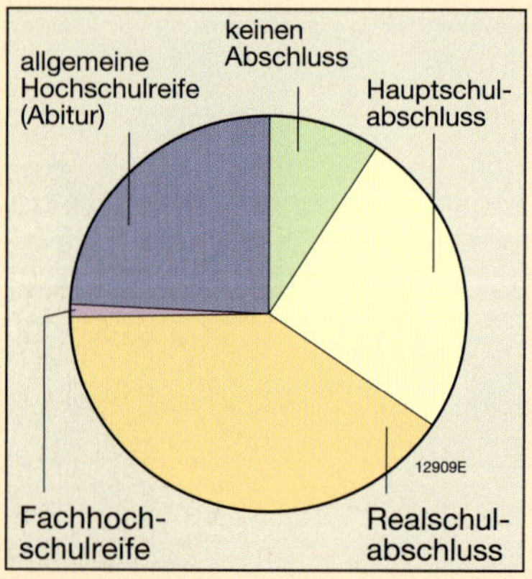

Kreisdiagramm

9	keinen Abschluss
25	Hauptschulabschluss
40	Realschulabschluss
1	Fachhochschulreife
24	allgemeine Hochschulreife (Abitur)

	A	B	C	D	E
1					
2	Aktiva				
3	Fuhrpark	12.000,00 €			
4	BGA	5.000,00 €			
5	Vorräte	7.000,00 €			
6	Kasse	4.000,00 €			
7	Bank	8.000,00 €			
8					
9					

Der Bereich (A3:B7), der als Diagramm dargestellt werden soll, muss markiert werden.

Erstellen eines Diagramms

Um aus einem Tabellenausschnitt ein Diagramm zu erstellen, müssen folgende Arbeitsschritte durchlaufen werden:

- Zuerst wird der Datenbereich, der als Diagramm dargestellt werden soll, markiert.
- Dann rufst du den Menüpunkt **Einfügen – Diagramme** auf oder klickst auf das Symbol **Diagramm-Assistent**.
- Du wählst einen geeigneten Diagrammtypen aus.
- Nun kannst du das Diagramm noch gestalten, indem du z. B. einen Diagrammtitel einfügst oder die Achsen beschriftest.
- Im nächsten Schritt kannst du entscheiden, ob das Diagramm auf dem Tabellenblatt platziert wird oder in ein eigenes Blatt eingefügt werden soll.
- Zuletzt klickst du auf „Fertig stellen". Dein Diagramm erscheint dann an dem gewünschten Platz.

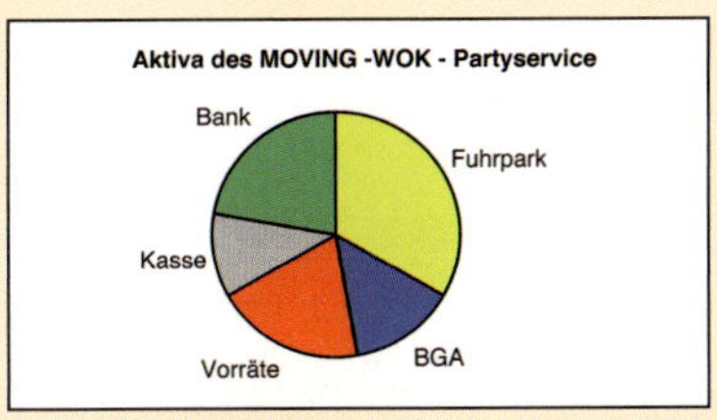

Kreisdiagramm

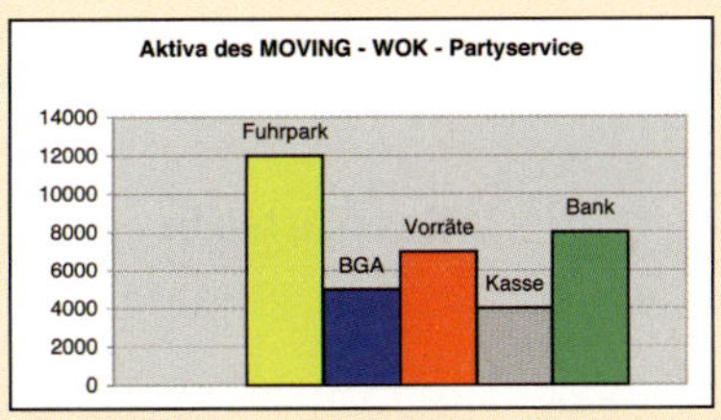

Säulendiagramm

Als Mitarbeiter in Lenas MOVING-WOK-Partyservice möchtest du die Zusammensetzung des Vermögens (Aktiva) darstellen.

Möchtest du ein Diagramm erstellen, das eine Entwicklung im Zeitverlauf darstellt, wie z. B. die Entwicklung des Bruttoinlandsprodukt im Zeitraum seit 1990, gibst du wie bereits gelernt die Daten in das Tabellenblatt ein, markierst die Daten, steuerst den Diagrammassistenten an und wählst den Diagrammtypen „Liniendiagramm" aus. Damit die eingegebenen Jahreszahlen nicht als Linie, sondern in der Legende erscheinen, muss aus dem Datenbereich diese Reihe entfernt werden. Anschließend wird die Rubrikachse beschriftet. Damit die Daten richtig als Achsenbeschriftung interpretiert werden müssen in der Zeile Beschriftung der Rubrikachse die genannten Zellen mit Dollarzeichen $ eingerahmt werden.

Verkehrswege in der Bundesrepublik Deutschland

Autobahnen	11.800 km
Bundesstraßen	41.200 km
Landstraßen	86.800 km
Kreisstraßen	91.000 km
Schienennetz	44.400 km
Wasserstraßen	7.500 km
Rohölleitungen	2.400 km

1. Überlege dir, welcher Diagrammtyp für die vorgegebenen Daten geeignet ist und begründe deine Entscheidung.
2. Gib die Zahlen in ein Rechenblatt einer Tabellenkalkulation ein und erstelle daraus eine Grafik.
3. a) Stelle fest, wie hoch der Anteil der Jungen und Mädchen an deiner Schule ist. Erstelle daraus eine geeignete Grafik.
   b) Recherchiere die Entwicklung der Schülerzahlen deiner Schule in den letzten Jahren und erstelle daraus ein geeignetes Diagramm.

3.4 Wirtschaftlichkeit, Produktivität, Rentabilität

Wirtschaftlichkeit = $\frac{\text{Ertrag}}{\text{Aufwand}}$

$$W = \frac{E}{A}$$

Lena hat sich inzwischen zu einer richtigen Geschäftsfrau entwickelt. Das WOK-and-Go-Restaurant, das sie mit Lukas gemeinsam betreibt, ist immer gut besucht. Auch über die Auftragslage im MOVING-WOK-Partyservice kann sie sich nicht beklagen. Beinahe jedes Wochenende ist sie ausgebucht. Lenas Freunde sagen schon: „Wenn du so weiter machst, bist du bald Millionärin!". Doch davon ist Lena weit entfernt. Sie sucht einen Unternehmensberater auf, dem sie ihre geschäftliche Situation vorstellt. Dieser weist Lena darauf hin, dass es nicht genügt, genau Buch zuführen. Notwendig ist auch eine Analyse der Ergebnisse. „Wenn Sie Ihre Geschäfte dauerhaft gut führen wollen, müssen sie auch die **Wirtschaftlichkeit, Produktivität** und **Rentabilität** im Auge haben und ihre unternehmerischen Entscheidungen darauf abstimmen. Dabei ist es auch sicher sinnvoll, jeden Unternehmensbereich einzeln zu betrachten, damit man eventuelle Schwachpunkte aufdecken und beheben kann."

Erfolg = Ertrag - Aufwand

Wirtschaftlichkeit
Lena beginnt mit der Analyse der Zahlen im MOVING-WOK-Partyservice. Im ersten Geschäftsjahr erwirtschaftet Lena einen Ertrag von 30.000,– € und kann diesen im zweiten Geschäftsjahr sogar auf 40.000,– € steigern. Der entstandene Aufwand beträgt im ersten Geschäftsjahr 20.000,– €, im zweiten Geschäftsjahr 30.000,– €.

Den Begriff der **Wirtschaftlichkeit** hast du schon im Zusammenhang mit dem Minimal- und Maximalprinzip kennengelernt. **Wirtschaftlichkeit** ist das **Verhältnis von Ertrag zu Aufwand**. Errechnen wir die Wirtschaftlichkeit in Lenas Geschäft für die ersten beiden Geschäftsjahre:

1. Geschäftsjahr		**2. Geschäftsjahr**	
Aufwand	Ertrag	Aufwand	Ertrag
20.000,- €	30.000,– €	30.000,– €	40.000,– €
$W = \frac{30.000,– €}{20.000,– €} = 1,5$		$W = \frac{40.000,– €}{30.000,– €} = 1,33$	

1. Analysiere die Zahlen in der Erfolgsrechnung des MOVING-WOK-Partyservice und überlege, welche weiteren Möglichkeiten Lena hat, die Wirtschaftlichkeit zu verbessern.
2. Nach welchem Wirtschaftlichkeitsprinzip handelt Lena, wenn sie ihren Aufwand senkt?
3. Die Metzgerei Rotwurst erwirtschaftet bei einem Aufwand von 35.000,– € einen Ertrag von 70.000,– €. Die Metzgerei Weißwurst konnte einen Ertrag von 80.000,– € erwirtschaften. Dafür entstand ein Aufwand in Höhe von 45.000,– €. Entscheide, welches Unternehmen wirtschaftlicher handelt. Begründe deine Entscheidung.

In beiden Geschäftsjahren erzielte Lena einen Gewinn in Höhe von 10.000,– €. Die Wirtschaftlichkeit ist jedoch im zweiten Jahr gesunken, obwohl sie den Ertrag um 1/3 steigern konnte. Wenn ein Unternehmen wirtschaftlich handeln will, genügt es nicht, die Ertragssteigerung oder die Aufwandssenkung allein im Blick zu haben. Eine Ertragssteigerung ist unter Umständen nur mit unverhältnismäßig hohem zusätzlichen Aufwand möglich und würde sich dann nicht mehr lohnen. In Lenas Beispiel ging die Ertragssteigerung zu Lasten der Wirtschaftlichkeit.

Betrachten wir Lenas Erfolgsrechnung einmal genauer:
Im ersten Jahr kosten Lena die eingesetzten Vorräte 18.000,– €, das entspricht 60 % des Ertrages. Im zweiten Jahr kosten die Vorräte 26.000,– €.

Der Anteil der verbrauchten Vorräte am Ertrag ist auf 65 % gestiegen. Um ihre Wirtschaftlichkeit zu verbessern, könnte Lena z. B. ihren Ertrag steigern, indem sie von den Auftraggebern höhere Preise verlangt. Das würde die Wirtschaftlichkeit verbessern, da der Aufwand von dieser Maßnahme unberührt bliebe. Möglicherweise führt eine solche Maßnahme aber zu einem Rückgang der Aufträge. Eine zweite Möglichkeit wäre, bei gleichem Ertrag den Aufwand zu senken. Lena könnte den Aufwand verringern, indem sie günstiger einkauft oder darauf achtet, dass weniger oder keine Waren verderben. Diese Verringerung des Aufwandes würde den Ertrag unberührt lassen. Die Konsequenz ist eine Verbesserung der Wirtschaftlichkeit.

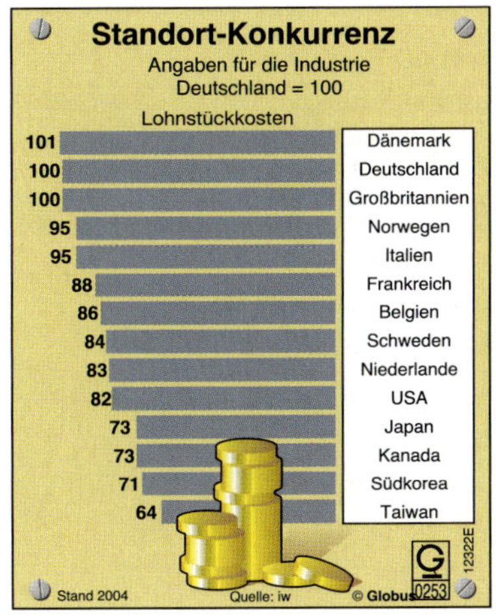

1. Geschäftsjahr				**2. Geschäftsjahr**			
Aufwand		Ertrag		Aufwand		Ertrag	
Löhne	500	Verkauf	30.000	Löhne	2.000	Verkauf	40.000
Benzin	400			Benzin	500		
Werbung	100			Werbung	500		
verzehrte Vorräte	18.000			verzehrte Vorräte	26.000		
Zinsen	1.000			Zinsen	1.000		
Gewinn	10.000			Gewinn	10.000		

Produktivität

Wenn Lena mit ihrem MOVING-WOK-Partyservice einen Auftrag erledigt, rechnet sie, dass sie pro Stunde 20 Portionen Essen im Wok frisch zubereiten kann. Heute muss Lena für den Auftrag einen Hilfskoch beschäftigen, da sie im Restaurant, das sie mit Lukas betreibt, unabkömmlich ist. Als der Koch nach erledigter Arbeit zur Abrechnung kommt, stellt sich heraus, dass er in vier Stunden 60 Portionen Essen zubereitet hat. Im Vergleich zur eingesetzten Arbeitszeit hat der Koch also weniger Portionen hergestellt, als es Lena üblicherweise gelingt. Der Hilfskoch hat weniger produktiv gearbeitet, seine **Produktivität** ist geringer als die von Lena.

Produktivität =

$$\frac{\text{Produktionsmenge}}{\text{eingesetzte Produktionsfaktoren}}$$

Vergleichsrechnung

Lena	Hilfskoch
20 Portionen/ Stunde	60 Portionen/ 4 Stunden = 15 Portionen/ Stunde

Produktivität beschreibt das **Verhältnis von Produktionsergebnis zum Produktionsfaktoreinsatz**, z. B. Portionen Essen pro Stunde, Meter Garn pro kg Wolle, Doppelzentner Weizen pro ha Ackerfläche. Sie zeigt also, wie ergiebig eine wirtschaftliche Tätigkeit ist. Bei der Produktivität ist die Produktionsmenge entscheidend. Es ist daher möglich, dass ein Unternehmen zwar eine gute Produktivität aufweist, die Wirtschaftlichkeit dennoch schlecht ist. Dies ist zum Beispiel der Fall, wenn eine hohe Produktionsmenge erreicht wird, die mit den gegebenen Produktionsfaktoren erzeugt wird, die Produktionsmenge aber zu einem schlechten Preis abgesetzt werden kann. Die Produktivität lässt sich in einem Unternehmen nicht so klar messen, wie z. B. die Wirtschaftlichkeit.

1. Grenze die Begriffe Wirtschaftlichkeit und Produktivität voneinander ab.

Arbeitsproduktivität = $\frac{\text{Produktionsmenge}}{\text{eingesetzte Arbeitszeit}}$

Materialproduktivität = $\frac{\text{Produktionsmenge}}{\text{eingesetztes Material}}$

Betriebsmittelproduktivität = $\frac{\text{Produktionsmenge}}{\text{eingesetzte Betriebsmittel}}$

Lenas Koch hat zwar nur 15 Portionen pro Stunde hergestellt, möglicherweise hat er dabei aber sorgfältiger gearbeitet und dabei weniger Gemüse verbraucht, weil nichts anbrannte oder nichts daneben ging. Um Produktivität zu messen, muss man verschiedene Teilproduktivitäten betrachten. Das **Verhältnis der hergestellten Menge** zur eingesetzten **Arbeitszeit** beschreibt die **Arbeitsproduktivität**. Sie zeigt auf, wie ergiebig die Arbeitskraft war. Ebenso kann man ein **Verhältnis der Produktionsmenge** zum eingesetzten **Material** herstellen (in Lenas Partyservice betrachten wir das Verhältnis von Portion zur verbrauchten Gemüsemenge). Hier wird die **Materialproduktivität** berechnet. Bei der Herstellung der Speisen muss man auch mit Verschleiß von Material rechnen. Der Gaskocher hält nur eine bestimmte Zahl von Kochstunden, die Messer werden stumpf, mal geht ein Teller zu Bruch. Setzt man die hergestellte Menge ins Verhältnis zu den Betriebsmitteln, misst man die **Betriebsmittelproduktivität**. Die verschiedenen Produktionsfaktoren können nicht einfach addiert werden, um eine Gesamtproduktivität zu ermitteln. Für ein Unternehmen lässt sich dennoch die Aussage treffen, dass sich die Produktivität steigert, wenn die hergestellte Menge sich vergrößert hat, obwohl der Einsatz der Produktionsfaktoren unverändert bleibt.

1. Erkundige dich bei einer Bank oder im Internet nach der aktuellen Verzinsung für Geldanlagen auf
   a) einem Sparbuch und
   b) einem Festgeldkonto.
2. Beurteile eine Rentabilität von 10 % vor dem Hintergrund des aktuellen Zinsniveaus.
3. Begründe, warum zur Ermittlung der Gesamtkapitalrentabilität das durchschnittliche Gesamtkapital herangezogen werden muss.
4. Wie ermittelt man das durchschnittliche Gesamtkapital?

Rentabilität

Lena hat festgestellt, das ihre Arbeitsproduktivität hoch und die Produktivität insgesamt zufriedenstellend ist. Die Wirtschaftlichkeit ist jedoch im zweiten Geschäftsjahr gesunken. Lena hätte das Geld, das sie in ihr Unternehmen investiert hat, zur Bank bringen und dort Zinsen bekommen können. Sie fragt sich, ob es sich gelohnt hat, das Geld stattdessen in den Partyservice zu investieren. Die Antwort auf diese Frage liefert die Analyse der Rentabilität. Die **Rentabilität** betrachtet das **Verhältnis von Unternehmenserfolg zum eingesetzten Kapital**.

Wenn ein Unternehmen einen positiven Erfolg verzeichnet, erzielt es Gewinn. Ergibt sich am Ende eines Geschäftsjahres ein Gewinn von 1.000,– €, den man mit 10.000,– € Kapital erwirtschaftet hat, so ergibt sich eine Rentabilität von 10 %. Das bedeutet, dass sich das eingesetzte Kapital mit 10 % verzinst hat. Rentabilität kann auf das Eigenkapital, auf das Gesamtkapital oder auf den Umsatz bezogen werden.

Eigenkapitalrentabilität

Am Ende des ersten Geschäftsjahres hatte Lena einen Gewinn von 10.000,– €. Dieser erhöhte ihr Eigenkapital von 10.000,– € auf 20.000,– €. Im zweiten Geschäftsjahr erzielte sie noch einmal einen Gewinn in Höhe von 10.000,– €, sodass ihr Eigenkapital auf 30.000,– € stieg.

Für die Berechnung der Eigenkapitalrentabilität muss das **durchschnittliche Eigenkapital** eines Geschäftsjahres herangezogen werden. Dieses ergibt sich, wenn man das Eigenkapital des Jahresanfangs (hier: 20.000,– €) zu dem des Jahresendes (hier 30.000,– €) addiert und die Summe durch zwei teilt. In Lenas Beispiel errechnet sich für das zweite Geschäftsjahr so ein durchschnittliches Eigenkapital von:

durchschnittliches Eigenkapital = $\frac{\text{EK (Anfang)} + \text{EK (Ende)}}{2}$

$$\text{durchschnittliches Eigenkapital} = \frac{20.000,\!– \text{ €} + 30.000,\!– \text{ €}}{2} = 25.000,\!– \text{ €}$$

$$\textbf{Eigenkapitalrentabilität} = \frac{\text{Erfolg}}{\text{durchschnittliches Eigenkapital}} \cdot 100$$

Die Berechnung der Eigenkapitalrentabilität erfolgt, indem der Jahreserfolg, also der Gewinn oder der Verlust eines Unternehmens, ins Verhältnis zum durchschnittlichen Eigenkapital gesetzt wird. Lena erzielt einen Erfolg von 10.000,– €. Das durchschnittliche Eigenkapital beträgt 25.000,– €. In Lenas Unternehmen errechnet sich eine Eigenkapitalrentabilität von:

$$\text{Eigenkapitalrentabilität} = \frac{10.000,– €}{25.000,– €} \cdot 100 = 40\,\%$$

Die Bruchzahl wird mit 100 multipliziert, um als Ergebnis eine Prozentzahl vorliegen zu haben.
Im Beispiel von Lenas Partyservice ergibt sich eine ausgezeichnete Eigenkapitalrentabilität. Ihr Eigenkapital hat sich mit 40% verzinst. Hätte sie ihr Geld zur Bank gebracht, anstatt es in den Partyservice zu investieren, hätte sie sicher eine wesentlich geringere Verzinsung erzielt.

Gesamtkapitalrentabilität
Auch bei der Berechnung der Gesamtkapitalrentabilität ermittelt man die Verzinsung des Kapitals. Hier wird die Verzinsung des gesamten Kapitals, also der Summe des Eigen- und Fremdkapitals ermittelt.

Zunächst stellen wir einige Vorüberlegungen an. Für das Fremdkapital muss ein Unternehmen Zinsen bezahlen. In Lenas Unternehmen fallen Zinsen für das Bankdarlehen in Höhe von 1.000,– € jährlich an. Nimmt ein Unternehmen ein Bankdarlehen auf, so lohnt sich dies unter Rentabilitätsgesichtspunkten nur, wenn mit dem geliehenen Geld mindestens so viel erwirtschaftet wird, dass der geschuldete Zins gezahlt werden kann. Zinszahlungen sind in der Buchhaltung ein Aufwand. Aufwandspositionen schmälern den Gewinn. Wären in dem Unternehmen keine Fremdkapitalzinsen angefallen, wäre der Gewinn höher ausgefallen. Bei der Berechnung der Gesamtkapitalrentabilität wird deshalb nicht nur der erwirtschaftete Erfolg, sondern auch der bezahlte Zins berücksichtigt. Die Gesamtkapitalrentabilität errechnet sich aus der Summe des Erfolgs und des Fremdkapitalzinses, dividiert durch das durchschnittliche Gesamtkapital.

In Lenas Fall ergibt sich folgende Berechnung: Lena erwirtschaftete in diesem Geschäftsjahr einen Gewinn in Höhe von 10.000,– €. Für das laufende Darlehen, welches sie zur Geschäftsgründung aufgenommen hat, sind regelmäßig Zinsen zu zahlen. Lena muss für das laufende Jahr 1.000,– € Zinsen zahlen. Für die Ermittlung der Gesamtkapitalrentabilität liegen damit alle notwendigen Angaben für den Zähler vor (10.000,– € Erfolg + 1.000,– € Zinsen). Lenas Kapital beträgt am Jahresanfang 34.000,-€. Es setzt sich aus 20.000,– € Eigenkapital und 14.000,– € Fremdkapital zusammen. Am Jahresende hat sich das Eigenkapital um 10.000,– € auf 30.000,– € erhöht. Während des Jahres zahlt sie 4.000,– € zurück, sodass am Jahresende eine Darlehensschuld von 10.000,– € verbleibt. Das Gesamtkapital am Jahresanfang beträgt somit 34.000,– € am Jahresende durch Schuldenzahlung und erwirtschaftetes Eigenkapital 40.000,– €.

1. Erkläre den Begriff durchschnittliches Eigenkapital.
2. Begründe, warum zur Ermittlung der Eigenkapitalrentabilität das durchschnittliche Eigenkapital herangezogen wird.
3. Am Jahresanfang beträgt das Eigenkapital eines Unternehmens 150.000,– €, am Jahresende 210.000,– €.
Wie groß muss der Unternehmenserfolg sein, damit sich eine Eigenkapitalrentabilität von 3 % ergibt?

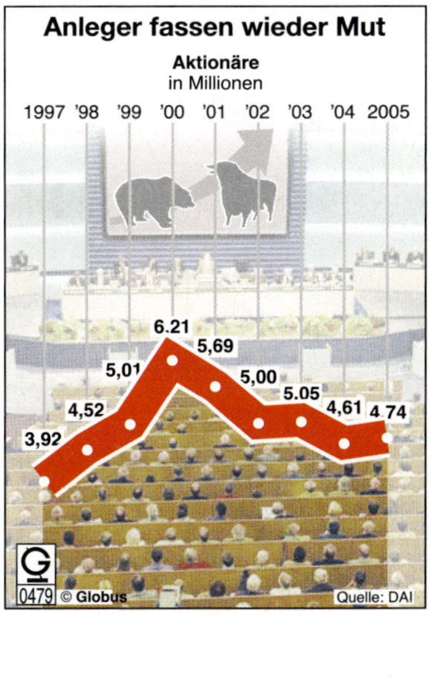

1. In einem Unternehmen finden sich in der Bilanz und der Erfolgsrechnung zweier aufeinander folgender Jahre folgende Zahlen:

   1. Geschäftsjahr
   AV 320.000,– €,
   UV 280.000,– €,
   FK 210.000,– €,
   Gewinn 35.000,– €

   2. Geschäftsjahr
   AV 310.000,– €,
   UV 320.000,– €,
   FK 200.000,– €,
   Gewinn 40.000,– €
   Berechne die Eigenkapital- und Gesamtkapitalrentabilität des Unternehmens und erkläre die Aussage der errechneten Zahlen.

2. Welchem Rentabilitätsbegriff kann die Grafik zugeordnet werden?

3. Welche Aussage kannst du zur Rentabilität treffen, wenn du die Zahlen aus der Grafik analysierst?

$$\textbf{Gesamtkapitalrentabilität} = \frac{\text{Erfolg + Fremdkapitalzins}}{\text{durchschnittliches Gesamtkapital}} \cdot 100$$

durchschnittliches Gesamtkapital = [Kapital (Jahresanfang) + Kapital (Jahresende)] : 2

$$\text{Gesamtkapitalrentabilität} = \frac{10.000,– € + 1.000,– €}{(34.000,– € + 40.000,– €) : 2} \cdot 100 = 29,73\,\%$$

Das eingesetzte gesamte Kapital hat sich mit 29,73 % verzinst. Lena hat für das Darlehen aber nur ca. 7 % Zinsen gezahlt (1.000,– € Zinsen für 14.000,– € Darlehen). Für sie hat es sich folglich gelohnt, das Darlehen aufzunehmen, da sie trotz der Zinszahlung noch ein kräftiges Plus erwirtschaften konnte.

Umsatzrentabilität
Die dritte Möglichkeit der Rentabilitätsbetrachtung ist die Berechnung der Umsatzrentabilität. Bei der Umsatzrentabilität setzt man den Gewinn ins Verhältnis zu den Umsatzerlösen. In Lenas Unternehmen ergibt sich:

$$\text{Umsatzrentabilität} = \frac{10.000,– €}{40.000,– €} \cdot 100 = 25\,\%$$

Eine Umsatzrentabilität von 25 % bedeutet, dass 1,– € Umsatz zu 0,25 € Gewinn führen. Eine Umsatzrentabilität von 25 % ist ein sehr gutes Ergebnis, wenn man dies im Vergleich zu den Umsatzrenditen anderer deutscher Unternehmen sieht. Eine steigende Umsatzrendite deutet auf eine steigende Produktivität hin, entsprechend eine sinkende Umsatzrendite auf sinkende Produktivität.

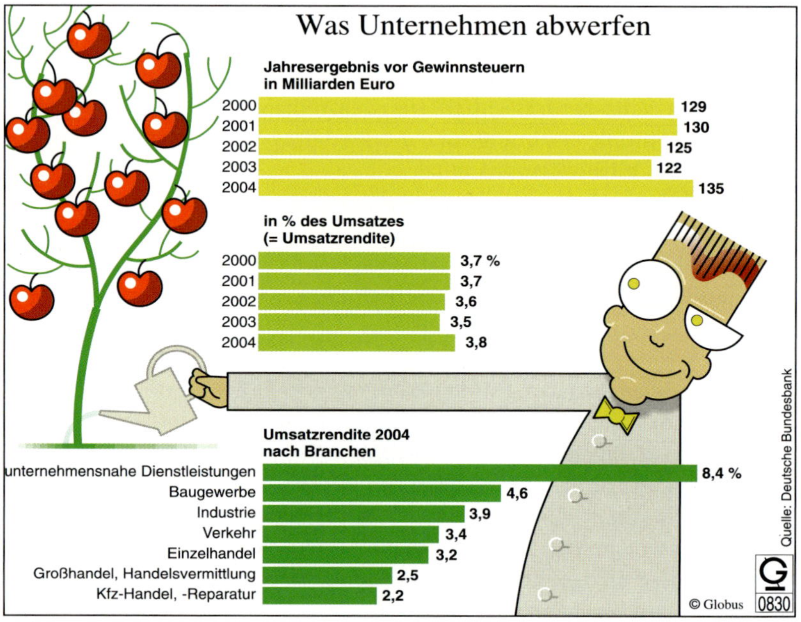

$$\textbf{Umsatzrentabilität} = \frac{\text{Gewinn}}{\text{Umsatzerlöse}} \cdot 100$$

Die **Bilanz** ist eine zusammenfassende Gegenüberstellung aller Vermögenswerte und Schulden eines Unternehmens an einem bestimmten Stichtag. Auf der Aktivseite werden alle Vermögenswerte erfasst, die nach Anlage- und Umlaufvermögen unterschieden werden. Auf der Passivseite werden alle Kapitalquellen erfasst, differenziert nach Eigenkapital und Fremdkapital. Aktiv- und Passivseite sind stets wertgleich.

Schema der Bilanz

Aktiva	Bilanz zum ... Passiva
Anlagevermögen	**Eigenkapital**
Umlaufvermögen	**Fremdkapital**

Alle Geschäftsfälle verändern die Bilanz in doppelter Weise. Umschichtungen auf der Aktivseite heißen **Aktivtausch**, auf der Passivseite **Passivtausch**. Eine **Aktiv-Passiv-Mehrung** berührt beide Bilanzseiten und führt zu einer Vergrößerung der Bilanzsumme, da auf beiden Bilanzseiten jeweils eine Position im Wert zunimmt. Eine **Aktiv-Passiv-Minderung** ergibt sich, wenn auf beiden Bilanzseiten eine Position schrumpft.

Jede Veränderung des **Eigenkapitals** bezeichnet man als Erfolg. Erzielt ein Unternehmen Erträge, erhöht sich das Eigenkapital, fallen Aufwendungen an, verringert sich das Eigenkapital. Aufwendungen und Erträge werden während des Geschäftsjahres in der **Erfolgsrechnung** geführt und erst am Geschäftsjahresende in der Bilanz erfasst.

Schema der Erfolgsrechnung

Aufwendungen	Erfolgsrechnung Erträge
Auflistung aller Aufwendungen eines Geschäftsjahres	Auflistung aller Erträge eines Geschäftsjahres

Aufwendungen sind der gesamter Werteverzehr in einem Unternehmen (z. B. durch Verbrauch von Rohstoffen, Ausgaben für Miete und Steuern), **Erträge** der gesamter Wertezuwachs in einem Unternehmen (z. B. durch Verkaufserlöse, Zinseinnahmen).

Betrachtet man das Verhältnis von Ertrag zu Aufwand, ermittelt man die **Wirtschaftlichkeit**.

Produktivität betrachtet, welches Produktionsergebnis im Verhältnis zu welchen Produktionsmitteln erreicht werden konnte.

Rentabilität beschreibt die Kapitalverzinsung, indem der Unternehmenserfolg im Verhältnis zum eingesetzten Kapital betrachtet wird.

Wichtige Begriffe:
Aktiva
Aktiv-Passiv-Mehrung
Aktiv-Passiv-Minderung
Aktivtausch
Anlagevermögen
Aufwand
Bilanz
Eigenkapital
Erfolg
Erfolgsrechnung
Ertrag
Fremdkapital
Passiva
Passivtausch
Produktivität
Rentabilität
Umlaufvermögen
Verbindlichkeiten
Wirtschaftlichkeit

1. a) Definiere die Begriffe Anlagevermögen, Umlaufvermögen, Eigenkapital und Fremdkapital.
   b) Nenne sechs Bilanzpositionen und ordne diese den Begriffen aus Aufgabe 1. a) zu.
2. a) Definiere den Begriff „Bilanz".
   b) Begründe, warum beide Seiten der Bilanz immer gleich groß sind.
3. Welche Arten der Bilanzveränderung sind dir bekannt?
   Gib zu jeder Art auch ein Beispiel an.
4. Erkläre die Begriffe Erfolg, Aufwand und Ertrag.
5. Die Multitec AG ist ein Unternehmen im Bereich der Herstellung von elektrischen Kleingeräten. Die Geschäftsaktivitäten der Multitec AG führen am Jahresende zu folgenden Zahlen:
   RHB-Stoffe 7.000,– €, Gebäude 390.000,– €, Hypothek 280.000,– €, Guthaben des Bankkontos 12.000,– €, Darlehen 25.000,– € , Verkaufserlöse 82.000,– €, Grundstück 200.000,– €, Schulden der Kunden an die Multitec AG 7.000,– €, Mietzahlungen 12.000,– €, Geschäftsausstattung 35.000,– €, Löhne 44.000,– €, Schulden der Multitec an die Lieferanten 8.000,– €, Wert des Fahrzeugs 30.000,– €, Kassenbestand 3.800,– €, Darlehenszinsen 1.500,– €, Rohstoffverbrauch 19.000,– €.
   a) Ermittle den Gewinn des Unternehmens unter Verwendung der geeigneten Zahlen.
   b) Erstelle die Bilanz der Multitec AG. Ermittle dazu auch das Eigenkapital.
   c) Wie hoch war das Eigenkapital der Multitec AG am Anfang des Geschäftsjahres?
   d) Ermittle die Eigenkapital-, Gesamtkapital- und Umsatzrentabilität der Multitec AG.
   e) Ermittle die Wirtschaftlichkeit der Multitec AG.
   f) Entscheide, ob die Multitec hinsichtlich der Wirtschaftlichkeit und Rentabilität gut gearbeitet hat, und begründe deine Antwort.
6. Das Möbelhaus Maier weist am Jahresende eine Bilanz mit folgenden Daten aus:
   Vorräte 32.700,– €, Maschinen 40.000,– €, Gebäude 100.000,– €, Verbindlichkeiten 13.640,– €, Bankguthaben 8.900,– €, Forderungen an Kunden 11.300,– €, Bankverbindlichkeiten 68.000,– €, Geschäftsausstattung 17.900,– €, Bargeld 1.900,– €, Fahrzeuge 18.000,– €
   a) Erstelle die Bilanz des Unternehmens.

   Ein Unternehmen gilt als krisensicher, wenn das Anlagevermögen vollständig durch Eigenkapital gedeckt ist.
   b) Begründe, warum es sinnvoll ist, das Anlagevermögen möglichst mit Eigenkapital zu finanzieren.
   c) Stelle fest, ob dies für das Unternehmen zutrifft und entwickle eine passende graphische Darstellung.

   Im Allgemeinen ist es für ein Unternehmen günstig, wenn das Umlaufvermögen größer als das Anlagevermögen ist, da das Umlaufvermögen dem Unternehmen die Einnahmen beschert.
   d) Ermittle die Höhe des Umlaufvermögens im Verhältnis zum Anlagevermögen und stelle dies in einem Kreisdiagramm dar.
   e) Vergleiche ein Busunternehmen mit einem Versicherungsbüro. Welcher Unterschied ergibt sich sehr wahrscheinlich hinsichtlich des Anlagevermögens?

Abschreibung
Wertverlust von Unternehmensvermögen (Anlagevermögen und Umlaufvermögen). Gründe dafür sind z. B. Alterung, Verschleiß, Unfallschaden oder Preisverfall.

Aktien
Wertpapier, das einen Anteil an einer Aktiengesellschaft verbrieft (Teilhaberpapier) und durch diese Mitgliedschaft bestimmte Rechte (Teilnahme an der Hauptversammlung, Dividende) ermöglicht.

Allgemeine Geschäftsbedingungen (AGB)
Vorformulierte Vertragsbedingungen, die jeweils für eine Vielzahl von Verträgen gültig sind.

Anlagevermögen (AV)
Teil des Unternehmensvermögens, der längerfristig in einem Unternehmen verwendet wird.

Annahme
Eine an den Antragenden gerichtete empfangsbedürftige → Willenserklärung, welche das Einverständnis zum Abschluss eines Vertrags anzeigt.

Annahmeverzug
Der Gläubiger nimmt die ihm angebotene Leistung nicht rechtzeitig an.

Antrag
An eine bestimmte Person gerichtete empfangsbedürftige, rechtlich bindende → Willenserklärung zum Abschluss eines Vertrags.

Arbeitszerlegung
Produktionsweise, bei der die Herstellung eines Produkts in verschiedene Teilschritte zerlegt wird.

Aufwand
Minderung des Unternehmenserfolges durch Verbrauch (z. B. Material, menschliche Arbeitskraft, Maschinen) oder Gebrauch (z. B. Boden, Kapital) von Produktionsfaktoren.

Barzahlung
Sofortige Übergabe von Bargeld, also von Münzen und Banknoten vom Schuldner an den Gläubiger.

Bedürfnis
Gefühl des Mangels, verbunden mit dem Wunsch oder der Notwendigkeit, diesen Mangel zu beseitigen.

Beruf
Erlernte Tätigkeit, die möglichst kontinuierlich ausgeübt wird, der Neigung oder Eignung des Berufsausübenden entspricht und an ein Entgelt gebunden ist.

Berufsspaltung
Spezialisierung innerhalb eines → Berufes, z. B. innerhalb des Arztberufes Hautarzt, Kinderarzt, ...

Besitz
Fähigkeit, die tatsächliche Herrschaft über eine Sache ausüben zu können.

Bilanz
Zusammenfassende Gegenüberstellung aller Vermögenswerte und Schulden eines Unternehmens zu einem bestimmten Stichtag.

Blauer Engel
Umweltzeichen, das die Herstellung und den Kauf umweltfreundlicher Produkte fördert. Dieses Zeichen wird auf Vorschlag des Umweltbundesamtes verliehen.

Bruttoinlandsprodukt
Wert aller Güter und Dienste, die im Laufe eines Jahres innerhalb eines Volkswirtschaft innerhalb der Landesgrenzen erbracht wird.

Buchgeld (Giralgeld)
Guthaben der Kunden, das in den Büchern der Banken steht. Die Bankkunden können jederzeit darüber verfügen.

Dauerauftrag
Der Zahlungspflichtige weist seine Bank an, einen der Höhe nach gleich bleibenden Betrag regelmäßig zu einem festgelegten Termin auf ein bestimmtes Konto zu überweisen (z. B. Mietzahlungen, Versicherungsprämien, Bausparbeiträge).

Dauerhafte Entwicklung (Sustainable development)
Entwicklung, die die → Bedürfnisse der Gegenwart befriedigt, ohne zu riskieren, dass künftige Generationen ihre eigenen Bedürfnisse nicht befriedigen können.

Deflation
Die Geldmengenvermehrung ist geringer als der Zuwachs der Gütermenge, dadurch sinkt das Preisniveau und die → Kaufkraft des → Geldes steigt.

Deliktsfähigkeit
Zivilrechtliche Verantwortlichkeit für eine unerlaubte Handlung, führt evtl. zur Schadenersatzpflicht.

Dividende
Anteil des ausgeschütteten Jahresgewinns eines Unternehmens, der auf eine → Aktie entfällt.

Dumping
(von englisch to dump: abladen) Verkauf von Waren im Ausland unter Herstellungskosten bzw. unter dem auf dem Heimatmarkt des Exporteurs geltenden Preis. Ziel der Maßnahme ist es, sich dort einen Marktanteil zu verschaffen und die dortige Konkurrenz zu verdrängen.

E-Commerce (E-Business)
Alle Formen des Handels mit Waren oder Dienstleistungen über elektronische Medien.

Eigenkapital (EK)
Teil des Kapitals, der den Eigentümern des Unternehmens gehört.

Eigenkapitalrentabilität
Verzinsung des eingesetzten → Eigenkapitals.

Eigentum
Rechtliche Herrschaft über eine Sache.

Eigentumsvorbehalt
Durch eine gegenseitige Vereinbarung wird der Eigentumsübergang an der Sache an die Bezahlung des Kaufpreises gebunden.

Einigung
Vertrag, der zusammen mit der Übergabe den Eigentumsübergang an einer Sache regelt.

Erfolg
Veränderung des Eigenkapitals, neutraler Begriff

Erfolgsrechnung
Übersicht über → Aufwand und → Ertrag eines Unternehmens, dient der Ermittlung des → Gewinns oder → Verlusts.

Ersatzinvestition
Verbrauchte oder abgenutzte Kapitalgüter werden durch neue ersetzt.

Ertrag
Mehrung des Unternehmenserfolges, z. B. durch Verkauf von Produkten.

Existenzbedürnisse
Lebensnotwendige → Bedürfnisse, die dem Selbsterhaltungstrieb des Menschen entstammen. Dazu gehören das Bedürfnis nach Nahrung, Kleidung und Wohnung.

Export (Ausfuhr)
Ausfuhr von → Gütern in andere Länder. Deutschland exportiert z. B. Autos und Maschinen.

Fernabsatzgeschäft
Ein Kunde kauft Dinge, ohne den Betrieb des Unternehmers aufzusuchen.

Fließfertigung
Die Maschinen und Arbeitskräfte werden im Produktionsablauf so angeordnet, dass die Produktionsschritte in der richtigen Reihenfolge aufeinander folgen.

Freie Güter
→ Güter, die von der Natur und ohne Zutun des Menschen zur Verfügung gestellt werden. Sie sind normalerweise in unbegrenzter Menge vorhanden.

Fremdkapital (FK)
Teil des Kapitals, das aus unternehmensfremden Quellen stammt und zurückgezahlt werden muss.

Führungsstil
Art und Weise, wie ein Vorgesetzter sich mit seinen Arbeitern auseinandersetzt. Lässt er keine Widerrede zu, so spricht man von autoritärem Führungsstil, dürfen die Arbeiter mitbestimmen, von demokratischem Führungsstil. Ein je nach Situation angepasster Wechsel des Führungsstils gilt heute als beste Methode.

Gefahrübergang
Bei der Übergabe der Sache geht die Gefahr des zufälligen Untergangs der Sache (z. B. Verlust) auf den neuen Besitzer über.

Geld
Von allen Wirtschaftsteilnehmern anerkanntes knappes Gut, das einen Anspruch auf → Güter darstellt und in einer Volkswirtschaft bestimmte Aufgaben übernimmt.

Geldkarte
EC-Karte mit einem Chip, der beliebig oft bis zu 200 Euro aufgeladen werden kann.

Gesamtkapitalrentabilität
Verzinsung des eingesetzten Gesamtkapitals.

Geschäftsfähigkeit
Fähigkeit, rechtlich wirksam handeln zu können.

Geschäftsfall
Wirtschaftlicher Vorgang, der zu einer Werteveränderung in einem Betrieb führt.

Geschäftsprozess
Folge von Arbeitsschritten oder Tätigkeiten, die sich regelmäßig wiederholen, um ein bestimmtes Ergebnis zu erzielen.

Gesetz
Gesamtheit der Vorschriften, die bindend das menschliche Gemeinschaftsleben regeln.

Gewinn
Positives Betriebsergebnis, das sich als Unterschied zwischen → Aufwand und → Ertrag ergibt. Macht der Betrieb Gewinn, war der Ertrag größer als der Aufwand.

Gewohnheitsrecht
Ungeschriebenes Recht, das durch mündliche Überlieferung weitergegeben wurde und auch heute noch, aufgrund langjähriger Ausübung, gültig ist.

Globalisierung
Zunehmende internationale Arbeitsteilung, deren Folge eine weltweite Vernetzung der Güter-, Kapital- und Arbeitsmärkte ist. Begünstigt wird diese Entwicklung

durch verbesserte Informations- und Transportsysteme.

Güter
Mittel, mit denen Menschen ihre → Bedürfnisse befriedigen können.

Haushaltsplan
Aufstellung aller erwarteten Einnahmen und geplanten Ausgaben einer Familie oder Organisation für einen bestimmten Zeitraum.

Haustürgeschäft
Unternehmer sucht einen Verbraucher auf, ohne dass dieser vorher Vertragsverhandlungen gewünscht hat.

Import (Einfuhr)
Einfuhr von → Gütern aus anderen Ländern. Deutschland importiert z. B. Erdöl aus Saudi Arabien und Kiwis aus Neuseeland.

Inflation
Erscheinung in einer Volkswirtschaft, bei der einer Geldmengenvermehrung kein entsprechender Güterzuwachs gegenübersteht. Die Preise steigen und die → Kaufkraft sinkt. Man unterscheidet offene, verdeckte und schleichende Inflationen.

Investitionsgüter
Maschinen, Werkzeuge und Gebäude. Sie dienen der Herstellung von → Konsum- und Investitionsgütern.

Investmentzertifikate
Anteilsscheine an Sondervermögen (Investmentfonds), die von Kapitalanlagegesellschaften (Investmentgesellschaften) gesondert vom eigenen Vermögen gebildet und verwaltet werden.

Kapazitätsengpass
Ein Betrieb kann die vorhandene Nachfrage trotz größter Anstrengungen nicht befriedigen.

Kaufkraft
Fähigkeit des → Geldes, Sachgüter und Dienstleistungen zu erwerben. Sie hängt vom Verhältnis zwischen Geld- und Gütermenge ab.

Kollektivbedürfnisse
→ Bedürfnisse, welche die Gesellschaft als Ganzes betreffen, wie z. B. eine intakte Umwelt.

Konsumgüter
Sie dienen der unmittelbaren Befriedigung menschlicher → Bedürfnisse und können in Verbrauchsgüter (z. B. Pizza, Cola) und Gebrauchsgüter (z. B. Computer, Auto) unterteilt werden.

Kreditkarte
Sie wird von einem bestimmten Kreditkarteninstitut ausgegeben, wobei vorher die Zahlungsfähigkeit des Kunden geprüft wird. Der Kunde kann mit dieser Karte bei angeschlossenen Geschäften, Hotels, Fluggesellschaften usw. bargeldlos zahlen.

Kulturbedürfnisse
→Bedürfnisse, die überwiegend dem geistig kulturellen Wesen des Menschen entstammen, wie z. B. Bildung, Reisen.

Lastschriftverfahren (Einzugsverfahren)
Die Abbuchung eines Geldbetrages vom Konto wird vom Zahlungsempfänger eingeleitet. Es handelt sich um periodisch wiederkehrende Zahlungen mit unterschiedlichen Beträgen, z. B. Telefongebühren.

Liquidität
Fähigkeit, die zu einem bestimmten Zeitpunkt fälligen Zahlungsverpflichtungen in voller Höhe eingehen zu können.

Lohnzusatzkosten
Beiträge zur Renten-, Kranken-, Pflege- und Arbeitslosenversicherung verstanden. Diese werden für die Renten- und die Arbeitslosenversicherung je zur Hälfte vom Arbeitnehmer und vom Arbeitgeber gezahlt. Für die Kranken- und die Pflegeversicherung tragen die Arbeitnehmer etwas höhere Anteile.

Luxusbedürfnisse
→Bedürfnisse, die einer gehobenen bzw. überhöhten Lebenshaltung zum Teil weniger Personen entstammen.

Marketing
(engl. Marketing: auf den Markt bringen, Vermarktung) Alle Maßnahmen, die ein Unternehmen trifft, um seinen Absatz planmäßig vorzubereiten, durchzuführen und langfristig zu sichern.

Maximalprinzip (Ergiebigkeitsprinzip)
Mit einem gegebenen Einsatz soll ein größtmögliches Ergebnis erreicht werden.

Minimalprinzip (Sparsamkeitsprinzip)
Ein bestimmtes Ergebnis soll mit dem geringstmöglichen Mitteleinsatz erreichen werden.

Moral
Innere Einstellung des Menschen zu seiner Umwelt.

Nacherfüllung
Vorrangiges Recht des Käufers bei Sachmangel. Dabei gibt es zwei Möglichkeiten: Nachbesserung (Reparatur) oder Ersatzlieferung einer mangelfreien Ware.

Neuinvestition
Beschaffung von zusätzlichen Kapitalgütern.

Nichtleistung (Unmöglichkeit)
Der Verkäufer kann die Kaufsache nicht mehr liefern, weil es sie nicht mehr gibt.

Öffentliches Recht
Regelt als zwingendes Recht die Rechtsbeziehungen zwischen Staat und Bürger auf der Ebene der Über- und Unterordnung.

Patent
Gewerbliches Schutzrecht. Es gibt seinem Inhaber das Recht, anderen zu verbieten, die patentierte Erfindung unerlaubt zu verwenden, also ein geschütztes Erzeugnis herzustellen, anzubieten oder zu benutzen oder ein geschütztes Verfahren anzuwenden.

Pfandbrief
Schuldverschreibungen (Gläubigerpapiere) die von Hypothekenbanken an Geldanleger verkauft werden, wobei das beschaffte → Geld in erster Linie als Darlehen an Bauwillige weitergegeben wird.

Privatrecht
Regelt das Recht des Einzelnen im Verhältnis zu anderen auf der Ebene der Gleichordnung.

Produktionsfaktoreinsatz
Alle eingesetzten Produktionsfaktoren, die man für die Herstellung verwendet hat.

Produktionsfaktoren
Alle materiellen und immateriellen Mittel und Leistungen, die an der Bereitstellung von → Gütern mitwirken: Natur, Arbeit, Kapital und Wissen.

Produktionskapazität
Maß für die maximale Menge an Gütern, die ein Betrieb herstellen kann. Die Produktionskapazität hängt besonders von den vorhandenen Maschinen und dem Fleiß der Arbeitskräfte ab.

Produktivität
Verhältnis von Produktionsergebnis zum Produktionsfaktoreinsatz.

Rationalisierungsinvestition
Diese Investition bewirkt, dass eine bestimmte Produktionsmenge mit geringerem Einsatz erbracht werden kann. Beispiel: Durch den Kauf einer neuen Maschine kann die gleiche Menge an Fertigerzeugnissen mit weniger Arbeitskräften als vorher hergestellt werden.

Rechtsfähigkeit
Fähigkeit, Träger von Rechten und Pflichten zu sein.

Rechtsgeschäft
Vereinbarung zwischen zwei Personen, die aufgrund gesetzlicher Regelungen Pflichten und Rechte für die Beteiligten mit sich bringt.

Recycling
Rückführung verbrauchter Rohstoffe in den Produktionsprozess durch Abfallverwertung.

Rentabilität
Verhältnis von erzieltem Gewinn zum eingesetzten Kapital.

Schlechterfüllung (Sachmangel)
Pflichtverletzung, bei der die zu erbringende Leistung mangelhaft ist.

Schlussbilanz
Bilanz, die am Ende eines Geschäftsjahres aufgestellt wird.

Schlüsselqualifikation
Qualifikation, die nicht an ein bestimmtes Berufsbild gebunden ist, über die ein Erwerbstätiger aber verfügen muss, z. B. Fremdsprachenkenntnisse, PC-Kenntnisse.

Schwellenland
Bezeichnung für jene in der Entwicklung begriffenen Länder, die bereits die „Schwelle“ zu einem Bestehen als Industrieland erreicht haben. Sie liegen in ihrer wirtschaftlichen Entwicklung zwischen den Entwicklungsländern und den Industrieländern.

Selbstversorgerwirtschaft (Subsistenzwirtschaft)
Wirtschaftsform, in der jede Gruppe (z. B. jede Familie) alle benötigten Güter selbst herstellt.

Sitte
Verhaltensregeln, die nicht schriftlich festgehalten sind und von Kulturkreis zu Kulturkreis unterschiedlich sein können.

Sozialpflichtigkeit
des Eigentums. Der Gebrauch des Eigentums kann zum Wohle der Allgemeinheit eingeschränkt sein.

Spareinlagen
Guthaben auf Sparkonten, die erst nach Ausstellung einer Urkunde (Sparbuch) gebildet werden können. Sie dienen der Ansammlung oder Anlage von Vermögen, nicht dem üblichen Zahlungsverkehr.

Spezialisierung
Menschen beschränken sich bei der Herstellung von Gütern auf die Verrichtung einer oder weniger Tätigkeiten.

Standortfaktoren
Kriterien, nach denen ein Betrieb sich seinen Standort auswählt. Sie beeinflussen den → Ertrag und den → Aufwand eines Betriebes und somit dessen → Gewinn.

Strafmündigkeit (Schuldfähigkeit)
Strafrechtliche Verantwortlichkeit für eine unerlaubte Handlung, führt evtl. zu Bestrafung.

Stundung
Vereinbarung zwischen Gläubiger und Schuldner, in der die Fälligkeit einer vom Schuldner zu erbringenden Leistung zeitlich hinausgeschoben wird.

Tauschmittelfunktion
Eigenschaft des → Geldes, einen Tauschvorgang in zwei völlig unabhängig voneinander existierende Vorgänge aufzuteilen, nämlich Ware gegen Geld und Geld gegen Ware. Es kann aber auch Arbeitsleistung gegen Geld getauscht werden.

Übergabe
Realakt (Tathandlung), durch den eine Sache den Besitzer wechselt und der in Gemeinsamkeit mit der Einigung den Eigentumswechsel ermöglicht.

Überkapazität
Ein Betrieb könnte mehr → Güter herstellen, als er überhaupt verkaufen kann. Er hat also zu viele Arbeitskräfte und Maschinen. Überkapazitäten ergeben sich häufig durch Fehlinvestitionen oder Änderungen am Markt.

Überweisung
Anweisung eines Kontoinhabers an seine Bank, einen bestimmten Betrag vom eigenen Konto abzubuchen und auf das Konto des Zahlungsempfängers zu übertragen.

Umlaufvermögen (UV)
Teil des Vermögens, welches sich durch den Geschäftsbetrieb ständig wandelt. Hierzu gehören z. B. die Vorräte.

Umsatzrentabilität
Verhältnis von Gewinn zu den Umsatzerlösen.

Verbrauchsgüterkauf
Kauf, bei dem der Verkäufer ein Unternehmer und der Käufer eine Privatperson ist.

Verkaufsstrategie
Planungen und Maßnahmen der Produzenten und Einzelhändler mit dem Ziel, die Konsumenten zum Kauf von Waren anzuhalten.

Verlust
Negatives Betriebsergebnis, der → Aufwand ist größer als der → Ertrag.

Vertragsfreiheit (Privatautonomie)
Freiheit eines Bürgers, Verträge abzuschließen oder nicht, sich die Vertragspartner frei zu wählen und sowohl Form als auch Inhalt von Verträgen frei zu gestalten.

Verzug
Ein Vertragspartner leistet schuldhaft trotz Fälligkeit nicht (Lieferer- und Zahlungsverzug).

Werbung
Ziel ist, das Nachfrageverhalten von Einzelpersonen und Gruppen so zu steuern, dass bestimmte Produkte bevorzugt gekauft werden und dem Hersteller eine Steigerung seines Gewinns ermöglichen. Es kann zwischen informierender und manipulierender Werbung unterschieden werden.

Wertaufbewahrungsfunktion
Diese Funktion des → Geldes ermöglicht es den Wirtschaftsbürgern, den Kaufs- und Verkaufsvorgang zeitlich versetzt ablaufen zu lassen. Die Kaufkraft des Geldes kann gelagert werden.

Wertmesserfunktion
→ Geld ermöglicht es, → Güter mit unterschiedlichen Werten aufzuaddieren und einen Gesamtwert zu ermitteln. Geld ist darüber hinaus nicht nur Wertmaßstab, sondern auch Recheneinheit.

Wertpapiere
Im Bankenbereich versteht man unter Wertpapieren Urkunden, die private Vermögensrechte verbriefen.

Wertübertragungsmittel
→ Geld ermöglicht es, Werte zu übertragen, ohne dass zunächst → Güter in Erscheinung treten. Möglichkeiten sind die Schenkung, der Kredit oder die Erbschaft.

Willenserklärung
Erklärung, die auf die Herbeiführung eines Rechtserfolges gerichtet ist.

Wirtschaften
Alle planvollen menschlichen Tätigkeiten, die unter Beachtung des ökonomischen Prinzips das Spannungsverhältnis zwischen Bedürfnisvielfalt und Güterknappheit zu verringern versuchen.

Wirtschaftliche Güter
Diese → Güter dienen der Befriedigung menschlicher Bedürfnisse, müssen vom Menschen erzeugt werden und sind nur in begrenzter Menge vorhanden.

Wirtschaftlichkeit
Maß für Effizienz, Verhältnis zwischen erreichtem Ergebnis und dafür benötigtem Mitteleinsatz.

Zwangsvollstreckung
Verfahren, bei dem Leistungsansprüche durch staatlichen Zwang eingetrieben werden, also z. B. durch Zwangsversteigerung von Immobilien.

Absatz 190
AIDA-Prinzip 25
Aktien 55, 163
Aktienfonds 57
Aktiengesellschaft (AG) 163
Allg. Geschäftsbedingungen 23, 117
Anlagevermögen 199
Annahme 99
Annahmeverzug 108
Antrag 98
Arbeit 172
Arbeitslosigkeit 71
Arbeitsorganisation 185
Arbeitsteilung 179, 183 ff.
Arbeitszerlegung 70, 182 ff.
Aufsichtsrat 163
Aufwand 204
Aufwendungen 152
Ausbildungsvertrag 87

Bargeld 48
Barzahlung 48 f.
Baustellenfertigung 187
Bedürfnisse 6
Beruf 69
Berufsfelder 78
Berufsspaltung 70, 182
Berufswahlentscheidung 76
Beschaffung 189
beschränkte Geschäftsfähigkeit 127
Besitz 103
Besitzwille 103
Bewerbung 84 ff.
Bewerbungsschreiben 84 f.
BGB 98 ff.
Bilanz 199, 201
Blauer Engel 31
Börse 55
Buchführungspflicht 199
Buchgeld 40
Dauerauftrag 50
Deflation 47
Deliktsfähigkeit 135
Dienstleistungen 7
Distributionspolitik 193
Dividende 56
Dumping 194

EC-Karte 51 f.
E-Commerce 20 f., 120
Eigenkapital 201
Eigenkapitalrentabilität 212
Eigentum 103
eingetragene Genossenschaft (eG) 164
Einstellungstest 87 ff.
Einzelunternehmung 160
Entscheidungsmatrix 80 f.
Entwicklungsland 30
Erfolg 204, 210
Erfolgsrechnung 204 ff.
Erfüllungsgeschäft 100
Ergiebigkeitsprinzip 9 f.
Ersatzinvestition 172
Ersatzlieferung 111
Ertrag 152, 204
Erzeugung 190
Existenzbedürfnisse 6
Expertenbefragung 66
Export 183

Fallstudie 59 f., 82 f., 158 f.
Fernabsatzgeschäft 120
Fernabsatzvertrag 22
Finanzierung 191
Fließbandfertigung 186
Fließfertigung 186
Funktionsbereiche 188

Garantie 118 f.
Gattungskauf 113
Geld 37 ff.
– Funktionen 41 f.
– Tauschmittel 42
– Wertaufbewahrungsmittel 43
– Wertmesser 42
– Wertübertragungsmittel 43
Geldkarte 52
Geldmenge 44
Geldwertstabilität 44
Gerechtigkeit 141 f.
Gesamtkapitalrentabilität 213
Geschäftsfähigkeit 126, 130
Geschäftsprozess 171 ff.
Geschäftsunfähigkeit 126
Gesellschaft bürgerlichen Rechts (GbR) 162
Gesellschaft mit beschränkter Haftung (GmbH) 162
Gewinn 152
Globalisierung 30 f.
Goldwährung 40
Grüner Punkt 31
Güteklasse 117
Güter 7 f.
Gütesiegel 116
Haushaltsplan 9 ff.
Haustürgeschäft 121
Homebanking 53

Ikea-Klausel 111
Import 183
individuelle Bedürfnisse 7
Inflation 45 ff.
Inselfertigung 187
Investitionsgüter 175
Investmentzertifikate 57

Jugendschutz 143
Jugendschutzgesetz 144

Kapitalbedarfsplan 150
Kapital 172
Kaufentscheidung 14 f.
Kaufhandlung 98 ff.
Kaufkraft 44 f.
Knappheit 8
Kollektivbedürfnisse 7
Kommanditgesellschaft (KG) 162
Kommunikationspolitik 195
konkludentes Handeln 100
Konsumgüter 8, 175
Konto 40
Kontrahierungspolitik 194
Kredit 62
Kreditkarte 52 f.
Kulturbedürfnisse 6
Kurantmünzen 39

Lagerung 191
Lastschriftverfahren 50
Lebenslauf 84, 86
Leistungserstellung 175
Lernirrgarten 166
Liquidität 57 f.
Lizenz 173
Lohnkosten 153
Luxusbedürfnisse 6

Mahnverfahren 64
Manipulation 13
Marketing 192
Marketinginstrumente 192
Marketing-Mix 196
Marktlücke 148
Maximalprinzip 9 f., 178
Metallgeld 36
Minimalprinzip 9 f., 178
Mittelherkunft 201

Mittelstand 167
Mittelverwendung 201

Nacherfüllung 113
Nachhaltigkeit 28 f., 32
Natur 171
Naturaltausch 37
natürliche Person 124
Neuinvestition 172
Nichtigkeit 126
Nichtleistung 107 f.
Normung 116
Notar 164

Ökonomisches Prinzip 178
Online-Shopping 20 f.

Papiergeld 39
Passfoto 86
Patente 173
Personengesellschaft 161
Pfandbrief 56
Pflichtverletzung 107 f.
Prägegeld 38
Produktion 171 ff., 190
Produktionsfaktoren 171 ff.
Produktivität 177, 210 f.
Produktpolitik 193
Prüfsiegel 116
Public Relations 195

Rationalisierungsinvestition 172
Realakt 100
Recht: Aufgaben 139
– Erziehungsfunktion 141
– Ordnungsfunktion 141
– Schutzfunktion 140
– Straffunktion 140
Rechtsfähigkeit 124 f.
Rechtsform 149, 160 ff.
Rechtsformzusatz 160
Recycling 15, 31
Reihenfertigung 186
Rentabilität 57 f., 210, 212
Ressourcenverbrauch 29
Rollenspiel 18 f., 92 ff.

Sachgüter 7
Sachmangel 109 ff.
Schadensersatz 114, 135
Scheidemünzen 39
Schlechterfüllung 107 f.
Schlüsselqualifikationen 72 f.
SCHUFA 52
Schuldenfalle 61
Schuldensspirale 63 f.
Schuldfähigkeit 137
Schuldnerberatung 64
Schulsystem 74 f.
Schüttkörbe 27
Schwellenland 30
Selbstständigkeit 150
Sozialpflichtigkeit des Eigentums 104
Spareinlagen 54
Sparsamkeitsprinzip 9 f.
Spezialisierung 69
Standort 149, 152 ff.
Standortanalyse 157
Standortfaktoren 152
Standortmarketing 156
Stiftung Warentest 13
stiller Gesellschafter 161
Strafmündigkeit 137
Stückkauf 111
Subsistenzwirtschaft 69, 179
Subsumtionstechnik 131 ff.
Supermarkt 26 f.

Tabellenkalkulation 206 ff.
Taschengeld 128 f.
Taschengeldparagraf 128
Tätigkeitsbeschreibung 79
Teleshopping 20 f.

Überweisung 49
Umlaufvermögen 200
Umrüstzeiten 181
Umsatz 152
Umsatzrentabilität 214
Unternehmen 148 ff.
Unternehmensgründung 148, 151
Unternehmenssteuern 155
Unternehmerpersönlichkeit 168
Urheberrecht 139

Verbindlichkeit 202
Verbraucherberatung 14
Verbraucherinsolvenzrecht 65
Verbraucherschutz 115 f.
Verbrauchsgüterkauf 114, 119
Verlust 152
Verpflichtungsgeschäft 98
Vertrag 98 f.
Verwaltung 191
Verzug 107 f.
Vorstellungsgespräch 90, 92 ff.

Wägegeld 38
Warengeld 37
Warenkennzeichen 116
Warenplatzierung 27
Weiterbildung 72
Werbebotschaft 24
Werbeträger 24
Werbung 24
Werkstattfertigung 187
Wertpapiere 55
Willenserklärung 98
Wirtschaftlichkeit 177, 180 f., 210
Wissen 173
Wühltische 27

Zahlungsarten 48 ff.
Zahlungsunfähigkeit 63
Zahlungsverzug 108
Zeitmanagement 11 f.
Zeugnis 86
Zielkonflikt 17
Zukunftswerkstatt 33 f.
Zwangsvollstreckung 64

akg-images, Berlin: 44/1 + 2, 45/M1, 46/M1, 139/1, 139/M1, 182/2, 186/1
© alimdi.net: 117/M2 (M. Bergsteiger)
AndersARTig, Birgit Funke, Braunschweig: 7/M1, 16/M6, 22/M1, 35/M2, 48/M1, 114/1
Auer, H., Seligenstadt: 136/2
Baaske Cartoons, Müllheim: 64/1 (G. Mester), 129/M1, 156/M1 (E. Rauschenbach)
Bild Archiv Michler, Bolzenheim: 34/M4
Bildarchiv Preußischer Kulturbesitz, Berlin: 38/M2, 38/M3, 39/1, 42/M2, 47/M1 (H. Hoffmann), 67/M1, 68/M1
Biokreis e.V., Passau: 16/M5
Bioland Bundesverband, Mainz: 16/M3, 116/M3
bit-Verlag Weinbrenner GmbH & Co. KG, Leinfelden-Echterdingen: 184/M2
Bundesagentur für Arbeit, Nürnberg: 77/1, 88/1, 88/M1, 89/M1, 95/M1
Bundesumweltamt, Dessau: 31/M1
Cartoon-Caricature-Contor, München: 172/M1 (Eric Liebermann)
Cinetext Bildarchiv, Frankfurt/M.: 182/3
CORBIS, Düsseldorf: 16/M1 (ZEFA), 30/M1 (ZEFA)
Dägling, A., Wardenburg: 9/M1
Das Luftbild-Archiv I. Dunse, Wennigsen: 147/1
Dernbach, M.: 128/1 (Grafik)
Deutsche Messe AG, Hannover: 190/M1
© Disney mit freundlicher Genehmigung des Ehapa Verlags: 41/1–4
Duales System Deutschland GmbH, Köln: 31/M2, 33/M1
ecopix Fotoagentur, Berlin: 135/1 (A. Froese)
Flower label office, Düsseldorf: 17/4
Globus Infografik GmbH, Hamburg: 11/2, 15/M2, 20/M2, 21/1, 46/1, 70/M1, 71/1, 75/M1, 76/1 + 2, 87/1, 108/1, 120/M1, 135/M1, 148/1, 153/1, 155/1, 170/1, 173/1, 176/1, 183/1 + 2, 184/M1, 195/1, 211/M1, 213/M1, 214/1
Gossen Metrawatt GmbH, Nürnberg: 118/M1
Hecht, I., Grafikdesign, Hannover: 154/M2
Haitzinger, H., München: 28/M1
IFA Bilderteam, Ottobrunn: 96/M2
IfM Bonn/Westermann Tegra, Braunschweig: 151/1
IMA, Bonn: 96/M1
Image & Design, Bettina Kumpe, Braunschweig: 18/M1 + M2, 19/M1 + M2, 20/M1, 21/M1, 29/M1, 33/M2 + M3, 34/M1 – M3, 36/M1 + M2, 37/M1, 43/1 + 2, 54/M1, 59/M1–M3, 60/M1–M3, 63/1, 63/M1, 66 M2–M4, 68/M2, 69/1–2, 78/1, 82/M1 + M2, 83/M1–M3, 92/M1, 94/M1 + M2, 103/M1, 105, 106/M1 + M2, 108/M1, 109/M1, 110, 111/M1, 130/1–4, 131/M1–M3, 132/1, 132/M1, 134/M1–M4, 158/M1 + M2, 159/M1–M3, 163/M1–M2, 170/M2, 179/1, 196/1
Imu-Infografik, Duisburg: 72/1, 155/2, 156/1
InGestalt, Leipzig: 30/M3
Kautz Zahnradfabrik GmbH, Wuppertal: 187/M1
Keystone Pressedienst GmbH, Hamburg: 30/M2 (D. Riemarzik)
Körner, Th., Berlin: 10/M1
Lechbank, Augsburg: 49/11
Mathis Werbetechnik, Merzhausen: 188/M1
mauritius-images, Mittenwald: 16/M2 (J. F. Raga), 55/M1 (Phototheque SDP), 97/1 (M. Gilsdorf), 107/M2 (mm-images), 181/1 (Rosenfeld), 186/M1 (Rosenfeld), 191/M1 (Rosenfeld), 201/M1 (J.C. Dewolfe)
Naturland e.V.: 16/M4
PanterMedia, München: Titel o.li. (E. Gualdi)
Photostudio Druwe und Polastri: 23/1, 24/M1, 27/1, 27/M1, 32/M1, 42/M1, 52/M2, 53/M1, 55/1, 70/1 + 2, 72/M3, 84/1, 87/M1, 90/1, 93/1, M1 + M2, 96/M3, 98/1, 100/1, 101/M1, 107/M1, 112/1, 113/1, 116/M6, 117/M1, 119/1, 121/M1, 126/1 + 2, 127/1, 128/1 (Hintergrund), 114/2, 136/1, 146/1, 147/M2, 174/M1, 184/M3, 188/M2, 190/1, 193/M1, 200/1 + 2, 202/M1
Picture Alliance, Frankfurt/M: 5/1 (dpa/J. Ring), 6/M1 (ZB/A. Lander), 10/M2 (dpa/J. Büttner), 12/M1 (UPI), 27/M2 (dpa/U. Perrey), 35/M1 (dpa/S. Kiefer), 61/M1 (dpa/J. Carstensen), 62/M1 (dpa/K. Lenz), 66/M1 (dpa/F. Rumpenhorst), 115/M1 (ZB/PS. Sauer), 140/M1 (ZB/A. Lander), 143/M1 (dpa/J. Wolf), 143 M2 (dpa/U. Deck), 149/M1 (dpa/ L. Acker), 153/M1 (dpa/Polfoto Harden Tine), 154/1 (dpa/U. Zucchi), 157/1 (dpa), 165/M1 (dpa), 171/M1 (dpa/P. Kneffel), 173/M1 (dpa/J. Tolonen), 182/4 (ZB/J. Büttner), 185/M1 (dpa/Empics/S. Rousseau), 187/1 (dpa/F. Matzerath), 188/M3 (Stockfood/FoodPhotography Eising), 190/2 (ZB/P. Endig)
Picture Press, Hamburg: 17/M1 (Ultal)
Project Photos, Augsburg: Titel (R. Eisele)
Rapunzel Naturkost AG, München: 17/1
© Siegfried Liebrecht, Agentur und Verlag, Hannover/www.cartoon-agentur.de: 14/M1, 15/M1, 26/M1
Sierigk, P., Braunschweig: 72/M1 + M2
Staatliche Münzsammlungen, München: 39/M1
STEP Plus, Bundesagentur für Arbeit, Nürnberg: 79/1
Stiftung Warentest, Berlin: 13/M1
SV Bilderdienst, München: 38/M1 (KPA/HIP), 39/M3 (KPA/HIP), 56/M1 (Blanc Kunstverlag), 142/M1
Transfair/Rugmark, Köln: 17/2 + 3
ullstein bild, Berlin: 167/M1
Umweltbundesamt, Dessau: 31/M3
vario-images, Bonn: 127/2 (Chr. Papsch)
Verbraucherzentrale Bayern e.V., München: 116/M1
Werbefotografie Weiß GmbH, Gersthofen: 51/M1 + M2
Westermann Archiv, Braunschweig: 52/M1, 69/M1, 116/M2, M4 + M5, 182/1
Westermann Tegra, Braunschweig: 26/1, 75/1, 80/1, 81/1 + 2, 88/M2, 89/1 + 2, 154 M1, 166/1, 175/1, 208
Wirtschaftsförderung Kassel GmbH: 158/1, 170/M1
www.oldtimer-recht.com: 141/M1, 142/1
ZAHLENBILDER © Erich Schmidt Verlag, Berlin: 7/1, 65/1 + 2, 121/1, 160/M1